आदिवासी स्वर और नई शताब्दी

आदिवासी स्वर और नयी शताब्दी

सम्पादक

रमणिका गुप्ता

वाणी प्रकाशन

प्रकाशन के उत्कृष्टतम 60 वर्ष

सजिल्द पहला संस्करण : 2002
सजिल्द दूसरा संस्करण : 2017
सजिल्द तीसरा संस्करण : 2023

vaniprakashan.com

वाणी प्रकाशन

4695, 21-ए, दरियागंज, नयी दिल्ली-110 002

फ़ोन : +91 11 23273167, 23275710

शाखाएँ

अशोक राजपथ, पटना-800 004, बिहार

कॉफ़ी हाउस कैम्पस, महात्मा गांधी मार्ग, इलाहाबाद-211 001, उत्तर प्रदेश

महात्मा गांधी अन्तरराष्ट्रीय हिन्दी विश्वविद्यालय, वर्धा-442 001, महाराष्ट्र

36/ए, शेक्सपियर सरणी, रानी बिरला गर्ल्स कॉलेज के पास, कोलकाता-700 017, प. बंगाल

sales@vaniprakashan.in
vaniprakashan@gmail.com

Aadivasi Swar Aur Nayee Shatabdi
Edited by Ramnika Gupta

ISBN : 978-81-7055-908-5
Social Science

मूल्य : ₹ 695

आर. टेक ऑफ़सेट प्रिंटर्स, दिल्ली-110 032 में मुद्रित

वाणी प्रकाशन का लोगो मक़बूल फ़िदा हुसेन की कूची से

संपादकीय

बांसुरी बन रही है मशाल

एक नीतिगत फैसले के तहत हमने इस पुस्तक में केवल वही रचनाएं ली हैं जो आदिवासी लेखकों द्वारा ही लिखी गई हैं। हां, उनके अनुवाद अथवा लोकगीतों, लोककथाओं या मिथकों के प्रस्तुतिकरण में छूट दी है।

इसके पीछे हमारी मंशा बहुमुखी है—एक तो यह कि उनकी समस्याओं पर उनमें ही विश्लेषण करने और समाधान का रुझान पैदा हो, ताकि वे स्वयं नेतृत्वकारी भूमिका अदा कर अपने विकास की संभावनाओं को हर क्षेत्र में तलाशें और बहस चलाएं। आज तक दूसरे ही लोग इन्हें उपदेश देते रहे हैं, ये स्वयं क्या चाहते हैं इसकी बजाय केवल यही कहते रहे हैं—*"बस सुनो ! जो हम कहते हैं—यही तुम्हारे हितार्थ है—हमारे अनुभव से लाभ उठाओ।"* उन्हें न तो वे अपने अनुभवों से सीखने का अवसर देते हैं और ना ही कुछ कहने का। वाहरू सोनवणे ने 'स्टेज' कविता में इस प्रवृति को हू-ब-हू रखा है—*"हम स्टेज पर गए ही नहीं/ और हमें बुलाया भी नहीं/ ऊंगली के इशारे से/ हमारी जगह/ हमें दिखाई गई/ वे स्टेज पर खड़े हो हमारा दुख/ हमें ही बताते रहे/ हम बड़बड़ाए/ कान देकर वे सुनते रहे/ और हमारे कान पकड़ कर/ हमें ही धमकाया/ माफी मांगों नहीं तो..... ।"* साहित्य की चौहद्दी में भी वे किसी को घुसने नहीं देते। अभिजात साहित्य (किसी भी भाषा का हो) के बाहर भी एक बड़ा संसार है, जंगलों में ठेले गए या वहां से भी खदेड़े जा रहे आदिवासी या वंचित-भटके, विस्थापित, बंजारे या प्रकृति-मित्रों का, जिसे वह नजर अंदाज करता रहा है। सदियों से यह समाज लय-ताल से समृद्ध, सुरों का धनी और पूर्ण मानवतावादी होते हुए भी—अक्षर से दूर रखा गया है। इनके अनाम गीतकारों, कवियों, लोकगीतों में इनकी संस्कृति का इतिहास है पर वह सब श्रुति-आधारित था।

दूसरा मकसद था आदिवासी लेखकों को गैर-आदिवासी लेखकों से रूबरू कराना जिन्हें इनके अनाम-नाम कथावाचक, असंख्य लोककथाओं में मनुष्य और समाज के विकास एवं विनाश की कथा कहते हुए जगह-जगह मिल जाएंगे, पर सब वाचक ही हैं जिन्हें सदियों से लेखन की विधा से दूर रखा गया। ये सृष्टि, धर्म, मनुष्य, खेती, पर्वत, पहाड़, प्रकृति, यहां तक कि ईश्वर के स्वीकार और नकार की अवधारणा को भी अपनी कल्पना की उड़ान पर बैठा कर, मिथकों में रंग भरते रहे हैं और हर पीढ़ी उसमें अपने अनुभव और समय की गति के अनुरूप कुछ न कुछ जोड़ती-घटाती रही है। यह सब पीढ़ी-दर-पीढ़ी, परिवार-दर-परिवार विरासत में सुनते-सुनाते रहे हैं—लिपिबद्ध होकर शास्त्र नहीं बने, इसीलिए वे फतवे भी नहीं बने—जड़ नहीं बने। हां, उनका दायरा जरूर सीमित रहा है। जंगल-जल-जमीन से जुड़ा

लाठा-छावन-जलावन के जुगाड़ में सतत् लगा यह समाज संविधान के तहत जब से पढ़ना-लिखना सीख गया तब से वह सभ्यता को भौंचक्का होकर देखने की बजाय उसके साथ मुंह-दुंह होने लगा है। अधिकारों की समझ उसे नहीं थी—चूंकि उनकी जिन्दगी सदियों से एक दायरे के भीतर ही घूमती रही थी। अब जब उस दायरे को वे कुछ-कुछ समझने लगे तो लिखने-बोलने और भिड़ने भी लगे हैं।

अभिव्यक्ति की ताकत अगर मनुष्य को पशु से भिन्न बनाती है तो साहित्य उसे दिशा देता है और अहसास दिलाता है कि वह मनुष्य अकेला नहीं बल्कि एक समाज का अंग है और प्रतिबद्ध साहित्य समाज को गतिशील बनाता है—जड़ नहीं। समृद्ध, सशक्त समाज की पहचान उसके समय के साथ खुद को बदलने की क्षमता में होती है, न की जड़ बन कर समय को बांध देने में। आज तक आदिवासी समाज को खास कर भारत में, तथाकथित धार्मिक हिन्दू कट्टरवादियों, मैदानी मध्यवर्गीय मानसिकता वाले समुदाय ने जो जातीय दंभ से लैस भी रहा, दायरे से बाहर आने ही नहीं दिया। उन्होंने न तो इन्हें विकसित होने दिया और न ही अपने में समाहित होने दिया यानी जीवन्त मनुष्य एक जंगली मनुष्य के फ्रेम में मढ़ दिया गया, जो उनसे अधिक संवेदनशील, अधिक कलात्मक, उदार, उदात्त, सहनशील, सरल है ताल-लय, स्वर में पारंगत है और वह जीवन का व्यापार नहीं करता, बस जीने के नियम जानता है। हर विपरीत स्थिति में जीता है—प्रकृति की आपदा को सहता है पर प्रकृति को नष्ट नहीं करता, उसको पालता-पोसता है जबकि मैदानी मनुष्य प्रकृति को नष्ट करता आया है।

इस पुस्तक में समाहित रचनाओं में आपको इस उदात्त-उदार-जीवन्त मनुष्य की छवि मिलेगी जो अब यह जान चुका है कि एक साजिश के तहत उसे समय से पीछे रखा गया है इसलिए वह अपने इतिहास की खोज भी करने लगा है और वर्तमान को भी बदलना चाहता है ताकि कल उसका हो सके। वह जानता है कि इतिहास जाने बगैर वर्तमान को बदलना कठिन है और वर्तमान नहीं बदलेगा तो भविष्य भी नहीं बदला जा सकता। आज के आदिवासी लेखक, रचनाकार, भले वे कम ही हैं—एक मुहिम चला रहे हैं—समय की कदम-ताल में कदम मिलाने की। वे कल, आज और कल से खुद को जोड़कर चलने की प्रक्रिया में हैं। दलित साहित्यकारों को डॉ. अम्बेडकर ने एक सपना दिया था जिसने उन्हें तर्क करने, विरोध करने की शक्ति दी और वे हीन-भावना को छोड़कर आत्मसम्मान, स्वाभिमान के विकास में जुटे। वे अपनी अस्मिता कायम करने के संघर्ष में अलग-अलग स्तरों पर संगठित भी हो रहे हैं। हालांकि वे स्वयं भी अभी तक मनुवादी सोच से मुक्त नहीं हो पाए हैं। कभी-कभी वे स्वयं भी ब्राह्मणवादी आचरण करते हैं— अपने ही समाज में मनु द्वारा निम्न करार कर दी गई जातियों के लोगों के साथ।

आदिवासी समाज पर भी खास कर, महाराष्ट्र में बाबा साहब का प्रभाव पड़ा और समानता, बन्धुत्व और आजादी की सोच उनमें भी पनपी। दरअसल आदिवासी समाज में डॉ. अम्बेडकर जैसा गांधी के मुकाबिल खड़ा होने वाला अलग से कोई नेता आजादी के दौरान देश के पैमाने पर उभरने में कामयाब नहीं हुआ जो उनकी विशेष समस्याओं को राष्ट्रीय स्तर पर वाणी देता। हालांकि बाबा साहब ने अनुसूचित जाति और जनजाति दोनों की बात समान रूप से उठाई और उनको नेतृत्व भी प्रदान किया। पर आदिवासियों की कई समस्यायें दलितों

से समान होते हुए भी, कुछ भिन्न भी थीं। दलित भारतीय समाज का अंग होते हुए उनसे बहिष्कृत कर के रखे गए। वे गांव का अभिन्न पर बहिष्कृत अंग थे। पर आदिवासी तो उस समाज और सभ्यता से ही बहिष्कृत कर मुख्य धारा से अलग-थलग कर दिए गए थे। उनके टोलों में गैर आदिवासी या हिन्दू नहीं रहते। उनके पास जमीन थी जो वे जंगल साफ करके बनाते थे, पर अंग्रेजों, जमींदारों, महाजनों और कर्मचारियों द्वारा वे बराबर खदेड़े जाते थे—ठग लिए जाते थे। इन्हें जमीन के पट्टे नहीं मिलते थे। आदिवासी खदेड़े जाते रहे—विस्थापित किए जाते रहे और वे यायावरी बंजारों-सी जिन्दगी जीने को बाध्य किए जाते रहे। इनकी जरूरत थी जंगल, जल, जमीन और महाजनों-सामन्तों से मुक्ति। उनके साथ अस्पृश्यता की समस्या उतनी बड़ी नहीं थी, चूंकि वे समाज से ही अलग-थलग रहते थे। उनका स्वाभिमान ही उन्हें आबादी से दूर जंगलों में ले गया था।

सन् 1857 से दो वर्ष पहले ही अंग्रेजों, जमींदारों, महाजनों और कर्मचारियों के विरुद्ध सिद्धू-कान्हू ने 7 जुलाई 1855 को विद्रोह कर दिया था और महेशलाल दारोगा की हत्या कर 20 हजार आदिवासियों के साथ अम्बर परगना पर हमला बोल कर, राजभवन पर कब्जा कर लिया था। सिद्धू को फांसी हुई पर विद्रोह दबा नहीं। इस विद्रोह में लगभग दस हजार आदिवासी मारे गए थे।

जमीन की इस बेदखली और अधिक लगान लगाने के खिलाफ संथाल परगना और छोटानागपुर में गांधी के बहुत पहले बिरसा और मुण्डा सरदारों ने विद्रोह किया था। मानभूम, कोल्हन और ताना-भगतों के विद्रोह भी इसी धरती पर हुए। बिहार में ही गांधी से पहले सत्याग्रह का तरीका रांची के छिपड़ी नवाटोली के एक 25 वर्षीय युवक जतरा उरांव ने अपनाया था। मीर कासिम के खिलाफ आदिवासी वीरांगना 'सिनगी दई' ने औरतों की सेना लेकर युद्ध किया था। आंध्र प्रदेश में श्री सीताराम राजू के नेतृत्व में पूरे आदिवासी समाज ने अंग्रेजों के विरुद्ध हथियार-बंद गुरिल्ला युद्ध चलाया था जिसका गांधी और गांधीवादियों ने विरोध किया था। सीताराम राजू ने कहा था कि वह दो वर्षों में अंग्रेजों से भारत को आजाद करवा देगा। इसी प्रकार राजस्थान में भी गांधी के पहले गोविन्द गुरु ने अंग्रेजों, राजाओं-महाराजाओं, सामन्तों-महाजनों का विरोध किया था और शिक्षा पर जोर दिया था। उन्होंने स्कूल खुलवाए थे—जिनमें लड़कियां भी पढ़ती थीं। एक रात में ही योजनाबद्ध तरीके से अंग्रेज और राजपूत सेनाओं द्वारा 15,000 के लगभग भील मार दिए गए थे। जालियांवाला बाग में 300 लोग मरे और 600 घायल हुए, पर मानगढ़ की पहाड़ी पर 15,000 भील मारे गए पर इतिहास कुछ नहीं बोला। अब खोज की गयी है उस खोए हुए इतिहास की।

19वीं शती में ही वैरियर एल्विन ने जो एक विदेशी पादरी भी थे, आदिवासियों के पक्ष में कई कानून बनवाए पर वे किसी आंदोलन के माध्यम से जनता को उनके प्रति जागरूक करके नहीं बनाए गए। वे मिशन की जरूरत के लिए बनाए गए थे क्योंकि आदिवासी जमात ही ज्यादा से ज्यादा धर्मान्तरण कर रही थी। हां, जयपाल सिंह ने एक सशक्त आंदोलन छेड़ा था आदिवासियों के अलग राज और उनकी जमीन और जंगल के अधिकारों के लिए जिसमें आदिवासी जनता भारी संख्या में छोटानागपुर संथाल परगना में उनके गिर्द गोलबंद भी हुई थी। पर बाद में वे कांग्रेस में शामिल हो गए और आंदोलन ठप पड़ गया। फिर कई आंदोलन

विभाजित या संयुक्त रूप से चले पर वे आदिवासियों की हितों की रक्षा से ज्यादा क्षेत्रीय हितों के लिए अलग राज्य की मांग बना दिए गए

अंग्रेजों ने तो आदिवासियों को हैबीस कार्पस एक्ट के तहत (राजपूत हुक्मरानों के कहने पर) जन्मजात अपराधी घोषित कर दिया था। लेकिन राजस्थान की मीणा और भील जनजातियों ने स्वतंत्रता की लड़ाई के साथ ही इस कानून की वापसी का मुद्दा जोड़ कर आजादी से पहले ही इसे वापिस करवाने में कामयाबी हासिल कर ली थी पर देश के पैमाने पर व्यक्तित्व और नेतृत्व के स्तर पर आदिवासी आंदोलन दलित आंदोलन की तरह व्यापक राष्ट्रीय रूप नहीं ले पाया।

अनुसूचित जाति के लोग गांव में ही रहे उससे बहिष्कृत होकर पर वे उस सभ्यता के भीतर रहे—उसके विकास के साधन बन कर, फिर भी विकास से वंचित रहे। वे अपनी सुविधा के लिए नहीं, दूसरों की सुविधा के लिए जिन्दा रखे गए, पर गांव में ही रखे गए।

आदिवासियों की गति में नृत्य है—वाणी में गीत। जब वह चलता है तो थिरकता है और जब बोलता है तो गीत के स्वर फूटते हैं। वह अकेला नहीं, समूह में रहता है—समूह में सोचता है, समूह में जीता है। इतनी समृद्ध संस्कृति का स्वामी सभ्यता की दौड़ में एक षड्यंत्र और साजिश के तहत दंभी विजेताओं के समूह द्वारा अलग-थलग कर दिया गया। आज भी यह प्रक्रिया जारी है बल्कि अब तो उसे खत्म करने की ही मुहिम चलायी जा रही है। कहीं उसका प्रदर्शन करके उसे भरमाया जा रहा है तो कहीं उत्सव लगा कर उसे दिग्भ्रमित किया जा रहा है। विकास के नाम पर विस्थापित कर जंगल, और जल तीनों से वंचित कर उसे जंगलों से बाहर खदेड़ा जा रहा है। दरअसल आदिवासी अपने श्रम के बल पर सदैव आत्मनिर्भर और स्वावलम्बी रहा है। अपने समूह और समाज से जुड़कर, प्रकृति का साथी बनकर जीना उसकी शैली और स्वभाव रहा है। वह प्रकृति से संवाद करता चलता है, उसका सहयात्री है, उसको गाय की तरह वह पोसता और दुहता है। उसे कब्जे में लाने का कभी भी उसका लक्ष्य नहीं रहा। प्रकृति के प्रकोप को वह सहता है, सहता रहा है और रोकता भी रहा है। उसके मुकाबिल खड़ा भी होता रहा है। पर सदैव उसका मित्र बना रहता है, प्रतिशोध की भावना से भरकर वह प्रकृति को नष्ट नहीं करता। वह उसे रिझाता है, मनाता है और केवल जीने भर, जरूरत भर उससे लेता है पर उसे बदले में देता भी है अपना प्यार, अपनी देख-रेख और अपनी संवेदना।

आदिवासी के देवता आकाश में नहीं रहते। वे उसके घर-द्वार या जहां उसके पुरखे दफनाए जाते हैं उन (श्मशानों) में, ज्यादा से ज्यादा हुआ तो वे पेड़ों पर रहते हैं, जिनकी वह खुद रक्षा करता है। इन देवताओं से उसका संवाद सतत् जारी रहता है, चाहे जन्म हो या मरण, विवाह हो या कोई उत्सव। यानी सुख-दुःख की हर घड़ी में उसके देवता भी उसके साथ शामिल रहते हैं, संवाद करते हैं और खाते-पीते हैं। रामदयाल मुण्डा के मुंडारी लोकगीतों में—

पहाड़ के पहाड़ी देवता/वन की वन देवी/ दह के जल देवता/नाग-नागिन हमारी खेती देखने वाले/ हमें शांति देने वाले/गांव के ग्राम देवता/ घर के गृह देवता/ हमारे बूढ़े-पुरखे तुम्हारे बनाये रास्ते का/हम अनुगमन करते/हम तुम्हें गुहारते हैं/ हमारे संग बैठ लो/हमारे

संग बतिया लो। एक दोना हड़िया/एक पत्तल खिचड़ी-भात/ हमारे संग पी लो/खा लो/जोहार जोहार जोहार!

वे ऐसे संवाद करते हैं जैसे कि वे भी मनुष्य हों। फूल-फल और बीज दोनों उसके जीवन के अंग हैं। महुआ उसे ऊर्जा और आनन्द दोनों मुहैया कराता है। वह जीने के लिए उसका भोजन, तेल का स्रोत और झूमने के लिए मदिरा भी है। पलाश उसे रंग देता है तो फूल उसे तेल, पुटूस की झाड़ियां बारूद। पुटूस में विस्फोट भरा है, ऊपर से देखने पर पता नहीं चलता। उसी तरह संवेदना और विस्फोट से लबालब भरा है आदिवासी का मानस भी जो भीतर ही भीतर रिसता और खदबदाता भी रहता है और किसी झरने की तरह बांध तोड़कर पहाड़ों को फलांग कर, घाटियों को नापने का हौसला रखता है।

उसका मानस सौंदर्य पर रीझता है—माटी-सा सीझता है। रंगों को चुनकर घर की दीवारों के फलक पर उसकी अंगुलियां चित्रों को आंकती हैं। उसका मन धरती के कैनवस पर लकीरें खींच कर आकार बनाता है और भरता है उनमें मिट्टी के रंग—हरे, बैंगनी, पीले, नीले, काले, यानी सातों रंग। कला का व्यापार उसको आता नहीं। कला उसकी आदत है। गीतों को वह बेचता नहीं, वह उनसे समृद्ध होता है। नृत्य का वह प्रदर्शन करना नहीं जानता, उससे वह अनुशासित होता है। साथियों के साथ-साथ चलने का उसे पूर्ण अभ्यास है, संगी के साथ चलने की उसे आदत है। वह व्यक्ति नहीं समूह है। उस समूह का अपना एक व्यक्तित्व है। उसकी मांदर और नगाड़ों में बादलों की गंभीरता गूंजती है। उसकी बांसुरी से समस्त पक्षियों की पीड़ा और आनन्द का स्वर घनीभूत होकर निकलता है तो प्रकृति, मानव-मन और पशु-पक्षी सब बेचैन हो उठते हैं। संवेदना और प्रेम का अद्भुत मिश्रण है उसमें। जिन्दगी का प्यार, हर हाल में जीने का संकल्प उसमें हिलोरें लेता है। कभी शांत धारा की तरह बहता है वह— तो कभी 'दामोदर' बनकर ग्रीष्म में लीक-सा बन जाता है....एकदम पालतू जानवर की तरह— तो कभी बरसात में घमासान करता उसका रौरव विद्रोह बनकर पूरे समूह की ललकार बन जाता है।

यह सही है कि उसे समय के साथ नहीं चलने दिया गया। जैसे सदियों पहले जिस क्षण में तस्वीर की तरह उसे किसी एक फ्रेम में जड़ दिया गया था, उसी तरह उसे जड़ा और जकड़ा रहने देने की प्रक्रिया सदैव जारी रही और आज भी जारी है। लेकिन अब फ्रेम के भीतर जड़ी तस्वीर स्वयं हिल उठी है और फ्रेम तोड़ कर बाहर आने के लिए कदम बढ़ा चुकी है।

वह एक शांत झील की तरह रहा जिसके अंतर में जल के स्रोत हैं जो उसे ताजा और भरा-भरा रखते हैं। वह स्वावलंबी भी है। मिठास भी भरी है उसमें। आज तक वह अपने भीतर-भीतर ही लहराता रहा है समुद्र की तरह। बस नदी की धारा बनकर बहने नहीं दिया गया कभी उसे। जब-जब भी उसने इस ठहराव की साजिश को समझा और अपने दोहन के षड्यंत्र को जाना तो समुद्र की तरह उसमें भी ज्वार उठे हैं जो बिरसा, श्री सीताराम राजू सिद्दू-कान्हू, सिनगी दई, मकी, तांतियां टोप्पे, गोविन्द गुरु के रूप में सर्वव्यापी रूप धारण कर तूफान उठाते रहे हैं। पर उसे बाह्य दबाव से भाटा की तरह समतल कर दिया जाता रहा है। विडम्बना यह है कि सभ्यता की इस व्यवस्था ने अपने इतिहास में ज्वार के इन उछालों

को, लहरों के विद्रोह के इस सैलाब को कहीं दर्ज नहीं होने दिया। उसे अब उसने धारा के विपरीत बहा कर इतिहास की खोज शुरू कर दी है इसी संदर्भ में महादेव टोप्पो कह उठते हैं— *इससे पहले कि वे पुनः तुम्हारा/ अपने ग्रंथों में बंदर-भालू या किसी अन्य जानवर/ के रूप में करें वर्णन/ तुम्हें अपने आदमी होने की/ तलाशनी होगी परिभाषा/ उनके सिद्धांतों स्थापनाओं के विरुद्ध/ उनके बर्बर वैचारिक हमलों के विरुद्ध/ रचने होंगे/ स्वयं ग्रंथ।*

इस झील के चारों तरफ सभ्यता का सड़ा-गला मवाद कीचड़-दल दल के रूप में जमा किया जा रहा है और अब झील को ही निगल जाने की कोशिश की जा रही है। उसे प्रदूषित कर उसका रूप विकृत करने की प्रक्रिया चालू है लेकिन पिछली सदी के मध्य में पुनः आदिवासी मन चैतन्य हुआ तो जागरण की लहरें एक साथ उठने लगी हैं जो किनारे तोड़ कर बहने की कोशिश में हैं। कहीं-कहीं टूटे भी हैं किनारे, भले ही सभ्यता-आकाश में धूमकेतु की तरह ये विद्रोह अपनी लीकें तो छोड़ते गए पर ध्रुवतारा बनकर दिशा देने के उनके प्रयास को इस सभ्यता के आकाश में स्थित ब्लैक-होल निगलता रहा है चूंकि उस व्यवस्था को इनका नेतृत्व गवारा नहीं था। अब वे धूमकेतू ध्रुव बनकर दिशा देने के लिए खड़े होने लगे हैं। उनके पांव जो थिरकते थे अब अपनी लय और ताल को 'कदमताल' में बदलने के लिए उदात्त हैं। उनके स्वर जो सरहुल परब पर या फसलों के आने पर गीतों में फूटते थे अब नेतरहाट के फायरिंग रेंज के विस्तार के विरुद्ध ललकार बनकर गूंजने लगे हैं सामूहिक गान बन कर—

"सेना आई है फायरिंग करने / यही हमारी लड़ाई का कारण/ होशियार बनो भाइयो/ शक्तिमान बनो बहनो...../ और फिर—*"विजय बिगुल खरकने लगा है"*

यह सही है कि आदिवासी साहित्य अक्षर से वंचित रहा, इसलिए वह उसकी कल्पना और यथार्थ को लिखित रूप में न तो साहित्य में ही दर्ज कर पाया और न इतिहास में ही। हां, लोकगीतों, किंवदंतियों, लोककथाओं तथा मिथकों के माध्यम से लोकगान में उसकी गहरी पैठ है। इनमें उसकी संपूर्ण परंपरा, इतिहास और उसकी गौरवशाली शौर्य-गाथा वर्णित है। जिसे तलाशना जरूरी है। ये तलाश शुरू हो गई है। वह शिक्षित होने लगा और अक्षर से उसका परिचय हुआ तो उसने जाना कि झांसी की रानी ही नहीं बल्कि उनके बीच की एक 'सिनगी दई' जैसी वीरांगना भी विदेशियों से टक्कर लेती रही है। आज 'सिनगी' आदिवासी महिलाओं के शौर्य की प्रतीक बन गई है। आज वह उससे प्रेरणा पाने लगे हैं।

ग्रेस कुजूर उसी से प्रेरणा पा कर कह उठती हैं—

और अगर/ अब भी तुम्हारे हाथों की/ अंगुलियां थरथराईं/ तो जान लो/ मैं बनूंगी एक बार और/ 'सिनगी दई' बांधूंगी फेटा/ और कसेगी फिर से/ 'बेतरा' की गांठ/ सच!/ बहुत जरूरत है झारखंड में/ फिर एक बार/ एक जबदस्त/ जनी-शिकार।

आज तक आदिवासी अपने शोषण का मूक दर्शक बना रहा है। महाजन, ठेकेदार, दलाल, दिकू, राजा, नवाब या मैदानी लोग, सब उसके जंगलों को और उसकी औरतों को लूटते रहे हैं। उसका रोजगार छीनते रहे हैं। विस्थापन उसकी जिन्दगी का ढर्रा बना दिया

गया है। आजादी के बाद देश के विकास का हर कार्यक्रम आदिवासी की कीमत पर हुआ है। विकास की कीमत वह अपने विस्थापन से अदा करता रहा है। उसके खेत खदानों में बदल गए और जंगल लकड़ी की टालों में समा गए या कुर्सियों, मेजों और फर्नीचर में बदल गए। गाछ खूंटे और बल्ले बन गए और बन गए रेल की पटरियां। अकाल के दिनों में सखुआ के बीज खाकर जिन्दा रहने वाला आदमी सखुआ की चोरी में जेल में ठूंसा जाने लगा और दंड भरने लगा। सखुआ सेठों के ट्रकों में लदा कर शहरों में भेजा जाता रहा।

एकाएक ईंट भट्ठे उग आए, उनके खेतों पर अगल-बगल की जमीन ईंट बन गई, भट्ठों के नीचे के जमीन तप कर तवा यानी खेत बर्बाद। जमीन जोतने वाला आदिवासी ईंट थापने या मिट्टी काटने वाला मजदूर बन गया। इनकी औरतें ठेकेदारों के ऐशो-आराम का हिस्सा और उनके बराहिलों की बर्बरता की शिकार होने लगीं। लेकिन अब ग्रेस कुजूर के शब्दों में विद्रोह कर रहा है आदिवासी मानस। *अब शाखें, नदियां, झाड़ियां, देह, बांहें, गलियां और नसें कमान बन चुकी हैं और कोंपलें, पर्वत, बिरवे आहें, अंगुलियां, आंगन और लहू-तीर बन गए हैं।* अब तो बस 'कलम के तीर' होने का इंतजार है और इंतजार है बिरसा के लौटने का, तभी तो भुजंग मेश्राम का कवि-मन पुकार उठता है—

"बिरसा तुम्हें कहीं से भी आना होगा/ घास काटती दराती हो या लकड़ी काटती कुल्हाड़ी/ यहां वहां से पूरब-पश्चिम, उत्तर-दक्षिण से/ कहीं से भी आ मेरे बिरसा/ खेतों की बयार बनकर/ लोग तेरी बाट जोहते।"

इन्हीं के शब्दों में—*कि "अब घुस आए उनमें कुछ बेसुरे स्वर/ जान गए हैं बजाने बाजे तभी तोड़कर बांसुरी बना ली है मशालें"*

उन्हें अहसास है कि *'जंगल की मुट्ठी में कहानी सवा लाख की'* यानी एकता और चेतना का अहसास बन्द है।

प्यारे केरकेट्टा भी इस शक्ति को नमन कर उठते हैं— *"जोहार उसे इस धरती पर/ कहीं पर भी खड़ा है.....धूप जाडा बरसात नहीं कर सकते परास्त उसे/ जोहार ऐसे शक्तिमान को/जोहार! जोहार!"*

यह उनकी अस्मिता का विकास ही नहीं बल्कि उनके बदले हुए आदिवासी स्वर का द्योतक है। ये केवल आनन्द नहीं बल्कि 'उलगुलान' का स्वर बनने की प्रक्रिया भी है। बस इंतजार है समय को तीर बनने का। कलम तो तीर बन ही रही है। समय! समय के विभिन्न खंडों, मनःस्थितियों और स्तरों की कविता, कहानी, लोकगीतों और लोक-कथाओं को संजोने का प्रयास है यह अंक। समय जो पिछली शताब्दी से आज तक आदिवासी मन में कहीं रिसता रहा है तो कहीं खदबदाता रहा है और अतीत से वर्तमान, वर्तमान से भविष्य को जोड़ने की मुहिम चलाता रहा है। इसीलिए उनकी मांदर हो या बांसुरी सबके स्वर यथाशक्ति अपने सुर बदलने का अभ्यास कर रहे हैं। महादेव टोप्पो के शब्दों में—

महुए की बोतल में/ डुबोने की हो साजिश/ इस जंगल का कवि रहेगा भला कैसे चुप?/ वह धनुष उठाएगा/ प्रत्यंचा पर कलम चढ़ाएगा/ साथ में बांसुरी और मांदर भी जरूर

उठाएगा/ जंगल के हरेपन को बचाने की खातिर।

'स' से 'म' तक की ये उठान यानी सप्तम स्वर तक पहुंचने की ये साधना जारी है, बस इंतजार है 'म' तक पहुंचने की। इस प्रयास में भले केदला वा कुजू कोलियरी में सन् 1980 के अगस्त आंदोलन में वह हमारे साथ केदला कुजु क्षेत्र की कोलरियों में घुस जाता रहा है और अपने विस्थापन के खिलाफ संघर्ष में हजारों की संख्या में महीनों भर जेल काटता रहा है या मेधा पाटेकर के साथ गले तक पानी में डूब कर भी डटा रहा है, पर भागा नहीं। वह आज कोयलांचलों में विस्थापन के खिलाफ चलाई जा रही मुहिम में झारखंड के तपकरा में हिन्दुत्व समर्थक सरकार की बंदूकों से निकली गोलियों का निशाना बनाया जा रहा है। उड़ीसा में आदिवासी समाज को शिक्षित करने वाले गुरु और उनके बच्चों को जिन्दा जलाये जाने की त्रासदी भी झेल चुका है वह। अंग्रेजों और राजपूत राजाओं द्वारा बनाए गए 'जरायम पेशा' कानून को कानूनी तौर पर तोड़ने में सफल होने के बावजूद भी, उन सामाजिक दागों को धोने की मुहिम में धधकता रहा है वह, पर उसकी मुहिम जारी है। ये मुहिम जारी है अंडेमान निकोबार के उन नंगे आदिवासियों की 'जारवा औरत' जिसे—*जब होश आता है तो/ वह रहती है चुपचाप/ जब बेहोश होती है तो घने जंगलों में भागती है वह।"*

केरल में एक विकलांग बच्चे को बदलकर एक प्रवाचक के रुतबे तक पहुंचाने के प्रयास में, ये मुहिम जारी है तो निर्मला पुतुल की चुड़का सोरेन को दी गई चेतावनी में—

"देखो तुम्हारे ही आंगन में बैठे/ तुम्हारे हाथों बनी हड़िया तुम्हें पिलाकर/ कोई कर रहा है तुम्हारी बहनों से ठिठोली" अथवा "ये वे लोग हैं जो—*हमारे ही नाम पर लेकर गटक जाते हैं / हमारे ही हिस्से का समुद्र।"*

पोब्र फेर्नांडिस का आदिवासी मन वर्षा की बेईमानी तक को समझने लगा है जो उनके खेतों को सूखा छोड़ जाती है। अब जंगल में बसी बस्तियों से *उजाले की खोज में* जाते लोग बस्तियों का महत्व समझने लगे हैं—अब अंडेमान के आदिवासी जो अभी भी आदिम युग में रहते हैं और विलुप्त होते जा रहे हैं, से पूछता है, हरिराम मीणा का कवि—

"तुम देख रहे हो कि वो आ रहे हैं/ तुम्हारी नसें तन रही हैं/ तुम्हारी भुजाएं फड़क रही हैं/ तुम्हारे तीर-कमान तने हैं/ तुम एकजुट हो मगर तुम कुछ नहीं कर रहे हो..../ तुम फिर भी चुप हो/ आखिर क्यों? आखिर क्यों?"

यह आदिवासी कवि आज बढ़ रहे बाजारीकरण, सौदागरीकरण और उपभोक्तावाद को भी समझने लगे है और हर बीमारी की दवाई बेचने वाले सौदागर से सावधान करता है जिसकी प्रयोगशालाओं में भेड़ों और बंदरों पर शोध जारी है और जो इन्हें उन्हीं जैसा, उन्हीं के ज्यादा नजदीक समझता भी है। इसलिए अब वह समझ गया है— *"बहरहाल काफी कुछ आ रहा है सौदागर के यहां से/ तम्बाकू के साथ/ तपेदिक की टेबलेट / वीडियो गेम्स के साथ/ मिर्गी के इंजेक्शन/ ब्लू फिल्मों के साथ एड्स का टीका।"* रामदयाल मुण्डा का कवि सावधान करता है—*"मुझको विकास का यह असह्य दर्द देर तक सहना न होगा/ समय से*

पहले ही मेरा काम तमाम होगा'' लेकिन उनके गांव का जतरू ओझा यह भी समझ गया है कि– *''हाथ में डमरू त्रिशूल लिए/ गले में नागमाला/ जटाओं में फंसी गंगा/ विकसती चन्द्र ज्योत्स्ना'' वाले भव-भय हारक भूतेश्वर शिवजी* की हकीकत और अवसरवादिता जो अपना वाहन नन्दी के बदले भैंसा को बना लिए हैं। यानी वे शक्ति के साथ हैं न्याय के साथ नहीं। इसलिए वह बहस करने लगा है भगवान से भी।

आदिवासी कथा भी अब समय के साथ चल रही है। दिनानाथ मनोहर की कहानी 'स्थित्यन्तर'', का नायक भुन्या बाबा भील व्यवस्था के आगे खुद को शक्तिहीन महसूस कर रहा है। जबकि उसके गंडासे की धार अभी भी उतनी ही तीव्र है जिससे उसने गिरधारी के बेटे का हाथ फट से काट दिया था। उसके जेल जाने के बाद भी वर्षों तक उसका गांव उसकी बाट जोहता रहा– लेकिन वह क्या करे? व्यवस्था बदल गयी है, शोषण के तरीके बदल गये हैं। सामने कोई एक व्यक्ति नहीं है जिसका वह हाथ काटकर शोषण रोक देता। प्रजातंत्र के नाम पर शोषकों की पूरी की पूरी जमात खड़ी है जो जनता से कटी है पर संगठित है, इसलिए जनता से बड़ी है। आदिवासी का अपना प्रजातांत्रिक तरीका है जो जन और जड़ से जुड़ा था जो खत्म कर दिया गया है और बस बाकी रह गया है रिश्ता–केवल शोषक और शोषित का। यह सीधा-साधा आदिवासी-मन भौंचक्का है। वह नहीं जानता कि अपनी जमात को किसके खिलाफ ललकारे। उसकी जमात पुलिस की गाड़ी में पीट-पीटकर चढ़ा दी जाती है। वह बूढ़े शेर की तरह गुर्रा कर रह जाता है, अकेला, अपने गंडासे के साथ और सवेरे उसकी लाश मिलती है।

इनकी दूसरी कहानी 'जंगल शांत हुआ'–आदिवासियों के अपने बदलते हुए समाज की कथा है जो अतीत को भूल नहीं रहे हैं या जो समय के साथ बदल नहीं पा रहे हैं और अतीत की यादों को संजोये खत्म हो रहे हैं यानी एक पूरी पीढ़ी खत्म हो रही है। नायक ढोल बजाने में पारंगत है। जंब अतीत में वह ढोल बजाता था तो पूरा का पूरा गांव, जंगल में जुट जाता था और सबकी आंखों में बस एक ही भात्र होता था–प्रशंसा का भाव, उसकी महारत पर गौरवान्वित होने का भाव। पर अंतराल में ढोल का स्थान बैण्ड-बाजे ने ले लिया है और उसकी अपनी 'पोती' की शादी है। उसका अपना बेटा ही उसे ढोल बजाने के लिए आमंत्रित नहीं करता। वह बैंड ले आता है। दो दिन पहले ही उसने अपने फटे ढोल को शादी में बजाने के लिए मोची से सिलवाकर तैयार कर लिया था। बारात आ गई है–बैंड-बाजा बजने लगा है। जब बूढ़े को बुलावा नहीं आता शादी के घर से तो वह ढोल उठाकर बजाते-बजाते जंगल में पहुंच जाता है, जहां कभी पूरा गांव जुट जाया करता था उसके गिर्द। जंगल ढोल की थाप से धमक उठता है और फिर जंगल शांत हो जाता है। ये कहानियां आदिवासियों की पीड़ा और दर्द के साथ-साथ उनकी जड़ों से जुड़े रहने की त्रासदी की कथाएं भी हैं और समय को पकड़ने का आग्रह दर्शाती हैं।

रामधन लाल मीणा की 'अप्रत्याशित' कहानी का नायक राजूलाल न्याय के लिए सब कुछ दांव पर लगा देने पर भी व्यवस्था के आगे हार जाता है। अन्त में वह गांव छोड़कर चला जाता है। उसका बेटा प्रीतम जो चुपचाप सब कुछ देखता है, अन्याय सहन नहीं कर पाता, वह भी गांव छोड़ देता है। अगले दिन एक साथ तीन गोलियां चलती हैं, गांव के तीन

लोग–पटवारी और उसके दो साथी मारे जाते हैं। ये अप्रत्याशित घटना आगे आने वाली पीढ़ी के अप्रत्याशित कदमों का संकेत दे जाती है जिनका गुस्सा बोली में न उतर कर, हाथों में उतर आ रहा है।

आदिवासी कथाकार औरतों के प्रति भी संवेदनशील हैं– शंकर लाल मीणा की कहानी 'कहानी के बाहर की औरत' बेनकाब करके रख देती है उस विकसित आदिवासी पुरुष मानसिकता को जो कहानी की औरत का सपना पालता है और घर की औरत की उपेक्षा करता है–मजाक उड़ाता है और उसे फूहड़ मानकर अजायबघर की चीज समझता है। हालांकि उस घर की औरत के सारे पिछड़ेपन का जिम्मेवार उसका खुद का पुरुष समाज ही होता है जो पितृ प्रधान है। हजारी लाल मीणा का नायक कहानी की नायिका कौशल्या को वापिस ले आने के लिए मन बना लेता है, पुलिस अधीक्षक सूंडा राम की पत्नी धापुड़ी जैसी प्रेरक महिला से मिलने के बाद, जो ग्रामीण वेश में बड़े तपाक से अपने अफसर पति के साथ रहती है।

उसी तरह वाल्टर भेंगरा की कहानी–'खखरा का जतरू' पढ़ने-लिखने के बाद भी अपनी जमीन और समाज को नहीं भूलता और अपनी बचपन की प्रेमिका अनपढ़ एतबा से शादी कर, अपने विकास के सब प्रलोभन छोड़कर अपने गांव और समाज के विकास के लिए गांव लौट आता है। यह आदर्शवादी कहानियां कही जा सकती हैं पर दिशा सही है और ये कहानियां आदिवासी समाज की विकृतियों के प्रति भी जागरूक हैं।

ये कहानियां यह इंगित करती हैं कि शिक्षित होने के बाद भी आदिवासी समाज का पुरुष वर्ग अभिजात समाज की नकल करता है और अपनी पत्नियों को उपेक्षित रखता है या अपना गांव छोड़कर, खेत छोड़कर आधुनिकता में खो जाता है। गांव के विकास को याद नहीं रखता, जतरू इसका अपवाद है जो एक आदर्श के रूप में पेश किया गया है।

कृष्णचंद टुडू की 'एक वित्ता जमीन' हो या रोज़ केरकेट्टा की 'भंवर' दोनों कहानियां सम्पत्ति में आदिवासी लड़कियों को अधिकार न देने की प्रचलित प्रथा के विरोध की कथा हैं, जिसमें आदिवासी समाज लड़की की हत्या तक करने पर उतारू हो जाता है। प्यारे केरकेट्टा की कहानी 'बेरथअ बिहा' वर्षों पहले लिखी गई उस आदिवासी समाज की कहानी है जो धर्म परिवर्तन के बाद भी अपनी संस्कृति को कायम रखता है क्योंकि संस्कृति को वह धर्म नहीं मानता–जीने की शैली मानता है। ये कहानी आज भी प्रासंगिक है। क्योंकि आदिवासी, पहले आदिवासी है ईसाई या हिन्दू बाद में। ऐसे हिन्दू तो वह कभी रहा ही नहीं। इसी कहानी में पहाड़ पर गाये जा रहे पाडू की आवाज से आदिवासी युवतियों का मन खासकर प्रत्यक्ता औरतों का मन विचलित हो उठता है। कहानी की नायिका जवाब में जो गीत गाती है, वह भी लड़की से छोटे दूल्हा होने की परंपरा का प्रतीक है जो आज भी उस समाज में कहीं-कहीं हो रहा है। उसकी पंक्तियां– *''कब तक युवक तुम जवान होगे/ तुम्हारी दाढ़ी मूंछें उगेंगी/ मैं तुम्हारी प्रतीक्षा करूंगी''* उनकी दूसरी कहानी 'लोदरो समधी' आदिवासियों में व्याप्त नशाखोरी की आदत का व्यंग्यात्मक चित्र है। यह आज भी प्रासंगिक है क्योंकि इसी नशे के कारण जिसे हिन्दू धर्म ने आदिवासियों के लिए देवता का प्रसाद करार कर दिया, वह पिछड़ा है। आदिवासी समाज में व्याप्त प्रथाओं का चित्रण है कि विधवा भी दोबारा विवाह

कर सकती है—इस कहानी में यह संकेत भी है जो औरत के अधिकारों का द्योतक है।

मंजू ज्योत्स्ना की 'प्रायश्चित' कहानी का नायक रिक्शा चालक है जो नगाड़ा बजाने और नाचने में माहिर है। पूरा परिवार सुरबद्ध गाता है-नाचता है। एक कमरे में गुजर करता है लेकिन उसकी जो दुल्हन आती है वह बदसूरत ही नहीं बेसुरी भी है, पर है घर के कामों में सुघड़। वह खुद कमाकर घर में पैसा लाती है—पर है बांझ। सास के, आस-पड़ोस के, ताने सहती है लेकिन जब उसका पति उसको बांझ कहता है तो वह प्रतिकार कर उठती है। इस पर पति उसे पीटता है। वह मायके चली जाती है और आत्महत्या कर लेती है। उसके बाद नायक हर रोज शराब पीकर देर से घर लौटता है और एक दिन एक पेट फूली बदसूरत-सी औरत को साथ लिए घर आता है, जिसके गर्भ में बच्चा है। वह औरत दारू बेचती थी। उसी दौरान कोई ग्राहक उसे बच्चा देकर चला गया और ये रिक्शा चालक दूसरे के बच्चे को अपना नाम देने के लिए उस औरत को ब्याह लाता है। संभवतः वह अपनी पत्नी की मौत के अपराध-बोध का प्रायश्चित करता है। ऐसी संवेदना जंगल के आदमी में ही हो सकती है, शहर के भेड़ियों में नहीं।

पीटर पॉल एक्का की कहानी 'राजकुमारों के देश में' विस्थापन के दर्द के साथ-साथ गांव की तिकड़मी चौकड़ी— मुखिया, ठेकेदार, सरपंच और पुलिस के नंगेपन को उजागर करती है जिसके द्वारा अनेकों आदिवासी लड़कियां गांवों में बलात्कार की आग में झोंक दी जाती हैं।

आदिवासी उपन्यास संख्या में कम ही नजर आते हैं। हमने सुदूर दक्षिण के केरल, आंध्रप्रदेश, पश्चिम के राजस्थान और पूरब के झारखंड के आदिवासी लेखकों के उपन्यासों के अंश दिए हैं जो उनके वर्तमान और अतीत से जुड़े हैं। पीटर पॉल एक्का के उपन्यास 'जंगल के गीत' जहां विरसा के नेतृत्व में हुए उलगुलान के संदर्भ से गांव के नायक और नायिका को जोड़कर उलगुलान की भावना को जीवित करने की चेष्टा करता है तो रागो का उपन्यासकार आदिवासी समाज में सामाजिक विकृतियों, रूढ़ियों और प्रथाओं में कैद औरत का विद्रोह दिखाकर उसे जंगल में बंदूक उठाने का हौसला देता है और उसकी अपनी लड़ाई को पूरे समाज की लड़ाई में बदल देता है। कोचीन के नारायण का उपन्यास आदिवासियों में प्रचलित औरत पर मामा के बेटे के अधिकार की परंपरा से बगावत के साथ-साथ, उसके पिता के रूप में बदलते समय के साथ चलने और आदिवासी मानस के बदलाव की कथा भी है। शंकर लाल मीणा के उपन्यास 'सपनों वाली वह दुबली लड़की' एक आदिवासी पढ़े-लिखे, अपने समाज से आगे बढ़ गए संवेदनशील युवक के सपनों की वह लड़की है जो उसे जिन्दगी के हर मोड़ पर मिलकर कभी दिशा देती है तो कभी उलझा देती है।

आदिवासी साहित्य में नाटक भी ढेर सारे लिखे गए हैं। कृष्ण चन्द्र टुडू के नाटक तो विश्वविद्यालय के पाठ्यक्रमों में भी शामिल हैं। हम इस अंक में दो नाटक दे रहे हैं। युवा आदिवासी साहित्यकार सुनील कुमार 'सुमन' जहां अंबेडकर की विचारधारा से प्रभावित होकर अपने नाटक 'एक बार फिर' में वर्तमान राजनीतिक परिवेश का मूल्यांकन करते हैं वहीं रोज केरकेट्टा 'नुझइर डांड' के माध्यम से आदिवासी संस्कृति को हड़प रहे वर्तमान राजनीति के प्रति विद्रोह जताती हैं। आदिवासी के इस वर्तमान स्वरूप को जो धन-बल और

बल से विकृत हो चुका है, लोकतंत्र को स्वीकार नहीं कर पा रहे हैं क्योंकि इसने उससे बहुत कुछ छीन लिया है। वह फिर से प्रकृति की गोद में अपना राज स्थापित करना चाहता है, रोज केरकेट्टा के नाटक का यही है मूल स्वर। सुनील कुमार ने वर्तमान राजनीति में हो रहे आदिवासियों का भगवाकरण, तुष्टीकरण और एक बार फिर दलितों, आदिवासियों को हाशिए पर धकेल देने की साजिश को विद्रोही तेवर में व्यक्त किया है।

'अरावली उद्घोष' के एक बड़े पाठक वर्ग की शिकायत थी कि 'युद्धरत आम आदमी' ने दलित लेखकों के अंक तो निकाले लेकिन आदिवासी साहित्यकारों को संकलित करने के लिए कुछ नहीं किया। वास्तव में यह शिकायत जायज थी क्योंकि लघुपत्रिका आंदोलन को समाज के उस वर्ग के पास जाना नितान्त जरूरी है जिसे व्यवस्था, समाज, धर्म, राजनीति और सभ्यता ने हाशिये पर जबरन डाल रखा है—इस समझ के प्रति प्रतिबद्ध होने के नाते ही हमने उस चुनौती को स्वीकार किया। हमारी इस चुनौती को 'अरावली उद्घोष' के संपादक श्री वी.पी. वर्मा पथिक ने एक मुहिम का रूप दिया और व्यक्तिगत तौर पर भी रचनाकारों, अनुवादकों से संपर्क स्थापित कर इस अंक को मूर्त रूप देने में अपना अमूल्य सहयोग दिया। बिहार एवं झारखंड में सुश्री वासवी, ग्रेस कुजूर, डॉ. डोमन साहू समीर ने भी हमें पूर्ण सहयोग दिया। रोज़ केरकेट्टा(रांची) डॉ. वी.कृष्ण, कंचन जटकर, प्रतिभा मुदलियार, विमल थोरात, जयन्त परमार, वर्षादास, केरल के सी.आर. सुरेन्द्रन, श्री वी.के. रवीन्द्रनाथ एवं सुश्री रति सक्सेना, हम इन सभी के आभारी हैं क्योंकि इन लोगों के सहयोग से ही यह अंक निकालना संभव हो सका। मुम्बई के सुधीर ढवले तथा सुधा जी के भी हम आभारी हैं, यदि उनका सहयोग न मिलता तो महाराष्ट्र के मूर्धन्य आदिवासी लेखक, विचारक एवं क्रांतिकारी, समाजवादी चिंतक वाहारू सोनवणे, भुजंग मेश्राम तथा दिनानाथ मनोहर से संपर्क साधने से हम वंचित रह जाते।

हमारा यह भी एक नीतिगत फैसला है कि जो भी ऐसे विशेषांक छपेंगे उनकी सामग्री को पुस्तक रूप भी दिया जाएगा ताकि वह दस्तावेज बन सके और अब यह 'आदिवासी स्वर और नई शताब्दी' पुस्तक का पहला खंड आपके समक्ष है। आपकी कसौटी पर हम कितना खरे पाए हैं ये तो आपकी प्रतिक्रिया से ही पता चलेगा पर हमारा यह प्रयास जरूर आपके सामने है जो संभवतः पहली बार किसी ने किया है।

रमणिका गुप्ता

सी-5, लाजपत नगर-1,
नई दिल्ली-110024

अनुक्रम

अनूदित कहानी

मलयालम

मराठी

संथाली

खड़िया

उपन्यास अंश

तेलुगू

मलयालम

विविध

व्यंग्य

नाटक

हिन्दी

खड़िया

लोक-कथाएं

खड़िया

संथाली

कोण्डा एवं कुम्बी द्रविड जनजातिय भाषा की लोक-कथा

ग्रेस कुजूर

एक और जनी-शिकार

एक

कहां है वह फुटकल का गाछ
जहां चढ़ती थी मैं
साग तोड़ने
और गाती थी तुम्हारे लिए
फगुआ के गीत
जाने किधर है
कोमल पत्तियों वाला
कोयनार का गाछ
जिसके नीचे तुम
बजाया करते थे / मांदर और बांसुरी?

कहां गई वह सुगंध
महुआ[1] और डोरी[2] की
गूलर[3] और केयोंद[4] की
कहां खो गया बांसों का संगीत
और जाने कहां उड़ गई
'संधना'[5] की सुगंध ?

सखुआ[6] की पत्तियों में
किसने किए हैं सुराख
कैसे बीनूंगी उनकी पत्तियां
कैसे सीऊंगी दोना और पतरी
अब तो बढ़ने लगे हैं
दातून भी / टेढ़े मेढ़े

दो

संगी रे --
कितने चमकते थे
पटवा में खोंसे हुए तुम्हारे
उजले पंख-बगुले के
और कितना लहराता था
अखरा[7] में नाचते वक्त
तुम्हारी तोलोंग[8] का फुदना
कितना सुकून पैदा करती थी
रात के सन्नाटे में
मांदर की थाप
और हवा में घुलते
'अंगनई'[9] और 'डमकच'[10] के गीत

अब कहां है वह अखरा?
किसने उगाए हैं वहां
विषैले नागफनी
बार-बार उलझता है जहां
तुम्हारी 'तोलोंग' का फुदना
क्यों उदास है आज
'पटवा' के उजले पंख ?
हवा में नहीं तैरते अब
'अंगनई' और 'डमकच' के गीत
सिल गए हैं होंठ मेरे
धतूरे के कांटों से.....

मेरा जूड़ा बहुत सूना लगता है संगी ---
सरहुल के फूलों बिना

1-3-4 जंगली फल, 2 महुआं का बीज, 5 करील, 6 शाल का वृक्ष, 7 नाचने का स्थल, 8 पुरुषों का कमर में बांधने का पट्टा जो आगे पीछे झूलता है 9-10 एक प्रकार का आदिवासी राग

और लगता है
कहीं अटक गया है
किसी डाल पर 'करमा' का गीत
नहीं सुनाई पड़ता है अब
बारिश की बूंदों का वह
पत्तियों से झरता हुआ संगीत
नहीं है 'टोकी' में अब
'पियार'[1] और 'पिठोर'[2] की मिठास
न 'खुखड़ी'[3] न 'रूगड़ा'[4]
न घोंघी और केकड़ा
नहीं बुझती अब प्यास
'कादो'[5] हो गया है
डाड़ी[6] और चुआं का पानी

संगी रे—
न जाने कौन से देश उड़े
क्षितिज के पार वे
हरे खेतों में विचरते बगुले
नहीं खेलती झूमर अब
'डोभा'[7] के पानी में
'गीतू' और 'बुदु' मछलियां
फंसने लगे हैं क्यों/ 'कुमनी'[8] में
ढ़ोंढ़[9] बहुत दुमुंहे?
और बार-बार फिसलने लगी है क्यों
हथेलियों से जिन्दगी यहां
मांगुर की तरह ?
हे संगी !
क्यों घूमते हो
झुलाते हुए खाली गुलेल
जंगल-पहाड़, नदी-ढ़ोढ़ा[10]
तुम्हारी गुलेल का गोढ़ा[11]
डूबते हुए लाल सूरज की तरह
अटक गया है
टहनी में
क्या तुम्हें अपनी धरती की
सेंधमारी सुनाई नहीं दे रही ?
क्या अब भी निहारते हो
अपने को
दामोदर और स्वर्ण रेखा के
काले जल में ?
किसने की है चोरी
भिनसरिया में ढेंकी के संगीत की
और उखाड़ी है किसने
'आजी'[12] के जाता[13] की कील?

'पुटुस'[14] तक को
उखाड़ कर ले जाएंगे लोग
और तब
तुम खोजोगे उसकी बची हुई जड़ों में
अपना झारखंड
हंड़िया और दारू से सींच कर
क्या किसी ने उगाया है—
कोई जंगल ?

हे संगी !
तानो अपना तरकस
नहीं हुआ है भोथरा अब तक
'बिरसा आबा का तीर'
कस कर थामो
टहनी पर अटके हुए
सूरज के लाल 'गोढ़ा' को
गला दो अपनी हथेलियों की
गर्मी से
और फैला दो झारखंड की

1-2 जंगली फल जो ग्रीष्मकाल में होते हैं, 3-4 मशरूम या खुम्बे जिसे छोटा नागपुर में फुटका या पुट्टु भी कहते हैं, 5 कीचड़, 6 एक प्रकार का उपला कुआं, 7 ऊपर के खेत का पानी जो निचले खेत में गिरता है, को डोभा कहते हैं, 8 बांस का लम्बा सा ढांचा जिससे धनखेत में मछली फंसाई जाती है, 9 पानी का सांप। 10 नाला, 11 गुलेल से फेंके जाने वाला पत्थर, 12 दादी, 13 चक्की, 14 जंगली झाडी जो छोटानागपुर के पठारी इलाके में पायी जाती है।

फुनगियों पर
भिनसरिया में उजास
चटकने से पहले
बेध डालो
हां, बेध डालो
दामोदर और स्वर्ण रेखा को
काली नागिन बनने से पहले
कि देख सको तुम
उसके निर्मल जल में
सिर्फ
मछली की आंख
अर्जुन की तरह

और अगर
अब भी तुम्हारे हाथों की
अंगुलियां थरथराईं
तो जान लो
मैं बनूंगी एक बार और
'सिनगी दई'[1]
बांधूंगी फेटा
और कसेगी फिर से
'बेतरा'[2] की गांठ
नहीं छुपेगी अब
किसी ग्वालिन[3] की कोई साठ-गांठ

सच !!
बहुत जरूरत है झारखंड में
फिर एक बार
एक जबरदस्त
जनी-शिकार।

हे समय के पहरेदारो!

पर्वतों की फिज़ाओं से
आती आवाज़ों को
कभी सुना है तुमने
जिनकी गुफाओं में
प्रकृति सोती है
जहां कंदराओं में
हवाएं झूलती हैं
खामोश है जहां
ऋषि-मुनियों की
मौन भाषाएं
और जुड़ी है
वन-प्रांतर की
अनेक कथाएं
जिनकी तराइयों में
बहती है जीवन की
कई धाराएं
क्या तुमने कभी देखा है
पर्वत को रोते?
क्या कभी सुनी है
उसके हृदय की आवाज़
क्या कभी देखा है
उसका टुकड़े-टुकड़े होकर
बिखर जाना?

इसके बावजूद
देखी होगी तुमने
उसके हृदय की
निर्मल धारा
सुनी होगी उसकी
जल तरंग
जिस नदिया के किनारे

1 एक आदिवासी महिला नेत्री जिनके नेतृत्व में रोहतासगढ़ के रक्षार्थ आदिवासी महिलाओं ने लड़ाई लड़ी थी। तभी से जनी-शिकार की परंपरा आदिवासी महिलाओं में चली आ रही है जिसके तहत वे मर्दों के कपड़े पहन कर शिकार करने निकलती हैं। 2 बच्चे को पीठ पर बांधने वाला कपड़ा। 3 एक ग्वालिन ने शत्रुओं को बताया था कि सिनगी दई और उसकी सेना स्त्रियों की है। इसके बाद ही आदिवासी सेना को आक्रमणकारियों ने हराया था।

तुमने बजाई होगी
अपनी राधा के लिए
सौतन बांसुरिया
जिसकी डगरिया पर
फोड़ी होगी उसकी गगरिया
आज तुम
अपने ही स्वार्थ के लिए
पर्वतों के पत्थर
तोड़ रहे हो
बारूदी गंध से
जीवन को मरोड़ रहे हो
क्या कभी नदिया
लौट कर पूछेगी
अपने खंडहर होते
पर्वतों से—
कि कहां गया
उनका उद्‌गम ?
कहां गया उनका वैभव ?

तब पर्वत रोएगा
सूख जाएंगी उसकी धाराएं
न किसी मोहन की बांसुरी
तड़पेगी नदी किनारे
अपनी राधा के लिए
और न फूटेगी
कोई गगरी
न कोई पकड़ेगा
गांव का बालक
नदी के रेत में
'टेंगरा' और 'गीतू' मछरी

एक बूंद पानी के लिए
तड़प-तड़प जाएंगी
हमारी पीढ़ियां
इसलिए
मैं सच कहती हूं

हे समय के पहरेदारो!
तुमने अवश्य सुना होगा
एक वृक्ष की जगह
लगाओ दूसरा वृक्ष
क्या कभी सुना है
एक पर्वत के बदले
उगाओ दूसरा पर्वत

करोड़ों साल में बने
इन पर्वतों को
तुम्हारे बारूदी मन ने
फिर-फिर तोड़ा है
और कुंवारी हवाओं को
हर बार छेड़ा है—
जिसके धूल-कणों ने
तुम्हें तो मुंह छुपाना
भी नहीं आता
शायद इसलिए
उगा रहे हो धूल
छुपाने के लिए मुंह
शुतुरमुर्ग की तरह

इसीलिए फिर कहती हूं
न छेड़ो प्रकृति को
अन्यथा यही प्रकृति
एक दिन
मांगेगी
हमसे
तुमसे
अपनी तरुणाई का
एक-एक क्षण
और करेगी
भयंकर..... बगावत
और तब
न तुम होगे
न हम होंगे !

बौना संसार

जब-जब औरत को
धरती के नीचे तक दबना पड़ा है
तब-तब
अंकुरित हुई है वह
जब कभी तुम हारे थके
पथिक की तरह
आगोश में आए हो उसके
तब-तब बरगद सी हुई है वह
लेकिन तुम्हें उसका बरगद होना
अच्छा नहीं लगता
तुम—
कैद कर देते हो उसे—
गमले में किसी बोनसाई की
मानिंद
इसके बावजूद वह फूलती है
फलती है
और तुम उसके
इसी बौनेपन में कितने खुश हो
ओह .....
कितना बौना है यह आदमी
और उसका बौना संसार !

मेरा आदम मुझे लौटा दो

दोनों थर-थर कांप रहे थे
दीवारों को कान लगाए
बड़े गौर से जांच रहे थे
ईंट पत्थर एक-एक कर
ढह रहे थे
या कि ढहाए जा रहे थे
लेकिन दोनों
तहखाने के
अंधेरे कोने में दुबके
सांसें भींच रहे थे
कुदालों और गैंतों की
हर आवाज पे
रुक-रुक जाता था
जिस्मानी नसों का लहू

बाहर भयानक शोर था
और थी हवा में तल़खी
हजारों जोड़ी मुट्ठियां
इन मुट्ठियों में
ताकत थी या आक्रोश
यह तो नहीं मालूम
लेकिन वे नहीं थे
जो तहखाने के नीचे
एक दूसरे से लिपटे
थर-थर कांप रहे थे
और अचानक भरभरा कर
इतिहास एक बार फिर
सूने पृष्ठों की तरह
पसर गया धरती पर
लिखे जाने के लिए
एक बार और

आज फिर हो रही है खुदाई
गैंते और गंड़ासे
फिर चल रहे हैं
लोग खड़े हैं सांस रोके
आज कंपकंपी तहखाने में नहीं
बाहर है
इतिहास ऊपर नहीं
नीचे है
मुट्ठियां आज हवा में
नहीं तैर रहीं
बल्कि चुपचाप
देह में सरगोशियां कर रही है
इसके साथ ही उभर आए

मिट्टी के ढेर पर
एक दूसरे से गुंथे हुए
दो कंकाल

भीड़ हतप्रभ
उभर रहा था एक ही सवाल
कौन राम ? कौन अल्लाह ?
कौन किसका कंकाल
तभी भीड़ को चीरते हुए
बेतहाशा हांफते हुए
'हव्वा' एक बार फिर
चिल्लायी थी
"मेरा आदम मुझे लौटा दो !"
"मेरा आदम मुझे लौटा दो !"

कलम को तीर होने दो

शाखें हो गईं कमान सब कोंपल तीर
देखना बाकी है कलम को तीर होने दो

उगल रही धरती आग है
धुंआ हमने पीया है
बूंद-बूंद को तरसे लोग
बूंद बहा कर जीया है
नदियां हो गईं कमान सब पर्वत तीर
देखना बाकी है कलम को तीर होने दो

वे लूटने-लुटाने आए
हम गए परदेश
धरती उजड़ी जंगल उजड़े
रह गया क्या शेष?
झाड़ियां हो गईं कमान सब बिरवे तीर
देखना बाकी है कलम को तीर होने दो

कोयले की धूल में सोए हैं पांव
कांधों पे अपने ही
ढोए हैं गांव
देह हो गई कमान सब आहें तीर
देखना बाकी है कलम को तीर होने दो

ईंटों के भट्टों में
सीझ गई जिंदगी
रोटी की खोज में कहां नहीं भागी
बांहें हो गईं कमान सब अंगुलियां तीर
देखना बाकी है कलम को तीर होने दो

अंगनई और डमकच
हवा में नहीं बोल रहा
भूखा है शहर गांवों को लील रहा
गलियां हो गईं कमान सब आंगन तीर
देखना बाकी है कलम को तीर होने दो

क्या कर लेंगी उनका
बंदूक और गोलियां
लांघते ही देहरी
हजारों कहानियां
नस-नस हो गईं कमान सब लहू तीर
देखना बाकी है कलम को तीर होने दो

अमन की संजीवनी

याद आता है मुझको वो दिन
जब पहली बार तुम सरके थे
पेट के बल मचल-मचल कर
कई बार तुम लुढ़के थे
तब हम सब बहुत हंसे थे
सामने रखी गेंद
जब कभी तुम लेने को मचलते
लुढ़क जाती थी वो आगे की ओर
तब तुम खीझ कर

और तेजी से सरक जाते थे

बटालिक-द्रास और कारगिल की
पथरीली पहाड़ियों पर
आज सरकते देख तुम्हें
याद आता है मुझे वह दिन
जब पहली बार तुम सरके थे
बस्ते का बोझ उठाए
तुम्हारे मासूम कदमों ने
क्या कभी सोचा होगा
कि कल मीलों चलना है ?

लेकिन आज तुम्हारी पीठ पर
बस्ते का बोझ नहीं
बोझ है तो सिर्फ थोड़े से गर्म कपड़े
खाने की कुछ सूखी चीजें
कुछ गोली, कुछ बारूद
कंधे पर है भारी बूंदक
इंच दर इंच सरकते
दुश्मनों की गोलियां से बचते
छिल गए हैं तुम्हारे कुहनी और घुटने
रिसते हुए तुम्हारे जिस्म के लहू ने
द्रास कारगिल और बटालिक के
पत्थर-पत्थर पर
लिख डाले हैं तुम्हारे नाम

सरहद की तमाम पहाड़ियों को
सींचा है तुम्हारे लहू ने इतना
और उगाई है हम सब के लिए
अमन की वो संजीवनी बूटियां
कि मूर्छित किसी लक्ष्मण के लिए
इन पहाड़ियों को उठा तो क्या
हिला भी नहीं सकता
कोई बजरंग बली ! *

कलम मौसम बदलेगी

मिसाइलों और तोपों की आवाज़
अब कानों को सुनाई नहीं पड़ती
सुनाई पड़ती है
तो सिर्फ गर्म रेत पर गिरते हुए
तुम्हारे लहू की आवाज़
सिहर-सिहर उठती हैं
जिस्मानी नसें और
धमनियों में कहीं अटक जाता है
लहू का एक कतरा अब रेगिस्तान में
रेत की आंधियां नहीं चलतीं
रेत गीली हो गई है
इंसानियत के लहू से
अब खजूरों की तमाम शाखें
लहू के भार से झुक गई हैं
रेगिस्तान के सूने पन्नों पर
इतिहास के काले अक्षरों को दुहराने

लेकिन ए अमन के परिंदो
एक बार खजूरों के देश हो आओ
लाओ वहां से हम सब के लिए
मीठे खजूरों की गुच्छियां
तेल की धार न देखो
देखो कलम की धार
तुम्हारे लिए
हां तुम्हारे लिए
कलम मौसम बदलेगी
कलम मौसम बदलेगी! ❑

---

* *शैलेन्द्र श्रीवास्तव द्वारा सम्पादित 'कलम उगलती आग' से साभार !*

हरि राम मीणा

खत्म होती हुई एक नस्ल *

हमें पता नहीं
हम बंदर की औलाद हैं
या भगवान की मंसा
मगर पैदा आदम-जात ही में हुए

नहीं छेड़ी हमने हिफाजती मुहिम
मौसमों के खिलाफ
घर नहीं बनाये
मगर बेघर महसूस नहीं किया
रहे अपरिग्रही फिर भी धनी

हमने युगों-युगों से
खतरनाक सुअरों से लोहा लिया
उन्हें खूब छकाया
मगर खरोंचों के अलावा
कोई हादसा नहीं हुआ

हमने नारियल के ऊंचे दरख्तों को
खिलवाड़ माना
उनके फलों के स्वाद को जाना
मगर उन्हें बरबाद नहीं किया
ना ही उन्होंने हमें सताया
जहरीले सांपों से हम खेलते रहे
समुद्री जीवों से रही हमारी दोस्ती
तूफानों से हमारा कुछ नहीं बिगड़ा
यहां तक कि—
भूकंप और ज्वालामुखियों ने भी
हमें नहीं उजाड़ा

मगर—
जिन्होंने हमें गोलियों से भूना
वे इंसान थे
जिन्होंने हमें टापुओं के इधर-उधर खदेड़ा
वे इंसान हैं
और जो हमारी नस्ल को उजाड़ेंगे
वो इंसान होंगे !

* *बर्तोल्त ब्रेख्त की कविता से प्रेरित होकर।*

बेदख़ल होते हुए

ऐसा लगता है
जैसे हमारे परिचित से शांत जंगलों में
घुस रहे हैं
दूर दिशाओं के तेज अंधड़
समुद्रों से उठ रही आग की लपटें
पृथ्वी की सारी सभ्यता
एक भीमकाय रोड रॉलर की मानिंद
लुढ़कती आ रही है हमारी जानिब
और हम बदहवास भाग रहे हैं
खोह और गुफाओं की ओर
खोज रहे हैं किसी चट्टान का आसरा
धंस रहे हैं
घने पेड़ों और झुरमुटों में
लहूलुहान और भौंचक्के
बेदखल होते हुए
हमारी अपनी पुश्तैनी जमीनों से!

कैसे करोगे साबित

सभ्यता के नाम पर
आखिर कर ही दिये जाओगे बेदखल
हजारों सालों की तुम्हारी
पुश्तैनी 'भौम' से
कोई और होंगे अब कानूनी हकदार
नारियल के इन दरख्तों के

चौंकोगे भयानक आश्चर्य से
देखकर हरे कबूतरों को नदारद
कि अब कहां आसरा पायेंगी
मृत शिशुओं की आत्माएं
पुनर्जन्म तक
(तुम्हें पता नहीं
हरे कबूतरों का मांस
कितना जायकेदार
और ताकतवर होता है)

तुम्हारा 'बोनाबिलाईकोवा'[1]---
गायब होगा ही 'रूत' द्वीप से
किसी अचीन्हें टापू की तलाश में
प्रेतात्माएं नहीं होंगी खुश
सुअर की बलि से
और तट की ये
नीली मछलियां चली जायेंगी
काले पानी की खौफनाक
गहराइयों में

तुम नहीं कर पाओगे साबित
कि इन नीली मछलियों से
इन प्रेतात्माओं से
उस महाबली 'बोनोबिलाईकोवा' से
उन हरे कबूतरों से
नारियल के इन दरख्तों से
थे कोई आदि-संबंध तुम्हारे
और हां यह भी तो नहीं
कि पुश्तैनी थी यह जमीं
चूंकि—तुम्हारे पास कोई पट्टा
कोई खातेदारी
कोई वसीयत
कोई बख्शीश नहीं है
ना ही है कोई दस्तावेजी सबूत
चश्मदीद गवाह भी तो नहीं है
बस अपने सिवा

तुम्हारी गवाही
कैसे होगी काबिले एतबार?

फिर कैसे करोगे साबित
सभ्यता की इस अदालत में
कि यह 'भौम' तुम्हारी थी ?

सभ्य हो जाने पर

नंगा देखना चाहता था मैं तुम्हें
इसलिए नहीं कि इसमें कला है
या कि मेरी काम-कुण्ठा
'एन मे!'[1] तुम तो मुझे
पैंट और टी शर्ट में मिले
और 'चाइला'[2] तुम मेक्सी में

कैसे पहचानूं कि आदिम दाग
कहां-कहां हैं बदन पर ?
कहां हैं वे खरोंचें जो आती रहीं
नारियल के पेड़ों से
फिसल-फिसल कर ?
कहां हैं वे विष-सर्प-दंत-क्षत

1 रुत्त द्वीप में रहने वाला आदिवासी देवता। 1-2 'एन मे' और 'चाइला' जारवा जनजाति के दंपति।

टापुई तट पर
बिखरे समुद्री खोलों के घाव
कहां-कहां हैं ?

और हां सबसे बड़ी जिज्ञासा
किस-किस अंग-उपांग पर
सहोगे वे आघात
जो तुम पाओगे
सभ्य हो जाने पर ?
इन सभ्य वस्त्रों में
कैसे बताओगे अपने हालचाल
तुम्हारी आंखें तो भौंचक्की और
पथरायी-सी हैं
और भाषिक-संवाद असंभव !

जिंदा है हूबहू

इनके बारे में सोच-सोच
मेरे मन में नहीं फूटी
लाल-लाल पोरों वाली
कोंपलाई चैती
नग्न और भरी-भरी
किशोरियों में
नजर नहीं आये
मुग्धाओं के उन्नत उरोज
जंघातट या रतिनिमग्नता
पुरुषों में नहीं तलाश पाया
मैथिलीशरण गुप्त की तरह
(आदिम) उदात्त नायक
नहीं पिघल सका
'शुक्ल' या 'पन्त' की तरह
अक्षय प्रकृति वैभव में
और ना ही 'महादेवी' की तरह झरा
फूल पत्तियों में छिपे
'चैतन्य' को अनुभूत कर

इन्हें सोच-सोच
मुझे नहीं लगा कि मैं व्यक्त करूं आभार
सूर्य प्रसूता रात्रियों का
या स्वागत करूं शुभ्रवर्णा अर्जुनी का
या कि 'षोड्श-नमन' करूं
भगवान भास्कर को
पक्षियों के कलरव में मुझे सुनायी नहीं दीं
भोर-वंदना की सरगम भरी ऋचाएं
इनका ध्यान आते ही
सूखी लकड़ी में तब्दील होने लगीं
मेरे हृदय से जुड़ी सारी रुधिर वाहिकाएं
रुक-सा गया ग्रन्थियों का स्राव
भटक गये सारे संवेद
मस्तिष्क की चट्टानी गुफाओं में

मैं होने लगा अदृश्य
अपने ही कैनवास से उभरने लगा
एक काला-कलूटा बदशक्ल भद्दा
अपढ़ उज्जड्ड जंगली नंगा इंसान
जिसका सारा बदन लहूलुहान
चेहरे और छाती पर उभरे थे
जंगली सुअर के दांतों के निशान
जांघ और पिण्डलियों पर आयी हुई थीं
नारियल के खुरदरे तनों की खरोंचें
समुद्र से भी खारा जिसका लहू
जिन्दा है हूबहू आदिकाल से
चूंकि उसके शरीर में थी गजब की ताकत
और अस्तित्व को बचाये रखने का
अनाप-शनाप जीवट!

टिप्पणी : 'सेन्टेनेली' ऐसी अकेली जनजाति है जो अभी भी शेष दुनिया से पूर्णरूपेण अलग-थलग और 'हॉस्टाइल' है। इनके नजदीक आज तक कोई नहीं गया और गया तो लौट कर नहीं आया। इन्हें यदा-कदा दूर से ही देखा गया है।

ओंग जनजाति : अंतिम-संस्कार

उस मृत शरीर को लेकर
जा रहे थे नंग-धड़ंग दो जने
घड़ी भर के डेरे से दूर
प्राण निकलते ही
चार-छः बलिष्ठों की एक टोली
घने जंगलों को चीरती
अदृश्य हो गई
कुछ ही पलों में
उन गमगीनों के बीच
ला पटक दिया गया
मोटी खाल का एक बन्दी सूअर

अब खुद चुकी थी
तीन फीट लंबी चौड़ी और गहरी
कब्र
'क्यूबो' की छाल से
इस कदर बांध दिया गया उसे
कि छाती से चिपक सकें दोनों
घुटने
और ढांप सकें दोनों हथेलियां
चेहरे को
इस दौरान सूअर को
कर दिया गया हलाक
बिठा दिया गया अब उसे
कब्र में
वहीं उसके इर्द-गिर्द
रख दिये गये उसके औजार
और हां वह मरा सूअर भी तो
ढंक दिया गया उसका चेहरा
हथेलियों के बावजूद
'लाइक्यूला' पाम की पत्तियों से
रपेटने से पहले
खोल दिये गये उसके बंधन
अब भी वह वैसे ही बैठा था
अपने औजारों और 'शिकार' के साथ
उसका चेहरा समुद्र की ओर था
उधर नंग-धडंग अजनबी मानव-प्रजाति
धंसी जा रही थी घने जंगलों में
और वह नितांत अकेला
धरती की गुप्त गोद में
पिघल रहा था चुपचाप!

सरदार बख्तावर सिंह से मिल कर

इस बदहवासी
और स्वार्थी सभ्यता के बीहड़ों में
एक तुम ही तो नजर आये
प्रेम के पाखी
नहीं तो हमें लोग ऐसे मिले
जैसे कोई 'क्रेज' पाले हों
किसी विरले वन्य-जीव को देखने का
या बीड़ा उठा रखा हो
हमें हमारी भौम से खदेड़ने का
या फिर हमें बंदरों की तरह मान
खाद्य-सामग्री देने का
ताकि
खींच सकें वे फोटो
और दिखाते रहे जिंदगी भर
कि वे भाग्यशाली हैं
जो देख आये हैं अण्डमान के
नंगे आदिवासियों को
अगर कोई बुद्धिजीवी हो उनमें
तो हमें सभ्यता की मुख्यधारा में
लाने की पेचीदा बहस में उलझता

टिप्पणी : डी.एस.पी. श्री बख्तावर सिंह ऐसे एकमात्र व्यक्ति हैं जो खतरनाक समझे जाने वाले आदिवासियों से घुल-मिल सकने में कामयाब हो सके। मूलतः लुधियाना (पंजाब) के, परंतु अब पोर्टब्लेयर के स्थायी वासी हैं।

अंत में यह निर्णय निकाले
"इन्हें डिस्टर्ब मत करो
नंगे आदिवासियों का
ऐसा खुला म्यूजियम
कहां मिलेगा हमें देखने को।"

सभ्यता के नाम शहीद होना

अगर
सभ्यता का तात्पर्य
संपत्ति का प्रत्यय
और संपत्ति का निहितार्थ
शोषण और स्वार्थ
तो भागते रहना नंग-धडंग
पकड़ में मत आना
बस नहीं चले तो
डूब मरना
बंगाल की खाड़ी के
काले पानी में
पीढ़ी दर पीढ़ी किश्तों में मरने से
बेहतर है
सभ्यता के नाम पर शहीद होना !

वह 'जारवा' औरत

वह आयी नहीं थी
आ ही नहीं सकती थी वह
आखेट के दौरान रुकी थी
प्रसव वेदना से
उसकी टोली निकल गई थी आगे
शिकार का पीछा करती
या बाहरी दबाव से आगे बढ़ती

देख लिया तभी
उसके आदमियों ने नहीं
हम में से किसी ने........
फिर वह पोर्टब्लेयर के अस्पताल में थी
प्रसव में कोई तकलीफ नहीं हुई
सद्य-जनी नन्ही बच्ची लेकर
वह जाने लगी
तो रोक ली गई
ठहरा दी गई– चौकीदार के घर में
पर जाना ही था उसे
इसलिए रोक नहीं सका कोई
और वह चली गई
वहीं जहां से लाया गया था उसे
वह जब तक रही एक तमाशा बन कर रही
पोर्टब्लेयर में
नहीं स्वीकारा उसे उसके लोगों ने
वह पुनः गर्भवती जो थी
पर मारा-पीटा नहीं गया उसे
कोई सजा भी नहीं दी
वह बहुत रोई
बहुत गिड़गिड़ाई
"मेरा कोई दोष नहीं....
मैंने कोई पाप नहीं किया
जो कुछ किया चौकीदार ने किया"
वे नहीं माने
और उनकी टोली धंस गई जंगलों में
उसे अकेला छोड़कर

इस बार वह स्वयं आयी
पहुंच गई पुनः पोर्टब्लेयर में
नहीं जानती थी कहां जाये ?

अब निकोबार में है वह
एक क्रिश्चियन मिशनरी में
उसका नाम मुझे याद नहीं
होगा कोई 'मेरी' या 'ऐनी'
एक 'स्ट्रेंजर' की शुरुआती पहचान के साथ
अब वह एक और बच्चे की भी मां है

पढ़ते हैं दोनों बच्चे
पढ़ती वह स्वयं भी
अब बातचीत कर सकती है वह
कपड़े पहनती है वह
किंतु अकेली है वह
बच्चों में उसका मन नहीं लगता
उसे सपने आते हैं
उसे सपने आते हैं—
इन पांच वर्षों से पूर्व काल के

कई बार वह सदमे में
बेहोश हो जाती है
उसे जंगल दिखायी देते हैं
भागते सूअर दिखायी देते हैं
उसे लगता है
जैसे वह अभी-अभी चढ़ सकेगी
नारियल के पेड़ पर
समुद्र से निकाल लायेगी
सीप, घोंघे और मछलियां
सूअर की खोपड़ी लटकाएगी
गल-हार के रूप में
'क्यूबो' की रस्सी से बनाएगी
समुद्री खोलों का भुजबन्द
लाल मिट्टी से सजायेगी
अपना चेहरा
नुकीली सीपी से संवारेगी
अपने बाल

जब होश आता है तो
वह रहती है चुपचाप
जब बेहोश होती है
तो भागती है घने जंगलों में वह।

सभ्यता का विस्तार : एक हादसा

देखो! तुम देख रहे हो कि वो आ रहे हैं
तुम्हारी नसें तन रही हैं
तुम्हारी भुजायें फड़क रही हैं
तुम्हारे तीर-कमान तने हैं
तुम एकजुट हो
मगर तुम कुछ नहीं कर रहे?

देखो ! वे तुम्हारे टापू के तीर पर हैं
अब आ चुके हैं वे
तुम्हारे टापू पर
तुम छिप क्यों रहे हो?
तुम आक्रमण कर सकते हो
मगर तुम डर रहे हो आखिर क्यों?

देखो! उन्होंने कब्जा कर ही लिया
तुम्हारी जमीन पर
तुम्हारे नारियल के जंगलों
सुपारियों के मोटे पेड़ों पर

देखो! तुम्हारे पेड़ गिर रहे हैं
समुद्र मैला हो रहा है
तटों पर प्लास्टिक की थैलियां बिखरी हैं
मछलियां दूर चली गईं
आक्टोपस छुप गये
और सी-शेल टूट गये हैं
और तुम चुप हो?

देखो! आखिर तुम्हें खदेड़ ही दिया न
तुम्हारी जमीन से
तुम्हें नेस्तानाबूद करने के लिए
पर फिर भी तुम चुप हो?
क्यों? आखिर क्यों? ❑

टिप्पणी : अण्डमानी भाषा में 'जारवा' का अर्थ अजनबी होता है। 'जारवा' जनजाति का नाम भी है।

शंकर लाल मीणा

परदेसी सौदागर

एक

बरसों बाद फिर आया है
परदेसी सौदागर
पहले वह
दर-ब-दर की ख़ाक छानता
पहुंचा था दरबार में
ग़ाफ़िल बादशाह के समक्ष
इस बार
खुद दरबार ने बुलाया है उसको
बाक़ायदा न्यौता भेज कर
पहले वह
जै-जैकार करता था दरबार की
और देता था दुहाई
अपना पेट पालने की
पर अब वह खुलेआम
दरबार और दरबारियों की
क्षमता पर संदेह करता है
और अपनी ओर से
दरबार की प्रजा का
पेट पालने का प्रस्ताव रखता है
शराफ़त तो देखो सौदागर की—
हमारा भला करने के लिए भी
हमारी इजाजत चाहता है

दो

परदेसी सौदागर के जलवे देख
हमारा सारा वजूद बन गया है
सिर्फ एक चुंधियाई हुई आंख
ठहर गया है जहां-का-तहां
दिमाग की ध्वनियों का रक्त
स्थिर हो गई है हमारी 'मेंटल एज'
चीखने लगे हैं हम भी
सुन कर उनका वीभत्स-गान
थिरकने लगे हैं
देख कर उनका श्मशान-नृत्य
हमारी सांस्कृतिक जड़ता को
तोड़ने के लिए
कई चीजें हैं सौदागर के पास—
माइकल जैक्सन—मैडोना
एम.टी.वी.—बोल्ड एंड ब्यूटीफुल....
इनसे न टूटे तो फिर
डायनासोर है—ड्रैगन है—अनाकोंडा है
स्पीड और 'इंडिपेंडेंस डे' है।

तीन

गरीबी को अमीरी में बदलने के लिए
रातोंरात
कई उत्पाद हैं सौदागर के पास
पचास रुपये का चाकलेट
सौ रुपये का हम्बर्गर दो सौ का हॉट-डॉग
चार सौ का कंटुकी चिकन
आठ सौ का केंकड़ा....
मज़ा भी स्वाद भी और पौष्टिकता भी
कोला और पेप्सी में
दूध-दही से ज्यादा
'कैलोरीज़' होती हैं

यह पहले कहां जानते थे हम ?
और भी बहुत कुछ है—
पच्चीस हजार की स्कॉच
पचास लाख की मर्सिडीज़
तीन करोड़ की घड़ी
छह अरब का हार....

चार

सौदागर हर बीमारी की
दवाई बेचता है
इस दवाई से जो बीमारी होती है
उसकी भी दवाई बेचता है
इसके बाद भी कुछ हो
तो उसके लिए शोध जारी है
प्रयोगशालाओं में
उन भेड़ और बंदरों पर
जो मंगवाए गए हैं हमारे यहां से
सौदागर का ख़याल है
जो इनको माफ़िक आएगा
वह हमको भी आएगा
डार्विन के विकासवाद को
सही-सही समझने के बाद
सौदागर का निष्कर्ष है—
हम ज्यादा नजदीक हैं
बंदर और भेड़ के
बनिस्बत किसी और के
बहरहाल काफी कुछ आ रहा है
सौदागर के यहां से
तंबाकू के साथ
तपेदिक की टैबलेट्स
वीडियो गेम्स के साथ
मिर्गी के इंजेक्शन
ब्लू फिल्मों के साथ
एड्स का टीका
'आर.डी.एक्स' के साथ
पोस्टमार्टम के नवीनतम उपकरण
वगैरह-वगैरह....

पांच

हम जैसे फटीचरों में
विश्व-सुन्दरी ही नहीं
ब्रह्मांड-सुन्दरी भी हो सकती है
सौदागर से पहले
इसका एहसास कहां था हमें ?
अब तो हमारी
एकमात्र चिन्ता—सौन्दर्य
एकमात्र चिन्तन—सौन्दर्य
एकमात्र महत्त्वाकांक्षा—सौन्दर्य
सौन्दर्य को आंखों से परख कर
निर्णय करने का तरीका
पुराना है और अवैज्ञानिक भी
इसलिए सौदागर
पहले सुन्दरी के
कपड़े उतरवाता है
चला-फिरा कर देखता है
फीते से नाप कर देखता है
छत्तीस-चौबीस-छत्तीस हो
तब आगे बढ़ता है
फाइनली आई.क्यू. देखता है
इन सबके बाद निर्णय लेता है
ऐसे में मज़ाल है
जो कहीं चूक हो जाए
हर सुन्दरी कोशिश करती है
मदर टेरेसा बनने की
नेल्सन मंडेला होने की
इंदिरा गांधी, मेधा पाटेकर....
पर कुछ नहीं कर पाती
सिवाय सौदागर के बनाए
साबुन, शैम्पू, पेस्ट
और सेनेटरी नैपकिन बेचने के....। ❑

सरिता सिंह बडाईक

मोर के पंख

जिज्ञासा की बैलगाड़ी पर
बैठो मेरे साथ
चलो देहात
आम के मंजर की
बौराई सुगंध में
कोयल का मन भी
वश में नहीं
चिल-चिलाती धूप में
पीठ में 'छउवा' बांधे
सिर में 'काठी' लादे
ठेहुना तक पहने साड़ी
केश कुसुम तेल से सनी
बनैल फूलों को खोंस
गले की सिकरी बजाते
दौड़ते हुए चल रहे हैं पांव
ढूंढता नहीं कोई
शीतल वृक्ष की छांव
उसे शीघ्र पहुंचना है पड़ाव

दूर किसान जानवरों को हांके
गमछी से पोंछता पसीना
हीः लीः होः कह कर
बतियाता गोरू
छगरी पठरु से
अपने अन्नदाता की
जुबान की बोली समझते
चल रहे हैं पागुर भांजते
दूर से मांदर की आवाज
गांव में बाजार है आज
कुहू पक्षी की आवाज से
सुरीला होता हुआ वातावरण
नवयौवना सप्ताह भर की
मैल को
चुवां-तालाब में घंटों धोती है
"आज बाजार का दिन"
एक त्यौहार लेकर आया है
नून-तेल एक दिन
पहले सिराया है
चलो बाजार के उस पार
जहां नौजवान मुर्गा लड़ा रहे हैं
हो-हल्ला करके
मुर्गे को तैश में ला रहे हैं
किसी की पराजय तो निश्चित है

चलो दादी के पीछे
सौदा खरीदते
जो अपने आंचल को
हर बार सिर पर चढ़ाती
सौदे का मोल पूछती
और हर सौदे के मूल्य पर
अफसोस कर
गुजरा जमाना याद करती—
"पहले तो हम सारा बाजार
बारह आने में खरीद लाते थे
अब तो आने की
थाह नहीं लगती
छटाक भर तेल के लिए
हजार आने
कमर में बंधे अंचरे से

छिलक जाते हैं''

स्कूलों में आज छुट्टी है
खरीद सकें
जरूरत के सामान
किताब-कापी कुमनी
और तीर-कमान
एक भार आलू-शकरकंद बेच
खरीदता है 'वह'
एक कमीज और पैन्ट
उसी कपड़े में
शाल निकालनी है
दारू की दुकान में
पियक्कड़ों की भीड़
गाली-गलौज
'उफ'
चलो शहर की ओर
उतरो—
जिज्ञासा की बैलगाड़ी से
ठहरो
गांव की इस छवि को
संघर्ष और मेहनत की कली को
जो है कल्पना से अनजान
सर पर खोंस लो
'मोर के पंख' की तरह !

चाहत

अभी चाहत के प्रभात का
सूर्य उगा नहीं
अभी
मासूम कलियों के होंठ
ओस से भीगे नहीं
अभी तक रात
ओस के पानी से भीगी
उसमें हिलोरें लेती है
दर्द-सनी खामोशी बन
कोयल की पहली कूक को
नहलाया है
प्रभात का संदेशा आया है
''हां सुबह हो गई''
जागी हैं उधर उस ओर
'मंदिर की घंटियां'
'अल्लाह हू अकबर'
गिरजे की घंटियां
फिर भी क्या बात है
अभी चाहत के प्रभात का
सूर्य उगा नहीं!

नन्हें सपनों का सुख

मेरा जीवन
नन्हें सपनों का मोहताज है
नन्हे सपनों की बदौलत
मेरी अस्मिता है आज
ये नन्हा सच
सिर्फ मेरा है
जो मेरे 'गर्भ' में है
मेरा कल इसी पर निहित है
मेरे अरमान
इसी से सुसज्जित हैं

बड़ी खामोश सी जिंदगी
बह रही थी
''आएगी कभी खुशी''—
कह रही थी
तुम अपने भावों को शब्द दो
जन्म के साथ उसे कर्म दो
देखना जिंदगी की कविता
क्या निखार लाएगी

उसकी मासूम सच्चाई
दुःखों को सहलाएगी
आएगी वो आंगन में
नया छंद नया पद्य बनकर
किलकारियां मारती
घुटनों के बल चलती
खिलखिलाती सुबह की
मासूम धूप-सी
वह कविता के रूप-सी
नन्ही-नन्ही अंगुलियों से
तेरी हथेलियों को चूमेगी
ये तेरे नन्हें सपनों की
शुरुआत है
एक नई सुबह की
सौगात है
मेरा जीवन नन्हें सपनों का
मोहताज है
जिस पर मुझे नाज़ है।

बूढ़ा बरगद

"पार कर चुका अब
रिश्तों की सरहद
बूढ़ा हो गया बरगद
कर दो इसका वध
और वसूलो नकद"
विकृत होते स्वर से लैस
टांगी और कुल्हाड़ी के बीच
कितनी कुरूप लग रही थी
वह भीड़
लोग जैसे कि आदमखोर

बचपन में पापा के संग
कितने प्यार से
पगडंडियों पर चल-चल कर
लोटा-लोटा पानी लाते
और पटाते
बरसाती पानी पाकर
अपने आप उग आया था
यह बरगद का पौधा

यह बच्चा बरगद
वक्त की सुनहरी धूप में
गठीला होता हुआ तना
युवा होने का
संकेत दे रहा था
पापा की तरह
इसकी छांव में
बिछने लगी थी खाट
गांव के बुजुर्गों का
रोज लगता था मजमा
आकाशवाणी पर
आंख और कान लगाए
बैठते थे लोग मंत्र-मुग्ध
मेरी शरारतों पर
बरगद का
रोम-रोम पुलकता
डाल की हर पंत्तियां भी
बलराम काका का
स्वागत करतीं
क्योंकि वो शहर की
कच्ची-पक्की
खबरों का लगाते थे अम्बार

आज क्या हो गया उन्हें
जो बरगद के साथी थे
उन सब की मारी गई मति
यह प्रकृति की संपत्ति
कैसे बनी विपत्ति
आज क्या हो गया उन्हें ?

बाप-बेटी

किसान की बेटी
पोटली में लिए
मडुए की रोटी
मिर्च नमक थोड़ी सी
चली आ रही है

बाप पसीने से तर
काम में लगा है
आंखें घर की ओर टंगी हैं

शाम पहर
छप्पर से उठता है धुआं
याद आते हैं
धुआं उगलते लोग
जंगल से बीनी पतूर से
काली कलूटी हांडी में
भात पक रहा है
याद आते हैं गैस लाइटर

आलू साग जो बूढ़ी 'आयों' ने
सुखाए थे पूस की धूप में
गर्म माड़ में खौला कर
बना लेते हैं दाल
याद आ जाता है 'मटन सूप'
चांदनी ने अभी यौवन में
पांव धरा ही है
रात के निस्तब्ध वातावरण में
याद आता है जागा शहर
जागते
किंतु सोए हुए
चलते फिरते लोग
चांदनी का बीतता यौवन
झुर्रीदार बुढ़ापे में कदम

इधर
रात की बेटी 'सुबह'
ओस में नहाई
अपने बापू को उठाती है
धीरे-धीरे
बदन की मीठी थकान के साथ
एक स्वप्निल नींद से जागा बापू
याद नहीं
कल की कड़वी थकान
निकल पड़ा हल और बैल लेकर!

रोपनी

दूर से आती हुई
मांदर की आवाज़
झूमता सा नजर आता
छोटानागपुर आज
हल्की-हल्की नशे की घूंट से
तन-मन में जोश भर गया

अखरा में नाचती हुई
बूढ़ों जवानों और
नवयौवनाओं की टोली
याद दिला रही है
आज रोपनी
काले घने बादलों के बीच
भींगता हुआ सर
माथे से टपकती बूंद
हाथों में धान का बीड़ा
घुटने तक कादो में धंसे पांव
गा रहा है सारा गांव
दो होठों के बीच
सुरीली 'सरिता' का बहाव
कितनी कर्णप्रिय

दूर से आती हुई
मांदर की आवाज़।

बेटी और नागफनी

'आयो'
छेदी थी कान
नागफनी के कांटे से
लोला पहनने की रीझ
फुर्र हो गई टीस
पता नहीं था
इसी छेद से होगा यौवन-प्रवेश
'आजी'
जो करमा उपास-दिन
पीठ पर उठाये
करमा राजा के
सात चक्कर लगाती है
सो अब छूटने को है

'बुधनी'
पुटुस मंजी के रस से
जब पांवों और होठों को
रंगने लगी
सपने कचनार के से गमकने लगे
लाल सुतरी
कुंवारी मांग में सजाए
महुआटांड की
कोयनार छांव में जब वह
अकेली
आईने से बतियाने लगी
आबा यह समझी
बेटी 'बियाह' लायक हो गई

लाल पाड़वाली सादी साड़ी
पहन कर बुधनी
जब दुल्हन बनी
आबा ने दहेज में
एक जोड़ी बाछी
भेंट की दामाद को
बिदाई के क्रंदन से
बुधनी लोर-झोर
आयो से आखरी बार मिली

जब दो जान की हुई
बुधनी
आर्जी परपोते की कल्पना से
हो उठी रोमांचित
प्रसव पीड़ा में चल बसी
बुधनी
श्मशान जाने से पहले
नागफनी कांटे से
भेदे गये हथेली और पांव
अरवा सूतरी से बांधी गई बेटी
सरसों छींटी गयी
घर से श्मशान तक
ताकि कांटे चुभे पांव से
सरसों न चुन सकें हाथ
और वापस न आ सके
बेटी अपने गांव !

रिश्तों का बोझ

निभा रही है रिश्तों का बोझ
दिवंगत पति के स्मृति शेष में
स्वयं को नहीं पाती खोज
पिता ने वसीयत बना कर
पति को सौंपा
मदमस्त पति के सिंदूरी
सपनों का धोखा

राख सा दिख रहा है
फूल सा खिला बदन
थोथे उसूलों की चारदीवारी में
मूढ़ मर्यादा की घूंघट तले
सिसकती है प्रतिभा

सास को मतलब है
थके चेहरे में एक इंच
जादुई मुस्कान
चाहता है ससुर
घूंघट की ओट में
मान-सम्मान
पति को सजी-संवरी
पत्नी पर रुझान

बच्चों के प्रति
मां की जिम्मेवारी
इतनी नहीं आसान
कहां तक कैसे करे
रिश्तों का निर्वाह
जीवन जीए किस राह

उस दिन उमस से ऊब
उबल पड़ी थी निभा
''आधी पढ़ाई करके छोड़ी हूं
एम.ए. की परीक्षा लिख ही दूं''
पति ने व्यंग्य बाण से
सुखा दिए थे प्राण
''तुम जाओ दफ्तर
मैं बैठूं अपने घर
ऐसा ही था तो
ब्याह ही क्यों किया
खुश रहो विधाता ने जितना दिया''
आज वक्त की आंधी ने
तिनके को ऐसा बिखेरा
कि पता ही नहीं चलता
इस डाल में कभी था बसेरा

बूढ़ी हो चली है सास
उखड़ पड़ती है श्वास
इस विराट शहर में
सर्टिफिकेट की फाइल लिए
लड़खड़ाए फिरती है
अध-घिसी चप्पलों में पांव
अब नहीं हैं आंखों में आंसू
न ही कोई सपना
नन्हें-मुन्हों का कोई नहीं अपना
होती अगर मैं सावित्री
तो यम के द्वार से
ले आती इन मासूमों की मुस्कान
यम को सौगंध देकर
हंसूं कि रोऊं
अपनी नियति पर ? ❑

डॉ. राम दयाल मुंडा

विकास का दर्द

बन गया हूं गीदड़
रहा दौड़
शहर की ओर
मरने के पहले
या कि एक पेड़
विशाल शाल का
गिरा
जा रहा चीरा
बीच मशीन आरा
देश के लिए
कहते हैं
विकास के लिए

अब तो और जल्दी
यह काम होगा
विकास के विशेषज्ञ
दुनिया के विकसित देश
मेरे देश का साथ देंगे
ऋण में आकंठ
डूबे हैं तो क्या हुआ ?
सूद वापसी के लिए भी
और ऋण लेंगे
"यावज्जिवेत सुखं जीवेत्
ऋणं कृत्वा घृतं पिवेत्"

मुझको विकास का
दर्द यह असह्य
देर तक सहना न होगा
समय से पहले ही मेरा
काम तमाम होगा ?

वापसी

उस दिन बंधन को
बड़ा अच्छा लगा था
जब उसने महीनों की
ऊहापोह और अनिश्चितता के बाद
निश्चय कर लिया था
कि वह अपने पुराने गांव को
वापस चला जाएगा
जब रेलगाड़ी छूटने की
सीटी बजी थी
तो उसके शरीर में एक विचित्र
सिहरन दौड़ गई थी
आसाम के चायबागान में
काम करते-करते बीते
दस साल का समय सिकुड़ कर
कुछ भी नहीं रह गया था
उसकी दृष्टि के चारों ओर
उसका पुराना छोड़ा हुआ गांव
एक जादू की तरह छा गया था

गांव को जाती लाल मिट्टी की सड़क
अब तो पक्की हो गई होगी
इमली के पेड़ के नीचे नाच-अखाड़े से लगा
एक स्कूल होगा
और ढोल-नगाड़े की गूंज के बीच

बच्चों का हल्ला-गुल्ला
अब कुछ दूसरा ही लगता होगा
और
लोग भी तो बदल गए होंगे
वह बूढ़ा ओझा रांदो गुरु
अब क्या करता होगा?
अस्पताल की दवा-दारू
और सूई-टिकिया के सामने
उसकी झाड़-फूंक अब कुछ
कमजोर पड़ गई होगी
लेकिन दादी का चटाई बुनना....?
अब भी वैसे ही सुनाई देता होगा
आधी रात को कभी-कभार
गांव के कुत्तों का भूंकना.....

और तब वह जगा दिवास्वप्न से
उसके सामने था
हृदय को सुन्न कर देने वाला
एकाकीपन
यह नहीं कि वह अकेला था
लोगों की कमी नहीं थी
लोग आ-जा रहे थे
एक भारी व्यस्तता थी चारों ओर

बंधन हर चेहरे को
पहचानने की कोशिश करता
लेकिन हर चेहरा उसे यों देखता
जैसे वह कोई
बड़ा प्रश्नवाचक चिन्ह हो
बंधन के सामने
तब और अब और उसके बीच का
सारा समय निश्चल खड़ा है
तब वह भाग गया था
अपना गांव छोड़ कर
अब उसका गांव भाग गया है
उसे छोड़ कर !

परिवर्तन

जब जतरू ओझा का ध्यान भंग हुआ
तो सामने देख कर
पहले तो उसे विश्वास नहीं हुआ
एक परिचित से चेहरे वाला आदमी
भैंस की पीठ पर बैठा हुआ
उसकी ओर देखते हुए
मंद-मंद मुस्कुरा रहा है
फिर जतरू ने गौर किया
हाथ में डमरू-त्रिशूल
गले में नागमाला
जटाओं में फंसी गंगा
विकसती चंद्रज्योत्स्ना
"अहो भाग्य !
भवभयहारक भूतेश्वर शिवजी, आप ?"
जतरू का चेहरा चमक उठा
"हां बच्चा मैं वही हूं—
तुमने मेरा स्मरण किया है न ?"
"हां प्रभु!
लेकिन मुझे डर है कि मैं गलती से
कोई अनुचित हठ तो नहीं कर बैठा ?"
"मैं नहीं समझा बच्चा डर किस बात का ?"
शिव जी घबराए
"यही कि मैं कहीं आपको
अपने प्रिय नंदी को छोड़ कर
भैंस पर चढ़ कर दर्शन देने की
प्रार्थना तो नहीं कर बैठा ?"
"नहीं बेटा घबराओ नहीं
आजकल मैंने स्वेच्छा से ही
भैंस को अपना वाहन बनाया है।"
"लेकिन आपका परंपरागत........?"
"अरे छोड़ो परंपरा की बात
इस समय फायदा
अवसरवादी बनने में ही है

जब जिधर हवा का रुख देखा
उधर ही झुक गए बांस की तरह
परंपरा समय के उल्टे पड़ती थी
मैंने भी अपना वाहन बदल दिया''
''वह क्यों प्रभु ?''
जतरू ने उत्सुकता दिखाई
''इसलिए कि मैंने देखा
मेरे नंदी से दुर्व्यवहार हो रहा है
बैल के रूप में
गाय के रूप में
बछड़े के रूप में
देखा कि झगड़े हो रहे हैं
मेरे नंदी को लेकर
उसके भक्षकों और रक्षकों के बीच
लोग भूल गए उसके मालिक को''
''लेकिन आप ही के
एक साथी ने तो कहा है
जनता अपने नेता की
नकल करती है
कहीं इसीलिए तो ऐसा
नहीं हो रहा ?"
जतरू ने अपनी सुनी-सुनाई
बात कही
"जो भी हो बच्चा
अब मैंने अपने नंदी से
उतना काम लेना छोड़ दिया है
अब मैं इस काम के लिए
चिर-उपेक्षित भैंस के इमेज का
डवैलपमेंट कर रहा हूं
और इस संदर्भ में देश की
कुछ माइनारिटियों का
कल्याण भी करना चाहता हूं !"
शिवजी के चेहरे से
संतोषगुण झलक रहा था
''लेकिन भैंस और माइनारिटी
याने अल्पसंख्यक.......?
मैं नहीं समझा''
''हां हां बच्चा भैंसवालों को मैं
अल्पसंख्यक ही मानता हूं
देखे नहीं हैं तुमने ?
शहर की तिरस्कृत जगहों में
इनके कबीले ?''
''देखा है प्रभु लेकिन वे तो......।''
''हां हां, मैं समझ रहा हूं
तुम क्या कहना चाहते हो
लेकिन वे अपने को
अल्पसंख्यक ही बताते हैं
इसलिए मैंने उनकी प्रार्थना
तथास्तु कह कर स्वीकार कर ली है !"
''अब समझा,
तो कल्याण के इस काम को करने की
आपकी कोई योजना भी होगी ?''
''हां हां, योजना जरूर है—
योजना क्यों नहीं होगी ?
तुमने देखा होगा
जहां-जहां उनकी भैंस बंधती हैं
वहां मैं अपने लिंगम का दर्शन कराता हूं!"
''लेकिन प्रभु ऐसा करते समय
आपने कभी सोचा है
कि वहां पहले से ही किसी
अन्य देवता का वास है?
कि वह किसी अन्य का खेत है, चास है?
यह तो एक अनाधिकार.......''
जतरू अपना तर्क जतला रहा था
''बच्चा लगता है
तुम इस नए शिवजी को नहीं जानते
भैंस वालों की लाठी भी होती है
इसी पर प्रसन्न होकर मैं दौड़ आता हूं
अभयदान देने को !"
शिवजी भैंस की पीठ पर जरा दुबक गए
''लेकिन प्रभु ऐसा करके आप
लोगों को लड़ा रहे हैं

आपस में सिर तुड़ा रहे हैं !"
जतरू को राष्ट्रीय एकता संबंधी
बातें याद आईं
"यह तो कोई
नई बात नहीं हुई बच्चा
धर्म के नाम पर तो लड़ाई
होती ही है
कहा है स्वधर्म में सड़ते हुए
मर जाना भी श्रेयस्कर है"
"सड़ते हुए ?"
जतरू को लगा कि शिवजी का
उद्धरण गलत था
"लड़ते हुए बच्चा
मेरी जीभ लड़खड़ा गई
मैं कह रहा था भक्तों के बीच
लड़ाई ही नहीं करवा सका
तो वह धर्म कैसा ?"
"लेकिन प्रभु ऐसी लड़ाइयों में
लड़ मरने वाले लोग कुछ और होते हैं
और इस स्थिति में
फायदा उठाने वाले कुछ और !"
"जैसे?" शिवजी ने जतरू की
बुद्धि का पीछा करना चाहा
"जैसे धीरे-धीरे तुम्हारे लिंग के
चारों ओर एक मठ बनता है
फिर एक मठाधीश बैठता है
तब अलग-अलग दुकानें बनती हैं
किराए के मकान बनते हैं
पता है कैसे बनते हैं ?"
जतरू का चेहरा एक प्रगतिवादी—
कवि की तरह हो रहा था
"लेकिन इसमें कुछ भी
बेतुका नहीं है बच्चा
लोग मुझे हर-हर कहते हैं
मैं कहां से हारता?
जहां होगा वहीं से न?"
शिवजी ने सफाई देनी चाही
"यहां का माल वहां
यह तो आपको शोभा नहीं देता प्रभु !"
"मुझे वह भी पता है बच्चा
इसीलिए तो कुछ लोग
उसी स्थिति में बम-बम कहते हैं!"
"उसका मतलब क्या हुआ प्रभु"
"बम लाओ, बम लाओ?
और क्या?
तुम कब तक संदेह में पड़े रहोगे बच्चा?"
शिवजी जतरू की ओर
प्रसादी मुस्कान के साथ देख रहे थे
"धन्य हो प्रभु
तुम्हारी महिमा अपरंपार है
.....यतो इमानि भूतानि......"
जतरू ने वंदना के ये शब्द कह कर
जैसे ही आंखें खोलीं
शिवजी अपनी भैंस सहित
वहां से खिसक गए थे !

कथन शालवन के अंतिम शाल का

वीरान शालवन!
कैसा विरोधाभास!
किंतु लगता है कालक्रम में
बहुत-सी असंगतियों की तरह
यह असंगति भी लोग सह लेंगे
जब अग्रजों-अनुजों का यह
समवेत संहार समाप्त हो जाएगा
और इस व्यर्थ में से
एक नया अर्थ निकलेगा
मुझे दुःख इस बात का नहीं है
कि मैं कट रहा हूं
विकलांग होकर भी कहीं न कहीं
मेरा अस्तित्व रहेगा

और उस अर्थ में मैं अजर-अमर हूं
किंतु यह जो अपने साथी
जंगल के आदमी के
किसी बड़े काम में नहीं
आ सकने का दर्द है
वह मुझे कहीं
चैन से नहीं रहने देगा
मेरे ही सामने उस दिन
ठीकेदार साहब ने
नागों की झोपड़ी को देखकर
अपने इंजीनियर
साथी से कहा था
"बेवकूफ हैं साले टिम्बर से घिरे हैं
पर
ढंग का मकान बनाने की भी
अक्ल नहीं आई"
फिर उन्हीं के सहयोगी कहते हैं
"जंगल का आदमी
जंगल काट कर बर्बाद कर रहा है
इसलिए इसकी रक्षा होनी चाहिए"
शायद इसीलिए इसकी
रक्षा हो रही है
टिम्बर मर्चेन्टस के गोदामों में
उनकी तिजोरियों में
नोटों के बण्डलों के रूप में!
जंगल के आदमी को क्या मिला?
फल-फूलहीन कंटीली झाड़ियां
पानी के बहाव से निरंतर
छंटती जा रही
अनुर्वर जमीन?

मैं जानता हूं
नए जंगल भी लगेंगे
किंतु वह शालवन नहीं होगा
कमर्शियल पेड़ होंगे
जिसका अर्थ हुआ
कामर्स से जिसे काम नहीं
उसके लिए पेड़ की सृष्टि का उद्देश्य
कामर्स से
बहुत ऊपर तक जाता है
उसके पीछे जो दृष्टि है दिव्य है
हमसे मिलने वाले कंद-मूल
फल-फूल सबके हैं
मैं सब कुछ देख रहा हूं
क्रोध से पागल हुआ जा रहा हूं
अगर इस षड्यंत्र का पता होता
तो विकसित करता अपने भीतर
विषाक्त कोई द्रव
जो मेरी खाल छूने वालों को
कर देता खार-छार
या कि ओढ़ता कांटे
जो चुभते मात्र दृष्टिपात पर
कभी-कभी सोचता हूं
अच्छा ही हुआ
कि अपने साथी के
जीवन के पूर्ण विघटन के पहले
हम ही जा रहे हैं
विघटन जो यों ही हो रहा है
हमसे लगे किंतु
कुछ स्वतंत्र कारणों से भी
इस समय इस आदमी की
नियति ही कुछ ऐसी हो गई है
कि उसकी सुगति की आशा
अगति से दुर्गति में बदल गई है
यह परिवर्त्तन
जरूरी है शायद
सभ्यता का पतन
जरूरी है शायद
जरूरी है शायद।
❑

महादेव टोप्पो

बिन मुर्गे के झारखंड में सुबह

झारखंड में नहीं होगी
अब सुबह दादा!
दरअसल
जिस मुर्गे को तुमने पाला था
गांव-देश और जवानों को
जगाने के लिए
कुछ पढ़े लिखे विलायत से लौटे लोग
प्रधानमंत्री के साथ
मिलकर खा गए
अब मुर्गा नहीं बोलेगा दादा
तीर-कमान हो गए हैं बंद
राष्ट्रीय संग्रहालयों में
फिर भी कुछ लोग
तीर-धनुष ले आए हैं
लगे हैं जंग जिनमें
धनुष भी है काफी ढीली
ऐसे में प्रहार कैसे होगा दादा ?
दरअसल
हम इतने हैं गरीब
और नासमझ दादा
कि अपनी ही कीमती वस्तुओं का
हमें मूल्य पता नहीं
कब किस भाव में क्या बेचें
यह नहीं है हमें पता
इसलिए तो दादा वक्त से पहले ही
बेच आए हम मुर्गा

अब अगर झारखंड में
होगी भी सुबह दादा
तो घंटे बजेंगे
घड़ियाल बजेंगे
लाउडस्पीकरों में
फिल्मी धुनों पर भजन बजेंगे
अजान की आवाज़ भी देगी सुनाई
मगर मुर्गा नहीं बोलेगा दादा

बिन मुर्गे के झारखंड में सुबह !
कैसा लगेगा दादा ?
कैसा लगेगा ?

जंगल का कवि

जब जंगल की
सारी विद्रोही आवाज़ों को
जंगल के पेड़ों के हरेपन को
हरे-भरे होकर सीना तान
पहाड़ों पर घाटियों में
उगने लहराने की
उनकी आकांक्षा को
महुए की बोतल में
डुबोने की हो साजिश
इस जंगल का कवि
रहेगा भला कैसे चुप ?

वह धनुष उठाएगा
प्रत्यंचा पर कलम चढ़ाएगा
साथ में बांसुरी और मांदर भी
जरूर उठाएगा

जंगल के हरेपन को
बचाने की खातिर
जंगल का कवि
मांदर बजाएगा
बांसुरी बजाएगा
चढ़ा कर प्रत्यंचा पर कलम।

रचने होंगे स्वयं ग्रंथ

इतिहास तुम्हारा
इतिहास के पन्नों पर
गढ़ा नहीं शब्दों ने
ना ही हो सका है दर्ज ग्रंथों में
तुम्हारी विजय-गाथाओं
और संघर्षों के गवाह
पेड़ हैं नदियां हैं चट्टानें हैं
पुरखों की आत्माएं हैं
ससनदिरी हैं
जाहेर-थान हैं
तुम्हारे लोकगीत हैं
पर इन सबकी गवाही
उन्हें नहीं है स्वीकार
इसलिए तुम इतिहास के ग्रंथों में
हाशिए पर डाल दिए गए हो
या कर दिए गए हो उससे बाहर

इससे पहले कि
वे पुनः तुम्हारा अपने ग्रंथों में
बंदर-भालू या
किसी अन्य जानवर
के रूप में करें वर्णन
तुम्हें अपने आदमी होने की
तलाशनी होगी परिभाषा
उनके सिद्धान्तों
स्थापनाओं के विरुद्ध
उनके बर्बर वैचारिक
हमलों के विरुद्ध
रचने होंगे
स्वयं ग्रंथ।

चौथे महायुद्ध के बाद

अब यदि छिड़ेगा कोई महायुद्ध
मैं धन-दौलत कुछ नहीं बचाऊंगा
बचाऊंगा अपना और पुरखों का
जंगलीपन
क्योंकि तब मनुष्य का
सम्पूर्ण अस्तित्व हो जाएगा खत्म
तो यही आदिवासीपन ही
जंगलीपन ही
बचाएगा
बनाएगा
सिरजेगा
चौथे महायुद्ध के बाद जन्मे मनुष्य को !

समझदार तितलियां

हां ! छोटानागपुर के जंगलों में
नहीं आतीं अब तितलियां
सारी की सारी चली जाती हैं
कुल्लू-मनाली की घाटियों में

मुझे इस बात का
ज्यादा नहीं आश्चर्य
यह तो होना ही था
आखिर तितलियों को भी चाहिए
खेलने-कूदने के लिए
फूल-पौधे और पेड़
उन्हें भी चाहिए
पेट भरने के लिए भोजन

तितलियां समझदार थीं
जो चली गईं
छोटानागपुर के पठारों से
शिमला-दार्जिलिंग और
कुल्लू-मनाली की घाटियों में
लेकिन हम तितली नहीं हैं
हम हैं जंगल के वासी
इसलिए रह गए
किसी 'ढुठू' की तरह
बराबर उजाड़े जाते रहने के
बावजूद
इस जंगल में
इस पठार में
उन दोपाया जोंकों से लड़ते हुए
जो चूसते नहीं
सिर्फ हमारे शरीर का रक्त
चूस लेते हैं हमारे खेत-खलिहान
हमारी भाषा-संस्कृति और–
इतिहास का भी रक्त !

मैं पूछता हूं

सरकार के शब्दकोश में
हम हैं कमजारे वर्ग के आदमी
जैसा कि आकाशवाणी दूरदर्शन और
अखबारों में आते हैं
सरकार के बयान

दफ्तर में अपने सहकर्मियों के बीच
हम चपरासी क्लर्क या अधिकारी
नहीं है
हम हैं मंदबुद्धि पियक्कड़
या फिर रिजर्व कोटे के आदमी

स्कूल-कॉलेज में पढ़ते
छोटे भाई हमारे
पुलिस की निगाहों में छात्र नहीं
मोटरसाइकिल लुटेरे हैं
बैंक डकैत हैं
या फिर झारखंडी उग्रवादी

संविधान की भाषा में हम
अनुसूचित जाति या
अनुसूचित जनजाति हैं
मनु की भाषा में शूद्र
कम्युनिस्टों की भाषा में शोषित
भाजपाइयों की भाषा में
पिछड़े हिन्दू
मैं पूछता हूं तुम सबसे
आखिर इस देश में इस प्रजातंत्र में
हम क्या हैं हम क्या हैं?

त्रासदी

इस देश में पैदा होने का
मतलब क्या है
जानते हो मेरे भाई ?
नहीं ?
इस देश में पैदा होने का
मतलब है–
आदमी का जातियों में बंट जाना
और गलती से तुम अगर हो गए पैदा
जंगल में
तो तुम कहलाओगे
आदिवासी-वनवासी-गिरिजन
वगैरह-वगैरह
आदमी तो कम से कम
कहलाओगे नहीं ही

उन लोगों की तरह

शरीर में तुम्हारे भी लाल रक्त बहता है
हाथ पांव कान
नाक मुंह आंख आदि
सब कुछ तो वैसा ही है

मगर वे तुम्हें मनुष्य नहीं कहेंगे
सबसे बड़ी त्रासदी तो यह कि
तुम्हें वनवासी आदिवासी गिरिजन
सब कुछ कह लेंगे
लेकिन कहेंगे नहीं
कभी तुम्हें इस देश का वासी

वैसे कहने को तो वे
तुम्हें इस देश का
आरक्षित नागरिक भी कह लेंगे
लेकिन यह कितनी बड़ी
विडंबना है
कितना बड़ा विरोधाभास
कि जब तुम इस देश के
नागरिक होने के नाते
मांगोगे अपना हक
कहलाओगे फिर तुम ही
अलगाववादी !

क्यों नहीं आता गुस्सा ?

तुम किसी आदिवासी पर
करोगे जुल्म
वह चुप सह लेगा
लेकिन राह चलते किसी पिए हुए
आदिवासी को छेड़ो
वह पलट कर सिर्फ
गालियां ही नहीं देगा
हो सकता है मार-पीट पर हो जाये
वह उतारू
मैं हमेशा यह सवाल
अपने मित्रों रिश्तेदारों
और विद्वान भाइयों से पूछता हूं
आखिर बिन पिए आदिवासी को
क्यों नहीं आता गुस्सा ?

सबसे बड़ा ख़तरा

अपने ही घरों में
अपने ही
जंगलों पहाड़ों के साम्राज्य में
शेर थे कभी हम
अब मेमने हुए जा रहे हैं
शेर से मेमने होने की प्रक्रिया में
सिर्फ अपने खेत खलिहान मकान
ही नहीं खोये हैं हमने
खोयी है सैकड़ों वर्षों से अर्जित—
पुरखों के गाढ़े पसीने की कमाई
अपनी भाषा संस्कृति और इतिहास

बेशक अब शेर की भाषा भी
बोलना भूल रहे हैं हम
सबसे बड़ी त्रासदी तो यह
मेमने की भाषा भी सही ढंग से
उच्चरित कर नहीं रहे हम
इस प्रक्रिया में
कभी सियार कभी लोमड़ी कभी बंदर
की भी भाषा बोलने लगे हैं हम
और मित्र! इस जंगल के लिए
यही है सबसे बड़ा ख़तरा
कि हम अपनी पहचान खो रहे हैं
खो रहे हैं कि हम अपने स्वाभाविक स्वर
न मिमिया रहे हैं न गरज रहे हैं
इसी कारण ऊंची अट्टालिकाओं में
पंखों के नीचे 'वे'

हमारी असमर्थता पर मुस्करा रहे हैं
इसीलिए मित्र ! आओ हम पहले
अपने कंठों में गरजती हुई
आवाज भरें.....

ओटंगा

मेरे भाई डरते हैं
धान बोने के मौसम में
'ओटंगा' से
कि वह उन्हें पकड़ बलि न चढ़ा दे
वे तब जंगल या बाजार
अकेले नहीं समूहों में जाते हैं
वे शाम होने से पहले
लौट आते हैं घर
शहर में ओटंगा का नहीं है आंतक
लेकिन राह चलते
भीड़-भरी सड़क पर
पता नहीं कब कौन किस समय
किसी को मार दे कोई
कोई नहीं जानता
या दर्जनों लोगों के बीच
किसी को मार कोई हत्यारा
कब कहां भाग जाएगा
कोई नहीं जानता
न पुलिस न जनता
न सी.बी.आई. न अखबार वाले
दोस्त ! रांची शहर में हर वक्त
दिन-रात जाड़ा-गर्मी बरसात
हर मौसम में रहता है
छाया मौत का आतंक
फिर भी चाहते हैं
लोग जीना रांची शहर में ही
जहां 'ओटंगा' हर मौसम में
हर वक्त रहता है उपस्थित।

कलकत्ता में एक सैलानी

लगता है अच्छा
कलकत्ता में घूमना मुझे
कभी विज्ञान-नगरी
कभी जादूघर
कभी विक्टोरिया मेमोरियल या
इस तरह तमाम दर्शनीय-स्थल
न्यू मार्केट या गरियाहाट की
दुकानों में भी
करना खरीददारी लगता है अच्छा
और भी अच्छा लगता है
इस शहर की संस्कृति एवं
कलाप्रेमी जनता के उत्साह को
विभिन्न सांस्कृतिक आयोजनों में देखना
खेलप्रेमी जनता की दीवानगी
खेलों की सूक्ष्म जानकारी उनकी
लगती है अच्छी
खाने-पीने को यहां है सब कुछ
शाक-भाजी से लेकर
और भी बहुत कुछ
यहां की जीवन-गति बढ़ाने के लिए
है भूमिगत रेल
यह भी लगता है अच्छा
अच्छी लगती है
कलकत्ते में बसों
स्टीमरों टैक्सियां की
सस्ती सवारी भी
बस अच्छा नहीं लगता मुझे
पांव के पहियों
एवं रक्त के पेट्रोल से चलते
वाहन के आगे
आदमी को ही खींचने के लिए
जानवर की तरह
आदमी का जुत जाना। ❑

लक्ष्मण सिंह कावड़े

आज भी वैसी

सदियां बीत गईं
विकास के नाम पर
आदिवासी
उपेक्षित जीवन जी रहे
बीहड़ 'अबुझमाड़' के जंगलों में
भूखे और नंगे आज भी

दो

चिलचिलाती धूप हो
या कड़कती ठंड
दलदल भूमि में
खद्दड़ की झोपड़ी
देती है साहस

देती है साहस
लपलापाती
अंगीठी की रोशनी
गहरे जंगल में

तीन

हिंसक शेर-चीते के
भय से ज्यादा
सेठ साहूकारों का कहर झेलते
दुर्गम वन में
पीड़ाप्रद
गुजारते दिन

चार

जंगल के कंदमूल
खा कर
कुटकी का भात
चाटता नून
कुल्थो की दाल
खड़ी मिर्च के साथ
पेट भर
लाख चिरौंजी
तिखुरबिन
बेचता बाजार में
आज भी

पांच

बेचता कोसा महुआ
सराई का गोला
फिर भी
जुटा नहीं पाता
तन ढंकने को कपड़े
घुटने के ऊपर
कमर में लटकता चिथड़ा
लगोंट का

छः

गरीबी और अशिक्षा से
व्याप्त जीवन
खोजते मुक्ति की राह
बीहड़ जंगलों
के बीच

घेंघा अतिसार
और अन्यकुपोषण से
बचने के सुरक्षात्मक उपाय
प्रकृति की संस्कृति से
संस्कृति को रमाए
आदिवासी
प्रकृति के पथ पर
आज भी !

भविष्य के प्रति

बस्तर के
वनवासी भी
देखते हैं सपने
कि आएगा वक्त
एक न एक दिन जरूर
जब इनके
कमर में फटा चिथड़ा लगोंट
फैल जाएगा
पूरे शरीर पर
तब अतीत के गर्भ में
दब जाएगा
उनका अर्ध-नग्न अस्तित्व

वे भी चूम लेंगे आसमान
चीर डालेंगे अंधकार
अक्षरों पर सवार होकर
लाएंगे तारे
आसमान से तोड़ कर
आज नहीं कल जरूर
क्योंकि बस्तर की रगों में
दौड़ रहा है अब भी
गुण्डधुर का खून

बस्तरिया आदिवासी भी अब
जानने लगे हैं
चुप्पी का दर्द
विद्रोह का सुख
वे समझने लगे हैं
अनपढ़ असंगठित
रहने की पीड़ा
वे कर डालेंगे तब्दील
अपने सपनों को
रोटियों और सुख में !
❑

हजारी लाल मीणा 'राही'

न्याय-अन्याय

यदि यह सच है
कि कानून
पढ़े-लिखे लोगों ने
बड़े-बड़े लोगों के लिए रचा है
तो देखिए
शेष क्या बचा है
दी जा रही है आम आदमी को सजा
उन कानूनों के तहत
जिन्हें वह जनता तक नहीं !

नंगेपन का अंतर

आज देख रहा था वह
इंसान के नंगेपन को
जो मान रहा था अब तक
स्वयं को नंगा
इसी डर से वह शहर नहीं आता था

आज आया था
फिल्मों के पोस्टर देख रहा था
हां वह वनवासी है
आदिवासी है
जिसे पूरा तन ढकने को
वस्त्र भी मयस्सर नहीं
उसे क्या पता था कि
शहर भी इससे बेअसर नहीं
पर अंतर समझ गया था वह
कि वह मजबूरी में नंगा है
और शहर आधुनिकता में

शरीर तक सीमित है उसका नंगापन
शहर का नंगापन फैला है
अन्तर्मन की गहराई तक
उसके जंगल में बाकी है आंखों की शर्म
यहां नंगापन है शर्म करना
वह शहर नहीं आ पाएगा अब
पहले अपना ही नंगापन था
अब तो शहर का नंगापन भी है।

विदेशी इलाज

एक सौ करोड़ आबादी
बुनियादी सुविधाओं के अभाव में
जीवन काट रही है
और
हमारे नेताओं की भीड़
विदेशी इलाज के लिए
अपना-अपना कोटा बांट रही है !

बाल मजदूर

बारह करोड़ बाल मजदूरों का समूह
पूछ रहा है सवाल
देव भूमि में पैदा होना
क्या उनका दोष है ?

दुखड़ा

यदि सिर्फ नेता ही लूट लेंगे देश को
तो पूंजीवाद आ जाएगा
फिर साम्यवाद और समाजवाद का
क्या होगा
इसलिए समान भागीदारी के
सिद्धान्त का पालन हो रहा है
हर कोई अपने-अपने हिस्से के लिए
अपना दुखड़ा रो रहा है!

धरती का दर्द

ईंट भट्ठों और
आस-पास की गहरी होती
जमीन का देखकर हाल
लगता है सोने के अण्डे वाली मुर्गी
एक बार फिर
हो रही है हलाल !

हाइकू

♦

धर्म संस्कृति है
अविचल मूल
मत दो तूल

♦

टूटन और
घुटन है पश्चिम के
विचारों में

♦

हिन्द में हिन्दी
पाक में मुहाजिर
दोनों पीड़ित

♦

हिन्दुस्तान में
ढूंढना पड़ेगा क्या
हमें हिन्दी को

♦

वृक्ष कटेंगे
पर्वत हटेंगे तो
घटेगा पानी

♦

दिलों को जोड़ो
मुंह न मोड़ो पर
फूल न तोड़ो

♦

तेरे साये में
जीने का अहसास
सृष्टि की आस

♦

अहिंसा मेरी
अभाव आयुधों की
बात है कोरी

♦

आशा का अर्थ
भीख का प्याला नहीं
श्रम के हाथ

♦

शृंगार तेरा
हिंसक या असभ्य
सोच के देख

♦

तेरी सूरत
सिमटा आकाश है
आभा सूर्य की।

❑

सहदेव सोरी

वह आदमी

प्रकृति की गोद में बसा
वह आदमी काला मटमैला
बियाबान जंगलों में
पहाड़ की तराइयों में
सरिता की धाराओं में
तय कर रहा है
जीवन का सफर

लगाए सिर्फ लंगोट
जूझता
धूप/वर्षा/ठंड से सना हुआ है.....
अशिक्षा/भूख/बेकारी की दलदल में
बने हुए किंवदन्ती-सा
आधुनिकता के दौर में भी
पिछड़ता गया
उन्नति के शिखर पर

कई बार आज भी
लिए शरासन तीर से भरा निषंग
निर्जन वन की ओर
पाटने
चल पड़ता है
उदर की खाई
विकास के नाम पर उसके
छल/कपट
चांदी की कुर्सी पर बैठे
कई नर-पिपासु
यह और बात है
फेहरिस्त में नहीं उसके
रंज का हिसाब
बैठा सुकून से अट्टालिका पर जो
उतार कर हलक में रस ताड़ का
थिरक उठता है
मांदर की मधुर आवाज़ में
गलत नहीं होगा जिसे कहना
संसार का अद्वितीय मानव

देखो....
नर-पिपासुओ
लदे हुए मीठे अनगिनत
फल सुखों के
घरों में तुम्हारे
फिर भी
मिटा नहीं पाये तुम
मन की भूख
लेकिन वह आदमी.....
होकर भी
नंगा/भूखा/शोषित
बना लेता है
घरौंदे की तरह
सुख की
आलीशान इमारतें
मोहताज नहीं है जो
दिखावे की
दया/प्रेम/सहानुभूति का।
❑

भुवन लाल सोरी

झुरमुटों में छुपा मेरा गांव

निर्जन वन से निकलती
मांदर की आवाज पर
थिरकते पैरों की
छुम-छुम
बालाओं के सुरों की
खुशबुओं में डूबा
बीजा, साल, आंवला, सागौन के
सैकड़ों वृक्षों को
सुनाता लोरियों के बीच
झुरमुटों में छुपा मेरा गांव
मेरा गांव
जहां मैं
मेरा पड़ोसी और
मेरे कुछ दोस्त रहते हैं
हर त्योहार में
भेंट करते हैं फूल
एक दूसरे को
गले मिलते हैं

सहृदय निश्छल
प्रेम की धारा में डूबा
झुरमुटों में छुपा मेरा गांव
बोलने लगा है
कुछ दिनों से
अजनबियों की भाषा
मुझसे, राहगीरों से, पथिकों से
होने लगी हैं बातें
खुसर-फुसर
जरा-सी आहट पे
चौकन्ना हर शख्स
शहर से लौटते ही दिन में
चार बार पूछते
पुलिस के जवानों की
टोह लेती निगाहें
मुझे अपने ही घर में
प्रमाणित करने के लिए
प्रस्तुत करना पड़ता है
मुखिया का स्वीकृति-पत्र
पर गवाह है मेरा गांव
जिसने देखा है
झुरमुटों में छुपा मेरा बचपन

अब कोई फूल नहीं भेजता
न ही आती है खुशबू
महुए की
मादकता मिश्रित प्यार की
बस आता है तो
घाटी पार से
नफरतों का जलता
अलाव
झुरमुटों को चीरती हुई
गगनचुंबी वृक्षों तक
धांय-धांय आवाजों के बीच
सहमा हुआ
भूला प्रेम की परिभाषा
झुरमुटों में छुपा मेरा गांव!

पहाड़ी के उस पार से

जंगल की टेढ़ी-मेड़ी
पगडंडियों को पार करते हुए
वे आए थे हाट करने
पहाड़ी के उस पार से
सरल
सीधे-सादे
छोटे कद के वे लोग
कंधे पे एक तरफ
छींके में प्यास
दूसरी तरफ अरमान लिए
चले आ रहे थे
इमली-आम
आंवला व महुए
से भरी टोकरी सिर पर रखे
ढूंढते कोलाहल की
खुशबू
खरीद रहे थे
घूम-घूमकर
वे रोजमर्रा की चीजें
और लौट रहे थे
लुकते-छिपते
झुरमुट पहाड़ की
अंधी गलियों की ओर
माथे पर शिकन लिए
उन्हें लगने लगा था
सुनहरी वादियों से डर!

उजाले की तलाश में

गुंबदनुमा पहाड़ियों के बीच से
निकलते लोग
उजाले की तलाश में
चलते कतारबद्ध धीरे-धीरे
आ रहे थे शहर की ओर
तन पर वही लुंगी
सिर पर महुवों से भरी
टोकरी
कानों में झूलते
कर्णफूल
गले में चिगबिगाते गहनों के
मोती-दानों के बीच
अस्त-व्यस्त बिखरे बाल
वे आस लिए बढ़ रहे थे
लुगड़ी लटकाए कंधे में
चिंघाड़ती हुई बस के रुकते ही
भागते-झूमते आकर
चढ़ जाते वे
और बैठ जाते हैं
सीट के नीचे
गली में
दिन की खाक छानने के
बाद लुप्त होने लगते
धीरे-धीरे वनखण्ड की
अंधी गलियों में
मद-मस्त सराबोर हो
चले जाते गोद में
वन देवी की
हर सुबह
वे निकलते हैं
नई आस लेकर
विरक्तियों में
ढूंढते उजाले का पता।
❑

मोती लाल

जंगल में बस्तियां

जमीन से छूटकर
जंगल में बसी बस्तियां
क्या अचिन्हित रास्तों में
कुछ बीज
बोना चाहती हैं
या फिर
तमाम रहस्यों के बीच
अपने को भूल जाने की है
यह प्रक्रिया

धुएं की लकीरों से
आसमान पर
खींची गई रेखाएं
बहुत कुछ बताती हैं
जैसे आम का पकना
और बादल का फटना
अभी बाकी है जंगल में

अभी बाकी है
शून्य के बीच से गुजरकर
उस फूल तक पहुंचना
जहां आदि शक्ति का तेज
अभी कली में बंद है
दरवाजों के खुलने की
प्रतीक्षा में
वसंत वहां नहीं पहुंच पाया है
ना ही उलटी गिनती का अक्षर
कोई तालमेल ही
बिठा पाया है

सारी संचय की निधि
और
ज्वार का उच्च रक्तचाप
अभी सामने के कगार पर
संकुचित सा पैर मोड़े बैठा है
और ताक रहा है
उन नन्हें तारों की ओर
जो जमीन
और
सूर्य के बीच रहकर
अपने वजूद पर
कायम हैं

एक फूल बनकर
गुजरने की सीमा
अभी तय होनी है
और
संवेदनाओं के जहर
अभी मूल रूप में
ज्यों के त्यों तैयार हैं
सभी प्रक्रियाओं को
लीलने के लिए
फिर जाने की
सारी संभावनाएं
अभी से कहां बनेंगी
जो बस जाएंगी
जंगल में बस्तियां
तय होने की सारी तैयारी
अच्छा है

ठंडे बस्ते में बंद रहे
तब हम देख पाएंगे
धरती की हरियाली
और
वसंत का आगमन
कि कैसे पेड़ों को पैर
दे देते हैं वे
तभी तो 'करम' में
वे हमारे संग
नाचते हैं।

फ्रेम के बाहर खड़ा वह

अपनी ही आंच से गरमाती आग
जब स्मृति से लुप्त होती
प्रार्थनाओं की तरह
बंद आंखों के
कपाटों पर
दस्तक देने से वंचित रहे
और
अपनी ही लहरों से
त्रस्त नदी
जब थके हुए स्वर के
आवेग से
कांपती लौ की तरह
अति की गति से डरती रहे
तब सचमुच मिथ बनने के
प्रयास में
हम चौंककर एक दूसरे के
सवालों में
उलझ जाते हैं
और
खो गई नदी के बारे में
या घटते जंगलों की चिंता में
अपने बंद आंखों के
कपाटों को
बहुत मुश्किल से
खोल पाते हैं

इस धुंध और धूल में
हर मनुष्य के विरुद्ध
उनके भीतर एक
मिट्टियों और चट्टानों से
साक्षात्कार लेता हर समय
जिंदगी में दाखिल होने को
बेचैन है
और
फ्रेम से बाहर खड़ा वह
बंजर जमीन पर
बीज बोने को आतुर है
ठीक है हर परिधि के बाहर
निष्कासित समय
और
धूल का स्वर
हर किसी युग में
उल्लासित होने से रहा
तब जरूरी है
उम्मीद के कच्चे सूत से भी
बच्चों की
खिलखिलाहट की तरह
नीरस संयोजन में भी
हम बांध लें
असीम पल को
जो सपनों को दस्तक दे सके
और
दुनिया के शोरगुल से
बेखबर मुक्त हाथों से
आकाश छू लेने की
हिम्मत कर सके
हर जरूरत के दराज पर
जरूरी है

आंच की गरमी
और कांपती लौ में
जरूरी है
मिथक से परे सोचना
कि सवालों के मुख पर
चट्टाने खड़ी न हों
और भागती भीड़ में हम
अपने स्वर को
सुरक्षित रख सकें।

सूची से बाहर

ऐसा तो नहीं था
इतना लंबा नाखून
और
सुविधा का अंधकार
कि कोई वृत्त
मेरी सूची से बाहर
एक दूसरी सूची बनाने में
सारी रात यों ही गुजार दे

ऐसी तो नहीं थी
वे सारी जगहें
और
रात का संताप
कि कोई दृश्य
मेरे मन से बाहर
एक दूसरा मन बनाने में
सारे खेतों को उजाड़ दे

नहीं, ऐसी नहीं थीं
मेरे संकल्प की बुनियादें
और चीजों के अर्थ
कि कोई समय
मेरे किताबों से बाहर
आंगन में फुदफुदाए
और
कोशिश करने की
सार्थकता
शिथिल पड़ी नसों में
कोई सुई चुभो दे

अब जबकि
अस्त होने को है सूर्य
और थका-हारा शरीर
घर लौटने को है
तब गेंदों में
तब्दील होने की कला
चाहे सूची में हो
या मन में
या किसी समय में ही
सार्थकता का अंधकार
और संताप का सूर्य
अभी जगाए रखेगा मुझे
कि चीजें नहीं हैं वैसी
जैसे हम नहीं रखते हैं
कभी भी
अपने नाखूनों को लम्बा।
❑

** झारखंड क्षेत्र का प्रमुख त्योहार*

मीरां रामनिवास

हमारी ही तरह

घने छायादार दरख्त
उनकी शाखाओं पर
कूदती-फांदती हैं
तरह-तरह की
अनेक चिड़ियां
चहचहाती हैं
बतियाती हैं
उनकी चहचहाट सुन
मैं सोचती हूं
चिड़ियां भी
शायद हमारी ही तरह
भूख, प्यास, बसेरा
मिलन व जुदाई की चिंता मे
परेशान हो रही हैं।

हवा का रुख

तुम्हारे विचार बहुत नेक हैं
इरादे भी बुलंद हैं
किन्तु मुंह खोलने से पहले
हवाओं का रुख भी
जान लेना जरूरी है
सर्द हवा के झोंके भी
कभी बवंडर बन जाते हैं
हवा के तेज बहाव में
तुम्हारे विचार
तिनके-से उड़ जाएंगे
फट जाएगी आवाज़
लोगों तक पहुंचने से पहले ही
विचारों का नेक होना
और बात है
नेक विचारों की कद्र हो ही
ये और बात है!

जनरैशन गैप

जनरैशन गैप
पुरानी व नई पीढ़ी का
वैचारिक मतभेद
बेटे और बाप
बहू और सास का
जीने के अंदाज में मतभेद
जनरैशन गैप बढ़ा रहा है
दूरियां
पुरानी व नई पीढ़ी में
नई पीढ़ी धकिया रही है
पुरानी पीढ़ी को
जनरैशन गैप तोड़ रहा है
संयुक्त परिवारों को
नजर अंदाज कर रहा है
दोनों पीढ़ियों के अनुभवों को
बढ़ा रहा है रिश्तों में दूरियां
जनरैशन गैप बढ़ा रहा है
नई पीढ़ी की कोफ्त
नई पीढ़ी कह रही है
पुरानी पीढ़ी से—
"तुम्हारा जमाना खत्म हुआ,
अब मेरा जमाना आया है।"

जीवन का चरम सत्य

प्यार और मैत्री जीवन के
चरम सत्य हैं
प्रकृति के हर सृजन से ये सत्य
उद्घोषित होता है
सूरज कहां मानता है
धर्म व जाति के बंधन
सबको बिना किसी भेदभाव
अपना प्रकाश बांटता है
वृक्ष नहीं जानते भेदभाव
अपनी छाया में
देते हैं आश्रय
सबको समान
नदियां चुनती हैं
अपना मार्ग
बहती है भूतल पर एक समान
चंद्रमा भी
अपनी शीतल किरणें
सब पर बिखेरता है
बिना भेदभाव
कोई ऋतु हो कोई मौसम
प्रकृति पर बिखेरते हैं
अपनी छटा सर्वत्र समान।

ऐसा भी होता है

ऐसा भी होता है कभी
कागज कलम लिए बैठी हूं
कुछ लिखना चाहती हूं
शब्द हैं कि
कागज पर
ठहरते ही नहीं
सूखे पत्तों से
इधर-उधर बिखर जाते हैं
सिमटते-सिमटते
बेतरतीब हो जाते हैं
न वाक्य बनते हैं
न अर्थ मिलते हैं
सब कुछ
गड्डमड्ड हो जाता है
विचारों का झंझावात
शब्दों को कागज पर
उतरने से पूर्व ही
उड़ा ले जाता है।

अपराधबोध

पहले जब वो हंसती थी
कलियां-सी
खिल उठती थीं
चाल में हरिणों की
मस्ती थी
बोलती थी तो
फूल झरते थे होठों से
उसका बनना-संवरना
सब को लुभाता था
आज उसके–
हास्य व रूप सौंदर्य
आलोचना का विषय बन गए हैं
सादगी से निकलने पर भी
छींटाकशी करती है
सबकी नजर
सामने पड़ भी जाए तो
अपराधबोध से देखती हैं
आंखें
क्योंकि वह आज विधवा है
जो पहले फूल थी
वही आज कांटा है।

❑

अनुवाद
उड़िया

हाड़िबंधु मिर्धा

प्यार का दर्पण

रात की कामना का हृदय
चीर कर
गरज कर आ रहा है बाघ
परदे पर बनी कोणार्क की
छवि
डोल रही है
ताजमहल का कलेंडर
झूल रहा है
समुद्र के किनारे
लहरें तोड़ कर
चांदनी मुस्करा रही है
मंद-मंद
लहलहाती चंद्रभागा के
तट पर
मानसी नृत्यरत है
हर पल अपने
यौवन के उछाल के साथ
और वह गा रही है
जो बीत गई सो बीत गई
फिर भी प्यार के दर्पण में
दिख रहा है स्मृति की
शाम का उपवन।
❑

अनुवाद : मानस रंजन महापात्रा

सरोज कुमार टोप्नो

ग्रीष्म ऋतु

बसंती......!
यह सच है कि
खत्म हो जाते हैं
तप्त आंसू
प्रतीक्षा में
पर
रुक पाती है कहां
उतप्त आंधी प्रेम की

इसीलिए तो
इच्छा होती है बार-बार
भीगने की
प्रेम में, प्रेम में
एकदम एकांत में.....
ग्रीष्म ऋतु में।
❑

अनुवाद : मंजु शर्मा महापात्रा

कोंकणी

पोन्न फेर्नांडीस

अंधेरे का पुजारी

कितने ही साल हो गए
उस मंदिर का पुजारी है वह
सहस्र चमत्कार दिखाके
अब संत बन गया है
लाखों लोग गाते हैं उसकी स्तुति
लेकिन....
उस मंदिर की पुरानी दीवारें
मजबूत बनाने के लिए
एक भी चमत्कार
उससे नहीं बन पाया
नई दीवारों के लिए
उस मंदिर की आय
खेत-खलिहान
पेड़-पौधे
पत्थर-कंकर
भस्म-मिट्टी
सब कुछ बेचने के लिए
अब खड़ा है वह
यह उसका एक नया चमत्कार है
उसके पहले यहां कितने आए
और
उसकी तरह संत बन गए
भक्तों को उजाले की राह
दिखाने का
ढिंढोरा पीटकर चले गए

अरे ओ अंधेरे के राक्षसो
तुम्हारी जबान पर उजाले का नाम
शोभा देता है क्या?
दिन के उजाले में डाका डालते हो तुम लोग
अब दिन में ही अंधेरा करने का इरादा है क्या?

झींगुरों को मरोड़कर खाया है तुम लोगों ने
सूरज की किरणों को निगलने की
अब चाह है क्या?
कर लो....
तुम्हारी यह भी घिनौनी हरकत कर लो.....
अब तुम्हें सूर्य ही देख लेगा!

बेईमान बारिश

यहां बारिश भी अब
बेईमान बन गई है
मेज के नीचे से
रुपयों के सिक्के क्यों खन-खनाते हैं
उसे भी अब पता लग चुका है इसका
यहां बारिश का बर्ताव
अब पागल जैसा है
आती है तो बक-राक्षस की भांति
गर्जना करती आती है
नहीं तो पत्थर पर बैठे
'किरकीर' पंछी की तरह
हमें प्रतीक्षा में जलाती है वह

अब यहां बारिश का छिछोरापन
दिन ब दिन बढ़ने लगा है
जमींदारों के बागों में—
जब चाहे जितनी चाहे
बरसती रहती है

पर गरीबों के खेत के टुकड़े को
सूखे का सूखा रख देती है वह

यहां बारिश का पक्षपात अब
दिन-दहाड़े चल रहा है
अमीरों के हाथ की
कठपुतली बन चुकी है वह
गरीबों को बाढ़ की
बलि चढ़ा कर
उनकी सहायता में
इकट्ठा किया धन
धनवानों के लाकरों में
पहुंचाने का भी
जिम्मा लेती है वह

ऐ बारिश....!
एक दिन तुम्हारी गति क्या होगी
तुम्हें मालूम है क्या?
उस बंजर पड़े खेत के टुकड़े में
अमीरों के गगन-चुम्बी महल
धुआं फेंकने वाली फैक्टरियां
खड़ी हो जाएंगी
गरीबों के भूखे
बाल-बच्चों की मौत का पाप
तुम्हारे सिर चढ़ जाएगा
और तुम्हें मालूम है क्या?
तुम्हारी राह पर भी एक दिन
पत्थर और कांटे
बिछा दिए जाएंगे?
उस समय यात्रा से थके
तुम्हारे कदमों को
रखने के लिए
कोई ज़गह नहीं होगी
खेत का वह टुकड़ा भी नहीं होगा
क्योंकि उन जालिमों ने
उसका अस्तित्व ही
मिटा दिया होगा
इसलिए ऐ मूर्ख बारिश
सतर्क करता हूं मैं तुम्हें
छोड़ दे उन बेईमानों का साथ
पहले की तरह इस धरती पर
सब जगह समान बरस
अपने पुरखों का दस्तूर बरकरार रख
हर साल बरस
हर जगह बरस!

जिंदगी की राह

जिंदगी की राह चलते-चलते
वह बहुत आगे निकल चुका था
अच्छा-भला बहुत देखा था उसने
बहुत कुछ का हिसाब लगाया था
चलती राह का अंत कहां है
उसका भी पता उसे मालूम था
जिंदगी का कुछ भरोसा नहीं
अकेलापन ही भाया था
जीवन-गणित के कुछ अंक संग लेकर
अगली यात्रा पर निकला था
राह में मिली लालिमा से सजी
एक संध्या
रात की जवानी से मदमस्त
उसको देख वह भूल गया अपनी यात्रा
आगोश में उसके डूब गया
लेकिन हाय
दिया संध्या ने धोखा
उसे ढली ज़वानी का अहसास दिला
कूल्हे मटका कर चल दी
और
अपनी चेतना गंवाकर मुर्दा बन गया वह।
❑

अनुवाद : जयन्ती नायक

देहवाली (गुजराती)

ये कविताएं 'देहवाली' भीली-भाषी कवि की हैं। यह 'बोली' गुजरात महाराष्ट्र की सीमा के दोनों तरफ बोली जाती है। इसका अनुवाद गुजराती में क्रमशः श्री कानजी पटेल एवं धीरू भाई पटेल ने किया तथा हिन्दी में अनुवाद फूलचंद गुप्ता ने किया है।— संपादक

चामूकाल राठवा

आदिवासी

इस शब्द को वे
इस तरह बोलते हैं
जैसे यह किसी
महामारी का नाम हो
अब तो हर बड़े रोग की
दवा मिलती है
इस शब्द को सुनकर
वे ऐसे देखते हैं
जैसे उन्होंने
आकाश में उड़ती
रकाबी देख ली हो

इसके विपरीत
सरकारी कचहरी के लोगों को
यह शब्द शहदीला लगता है
कारण!
थोड़ा-सा दबाते ही उसमें से
शहद टपकने लगता है
और इसे मनमाफिक
निचोड़ा जा सकता है
और बेचारा शब्द!
इधर-उधर धक्का खाता है
पीसा जाता है
किंतु अब ठहर जाओ
चलो, हम खुद अब तुम्हें
आदिवासी शब्द का अर्थ
बताते हैं।

शूर हम मर्द हम

शूर हम मर्द हम धर्मी हम भील
जंगल के राजा हैं हम
हम हैं बाघ के सवार

जंगल के बाघ, भेड़िया
हिरण और बारहसिंगा
भाला-बर्छी फेंका हमने
भाला-बर्छी फेंका हमने
पत्थरों से ही मार गिराते
ऐसे मर्द हम भील
सच्चे मर्द हम भील
नदी नाले लांघ हम
दौड़कर पहाड़ चढ़ते
कान पकड़कर बाघ लाते
कान पकड़कर बाघ लाते
ऐसे काबिल शिकारी
सच्चे मर्द हम भील
सच्चे मर्द हम भील

बारह वर्ष तक लड़े हम
खाकर कंदमूल
राणा प्रताप का वेष धरकर

वही धर्मी हम भील
सच्चे मर्द हम भील
सच्चे मर्द हम भील

खाजवा नाइक दादा
हमारा बना कारभारी
अंग्रेजों को थका डाला
अंग्रेजों को थका डाला
भगाया भारत छोड़कर
ऐसे मर्द हम भील
सच्चे मर्द हम भील

वंशज हम एकलव्य के हैं मर्द भील
शबरी भील के वंशज हैं
हम धर्मी भील
दोनों के वंशों की लाज रखी हमने
दोनों के वंशों की लाज रखी हमने
हैं हम धर्मी भील
सच्चे मर्द हम भील
सच्चे मर्द हम भील
❑

मलयालम

राघवन अत्तोलि

कण्डति[1]

गली के कूड़े के ढ़ेर पर
गन्दे लूगड़ों में
जलती भूख से
पसीना-पसीना हुई वह
कुछ चीजें समेटे
बुझे दिये वाली कोठरी में
अकेली बैठी वह
दिन की सफेदी खींचते
कालिख छोड़ते
सूरज को सरापती
दिशाओं के चेहरे
करिया जाने तक
ठहराई मजूरी के बदले
घास खोदती वह
पत्थर कूट-कूट कर
हाथ बठराती वह
बीज बिखेर
आंसुओं से खींचती वह
जुए से जुते बैलों से
खिंची गाड़ियां
हांफते-सिसकते जनम
आवारा-भटकते बच्चे
मरे गोत्र
कुचले लक्ष्य
खिले लहराते खेतों में
उगे अनाज से
भरता किसी और का भण्डार
अधभरे पेट पर
कसी लंगोटी बांधे
कमर झुकी बुढ़िया-सी
झुकी रहती वह–
खेत के किनारे भूख से बिलबिलाते
बच्चे के चेहरे को धोती
आंसू बहाती वह
आधे निमिष को स्तनपान करा
आंसुओं को
पसीने में बदलती वह
निषेध-सूक्तों को लगातार उलीच
कविता रच सजाती वह
नारियल के रेशों सी
बिखरी-बिखरी जिन्दगी
कुचले खोपरे-सी फैली जीर्णताएं
भीड़-भड़क्कर में
मंडराती भीख मांगती
भीख में मिले अनाज-सी कुचली वह
प्यास से जब गला तड़कता
तो छुआ-छात की राक्षस-लीला में
फटे-फूटे कंठ वाली वह–
वही है मेरी जन्मदात्री
उसे चाहिए रोशनी जो बुझ गई
और गरमा-गरम तेल
इसे चाहिए कपड़े जो पाप में डूबे हों
इसे तो चाहिए बस मुट्ठी-भर रेत
जिसमें पाप के दाग न हों
जरा सा धान
जिसमें खून के दाग न हों
यही है मेरी
जन्मदात्री मां.....।

1. कवि की माता का नाम

लौह-लेखनी

किनारीदार रातें
अकाल में खदबदाते चूल्हे
जलती चिताओं की रोशनी
बंधी चिन्ताओं की गुत्थियां
स्तनों को छेदती कामलीलाओं में
गिर पिघलते कत्लेआम

बच्चों को न सुलाने वाली
लोरियों में
पीने वाले जल के गर्भ में
जहर घोल
देश-भर को सुलाने वाली
काव्य सारंगियां बेचती
पुस्तकों के बाजारों में
मशालें ले क्रूर राक्षसों को भजता
हिंसक कवियों का सम्मान

देखने-भालने में तो
सभ्य लगते ही हैं
होशियार हैं क्रीड़ा में
धोखेबाजी में भी
जो वंचित है उसे मृत्यु-दण्ड
जो हमेशा पीड़ित है
उसे वरदान बलि का
और फिर
वामन की प्रशंसा और पुरस्कार
विप्र-लीला की
विकृतियों को गाते हम
काममोहित हो
जननी मां को बांट कर
विदेशी संस्कृति की ओर बहती
हमारी ठंडी शिराएं
नग्न शासक बुढ़ा रहा है

व्यक्त ऋण बिलबिलाते हैं
सही-सही हिसाबो-किताब
यूनियनों में शिष्ट जुल्फें
यदि ऐसा ही है तो किसलिए
ये मृतप्राय रागिनियां
खाली-खाली बटुए
शैशवों में पंख-रहित स्वप्नों में
देव नाम का आदमी ठूसता है चिन्ताएं
उसने छोड़े हैं बाण
पहाड़ियों में, मिट्टी में चट्टानों में
आकाश की शून्यता के पार से.....

रोकनी चाहिए ये मधुर संलापें
ये कठोर संचार-वेग
ये कठिन व्याधि-वियोग
ये धूप में मूर्छित एक पिता के प्राण
ये वो जमीं जहां बेटा लगा देता
दांव पर मां को
यह वह बलि-धरा
जहां भाई-भाई को मारता
कपटी पैतृक कवि की गाई गीता
दलितों द्वारा हरी-भरी बनाई ये भूमि
कुटिल बुद्धिवालों की
फसल कटाई का काल
कवियों के नरमेध का उत्सव काल

हे भावगीत! तुम कडुवी औषध लगा
मेरी जीभ को अपने गोत्र के
दुख-दर्द से अलग कर
पीछे चले जाते हो

जिन्दगी वह कविता है
जो जीभ रहति गोत्र के
दर्द का निवारण करती है!

वाल्मीक पर्व....

शब्दों के
आंसुओं के तीर पर बैठ कर
सांझ की कञ्जी[1] बनाने को
यह भभकती आग
किसी झोपड़ी का
पूरा इतिहास नहीं

पसीने का लावण्य बोध
जो कीच में तड़पता है
चिरपरिचित विरचित कथाएं
और नामावलियां ही गाता है
जले पुराने अखबारों में भी क्या
पुरानी पलायन कथाएं ही भरी हैं
शब्दों के वर्णाश्रम चतुर्वेद चातुर्वर्ण
जुए में अनुजों को हारने वाले
मां, बहन, पत्नी को

धोखे से दीमक लगे निशा-पर्वों में
फेंकने वाले आधी रात में
मजदूरी को मापने से बुखार वाले
पतन गर्त जो
पुरागामियां ने देखे नाक काट कर
बढ़े स्तन काटने को तैयार
क्या तारे ही हैं?

शब्दों की आत्महत्या में
दर्द से तड़पती तीव्रता से
सच्चाई की कटी हुई हजार ज़बानें
कुलजातों की उंगलियां काट
गोत्रों के कटे गले वाली
किसी शिला प्रतिमा पर
छिड़कने को रक्त और लंबे दांत
और विष की थैली
जिगर निकालने को त्रिशूल
रथों की मजबूती के लिए
बच्चे का खून
सच्चाई को छिपाने वाली
कविता को मजबूत करने वाला
निष्काम कर्म
और करुणा के वीभत्स संचार वेग में
बन्दरगाह से आ लगा झंझावात का जहाज
शब्दों की
जड़ में बन्दूक का दबा घोड़ा
मृत मातृभूमि की
आंखों में एक गिद्ध की चोंच
जंगली चींटों के काटने से
दर्द वाला दिमागी पागलपन
चलो नरमेध को बन्द कर
सांझ के ब्यालु के लिए
पत्तलें परोस लें

शब्दों के वाल्मीक पर्व में
भोज-पत्रों के ढेर में
तालि[2] तोड़ पुर[3] उत्सव देखने को तैयार
अतिथि चले आ रहे हैं
हुण्डी की पेटी में
अजन्मे बच्चे की जन्मपत्री
उधार ले लें हम

शब्दों की अरणी सुलगे तो
बरसात बुला लें हम
दृष्टि में
करुणा जलने लगे तो
आंखें भिगों ले हम!

❑

अनुवाद : रति सक्सेना

---

1 भात का मांड जैसा पतला भोज्य पदार्थ, 2 जंगली पत्ते जिनका उपयोग सिर धोने के लिए किया जाता था। 3 मन्दिर उत्सव।

निर्मला पुतुल

क्या तुम जानते हो

क्या तुम जानते हो
पुरुष से भिन्न
एक स्त्री का एकांत ?

घर प्रेम और जाति से अलग
एक स्त्री को उसकी अपनी जमीन
के बारे में बता सकते हो तुम ?

बता सकते हो
सदियों से अपना घर तलाशती
एक बेचैन स्त्री को
उसके घर का पता ?

क्या तुम जानते हो
अपनी कल्पना में
किस तरह एक ही समय में
स्वयं को स्थापित और निर्वासित
करती है एक स्त्री ?

सपनों में भागती
एक स्त्री का पीछा करते
कभी देखा है तुमने उसे
रिश्तों के कुरुक्षेत्र में
अपने-आपसे लड़ते ?

तन के भूगोल से परे
एक स्त्री के
मन की गांठें खोलकर
कभी पढ़ा है
तुमने उसके भीतर का
खेलता इतिहास ?
पढ़ा है कभी
उसकी चुप्पी की दहलीज पर बैठ
शब्दों की प्रतीक्षा में उसके चेहरे को ?

उसके अंदर वंशबीज बोते
क्या तुमने कभी महसूसा है
उसकी फैलती जड़ों को अपने भीतर ?

क्या तुम जानते हो
एक स्त्री के समस्त रिश्ते का व्याकरण ?

बता सकते हो तुम
एक स्त्री को स्त्री-दृष्टि से देखते
उसके स्त्रीत्व की परिभाषा ?

अगर नहीं !
तो फिर क्या जानते हो तुम
रसोई और बिस्तर के गणित से परे
एक स्त्री के बारे में..........?

बिटिया मुर्मू के लिए तीन कविताएं

एक

उठो कि अपने अंधेरे के खिलाफ उठो
उठो अपने पीछे चल रही
साजिश के खिलाफ
उठो कि तुम जहां हो वहां से उठो
जैसे तूफान से बवंडर उठता है

उठती है जैसी राख में दबी चिंगारी
देखो! अपनी बस्ती के सीमान्त पर
जहां धराशायी हो रहे हैं पेड़
कुल्हाड़ियों के सामने असहाय
रोज नंगी होती बस्तियां
एक रोज मांगेगी तुमसे
तुम्हारी खामोशी का जवाब

सोचो—
तुम्हारे पसीने से पुष्ट हुए दाने
एक दिन लौटते हैं
तुम्हारा मुंह चिढ़ाते
तुम्हारी ही बस्ती की दुकानों पर
कैसा लगता है तुम्हें जब
तुम्हारी ही चीजें तुम्हारी पहुंच से
दूर होती दिखती हैं....

दो

इन सदियों का क्या है
आएंगी....जाएंगी....
क्या अब भी विश्वास
करने लायक बचा है यह समय ?
तुम्हारे विश्वास की जड़ें
आखिर कितनी गहरी हैं
समय के द्वारा लगातार
कुतरे जाने के बावजूद
क्या वे पाताल में गई है.....?
जबकि तुम्हारे हिस्से में
भूख और थकान के सिवा
सिवा एक बेहतर जिन्दगी की
उम्मीद के
शायद कुछ भी नहीं है....
बिडम्बना ही है—
कि ईश्वर पर सबसे ज्यादा
कैसे करती हो विश्वास....?

तीन

वे दबे-पांव आते हैं तुम्हारी संस्कृति में
वे तुम्हारे नृत्य की बड़ाई करते हैं
वे तुम्हारी आंखों की प्रशंसा में
कसीदे पढ़ते हैं
वे कौन हैं....?
सौदागर हैं वे....समझो....
पहचानों उन्हें बिटिया मुर्मू....पहचानो !
पहाड़ों पर आग वे ही लगाते हैं
उन्हीं की दूकानों पर तुम्हारे बच्चों का
बचपन चीत्कारता है
उन्हीं की गाड़ियों पर
तुम्हारी लड़कियां सब्जबाग देखने
कलकत्ता और नेपाल के बाजारों में
उतरती हैं
नगाड़े की आवाजें
कितनी असमर्थ बना दी गई हैं
जानो उसे..........।

कुछ मत कहो सजोनी किस्कू!

बस! बस!! रहने दो !
कुछ मत कहो सजोनी किस्कू !
मैं जानती हूं सब—
जानती हूं कि अपने गांव
बागजोरी की धरती पर
जब तुमने चलाया था हल
तब डोल उठा था
बस्ती के मांझी थान में बैठे देवता का सिंहासन
गिर गई थी पुश्तैनी प्रधानी कुर्सी पर बैठे
मगजहीन मांझी 'हाड़ाम' की पगड़ी
पता है बस्ती की नाक बचाने खातिर
तब बैल बनाकर हल में जोता था
जालिमों ने तुम्हें
खूंटे में बांधकर खिलाया था भूसा

वे भूल गए
संथाल-विद्रोह के समय
जब छोड़ गए थे तुम पर
सारा घर-बार
तुम्हीं ने किये थे तब
हल जोतने से लेकर
फसल काटने तक के
सारे कार्य-व्यापार
तब नहीं गिरी थी उनकी पगड़ी
धरती नहीं पलटी थी तब
कटी नहीं थी किसी की नाक
आज धनुष छूते ही तुम्हारे
धरती पलट जाएगी
मच जाएगा प्रलय सजोनी किस्कू
मत छूना धुनष

घर चूऽ रहा है तो चूने दो
छप्पर छाने मत चढ़ना
सजोनी किस्कू
'जातीय टोटम' के बहाने
पहाड़पुर की
'प्यारी हेम्ब्रम' की तरह
तुम्हारा मरद भी करेगा
तुमसे जानवराना बलात्कार
और नाक-कान-काट धकिया
निकाल फेंकेगा घर से बाहर
हक की बात ना करो मेरी बहन
मत मांगो पिता की
सम्पत्ति पर अधिकार
जिक्र मत करो पत्थरों और
जंगलों की अवैध कटाई का
सूदखोरों और ग्रामीण डॉक्टरों की
लूट की चर्चा न करो बहन
मिहिजाम के गोआकोला की
'सुबोधनी मारण्डी' की तरह तुम भी
अपने मगजहीन पति द्वारा
भरी पंचायत में डायन करार कर
दंडित की जाओगी
मांझी 'हाड़ाम' 'पराणिक' 'गुड़ित'
ठेकेदार, महाजन और
जान-गुरुओं के षड्यंत्र का शिकार बन
इन गूंगे-बहरों की बस्ती में
किसे पुकार रही हो सजोनी किस्कू ?
कहां लगा रही हो गुहार ?
यहां तो जाहेर और
मांझीथान के देवता भी
बिक जाते हैं बोतल भर दारू में
और फिर उन्हें स्वीकार भी तो नहीं है
तुम्हारे हाथों का चढ़ावा
देखो कहीं कोई सुन न ले
तुम्हारी फुसफुसाहट
पड़ न जाए कहीं किसी
'पराणिक' की दृष्टि
गूंज न उठे बस्ती में 'गुड़ित' का हांका
भरी पंचायत में सरेआम
नचा न दी जाओगी
नंगी 'पकलू मराण्डी' की तरह
बस रहने दो
कुछ मत कहो सजोनी किस्कू
सब जानती हूं मैं ! सब जानती हूं !!

चुड़का सोरेन से

मैंने देखा था चुड़का सोरेन
तुम्हारे पिता को
अक्सर हड़िया पीकर
पिछवाड़े बंसाबिट्टी के पास
ओघड़ाए हुए
कठुवाई अंगुलियों से
दोना-पत्तल-चटाई बुन
बाजार ले जाकर बेचते हुए
तुम्हारी मां को भी

हजार-हजार कामुक आंखों और
सिपाहियों के पंजे झेल
चिलचिलाती धूप में ईंट पाथते
पत्थर तोड़ते
मिट्टी काटते हुए भी
किसी बाज के चंगुल में
चिड़ियों की तरह
फड़फड़ाते हुए
एक बार देखा था उसे

तुम्हारे पिता ने कितनी शराब पी
यह तो मैं नहीं जानती
पर शराब उसे पी गई
यह जानता है सारा गांव
इससे बचो चुड़का सोरेन !
बचाओ इसमें डूबने से
अपनी बस्तियों को
देखो तुम्हारे ही आंगन में बैठ
तुम्हारे हाथों बनी हड़िया
तुम्हें पिला-पिलाकर
कोई कर रहा है
तुम्हारी बहनों से ठिठोली
बीड़ी सुलगाने के बहाने
बार-बार उठकर रसोई में जाते
उस आदमी की
मंशा पहचानो चुड़का सोरेन
जो तुम्हारी औरत से
गुपचुप बतियाते
बात-बात में दांत निपोर रहा है

वह कौन सा
जंगली जानवर था चुड़का सोरेन
जो जंगल लकड़ी बिनने गई
तुम्हारी बहन मुंगली को
उठाकर ले भागा ?

तुम्हारी भाषा में बोलता वह कौन है
जो तुम्हारे भीतर बैठा
कुतर रहा है तुम्हारे विश्वास की जड़ें ?

दिल्ली की गणतंत्र झांकियों में
अपनी टोली के साथ
नुमाइश बनकर
कई-कई बार पेश किए गए तुम
पर गणतंत्र नाम की
कोई चिड़िया
कभी आकर बैठी
तुम्हारे घर की मुंडेर पर?

क्या तुम जानते हो
पेरिस स्थित भारतीय दूतावास से
भागी 'ललिता उरांव' के बारे में ?
जानते हो महानगरों में पनपे
आया बनाने वाली फैक्टरियों का गणित
और घरेलू कामगार महिला
संगठन का इतिहास?
बांदों की 'दीपा मूर्मू' की आत्मा
आज भी भटक रही है
इंसाफ की गुहार लगाते
तुम्हारी बस्तियों में
उसे सुनो चुड़का सोरेन
उसे गुनो !

कैसा बिकाऊ है
तुम्हारी बस्ती का प्रधान
जो सिर्फ एक बोतल विदेशी दारू में
रख देता है
पूरे गांव को गिरवी
और ले जाता है
लकड़ियों के गट्ठर की तरह
लादकर अपनी गाड़ियों में
तुम्हारी लड़कियों को

हजार पांच-सौ
हथेलियों पर रखकर
पिछले साल धनकटनी में
खाली पेट
बंगाल गई पड़ोस की बुधनी
किसका पेट-साजकर
लौटी है गांव?

कहां गया वह परदेशी
जो शादी का ढोंग रचाकर
तुम्हारे ही घर में
तुम्हारी बहन के साथ
साल-दो साल रहकर अचानक गायब हो गया?
उस दिलावर सिंह को
मिलकर ढूंढ़ो चुड़का सोरेन
जो तुम्हारी ही बस्ती की
रीता कुजूर को
पढ़ाने-लिखाने का सपना दिखाकर
दिल्ली ले भागा
और आनन्द भोगियों के
हाथ बेच दिया

और हां पहचानो!
अपने ही बीच की
उस कई-कई ऊंची सैडिल वाली
स्टेला कुजूर को भी
जो तुम्हारी भोली-भाली
बहनों की आंखों में
सुनहरी जिन्दगी का
ख्वाब दिखाकर
दिल्ली की आया बनाने वाली
फैक्ट्रियों में
कर रही है
कच्चे माल की तरह सप्लाई
उन सपनों की हकीकत
जानो चुड़का सोरेन
जिसकी लिजलिजी दीवारों पर
पांव रखकर
वे भागती हैं
बेतहाशा पश्चिम की ओर...!

बचाओ अपनी बहनों को
कुंवारी मां बनी पड़ोस की
उस शिलवंती के मोहजाल से
पूरी बस्ती को रिझाती जो
बैग लटकाए जाती है बाजार
और देर रात गए लौटती है
खुद को बेचकर बाजार के हाथों

किसके शिकार में
रोज जाते हो जंगल ?
किसके ?
शाम घिरते ही अपनी बस्तियों में
उतर आए
इन खतरनाक शहरी जानवरों को
पहचानो चुड़का सोरेन
पहचानो!!
पांव पसारे जो तुम्हारे ही घर में
घुस कर बैठे हैं
तुम्हारे भोलेपन की ओट में
इस पेचदार दुनिया में रहते
तुम इतने सीधे क्यों हो चुड़का सोरेन??

संथाली लड़कियों के बारे में कहा गया है....

ऊपर से काली
भीतर से अपने चमकते दांतों
की तरह शांत धवल होती हैं वे

वे जब हंसती है फेनिल दूध-सी

निश्छल हंसी
तब झर-झराकर हंसते हैं.......
पहाड़ की कोख से मीठे पानी के सोते
जूड़े में खोंसकर हरी पीली पत्तियां
जब नाचती हैं कतारबद्ध
मांदल की थाप पर
आ जाता तब असमय वसंत

वे जब खेतों में
फसलों को रोपती-काटती हुई
गाती हैं गीत
भूल जाती है 'जिनगी' के दर्द
ऐसा कहा गया है

किसने कहे हैं उनके परिचय में
इतने बड़े-बड़े झूठ?
किसने ?

निश्चय ही वह हमारी जमात का
खाया-पीया आदमी होगा......
सच्चाई को धुंध में लपेटता
एक निर्लज्ज सौदागर

जरूर वह शब्दों से धोखा करता हुआ
कोई कवि होगा
मस्तिष्क से अपाहिज !

ये वे लोग हैं जो....

ये वे लोग हैं जो मुझे देख
नाक-भौं सिकोड़ते हैं
और गोरी चमड़ी से ढके चलते हैं
अपना कालापन

ये वे लोग है जो दिन के उजाले में
मिलने से कतराते
और रात के अंधेरे में
मिलने का मांगते हैं आमंत्रण
ये वे लोग हैं जो रात का
लबादा ओढ़े
शहर के आखिरी छोर पर
गिरा अपने अंदर की सारी गंदगी
गंदला रहे हैं हमारी बस्तियां

ये वे लोग हैं जो खींचते हैं
हमारी नंगी अधनंगी तस्वीरें
और संस्कृति के नाम पर
करते हमारी मिट्‌टी का सौदा
उतार रहे हैं बहस में
हमारे ही कपड़े

ये वे लोग हैं जो
हमारे ही नाम पर लेकर—
गटक जाते हैं हमारे हिस्से का समुद्र

ये वे लोग है जो मुंह पर
करते हैं मेरी बड़ाई
और पीठ पीछे की
फुसफुसाहटों में देते हैं
बदनाम और बदचलन औरत की संज्ञा

ये वे लोग हैं
जो हमारे बिस्तर पर करते हैं
हमारी बस्ती का बलात्कार
और हमारी ही जमीन पर
खड़े होकर पूछते हैं हमसे हमारी औकात!

ये वे लोग है जो मेरी कविताओं में भी
तलाशते हैं मेरी देह!.....
❑

अनुवाद : अशोक सिंह

हल्बी

सोनसिंह पुजारी

अनाथ

तुम मत बचाओ
अपनी पुश्तैनी बातों को
(उन्हें) सुनने वाला
बांडाबाग[1] मर गया
खत्म हो गया
जयगोपाल[2] भी
तुम्हारा खून
पानी बन कर
जैसे निकल गया
बंदूक से
तुम्हारे हाथ हथियार बन
जैसे गिर पड़े स्वर्ग से
तुम्हारे रोने-चिल्लाने की
आवाज़ डूब गई
ढोल और मांदर के
स्वर में
तुम्हारे आंसू बह गए
झुमका बड़गी[3] के
घुंघरुओं के साथ
और अब तुम्हारे आंगन में
तुम्हारे ही द्वारा रोपा गया
बरगद का पेड़
उतार चुका है
अपनी और एक जटा
तुम्हारे ही रसोई-घर में
तुम अनाथ!

तुम्हारी भूख-प्यास को
खाने वाला नहीं रह गया
अब देखो तो जाने कब से
ऊपर पारा[4] की इन्द्रावती[5]
घुटनों पर
गाल धरे रो रही है
मन ही मन
और ताक रही है
टुकुर-टुकुर
❑

अनुवाद : हरिहर वैष्णव
साभार : ककसाड़

1-2 प्राचीन बस्तर के दो ऐतिहासिक तोप, 3 घुंघरुदार छड़ी (वाद्ययंत्र), 4 गांव के पूर्व दिशा में बसा मोहल्ला, 5 बस्तर की प्रमुख नदी

मूल सहित अनुवाद

कुड़ुख़

नेतरहाट के गीत

*नेतरहाट में फायरिंग रेंज के खिलाफ चलाए जा रहे आन्दोलन में गाये जाने वाले इन जन-गीतों को सामूहिक रूप से सिरजा **का. सुनील मिंज, बिज्जु टोप्पो, कोर्दुला कुजूर, जेवियर कुजूर** तथा **अजय टिर्की** ने और इनका हिन्दी अनुवाद किया पत्रकार **सुनील मिंज** ने— संपादक*

विजय बिगुल खरखा लगी

एक

बरा भाइरो जोकी पोखर ओरेमत
कालोत भाइरो बिल्ली लघरआ
लगी विजय बिगुल ख़रखा लगी भाइरो-2
सन्नी कोहां ओरेमत मिले जुले कालोत
अयो बबा ओरेमत संगे मिले कालोत
जरेकीपोखर ओरेमत कालोत भाईरो
बिल्ली....लघरआ लगी....

मंडी सोड़ा धरओत की
तीखील दाली धरओत की-2
नाम ओरेमत टुटवापानी कालोत हरो
बिल्ली.....लघरआ लगी.....2

दो

ई नम्है राजीनू एंदेर लड़ाई
चोचा चोआ लगी-लगी
जिया-कया कालो खेंसदिम बाहओ
ई लड़ाईनू-लड़ाईनू
नेतेरहाट राजीनू फायरिंग रेंज विरूद्धनू
लड़ाई चोचा-चोचा
जिया-कया कालो खेंसदिम बाहओ
ई लड़ाईनू—ई लड़ाईनू

ई-राजिन्ता कोरवा बृजिया
असुरर जमोर बेड़ारओर कालोर

विजय बिगुल खरका

एक

आओ भाई सभी जाएं जोकीपोखर
मशाल जल रही है
विजय बिगुल बज रहा है
छोटे-बड़े सभी मिल-जुल कर जाएं
मां-बाप सभी संग-संग जाएं
हे भाई जोकीपोखर सभी जाएं
दीया जल रहा है

भोथा-भात लेके
दाल-चावल लेके
सभी साथी टुटुवापानी जाएं
दीया जल रहा है

दो

हमारे इस क्षेत्र में कैसी लड़ाई उठी है
कैसी लड़ाई उठी है कैसी लड़ाई उठी है
नरसंहार होगा रक्तपात होगा
इस लड़ाई में इस लड़ाई में
नेतरहाट में फायरिंग रेंज के विरुद्ध
उठी है लड़ाई उठी है लड़ाई
नरसंहार होगा रक्तपात होगा
इस लड़ाई में इस लड़ाई में

इस क्षेत्र के कोरवा, बृजिया, असुर सभी
खो जायेंगे

ई राजिन्ता जाईत कुटुम्बर
ओरेमर कडुख़र बेड़ारओर कालोर
आरेमारिन बच्छा
जिया-कया
कालो खेंसदिम बाहओ
ई लड़ाईनू-लड़ाईनू

इस क्षेत्र के जात-कुटुम्ब, उरांव सभी
खो जाएंगे
इस क्षेत्र की खेती-बाड़ी
लुट जाएगी
नरसंहार होगा रक्तपात होगा
इस लड़ाई में इस लड़ाई में

ई राजिन्ता ख़ल उखड़ी अम्बरो
कालो चईल कालो
ई राजिन्ता मन मासा अम्बरओ
कालो चईल कालो
उरमिनिम बछावःआगे जिया-कया
कालो खेंसदिम बाहओ ई लड़ाईनू—लड़ाईनू

लुट जाएंगे गाछ-वृक्ष
होगी बेदखली
इन्हें बचाने की खातिर
नरसंहार होगा
रक्तपात होगा
इस लड़ाई में इस लड़ाई में

तीन

को हैरे छोटानागपुर छेछाड़ी
राजी नेतरहाटनू कोंहा लड़ाई
चोचा रे नेतरहाटनू
कोंहा लड़ाई चोचा—लड़ाई चोचा
पलटेनर बरेचर फायरिंग गे बरेचर
खनेम जुनू कोंहा
लड़ाई चोचा हरो खनेम जुनू
कोंहा लड़ाई चोचा—लड़ाई चोचा

तीन

को हैरे छोटा नागपुर-छेछाड़ी
शुरू हो गई है भीषण लड़ाई नेतरहाट में
चल रही है भयंकर लड़ाई नेतरहाट में
इस लड़ाई में इस लड़ाई में
सेना आई है फायरिंग करने
यही हमारी लड़ाई का कारण
सभी को बचाने के लिए नरसंहार होगा
इस लड़ाई में इस लड़ाई में

दिकुअर बरेचर
नमन खेदआ बरेचर
खनेम जुनू
कोंहों लड़ाई चोचा भइरो खनेम जुनू-2
होशियार मना भाईरो बड़ियर
मनोत बहिन होले जुनू
राजिन बछाबओत रे होले
जुनू देसन बछाबओत
हैरे छोटानागपुर
बरा भाई-बहिनरो लड़ाई नना
कालोत ई लड़ाईन
सदौगे मुंजोत रे ई लड़ाईन

दिकू आए हैं
हमें विस्थापित करने आए हैं
भाइयो यही है
हमारी बड़ी लड़ाई का कारण यही है
होशियार बनो भाइयो
शक्तिवान बनो बहनो
बचा पाएंगे हम तभी इस राज्य को
बचा पाएंगे हम तभी देश को
को हैरे छोटा नागपुर-छेछाड़ी
भाइयो बहनो आओ चलें लड़ाई करने
हम विजयी होकर लड़ाई में
खत्म करें सदा के लिए लड़ाई

सदौगे मुंजोत	खत्म कर दें खत्म कर दें
को हैरे छोटानागपुर-छेछाड़ी	को हैरे छोटानागपुर-छेछाड़ी
चार	**चार**
को गुचा भईया लड़ाई नना कालोत	चलो भाई लड़ाई करने जाएंगे
गुचय बहिन लड़ाई ननोत	चलो बहना लड़ाई करने जाएंगे
चन्दो बिल्ली रःओ	चंदा की चांदनी होगी
बिनको बिल्ली रःओ	तारों की लौ भी होगी
आदिनिम एरा-एरा	उसे देख-देख के
टुटवा डिप्पा कालोत	टुटवा-डिप्पा जाएंगे
टुटवा डिप्पा कालोत	टुटवा-डिप्पा जाएंगे
गुचा भाईया	चलो भाई चलो भाई
गुचा भाईया लड़ाई ननोत	लड़ाई करने जाएंगे
चेंप बरखा मनो	बरखा-पानी होगा
पइयां बिड़िना मनो	ठंड-धूप भी होगी
पइयां विड़िना मनो	ठंड-धूप भी होगी
मन पेंदा परेतानू डेरा बसा नानोत	पहाड़ों में पेड़ के नीचे अपना डेरा बसाएंगे
डेरा बसा नानोत	डेरा-डंडा लगाएंगे
गुचा भाईया	चलो भाई चलो भाई
गुचा भाईया लड़ाई	लड़ाई करने जाएंगे
'डिगची','डुहिन',धरआ, किचरी डोडोन घरआ	डेगची-बासन बर्तन लेकर
किचरी डोडोन घरओ	कपड़े और लत्ते भी लेकर
ख़द-ख़र्रा ओरमारिन जमा नना	बाल-बुतरू को भी बुलाकर
सत्याग्रह नू ओरेमत	करो जमा/सभी बैठेंगे सत्याग्रह में
ओक्कोत गुचा भाईया	चलो भाई लड़ाई करने जाएंगे
गुचा भाईया-लड़ाई	लड़ाई करने जाएंगे
पांच	**पांच**
एरो भाईरो नम्है राजी कोड़ा राजी नम्है	ऐ रे भाइयो देखो खून-पसीने से
अकय सोभना	सींचा/अपना राज्य कितना सुन्दर है
एरा बहिनरो नम्है	बहनो देखो अपना राज्य/पहाड़-पर्वत
राजी कोड़ा राजी नम्है अकय सोभना	नदी-नाले-झरने कितने सुन्दर हैं
परता टोड़ांग टोंगरी झरिया,	खेत टांड टीले और झरने

ख़ाड़ नाल ख़ल्ल टोंका

खून पसीने से सींचा अपना राज्य

अड्डो मेक्खोन एरा एड़ा मेढ़ोन एरा
चरियो-चौगिरदा मेन्ना
परता पबेनू मुरली सोहान ओड़ा
चेंखो पाड़ी-पाड़ी
एरा भाईरो-एरा भाईरो

गाय-बैल को देखो—देखो भेड़-बकरियां
चर रहे हैं चारों ओर
पहाड़ों से आ रही है मुरली-सी
चिड़ियों की मधुर तान
देखो भाइयो देखो भाइयो

चाली बली नम्हैं टोला परा नम्है
कूबी तूसा डहारेद रे-2
खूड़ी अखड़ानू डंडी सोहान
नगेरा खे़ल खरखी-खरखी

कुआं-चुआं और टोले के रास्ते
गांव-गांवों के अखड़े से
आती मधुर गीतों की तान
नगाड़े मांदर खरखे-खरखे

चाली चोतोर लेवा रोपा-डोभा
झिमिर-झिटा चेंपद पूंइना-2
कीबा पंइया का बिड़ना
छांहे मने रकम उल्ला-2

आंगन में इत्ता कीचड़ जैसे रोपनी का खेत
नहीं रुकी है फिर भी रिमझिम बरखा
बर्फ पड़े या ठंड/धूप हो या छाया
सभी मौसम में/देखो भइया देखो भइया

नम्हैं पुरखर नमा ई राजीन
कमचर उज्जा बिज्जा परदागे-2
धर्मे दयान्ती ननोत ओनोत
जनम-जनम गूटी-2

हमारे पुरखों ने दिया हमें यह राज
जीवन-यापन करने को
देव-कृपा से जोतें-कोड़ें
कमाएं-खाएं युगों-युगों तक

पलेटनर नम्है ई
राजीन खलबोर
अम्बा अम्बर बोंगा से-2
नगरे शहर नू पोल्लोर
बेद्दा एन्ने नापे राजी-2
एरा भाईरो-इरा भाईरो

हमें लूटने आ रही है पलटन
जग छोड़कर भागो नहीं
शहर-शहर और नगर-नगर का
भागोगे तो
न पाओगे ऐसा सुन्दर राज
देखो भाइयो देखो भाइयो

छः

ई नम्है राजी अयंग राजी हीरा राजी
ई नम्हैं राजी दुलर राजी सोना राजी
अम्बोत बीसा भाईया दिकुवा आलरगे
अम्बोत बीसा बहिना दिकुआ आलरगे

छः

यह हमारी भूमि मातृ-भूमि समृद्ध-भूमि
यह हमारी भूमि प्यारी भूमि समृद्ध-भूमि
मत बेचो भाई दिकुओं के हाथ
मत बेचो बहिना दिकुओं के हाथ

ई नम्है राजी चरियो चौगिरदा	यह भूमि हमारी चहुं ओर से
परता टोड़ंगती छेकेरका	पहाड़-पर्वतों से घिरी-घिरी है
अम्बोत बीसा भाइया दिकुआ आलरगे	मत बेचो भाई दिकुओं के हाथ
ई नम्है राजी चरियो चौगिरदा	यह भूमि हमारी चहुं ओर से
परता-टोडंगती निंदिरका	खनिज-लवण से भरी-भरी है
अम्बोत बीसा भाईया दिकुआ आलरगे	मत बेचो भाई दिकुओं के हाथ
ई नम्है राजी मने रकम खनिज	यह भूमि हमारी भांति-भांति के
लवणती निंदिरका	खनिज-लवण से भरी-भरी है
ई नम्हैं राजी मने रकम सोना	यह भूमि हमारी भांत-भांत के
रूपंती निंदिरका	सोना रुपा से पटी-पड़ी है
अम्बोत बीसा भाइया दिकुआ आलरगे	मत बेचो भाई दिकुओं के हाथ
ई नम्हैं राजी मने रकम	यह भूमि हमारी रंग-बिरंगे
पूंपन्ती सिंगरारका	फल-फूलों से भरी-भरी है
ई नम्हैं राजी मने रकम	यह भूमि हमारी किसिम-किसिम के
खंजपन्ती झबरारका	फल-फूलों से लदी-लदी है
अम्बोत बीसा भाइया दिकुआ आलरगे	मत बेचो भाई दिकुओं के हाथ
ई नम्हैं राजी अयंग राजी दुलर राजी	यह भूमि हमारी मातृ भूमि है
ई नम्हैं राजी दुलर राजी बलर राजी	यह भूमि हमारी प्यारी भूमि है
धर्मे दयन्ती निंदिरका	देव-कृपा से कमाओ-खाओ
धर्मे चोन्हन्ती निंदिरका -2	देव-कृपा से कमाओ-खाओ

सात	**सात**
ओहरे नगापुरियर	ऐ रे नागपुरियो
एका तरा कादर	किधर जा रहे हो ?
एदेरगे राजीन सुना नन्दर हो एंदेरगे	अपने राज्य को सूना करके
देशेन सुना नांदर	अपने देश को सूना करके
किर्रा बरा किर्रा बरा रे भाइरो	लौट जाओ लौट जाओ मेरे भाई
ओहरे नगापुरियर....	ऐ रे नागपुरियो.....
एंदेर घटी मंजा निम्है आदियानू	क्या कमी हुई तुम्हारे मन में
एंदेर टुटी मंजा निम्है अदियानू	क्या घटी हुई तुम्हारे जेहन से
किर्रा बरा-किर्रा बरा रे भाइरो	लौट आओ—लौट आओ मेरे भाई

ओहरे नगापुरियर

कोंहा कोहा परेतो टोंगोरी झरिया
निमन मेंखा लगी भाईया मन मासा करेगा
किर्रा बरा-किर्रा बरा रे भाइरो
ओहरे नगापुरियर

उल्ला बिरिंग-बिरिंग माखा कीड़ा ओनका
उनिम नापे किचरीगे
कालोय नेखय चाली
उनिम कंवर मंडीगे कालोय नेखय वली
किर्रा बरा-किर्रा बरा रे भाइरो
ओहरे नगापुरियर

आयो बाबा भाई बहिन
नम्है पुरखारिम
ख़रा खिलपइत सहचरगा
जियन गंवां बाचरगा
अम्बा कला चोन्हा जोगे हे भाई-बहिनरो
किर्रा बरा-किर्रा बरा रे भाइरो
ओहरे नगापुरियर

ऐ रे नागपुरियो.....

बड़े-बड़े पहाड़-पर्वत, टोंगरी और झरने
बुला रहे हैं तुम्हें/पेड़-पौधे और घाटियां
लौट आओ-लौट आओ मेरे भाई
ऐ रे नागपुरियो.....

दिन भर रोना/भूखे-प्यासे रात को सोना
लाज भर कपड़े की खातिर
'कौर' भर खाने की खातिर
मांगने किस-किसके द्वार जाओगे
लौट आओ-लौट आओ मेरे भाई
ऐ रे नागपुरियो.....

मां-बाप भाई-बहन
और हमारे पुरखों ने
असह्य दुःख-तकलीफ झेला
अपने प्राण तक दिए गंवा
न जाओ मेरे भाई-बहनो
लौट आओ-लौट आओ मेरे भाई
ऐ रे नागपुरियो.....!

❑

प्रो. इन्द्रजीत उरांव

एजरआ

आढ़े! एरा, पइरी मना लगी
सोना रंग बीड़िद अरगा लगी
ऊख़द डरेम बोंगा लगी
ओड़ा ख़ाख़द एरा मन्न नू
चेरेबेरे एजआ एजरआ लगी
चोआ ख़ेर चींखा लगी
पूंप बटंगी नू भंवरो पपलद
गुनगुनरआ लगी, पाड़ा लगी
एरा-एरा पूंपद खुशमारआ लगी
चोआ, एरा तो उल्ला अरगा लगी
निजड़ा माख़ा काला लगी
मनुखर चांड़े एजरआ
बीड़ी बरआ लगी

जागो

ओ! देखो, सुबह हो रही है
सुनहरे रंग का सूर्य उग रहा है
अंधकार डर से भाग रहा है
देखो! चिड़ियां, कौवे गाछ में
चेरेबेरे जाग-जगा रहे हैं
उठो, मुर्गे बांग दे रहे हैं
फुलवारी में भंवरे-तितली
गुनगुना रहे हैं, गा रहे हैं
देख-देख कर फूल झूम रहे हैं
उठो, देखो तो दिन बड़ा हो रहा है
जागो रात बीत रही है
ऐ मनुष्य ! जल्दी जागो
सूर्य आ रहा है।

❑

अनुवाद : स्वयं

खड़िया

प्यारे केरकेट्टा

गंदुर

गंदुर तेगा हीरा अवता
सरता-सरता लामेपे
अकिल सोरी लमना होयता
मेहनेइत सोरी कुयेपे

भकुवा लेबु बेतोडबोङ
ञोओनञ घड् ललायता
अकिल सोरी कामुना को
जहां बोओते बोरोलता

कोढ़ी रो डोंड़कल किते।
इजो उम योता गोडझुङ
कामुनअ ओइर जुम कुइते
नफा कुइते बेतोड् बोङ

एनेम अकिल मेहनेइत अहम्बअ
अहम्बअ उरूमडअ लेंगएना
झाड़ी ठउका अवना तेउजो
कामु इजुम होयना पलते
ओरेज-मेरोमअ इजू-हड़ा ते
अअपे फेकय गोड़े
झाड़ी खेती मअम्हानाअ घड्
होडोम माइन्द उम पलते

डांड गोएजलोगअ अड़य उलअ झाड़ी
इजथङ सोरी लोबरोगेपे
माइन्द सुंदर बोनेना भारी
अकिल सोरी मेहनेइतेपे

कचरा

कचरे में होता है हीरा
ढूंढ़ो हाथ पसार के
ढूंढ़ो अकल के साथ
तब मिलता मेहनत का फल

मूरख रहता भूख से व्याकुल
तरसे दाने-दाने को
बुद्धि से काम करे तो
हर कहीं जीत जाएगा

आलसी और मूरख को
नहीं दिखता कोई रास्ता
न ही कर पाता कुछ काम शुरू वह
मिलती उसे है बस भूख

बुद्धि बिना परिश्रम व्यर्थ है
पसीना व्यर्थ बह जाता है
ऊपर-ऊपर सब ठीक लगता है
पर श्रम व्यर्थ ही जाता है
बैल-बकरी की
फेंको मत विष्ठा
लहलहाएंगे सारे खेत
नहीं उम्दा कोई इससे खाद

खेत-टांड में बिखरी पत्तियां
गोबर के साथ सड़ाओ
बनेगी सुन्दर खाद तभी
गर अक्ल से मेहनत लगाओ

बिलायती नो हेके?

अतु तय डेलकी, जूता मोजा बाबू
जुड़ेपे से बेहर हेके,
बिलायती नो हेके
मोड़ ते जो चस्मा कोंको ते जो टाई
जुड़ेपे से बेहर हेके
बिलायती नो हेके
बोकोब ते टोपी खपाय तोमोड़् ते जो पान
जुड़ेपे से बेहर हेके
बिलायती नो हेके
''सुनो-सुनो'' गमते ''खाद लेओ सब''
जुड़ेपे से बेहर हेके
बिलायती नो हेके
''माइन्द जुघय तेरेपे, बअ जुघय कुयेपे''
बिलायती को न लगे,
लूर तेरना डेलसिइ ।

कहीं वह विलायती तो नहीं?

कहां से आया जूता-मोजा पहना हुआ बाबू
पूछो उससे
कहीं वह विलायती तो नहीं ?
आखों में है चश्मा और गले में है टाई
पूछो उससे
कहीं वह विलायती तो नहीं ?
सर पर टोपी है मुंह में पान
पूछो उससे
कहीं वह विलायती तो नहीं ?
सुनो-सुनो कहता है—''लेलो सभै खाद''
पूछो उससे
कहीं वह विलायती तो नहीं ?
''खाद ज्यादा डालो, पाओ ज्यादा धान''
''विलायती नहीं है वह
हमे लूर सिखाने आया वह !''

कोयोडअ

कोयोते तपअते
झोड़ीते डअ गिमते
अरबड़ुउ कुंड़ुउ
ओः भिइतर
कुहके-कुहके कुहकेता
कोयोडअ डेलता
उसलोओ ते ओम्पय ते
डअ लेंगेता
किनिर झंकोए
लेरेए-लेरेए
लेरेएता
कोयोडअ डेलता
मुनुउसिं ञोलोओसिं
ञेलोङ

आंधी

हवा धूल धूसरित है
मूसलाधार हो रही है वर्षा
अनाथ बच्चा
घर के अंदर
सुबक-सुबक रोता
आंधीं तूफान आता है
जमीन और झरनों से
बहता है पानी
जंगल-झाड़
हर्षित हो-हो कर
हर्षाते
आंधी-तूफान आता है
पूरब-पश्चिम चारों ओर
अंधकार छा जाता है

बेर ला बेर बोयो
रूतु पेड़ते
तुता तोब्हलुङ?

कोयोडअ डेलता
रूतु पेड़ते ओन्डोरजोमता अंजोरकड़
रूतु पेड़ते, गमते—
गुड़िमनापे
जयडिमनापे।

तब जाने कौन युवक बजाता है बांसुरी
आवाज गूंजती ऊपर नीचे
आंधी-तूफान आने पर बजती है बांसुरी

साफ-साफ सुनाई पड़ता है
अगुवा जब बजाता बांसुरी
कहता वह—
नींद तोड़ो   नींद तोड़ो
उठो जागो   उठो जागो!

जोहार

जोहार होकड़ ते उ उसलोओ ते,
जहां बोओ ते
अते होकड़ तोङोन आइज
जोहार अकड़अ ते पाड़ोम,
बुउधि
किनिर ते तेउजो,
बीरू ते तेउजो,
महादोरहो ते तेउजो

पाड़ोमदार उम कोङते महा-कोनोन
लेवु ते, जीव ते,
जांओंत ते, लेबुइ ते।
उम कोङते बोतोङ गियल
उम कोङते हिसिंगा डाह
जोहार होकड़ ते,
होकड़ उम लमते माइन
उम लमते अरजायना
धन-खुरजी
झाड़ी जेए बारेते,
कुन्डब गोड़ते होकड़
जोहार होकड़
ते होकड़अ पाड़ोम ते

रअरअ रअता बगोइचा

जोहार

जोहार उसे इस धरती पर
कहीं पर भी—
जहां वह खड़ा है
जोहार उसे जिसके पास शक्ति है
बुद्धि है
बन में है तब भी
पर्वत पर है तब भी
महादह में है तब भी

शक्तिशाली के सम्मुख बड़ा-छोटा कोई नहीं
मानव भी जीव भी
प्रेम पाते हैं
वह न डरता है न शर्माता है
वह नहीं जानता ईर्ष्या-द्वेष
जोहार उसे
जो नहीं खोजता सम्मान
नहीं चाहता अर्जित करना
धन और दौलत
सभी से रहता दूर
फेर कर मुंह
जोहार उसे
उसकी शक्ति को जोहार

फूल खिलते हैं बाग में

बीरू ते
रअरअ रअता किनिर
झंकोय ते
रंगरितअ ञिमि
बेर कोङते बेर उम्बोओ घांड़ी रचे
राइज ते,
पुर ते,
बेड़ा ते
पाड़ोमदार जोरमेताकी मेनसोन - मेनसोन
लेबु ते उबध्रेना,
संघराना,
अंजोरना
उछी गनज़ कोयोडअ,
गिडिङ, रंगा, झोडीडअ
सिबतिलना उम पलते,
जोहार उघय पाड़ोमदार ते
जोहार जोहार !

पर्वत पर
फूल खिलते हैं वनों में
झाड़ियों में अनेक नाम हैं उनके
कोई जानता कोई नहीं जानता
पर सुगंध रच-बस जाती
देश में
महलों में
मैदानों में
शक्तिमान लेते हैं जन्म कभी-कभी ही
मानव के उत्थान-हित
सहयोग-हित
नेतृत्व-हित
घृणा निंदा तूफान
धूप जाड़ा बरसात
नहीं कर सकते परास्त उसे
जोहार ऐसे शक्तिमान को
जोहार जोहार !

आलोंग

1

कोनोन महा कदम दारू
हग्यिारो कोलेः नाइञ,
रे कोलेः नाइञ सोने ढेलुवा झुकेता
रे कोलेः नाइञ रूपे ढेलुवा झुकेता

2

मरअ नाइञ मरअ नाइञ हरे मरअ नाइञ
हरे मरअ अमअ झैल उसलोः जोओते
हरे मरअ अमअ टिहिल अयुल खोरते
मरअ नाइञ मरअ नाइञ हरे मरअ नाइञ
हरे मरअ इञअ कुसु बेर सम्हड़ाए
हरे मरअ इञअ कुसु बेर योक़ाए।

गीत

1

छोटे-बड़े कदम्ब के पेड़
मेरा प्यारा हरियर सुग्गा
मेरा प्यारा सुग्गा, झूलता सोने का झूला
रे मेरा प्यारा सुग्गा झूलता चांदी का झूला

2

मेरे मोर, मोर मेरे, अरे मेरे प्यारे मोर
मोर प्यारे, तुम्हारी पूंछ जमीन छूती है।
प्यारे मोर तुम्हारे सिर की कलगी लहराती है
मेरे मोर, मेरे मोर, मेरे प्यारे मोर
प्यारे मोर मेरे दुःख को कौन संभालेगा
प्यारे मोर मेरी पीड़ा को कौन अनुभव करेगा।

❑

अनुवाद : रोज़ केरकेट्टा

नुअस केरकेट्टा

खडिया पेड़ेडअ लड़ाई सड़ा	खड़िया बिगुल की युद्ध-ध्वनि
जयडिमनापे गुमडिमनापे खड़िया कुन्डुउकि	जागो नींद त्यागो ऐ खड़िया वीरो!
मोड्रूगेपे	आंखें खोलो
बेरोड़ नापे इडिब तुन्डुकि	उठो रात समाप्त हुई
ए खड़िया कुन्डुउकि	ऐ खड़िया वीरो!
फहमेपे जोहारेपे	स्मरण करो, नमन करो
महा किइतुङ ते	सर्वशक्तिमान को
सम्पड़ेनापे अबसिबेपे मनेना एतोङ ते	तैयार होओ आरंभ करो आज्ञाएं मानना
ए खड़िया कुन्डुउकि	ऐ खड़िया वीरो!
पबड़ोमेपे ञेरीपेते असेइद कामु आइज	करो सशक्त अपनी देह काम बहुत है
अनिङअ थोङ बोरोलनअ थोङ	हमारे लिए जिन्दा रहना ही
महालड़ाई आइज	महासंग्राम है
ए खड़िया कुन्डुउकि	ऐ खड़िया वीरो!
बुउधि खंड़ाअ ज्ञानअ	बुद्धि की तलवार गहो
डंड़अ तिइ ते धोगेपे साहसेपे जयजयेपे	ज्ञान की छड़ी हाथ धरो साहस करो
मुगम सनेपे	जय-जयकार करो आगे बढ़ो
ए खड़िया कुन्डुउकि	ऐ खड़िया वीरो!
बैरी दुसमन टुरा योकोन तेनना	बैरी-दुश्मन अनाथ देखकर
लमते की	चाहते रौंदना
सोबधोमेपे खंड़ापेते	खनकाओ अपनी तलवारें
खड़िया पइजकोम की	ऐ खड़िया वीरो
ए खड़िया कुन्डुउकि	ऐ खड़िया वीरो!
बहस-कअकोम धोओकोन	पकड़ो तर्क के तीर-धनुष
पइजकोम सेंघोर तुञेपे	साधो निशाना सैनिको

बोकोब पअना मञोङ् गअना	चाहे सिर फूटे या फट जाए छाती
कुन्डब ञोनपे	पीछे खदेड़ो साथियो
ए. खड़िया कुन्डुउकि	ऐ खड़िया वीरो!
लड़ेनापे '-लड़ेनापे	लड़ो-लड़ो बस और लड़ो
अलेङ जीते जोउं	जब तक नहीं मिल जाए जीत
तुनबोओ ते जो इडिब ते जो	दिन हो जाए या हो जाए रात
चाहे जहां जोऊ	चाहे क्यों न कुछ हो जाए
ए खड़िया कुन्डुउकि	ऐ खड़िया वीरो ऐ खड़िया वीरो
खड़िया बीरकी बेबरोडेपे	माथ ऊंचा रखो
सोमोङ तिइ पेते	हाथ उठाओ
खड़िया कियअ जयजयअ सड़ा तेरेपे	और करो जय-जयकार
ए खड़िया कुन्डुउकि	खड़िया जन की जयकार करो
खड़िया कियअ जय	खड़िया जन की जय
खड़िया कियअ जय..... !	खड़िया जन की जय......।

सेनेल / सुनो

हे अपा किइतुङ	हे आसमानी
ओन्डोरे,	पिता सुन
एलअ सेनेल ते	हमारी प्रार्थना
पुराये	पूरी कर
जातियअ आलर	हम में उत्पन्न कर
एलअ ते उपनेइते	जाति-प्रेम
मअम्हाये रो होजेए	उसे बढ़ा और
इकुडगा ओबूपोठे ।।	पुष्ट कर
अलारअ तोनोल बुङ	प्रेम के बंधन में
एले ते अम तोले	तू हमें बांध
मोएञ गुउठोङ ते उने	एक संगठन में रख
लोरेङ जियोम ओले ।।	निर्मल मन दे
अकिलअ बेड़ो एलअ	उगा हमारे लिए
थोङ मुबसिडे	ज्ञान का सूरज
कोलेज् केन्देर कोयतलअ	लड़ाई-झगड़े और मूर्खता का
ञेलोङ ते सिबनिडे ।।	अंधेरा दूर कर

पड़ोम रो बउसा
सिरो-सिरो भोबरे,
जीयोम, कायोम कामु
बोङ पुरायेले अंगरे ।।
सोओतोवअ गोड्झुङ
ते एले ते अंजोरे,
बोइरी दुसमन झाड़ी
तय एले ते उबारे ।।

शक्ति और साहस
नस-नस में भर दे
जीवन से, बोली से और श्रम से करें
हम अपनी प्रतिज्ञा पूरी
ले चलो हमें
सत्य की राह पर
शत्रुओं से हमारी
रक्षा कर!

❑

अनुवाद : रोज केरकेट्टा

रोज केरकेट्टा

बोतोङ

कुंडुउ मेरे ञेलोङअ
बोतोङ
मोड् जपिड् मा ते
कडुउ
जनापतर अवडोमता
कटिको सितिलना मा नो
रकपकाय कोन
चपुडोमता

हो भेरे ञंलोङ अवता
बहेर तेजो भिइतर तेजो
भिइतरअ बोतोङ बहेर ते
रकम-रकमअ
ओबयोते

किड़ोः बनय
डुबोः-दरहा
गोरेया, मुवा,
चोरदेवां गुतरू
गोनेकेड् जो एइञ जो
ञोलना गुड् जो
यो जोमता महाना
जोउ जो।

कोनरेखियाना जोउ
भिइतरअ बोतोङ माड़ेसिइलअ
जिनगी यअ किनिर ते
जनमो बोबतोङे

भय

बचपन में अंधकार का
भय
आंखें बंद कर मां से
लिपट
रह जाता है सारी रात
मां के हटते ही
हड़बड़ा कर
टटोलता

उस वक्त अंधकार होता
बाहर भी अंदर भी
अंतर का भय बाहर
तरह-तरह के आकार
दिखाता

बाघ बाराह
प्रेत महाप्रेत
गोरेया मुवा
चोरदेवां गुतरू
दांत किट किटाते
दांत निपोरते मुंह फाड़े
सयानेपन तक रहता है
दिखता

युवा होने पर भी
बना रहे यदि डर
तो जिंदगी के जंगल में
रहेगा सदा डराता

भिइतरअ बोतोङ तिरिब तय
अरेता
लेरेए-बोनोर जियोम ते
ञोलते
ञोल गोडते बेड़ो राफ ते
बोतोड़ दुनियअ
परत ते सुरूबते

गोरजिम बेड़ो
पबतारे लअ
बोइरी बोतोङ
यारे
मोनअ बोतोङ
तेगुइना लअ
जिनगी नोम
जितेगोडना

बोतोङ ते घड अबु
बिडे अबु तजे
अते पोडसिइ
हिनजेए लजे
जुड तय जगे तिमसोङ
बुङ गोरोडे
बोतोङ ते अबु
हेपडना तेरे।

घेरता जब अन्तर का
भय
जीवन-सुख भी प्राणों को
पी जाता
लीलता सूरज की रोशनी
दुनिया का प्रकाश
पी जाता

सूरज विवेक का
उग जाए तो
भय का शत्रु
भागेगा
मन का भय
किनारे लगे
तो जीवन बाजी
जीत जाएगा

इसलिए भय को
बोओ न बांटो
जहां उगे वह
वहीं छील डालो
उखाड़ो जड़ से
आग लगा दो
भय को
पास नहीं आने दो

तारदी अबु मोलिबनम

इडअ तयगा झोड़ीतेज्
सेङ तयगा तपअतेज
तारदी हन्तिज् उतिज् डुइजूता
तेउ जो अलेङ मोलिबूता
अमते गमतिञ तारदी
आम तेगा योता-योता
अमअ तिज् हेपड़ताइञ
तारदी अबु मोलिना

दीपक बुझना नहीं

कल से हो रही है वृष्टि मूसलाधार
पड़ रहे तूफान के थपेड़े
झुक-झुक जाती दीपक की लौ
पर बुझी नहीं है फिर भी
विनती तुम से है दीपक
देख-देख तुमको ही
आता मैं तेरे पास
इसलिए नहीं बुझना ऐ दीपक

अम ते योकोन संगोड्ताइञ
अम ते योकोन डीढ़ताइञ
अम तेगा योतिञ
तारदी अबु मोलिब्नम

दुदमुड़

सरला बेड़ा ते, सड़ला तुता ते
दुदमुड़ तेलमिङ रामते मासो रामते
सांगोडोम डेलकि,
अरेकि तुता ते
घुटघुटुर घुटुर गम के सुमङते

अरेकि कुडा बेलोङ
पेनेर तसलय गोडते
कोंको झेबलोबते कटा तुफङते
लअसिइ छेकाना बोइनि ते
पुरलुड्-पुरलुड् ओसेल दुदमुड़ ते

सांगो को कुडा बेलोङ
रूसुङ मोड् तसलयते पेनेर
अलोड.ता कुइज्ता
मोड् ओड़ेङते
मोनअ कायोम सांगो ते उतुनते
ओसेल दुदमुड् अलोङता
गमते, "ओन्डोरे से देवाननाइञ
अले सेरे देवान रामना को तेरे
तिजञ ते तिञता को तेरे"

"तिरिब डालतेज
कोयो ओइजतेज
खोंड़ेज तेगा डअ नो गिमे
दोहर छपलेना
हिड़ो पअना

तुझ पर नजर टिकाए बढ़ता मैं आगे
देख तुझे मैं हिम्मत करता, हौंसला मेरा बढ़ता
तेरी ओर हूं टकटकी लगाए
इसलिए भी ऐ दीपक ! बुझना नहीं !

कबूतर

सरला टांड में सरला वृक्ष तले
कबूतर नित चुनता उड़द के दाने, तिल के दाने
आ पहुंचा मित्र वहां
वृक्ष से उतर कर
गुटुर-गुटुर कर किया प्रणाम

पंख पसारे उतरा
जामुनियां पंखों वाला मित्र
कर लंबी गर्दन पैर उठाया (नृत्य मुद्रा में)
चारों ओर मित्र के घूमा
बगुले से श्वेत पंख थे जिसके

लिए लाल-लाल आंखें
काले पंखों वाला मित्र
पसार कर अपने डैने
गाता, नाचता, आंखें चमकाता
मन की बातें मित्र को बताता
सफेद कबूतर गाता—
कहता—"सुनो मेरे मित्र
रुको मेरे मित्र अभी जी भर कर चुनने दो
दाने जमा करने हैं बांधना है मोहरा

बादल छा रहे हैं
हवा तेज बहने वाली है
वर्षा होगी शीघ्र
भर जाएंगे खेत लबालब
टूटेंगी मेंड़ें

तेलमिङ मासो तुडअ डोमना''

देवान गमते –
''अम को सहिया
खोंड़ेजू से ओन्डोरे
लुहुर लुहुर कोयोते भेरे
मोन जियोम लोरेङ्ता''

''लाइज को अवनागा
रामना को अवनागा
नेडा को पारोना
उम तोङोनना
कोयो को चोलकनना
उम तोङोनना
सहिया दुखम-सुखम कायोमडोड़ना
कायोम ते बरिया सिंड् भेरे
अलोङ-दुरङ ते।''

तिरिब जे डालोओ कोयो जे ओछोओ
उम यो सोहेयोओ
उकियर बरियाते
अलोङ कुनुइजू ते
लेरेए लडा ते

हन्तिज अड़ेल डगअ बोतोङ
ठनका यअ बोतोङ
धांयगा डेलतज परेधिया
तिइ ते कअकोम तरन ते कड्थोओ
नो यो गोठोओ उकियर ते

मुदइ कोयो डेल डामतजू
डुबोओ ते सोरी उपुङ ओलतेजू
''इना रे परेधिया जोरमेकिम
उकियरअ थोङगा डेल हम्बअकियां''

कोना ते ओड़ेङ कि

तिल, उरद के दाने बह जाएंगे''

मित्र ने उत्तर दिया
''पल भर को रुको मित्र
मेरी बात सुनो–
''जब बहती है ठंडी बयार
तब मन-प्राण हो जाते हैं पावन

रहेगा पेट सदा ही
चुनने सदा ही हैं दाने
पर समय चला जाएगा
नहीं रुकेगा वह
हवा भी चली जाएगी
नहीं रुकेगी
वह भी
पल भर तो ए साहिया सुख-दुख की
बातें कर लो''

बातों में भूले वे–गीतों में भूले वे
अचानक बादल छाए
आंधी आई
नहीं सुहाया मौसम को इन दोनों का प्रेम
इनका हंसना, नाचना गाना

ओलों के डर से
बज्रपात के डर से
आ रहा था शिकारी भागा इधर ही
हाथों में लिए तीर, लटकाए कंधे पर झोला
तभी नजर पड़ी इन दोनों पर उसकी

दुश्मन हवा आ गई निकट
साथ में प्रेत लाई उड़ाकर
''शिकारी तुम्हारा जन्म हुआ क्यों
क्या तूने–इन दोनों के लिए ही जन्म लिया''

तभी कोने में चमकी बिजली

तिरिब सोधोमकि
कोयो जो डामकि
कोम जो छुउटेकि
ओसेल दुदमुड् एबलोङ्गा लेङकि
दरू हरा तय रोमोड़ड्रूअ जोटोबकि

गरजा बादल और
आ पहुंची आंधी
कमान से छूटा तीर
उड़ गया पेड़ से एकाकी ही सफेद कबूतर
आंसू की बूंदें पेड़ से टपकीं!

पतरदरू

दरू ओनोओ महा दरू
रअकि चगुरदि पतरकि
जङ छि-त-रे-कि
होजेए गमोओकि पतरदरू।
मोन मलअकि
बिजोम रम ओलोएज्
ओनना लमोएज
ओनोएज पतरदरू।
सेलतिङ "कोयोडअ कसासिङ
अबु पिजेम कोबसोरेम
ले-रे-ए सोन
इञ ओनोएज् पतरदरू"
बिडिञ बीरू
कोङिञ धारो
ओडिलना, लोजिमना
तुङजुइजना महाना
सोनोर पतर दरू !

प्रकाशवृक्ष

वृक्ष रोपा महावृक्ष खिला
दिशाएं हुई प्रकाशित
बीज बिखर गए
कहा इसे प्रकाशवृक्ष
मन मुग्ध हुआ
चुन लाई बीज
मैंने भी चाहा
रोपना प्रकाशवृक्ष
विनती है मेरी—"हे तूफान, हे ग्रीष्म
इसे नहीं तोड़ना, ना ही सुखाना
बड़े प्रेम से—बड़े चाव से
मैंने लगाया प्रकाशवृक्ष
"मैं बो दूंगी पहाड़ों की कतार
बांध दूंगी धाराओं को
जो आड़ होंगे और करेंगे मिट्टी गीली
पल्लवित होगा और बढ़ेगा
मेरा यह स्वर्णिम प्रकाशवृक्ष!
❑

अनुवाद : स्वयं

नगपुरिया

डॉ. मंजु ज्योत्स्ना

बियाह

आयो मोर बियाह न करबे
बबा मोर बियाह न करबे
मोयं देइखहों–
बुधनी केर जिनगी
अंधरे उइठके, भात राइंधके
छउवा-पूता संभरायके, खेत खटेला
उकर जबर मरद
सांझ बिहान राति
जब पारेला, कतना नइ मारेला
आयो मोके ना देबे दोसर घर
मोयं बेटा तरी कमाबों, ना भेजबे
आयो मोके ना भेजबे दोसर घर।

मोयं देइखहों–
मंगरी केर जिनगी
भिनसारे काम उसरायके
भात बांइध, बांध जगा खटेला
दू गो कचिया कि छउवा-पूता खाबयं
न घर, न खेत खलिहान, न कामधाम
घर लावल उकरे कचिया के
सांझ धरी उकर हुरमुठ मरद
लथियाय के, लूइट के हांड़ी पीयेला
आयो मोके कुइयां में ढेकइल देबे
मुदा मोर बियाह ना करबे।

मोयं देइखहों–
सोमरी केर जिनगी
बरिस बरिस छउवा-पूता
मरद दोसर केर गरु चरायला

ब्याह

मां, मेरी शादी मत करना
पिता, मेरी शादी मत करना
मैंने देखी है–
'बुधनी' की जिन्दगी
खूब सवेरे उठकर, भात पकाकर
बाल-बच्चे संभाल, खेत में खटती है
उसका जबर मर्द
सांझ, सवेरे, रात
जब चाहे तब उसे मारता है कितना
मां मुझे पराए घर ना भेजना
मैं बेटे की तरह कमाऊंगी/ मत भेजना
मां मुझे दूसरे के घर न भेजना

मैंने देखी है–
'मंगरी' की जिन्दगी
एकदम सवेरे काम समाप्त कर
भात बांध, बांध पर खटने जाती
बच्चों के खाने को दो पैसे कमाती
न घर, न खेत-खलिहान, न कामधाम
सांझ को उसके लाए पैसे भी
उसका हुरमुठ (उदण्ड) मर्द लात मारकर
लूटकर, मनमानी हंड़िया पीता
मां, मुझे कुएं में ढकेल देना
पर मेरा ब्याह मत करना।

मैंने देखी है–
'सोमरी' की जिन्दगी
हर वर्ष संतान-सुख
मर्द दूसरों के पशु चराता

राइतो के उ रसिक मरद
केकर, केकर संगे सुइत रहेला
उ निरलज घरो नी आवेला।
आयो, मोके मोराय देबे भले
मोर बियाह ना करबे
पर घर ना भेजबे।

छोटेक नदिया

इ बन केर कोना से
एगो नदिया जे बहेला
कहां जाथे इ धीरे-धीरे
धीरे-धीरे अपन कथा कहेला—

केउ कही इ बहत-बहत
सुबरन रेखा केर कोरा में
जायके सुबुक सुबुक कांदेला
काले कांदेला

गांव केर जनी छउवा केर इ परान
गगरा-गगरी में ढरइक के
एहे घर केर अंधार कोना में
पियास बुझाते जीवन केर कथा गुनेला—

ढोर-डांगर केर संगे-संगे
इ छोटक नदिया केर कथा
बन-बन, पतरा पोखर
हवा तरी सगरो घूमेला—
धरती केर ताप अउर दुख से
इ नदिया जब सुइख जाइ
सुबरन रेखा इकर आसा में,
आंइख पथरायके धीरे-से बहेला—

इहे सुबरन रेखा समुदर केर कोरा में
मुड़ी छिपायके अपन सुख-दुख बतियाते

वह रसिक मर्द रात को भी
किस-किस के संग सोता
निर्लज्ज! घर भी नहीं आता
मां! भले ही मुझे मार डालना/पर
मेरा ब्याह मत करना
पराए घर मत भेजना।

छोटी नदी

इस वन के कोने से
एक छोटी नदी बहती है
कहां जाती है यूं धीरे-धीरे
धीरे-धीरे अपनी कथा कहती-कहती

कोई कहता है बहती हुई यह
सुवर्ण रेखा की गोद में पहुंच
सुबुक-सुबुक रोती है
आखिर क्यों रोती है?

गांव की जनता की यह प्राण है
गागर-गगरी में ढरक कर
घर के अंधेरे कोने में भी ठहर कर
प्यास बुझाती जीवन की कथा बूझती—

पशुओं के संग-संग
इस छोटी नदी की कथा भी
वन-वन, बाग-ताल हर कहीं
हवा की तरह पसरी हुई है
धरती के ताप और दुःख से
जब यह नदी सूख जाती
सुवर्ण रेखा इसकी आशा में
पथराई आंखों धीरे-धीरे बहती

यही सुवर्ण रेखा सागर की गोद में
सिर छुपा कर अपना दुःख-सुख बताते

गिनाय के संगी साथीमन केर	संगी-साथी के प्यार दर्द गिनाते
पियार दुलार, भूख पियास-तनको नी थकेला	कभी भी नहीं थकती
इ सागर केर तो बड़का हिया	उस सागर का विशाल हृदय
सोब केर रस-बेरस के सुनी,	सबके राग-विराग सुनता
लेकिन जब ओहो सुबुक-सुबुक कांदेला—	लेकिन जब वह सुबुक-सुबुक रोता है
तभे इ छोटेक नदिया में फिर पानी भरेला।	तब इस नदी में पानी उमड़ता है।

❑

अनुवाद : स्वयं

भिलोरी (मराठी)

डॉ. वाहरू सोनवणे

स्टेज

आम्ही स्टेजवर गेलोच नाही
आणि आम्हाला बोलावले ही नाही
बोटांच्या इशा ग्यांनी
आमची पायरी
आम्हाला दाखवून दिली
आम्ही-तिथेच बसलो
आम्हाला शाबास की मिळाली
आणि 'ते' स्टेजवर उभे राहून
आमचे दुःख
आम्हालाच सांगत राहिले
'आमचे दुःख
आमचेच राहिले
कधीच त्यांचे झाले नाही....
आमची शंका–
आम्ही कुजबुजलो
ते कान टवकारून ऐकत राहिले
नि सुस्कारा सोडला
आणि आमचेच कान धरून
आम्हांलाच दम भरला
माफी भागा, नाहीत्तर....।

स्टेज

हम स्टेज पर गए ही नहीं
और हमें बुलाया भी नहीं
उंगली के इशारे से
हमारी जगह
हमें दिखाई गई
हम वहीं बैठे
हमें शाबासी मिली
और 'वे' स्टेज पर खड़े हो
हमारा दुःख
हमें ही बताते रहे
"हमारा दुःख
अपना ही रहा
कभी उनका हुआ ही नहीं...."
हमारी 'शंकाएं'–
हम बड़बड़ाए
कान देकर 'वे' सुनते रहे
और निःश्वास छोड़ा
और हमारे कान पकड़कर
हमें ही धमकाया
माफी मांगो नहीं तो....।

अनुवाद : कंचन जटकर

चड्डी

"आतली वार रं!
कवयस्नी घंटी बाजी गईस्न
बठ्ठं पोरे येई लागनं
सत शायमा

निक्कर

"क्यों इतनी देर रे ?
घंटी कब की बज चुकी
बच्चे भी सारे
आ चुके

गुरूजी व्हाराला
धाडना स मला
चाल जल्दी !"
किसू आखना
तव्वय दिलप्या
"येवू रं हागाला गयला तिमा
वार लगी गई
जब्बर काम जिवा
आथल्यात भी
मनी चड्डीमा
हागता-हागता बठ्ठया
मारी टाकना
तरूक लिखा न् पिखलं
हईत गयत अन्
चड्डी बी बठ्ठी
किट्टा
य़ली फाटली
लिखा अन् पिखलं
फेकी देवाना इचार
फिरी गयला पन
पव्वाला दुसरी चड्डी नाहा मिय न !"

मास्टर जी ने भेजा है
बुलाने के लिए
चल जल्दी।"
किसू ने कहा
तब बोला दिलप्या
"आता हूं रे! रुक जरा
पाखाने गया था
सो देर हुई
बहुत जुएं थीं
निक्कर में मेरी
हगते-हगते
मार रहा था
अभी भी बची हैं
लीखें और ढीलें
पहले ही
गंदी थी निक्कर
और भी
गंदी हो गई
सोचा फेंक दू इसे
पहनने को/मगर
दूसरी निक्कर कहां थी ?

अनुवाद : कंचन जटकर एवं विमल थोरात

व्यय

"असे कज्यारं"
कोनी इचारना त
गालफट्टे लाल व्हई जात
नहा त कचुरीमां
कोडी देत
ते काईबी करोत
एक शब्द नहा काड़ना जोंय
आपू–
तिस्नी विरूद्ध
नहा पटं त पाठ

अच्छे लोग

ऐसा क्यूं है
सवाल पूछना यहां मना है
फिर भी किसी ने की ऐसी हरकत
तो लाल कर देते हैं
हमारे ये गाल
नहीं तो किसी अंधेरी कोठरी में
भेज दिया जाता है सड़ने के लिए
वे कुछ भी.... कर सकते हैं
उनके खिलाफ बोलूं
तो शब्द भी मौन हो जाते हैं

फिराई लेना जोयं
देखेल ता इसराई
जाना जोयं
कदी खूब जीव्वर वनी त
गाव सोडीन निंगी
जाना जोयं
गुपचुप
कायबी सहन करवा
तव्वय अमिना जमाना
आवल आखं
गरीबस्ला।

आपको पसन्द नहीं आती
उनकी करतूतें और नाजायज हरकतें
तो मुंह काला करके निकल जाइए
किसी घने जंगल में
जो सच देखा है उसे भूल जाइए
फिर भी अगर जान खतरे में है
तो गांव से पत्ता कटा जाइए
खामोशी से
सब कुछ सहन करना है यहां
तभी कहीं जाकर हमें
'अच्छे लोग' कहता है
ये निष्ठुर जमाना !

अनुवाद : कंचन जटकर

एक भिलोरी गाणं

हामला आखत रं आखत आदिवासी
हामना संसारला दुरतीच् कुत्र भूकत

गोधडे देखवा हामन झालरवाल
फाटी तूटीन आतडे बाहेऽऽरं
गोधडे फगरवात
गोधडस्मा
चादबाबा देखाय
खाटलं देखवा हामनं थाटूक माटुक
ढिल्या दोन्या तिस्लासतरा गाठां
अरं
निजवा त धरातीला छुद्या टेकाय
तेलन्या सिस्याबी
आटाई गयात
खांटाला टागेल्या
टांगाई व्हन्यात
हाडी भरी रसारं तेलना
सितडा नाहा
पानीना गोया दारमां मांडेला
चिधरस्ना बूचा
पेटमा फुटेला

एक भिलोरी गीत

हमें कहते हैं आदिवासी
जिनके संसार पर दूर से भौंकते हैं कुत्ते

झालर जैसी तार-तार हुई है गुदड़ी
जैसे पेट की अंतड़ियां आई हों बाहर
फटी-पुरानी गुदड़ी
ओढ़ते जब
उससे दिखता है चंदा-मामा
खाट हमारी टूटी-फूटी
सत्तरह गांठों की डोरी से बुनी
हुई विदीर्ण
जमीन तक झुकी
सूख गई शीशी रंगीन तेल की
जन्मों की सजा पाती-सी
खंबे पर टंगी-टंगी
हाड़ी भर रस्सी में
डालने को बूंद भर भी
तेल नहीं
देहरी पर रखा है पानी का फूटा मटका
चिंदियों से भरा
पेट में छेद

काट फुटेला,
हाडगे पानी पत

पानी पेवाना पतरा भारी
बूंदया चूगंर पानीनी धार
पानी पेया त आर्धा मूयमा भयमा

बांडी हांडी अनू बांडयाच चाटूं
गुबडायल्या तबकड्या, तिस्ना बी तोटा
पोरे झूलात तबकडया नान्या हेरत

कूडनी झोपडीला गोठस्ना ठिग्या
इमाकना हाडाया
तिभाग निगी जाय
हामनी संसारला हामूच हासत
हासी हांसीन कतलाक हासत
बदला बदला रं बदला दुनिया सारी !

किनारे पर फूटा
जिसमें पीते कौवे पानी

पेंदी में छेदवाला है एक ही गिलास
बूंद-बूंद चूती जिससे पानी की धार
पानी पिएं तो आधा मुंह में—आधा बाहर

टूटी हांडी[1] टूटा चाटू[2] (कड़छुल)
पिचकी थाली
जिसे पाने को लड़ते छोरे

फूस की झोपड़ी पर टाट के पैबंद
कौवे उड़ते जिसके आर-पार
दूर से जान जाते हमारी बस्ती का हाल
अपने संसार पर हम ही हंसते
कितना हंसे—अब आती नहीं हंसी
बदलो, बदलो रे बदलो दुनिया सारी!

❑

अनुवाद : कंचन जटकर एवं
विमल थोरात

---

1. हांडी—सब्जी बनाने
2. चाटू— लकड़ी का चम्मच

मराठी

भुजंग मेश्राम

तानजी सिडामः

पंदरा आगस्सच्या कारेकर्मात
मास्ताराले कोण्तरी
लावली गा कारी
माले उटवून मणला
"परधान बे तू तान्या
मंग वाजव बरं लगनाचा बाजा"
माही फाटली
"माले नाई येए जी"
"मंग बेटया तू परधान नाही"
मन्ला मास्तर, आन् सम्दे हास्ले खि खि खि
मी चिरलो थुका गिरलो
थेनं दात खाल्ले,

मी नाई मन्लो
थेनं कारण पुसलो,
मी सांगून टाकलो

"आजा आन् बाप होता वाजोत
आता विजवा-वाजवाचं सोरलो"
थेनं कोलावली छेरी सम्दे चिड़ीचुप्प
हात दाकवाच्या आदीच थेनं
सुरू केलं सपासय
ओरल्लो– "मेलो तू मेलो,
चोलण्यात मुतलो
छेरीसाटी मेंदीचा उपटा कुपाटा
मातर वाजोनार नाई बाजा।
काय उपटसाल उपटून उपटू माहा–
मास्तराले काय झालं

तानजी सिडामः

पंद्रह अगस्त के जश्न में
किसी ने बताया मास्टर को
मैं बजाता हूं बैंड-बाजा
तुरन्त बुलाकर मुझसे पूछा उसने
"तान्या प्रधान का रोल करेगा?
पर बजाना होगा हमारी शादी में बाजा"
मैंने कहा–
मुझे नहीं आता बाजा बजाना
"तब तू नहीं बन पाएगा प्रधान"
बोला मास्टर तो सभी हंसे खी-खी-खी
मैंने डरकर थूक निगला
उसने गुस्से से दांत पीसे

मैं नहीं माना
उसने कारण पूछा
मैंने कहा–

"दादा और बापू बजाते होंगे कभी बाजा
अब हमने छोड़ दिया है बजाना बाजा"
उसने मंगाई मेंहदी की छड़ी, सभी हुए चिड़ीचुप
हाथ बढ़ाने से पहले ही
शुरू किए सपासप
मैं चिल्लाया-"मर गया रे मर गया"
कहते-कहते पेशाब
निकल गया चड्डी में
"चाहे मार डालो मुझे पर नहीं बजाऊंगा बाजा"
ये सुनते ही जाने
मास्टर को क्या हुआ

काय झालं कोणले मालूम
मातर त्येचा हातच लचकून गेला!

कौन जाने नहीं मालूम
मार गया उसके हाथ को लकवा।

अनुवाद : कंचन जटकर एवं
डॉ. विमल थोरात

भीमराव बोइनवाड : आश्रमाळेतला दोस्त

दिवालीच्या सुट्टीवून आल्यावर
मास्तरनं हाटकलं
तर पटापट बेलदार चंद्यानं
कुंभार नाम्यानं कोतवालाच्या
बाब्यानं गुपचूप
भूईशेंगा हुरडा तीळ अन् हरभरा
मास्तरनीले जाऊन दिला
मास्तरं मला विच्यारलं
मलाशेतीवाडी नाही म्हणून सांमीतलं
तेंव्हा लान बरं बरं केलं
तो गेल्यावर बाबू मृणाला
'नवा मास्तर कसा वाटला बे तुला
खरं खरं सांग'–
मी जरा हसलो गालात
'अबे, थो तू बलुतेदारांचा बलुतेदार'

भीमराव बोइनवाड : आश्रम स्कूल का दोस्त

दिवाली की छुट्टियों के बाद
स्कूल शुरू होते ही मास्टर ने टोका
बेलदार चदूं ने
कुम्हार के मामा ने
कोतवाल के बाबू ने गुपचुप
फली, हुरडा तिल-चना सामने रखा
मेरा हाथ खाली
मास्टर ने मुझ से पूछा
खेती-बाड़ी नहीं है तुझे
उन्होंने मुंडी हिलाते "अच्छा-अच्छा" कहा
मास्टर के जाने के बाद बाबू बोला
"नया मास्टर कैसा लगा रे
सच-सच बता"
मन ही मन मुस्करा कर मैं बोला
"अबे ये तो बलुतेदारों का भी बलुतेदार[1] निकला!"

अनुवाद : कंचन जटकर एवं विमल थोरात

बांधल्या मुठीतली गोष्ट

तुइया नाजुक चोचया हातांनी तू
विणतोस आपले घर
अेखाद्या पिंपळाची झुलती फांदी फुलवते
तुझी लाख लाख स्वप्न.....
निळया विश्राच्या आभाळाची
झुलत्या घराची नी भलत्या सलत्या अभयारण्याची:
ज्या भोवती असते तुरूंगाचे कुंपण,
आपल्याच हाकेचे प्रतिध्वनी,

बंधी मुट्ठी की कहानी

हाथ जैसी चोंच से
बुनना चाहती हूं घोंसला
पीपल की झूलती शाख पर
और संजोती हूं सपने
अपने नीले विश्व रूपी गगन के
जंगल में हिडोंले-से झूलते घर के
मेरे घर के चारों ओर जेल वाली बाड़
मेरी ही आवाज की प्रतिध्वनि

---

1. बलुतेदार : ये बारह होते हैं जो जमींदार के पास से सालाना धान लेते हैं बदले में काम मुफ्त करते हैं।

रडाळ पळसी फुले	रुंआसे पलाश फूल
नी अैया गैया नथू खैयांचे मनोरंजन.....	हैं अनचाहों का मनोरंजन
अरण्येत्तर कळपांची शिबिरे,	गैर आदिवासियों के शिविर में
त्यांच्या निशस्त्र कवायतींचे/शक्तिप्रदर्शन	शक्ति प्रदर्शन की कवायदें
हे अभयारण्य म्हाणजे प्रचंड संस्कार केंद्र...	जंगल बने प्रचंड संस्कार केन्द्र
जे चांदोबासारखं करते	चांद जैसे बेदाग बचपन के—
मुलांचे कान गटार नी भयग्रस्त	कानों में उडेलते अपनी जहरीली—
नी शिकवते सशाचे	सोच के गटर/ बच्चे भयभीत
कान कसे झालेत लांब	अनर्गल बातें-"खरगोश के कान
अन् करून टाकते	लम्बे कैसे?"
निसर्गी सत्याशी सक्त नफरत..	सच्चाई से दूर रखते
तुम्ही तळयावर पाणी पितांना	करते सच्चाई से पैदा नफरत
त्यांनी केलय चित्रात बंद	प्यास से छटपटाती मानवता का
ते दवंडी पिटतायेत मानवता	करते चित्र प्रदर्शन
नावाच्या परित्यक्तेची	वे पीटते ढिंढोरा मानवता का/उन्हें
ते वाढवतायेत राजघाटाची उंची	बढ़ानी जो है, राजघाट की ऊंचाई
'प्राणी मात्रांवर दया करा'	'प्राणी मात्र पर दया करो'
जशी ॲटनने काढली घनफळाअैवजी कलात्म रद्दी.	कहते औरन के कलामूल्यों-सा
कितीतरी वर्षापूर्वी आम्हीही राहात	वर्षों पूर्व हम भी रहे
होतो तुइयागत स्वच्छंद	तेरी तरह स्वतंत्र
वडाला फुटाव्या पारंब्या तशी	बड़ की जटाओं जैसी
झाडाझाडांवर आमची वस्ती	पेड़ों की शाखों से भरी थी हमारी बस्ती
तेंव्हा मात्र रान होते	पर तब ये हमारे जंगल थे
अघोषीत अभयारणय	अघोषित वन
आणि आम्ही फांद्यांवरच्या	और हम थे शाखों से लिपटी
काळया-निळया वेली	काली-नीली बेलें
आमच्या सामर्थ्याने गाणे	हमारी शक्ति के गीत
झाडे बोलली, वारा बोलला	वृक्ष गाते हवाएं गातीं
हे कळले रानात आलेल्या	अब धुस आएं उनमें कुछ बेसुरे स्वर
पाववाल्या गायकींना	यह जान गए हैं बजाने वाले
मग त्यांनी फोडला पावा	तभी तो तोड़कर बांसुरी
अन् केली मशाल	बना ली हैं मशालें
कित्येक वर्षे त्यानंतर	कितने वर्षों से तभी से निरंतर

हे अरण्य जळत राहीले अखंड
तेंव्हापासून आम्ही जमिनीत झालो भूमिगत
मातीच्या पहाडात
कोरली वारूळशिल्पे
असं म्हण, झाडांना

जल रहा है यह जंगल
तभी से ही हम हो गए भूमिगत
हमने मिट्टी के पहाड़ कोड़-कोड़कर
बनाएं हैं बांबी के शिल्प
ये हैं हमारे वृक्ष

आम्ही मुळयांकडून असतो बोलत....
म्हणून तर ही झाडे इतकी बिनधास
एवढं खोलात शिरण्याचं कारण
तू आहेस माझा निसर्गलिखीत बांधव,
त्रिकाल-

हम इनसे बतियाते
'हो बड़े बेफिक्र
तभी तो तुम हो
हमारे नैसर्गिक साथी
युगों-युगों के

इतक्या वर्षांनी अरण्यात
पशुपालक गायकी
गुबूगुबूवाल्यांच्या वेशात आल्याची बातमी
साळूंको भाय, मला नुकतीच मिळाली
आता तू घरटयासह आवृत्ती
पाच हजार वर्षापुर्वीची

वर्षों बाद फैली है जंगल में
खबर
वे आए हैं छद्म वेश धर कर
अभी-अभी 'बया' मिली थी
कह रही थी बनाऊंगी घोंसला
पांच हजार बरस पहले जैसा

तू फक्त गात जा
मुक्तीचं गाणं
अरण्याच्या बांधल्या मुठीत आता
सव्वा लाखची गोष्ट नाही

बस तुम गाते जाओ
मुक्ति के गीत
जंगल की मुट्ठी में अब है—
कहानी सवा लाख की!

अनुवाद : विमल थोरात

कहीं से भी आ मेरे विरसा

लोक तुझी वाट पाहात आहेत
ज्या खडतर वाटेने तू निघून गेलास ती पायवाट
आजचा राजमार्ग झालाय
तुइया आठवणींसारखाच....
नागड्या रात्री दहशतीचे
साम्राज्य असतांनाही
असंख्य तारकांसह चंद्र असावा तसा
आईच्या मोळीबाजारात,
तेंदू पानांच्या खळयावर

सब तेरी बाट जोहते
जिस दुष्कर राह पर तू चला
वह राजमार्ग बन कर बसा है
तेरी यादों में
नंगी रातों में दहशत का
फैला है साम्राज्य
जैसे असंख्य तारों में चांद
उस बाजार में मेरी मां
तेन्दू के पत्तों के ढेर पर

व्याजांत गेलेल्या शेतांवर	सूद में बिके खेत पर
मजुरीच्या बटवड्यावर	मजदूरी मिलती है जहां
इतकेच नव्हे कोडपाखिंडीच्या पोळांत	कोंड पाखण्डी के मवेशी हाट में
बस्तरच्या गोटूलवर	बस्तर के गोटूल पर
इंदरवल्लीच्या बाजारात	इन्द्रवली के बाजार में
चंद्रपूरच्या अरंण्यात	चन्द्रपुर के बीहड़ों में
तूच दिसतोस रे आमच्यासोबत	तुझे देखा सबके साथ
सांग, तुला विसरांव तरी कसं ?	बोलो! कैसे भूलेंगे तुझे?
मी कधी-कधी जेंव्हा	मैं कभी-कभी जाता हूं
आश्रमशाळांमध्ये जातो	आश्रम की शाला में
मुले विचारतात,	बच्चे पूछते हैं मुझ से—
'काका, बिरसा मुंडा कुठे राहतो ?'	"काका विरसा मुण्डा कहां रहता है?"
मला सांगता येत नाही	मैं बोल नहीं पाता—
त्यांच्या स्वप्नाळू भाषेत उत्तर	उनकी स्वप्नभरी भाषा में
तेंव्हा मी बयान टाळणारा	तब मैं बयान बदल कर
आरोपी होतो....	बन जाता हूं मुजरिम
मुलांपर्यंत तर तू पोचलास	वे रोज रटते हैं
आहेस बाराखडीसारखा	तेरे नाम का ककहरा
कुणी सांगावं, मुलांच्या स्वप्नांतही	शायद तुम बतियाते होगे
तू जात असशील तुझी	बच्चों के सपनों में उतर कर
रहस्यें सांगायला	बताते हो रहस्य
परंतू त्या तमाम लोकांचे काय	पर वे तमाम लोग क्या करें
जी त्या मुलांसारखीच	जो बच्चों की तरह
तुझी वाट पाहात आहेत.	तेरी बाट जोहते
आईला पहाटेच जात्यावर	सवेरे-सवेरे मां चलाती जब चक्की
तुझी गाणी गातांना	गाती तेरे ही गीत
मी ऐकत असतो डोळे मिटूनः	मैं सुनता हूं आंखें बंद किए
डोंगरउतरणीवर बाया रेलॉ रेलॉची	पहाड़ों से उतरती औरतें
तुला घालतात शपथ	जो गीत तेरे गाती हैं
ती ही डोळयांमध्ये घेतो बांधुन	उन्हें भी लेता हूं आंखों में उतार
मजुरदार पात हाकतांना	जहां मजदूर मेंढ़ हांकते
जागल करतांना, गुरं वळवतांना	खेतों में रखवाली करते/ढोर चराते/निराई करते
गवत निंदताना	देते हैं तुझे
या हातावरून त्या हातावर देतात तूला	इस हाथ से उस हाथ

प्रसाद वाटावा तसा
ती सुद्धा मी घेतो अन् वाटतो
सांगायचा मुद्दा म्हणजे मी शिकत असतो
तुइया आदिम विद्यापीठाची
विषववृती रेषा...
तर लोक फक्त गाणीच
गातात असे नव्हे
ते अैकतात-बोलतात
मरतात-
घरदार - शाळा - बाजार
मोर्च्यात नी जंगलात
अेका सशक्त बदलासाठी
खरं तर, ह्यापैकी तुला कुणीही पाहिलं नसेल
मी सुद्धा
म्हणुन तर आमच्या असंतोषातून
तूच मला दिसतोस अेकटा

प्रसाद बांटते हों जैसे
इसे भी ग्रहण कर मैं बांटूंगा
क्योंकि अब मैं पढ़ता हूं
तेरे आदिम विद्यापीठ की
विष की रेखा....।
लोग केवल गीत ही नहीं
गाते तेरे
वे सुनते हैं-बोलते हैं
मरते हैं
घर-बाहर-पाठशाला-बाजार
मोर्चा और जंगलात
बदलाव के लिए
हमने नहीं देखा तुझे पहले
लेकिन केवल तुम ही
हमारे विद्रोह को
दिशा देते हो

त्यावेळी तूला झाली होती का हातघाई
गोयांना इथून हाकलण्याची?
सिंग्भूम, मंडला, वसई
चांद्याची गाद्री फुलवण्याची?
हिरव्या अरण्यांसाठी?
आज गोरे नाहीत
ती स्वप्नांतली राज्ये नाहीत
आमच्या दाट डोक्यांगत अरण्यें नाहीत
तू नाहीस
आहे फक्त अरण्यात वाढणारा असंतोष
अन् ओठावर तूच दिलेलं छोटं गीत
ऊलगुलान ! ऊलगुलान ! ऊलगुलान !
जे आता बनलं आहे सांस्कृतीक आंदोलन
खरंच, आम्हाला घाई झाली म्हटलं तरी चालेल
परंतु संस्कृतीकरणाला आमचा नकार आहे
अंधाराला आहे अगदी तस्सा -
रान विभागणांया कंत्राटी व्यवस्थेला
आमचा नकार
खोयांच्या उच्चासारारखा

तब तुमने ही तो किया था संघर्ष
गोरों को खदेड़ने की खातिर
सिंहभूम, मंडला, वसई
चंद्रपुर को करने को आजाद
बचाने के लिए हरे-भरे जंगल
आज ना गोरे हैं
न सपनों की आजादी
आज ना घने बीहड़ हैं
ना तूं है
है केवल बीहड़ों में फैलता असंतोष
होंठों पर तेरा नन्हा-सा गीत
ऊलगुलान! ऊलगुलान! ऊलगुलान!
जो बन गया है हमारी संस्कृति की लड़ाई
सच बताऊं अब हमें जल्दी है
नहीं चाहते अब हम ओढ़ी हुई सभ्यता
धिक्कारते जैसे अंधकार को
जंगल बांटती दुलाली प्रथा को
हम नकारते हैं
गूंजती है घाटियों में पीछा करती आवाज़

बिरसा, तू कुठूनही केंव्हाही
उगव रे
गवत कापणांया विळयांतून
मोळीणींच्या कुहाडीतून
शेता शेतांवरील मजूरीतून
गावागावांतल्या वेठीतून
गॅलरीत आणलेल्या गोटुली रंगांतून
कारागिरांच्या भट्टीतून
इथून - तिथून
पूर्व - पश्चीम - दक्षिण - उत्तरेतून
कुठूनही येरे बिरसा
हे फुलवित शेत

लोक तुझीच वाट पाहात आहेत

बिरसा तुम्हें कहीं से भी
आना होगा
घास काटती दराती हो या
लकड़ी काटती कुल्हाड़ी
खेत-खलिहान से मजदूरी से
दिशा-दिशाओं से
गैलरी में लाए गोटुली रंग से
कारीगर की भट्टी से
यहां-वहां से
पूरब-पश्चिम-उत्तर-दक्खिन से
कहीं से भी आ मेरे बिरसा
खेतों की बयार बन कर

लोग तेरी वाट जोहते!
❑

अनुवाद : विमल थोरात

मुण्डारी

सत्यनारायण मुण्डा

सोना लेकान दिसुम

आजा-ताता को
बागेया तन बुआ
मानवा होन कोवाः
होड़ो होन कोवाः
दिसुम तबु को पोटोंग तनबुआ
मानवा होन कोवाः
दिसुम रे बुगिन
काजि-कामि
होड़ो होन कोवाः दिसुम रे हो
ऐंगा आपू हागा मिसि
कुटुम कुपुल को सुसुन दुरंग तन
मानवा होन कोवाः दिसुम रे हो
दारू सींग बीर बुरू को लंदा तन
होड़ो होन कोवाः दिसुम रे हो
चिमटी पिपड़ी
चेंड़े-चुपड़ू को दुरंग तन
ने लेकान दिसुम रे
कुला बुड़िया को
जपगर तन
होड़ो होन कोवाः दिसुम रे
होयो दुदकार हिजुः तन
मानवा होन कोवाः दिसुम रे
रूआ-बेथा को हिजुः तन
सोना लेकान दिसुम
तबू नूर तन
मानवा होन को कोवाः दिसुम
तबू बोंगोए तन
चिमटी पिपड़ी बीर-बुरू

धन संपदा से परिपूर्ण राज्य

हमें सौंपा है हमारे पूर्वजों ने
धन सम्पदा से सम्पन्न
अपना देश
मानवता से परिपूर्ण
अपना देश सौंपा है
मानवता से परिपूर्ण राज में
अच्छे काम-काज के हैं संस्कार
अपने इस देश में
मां-बाप और भाई-बहन सब
कुटुम्ब और मेहमान रहे हैं नाच
गा रहे हैं
मानवता के राज्य में जंगल-झाड़
पेड़-पौधे
पहाड़-पहाड़ियां चमक रहे हैं
खिल रहे हैं
लहलहा रहे हैं
अपने देश में कीट-पतंग और पात
पशु-पक्षी चहचहा रहे हैं
आच्छादित हो रहे हैं
ऐसे देश में बाघ-भालू
कर रहे हैं बातें
अपने देश में आंधी-तूफान आ रहा है
मानवता के देश में
आ रही है बीमारी और महामारी
धन-सम्पदा से परिपूर्ण राज्य में हमारे
हो रहा है सुराख
मिट रहा है मानवता का राज
कीट-पतंग पशु-पक्षी पहाड़-पहाड़ियां

चेड़े चूपड़ू दो हो
को ऐला दोला जादा
दोला हो दोला हो बु
तेंग रूड़ा या
दोला हो दोला हो बु
तुना रूड़ा या
सिम सांडी तबु कोकरे चोः जदा
दोला हो दोला हो बु बीरी दा
आजा ताता को लेल तन
दोला हो दोला हो सोना लेकान
दिसुम बु बनचाव रूड़ा या।

युद्ध के लिए हो रहे हैं तैयार
आह्वान कर रहे हैं
चलो-चलो बन्द करें सुराख
चलो-चलो
बचाने चलें मानवता का अस्तित्व
मुर्गा बोल रहा है
कर रहा है आह्वान
चलो-चलो उठो भाई
हमारे पूर्वज हमें रहे हैं देख
चलो-चलो धन सम्पदा से
परिपूर्ण देश बचाने– चलो चलो!
❑

अनुवाद : स्वयं

संथाली

नारायण सोरेन 'तोड़े सुताम'

किरतान काली

लुटाउ जुरूकृतिञ मा गोरोब
आमाक् जांगा रे गे
पोरोसमानिक जाक् ते आमाक्
धुड़ी इञाक् सोना गे

कामी कार ते कुड़ाइ जो़तो़
आरजाव आकात् मैला कोतो
मिछा़ मानो़त भारिया दिपिल
सुनुम सासाङ चोसमा लील
बेकामजो़तो़ बारया़तको
छाटका केबो़ल टा़टी काकूको

ओनाते गे आम ठेन मा
बाङिञ सेटेर दाड़ेयाक जांगातिञ
मा लाजाव छान्दा
खा़ंड़ी खांजो़ जोक् खावाक्

नोणोङ हाजुक्मे गो नायो
सो़दो़रोक्मे सामाङ रे
इञाक् सानाम इञाक् जिमा रे
ने गो़ आमाक् जिमा़ रे
जांगा धुड़ी ञाम ते आमाक्
जातेक मेनाक् हेन्दे इञाक्
मारसाल मोंइ बाहाक् आ गो
आमाक् पूजा सामागिरी
नाताङ ती रे देन गो नायो
ओ़जो़क जाङञ जांगा धुड़ी।

विजय का पद

झड़ जाए मां मेरा सारा
अहं तुम्हारे ही चरणों में
पा स्पर्श तव पारसमणि का
रज मेरा सोना हो जाए

मिली काम की मज़दूरी जो
संचित कूड़े की है राशि
मिथ्या मान रहा हूं ढोता
तेल हरिन्दा चश्मा नीला
सब बेकार बराती ही है
बर्हिद्वार कर रखा बंद है

इसीलिए तो पास तुम्हारे
पहुंच नहीं पाता हूं मैं
छान शर्म का बंधा पाओं में
थाह गर्त की लेता जिनसे

आओ बाहर आ जाओ मां
सम्मुख हो जाओ तुम
मेरा जो मेरे जिम्मे है
ले लो! अपने जिम्मे मां!
धूलि तुम्हारे चरणों की पा
कालिमा जमी है जो मुझमें
प्रकाशित हो बन फूल खिलेगी
पूजा की सामग्री तेरी मां
दे मां! ले लूं पसरे हाथों में
चरण-रेणु अभ्यंजित कर लूं । ❑

अनुवाद : डॉ. डोमन साहू समीर

लोक-गीत
अरूणाचली

आदी जनजाति का लोकगीत

अरुणाचल प्रदेश में लोकगीतों की अत्यंत समृद्ध परंपरा है। बहुरंगी संस्कृति और पारंपरिक जीवन मूल्यों में आस्था रखने वाली अरुणाचली जनजातियों के लोकगीत हजारों वर्षों के कटु-मधु अनुभवों को समेटे हुए हैं। प्रदेश की सभी जनजातियों में लोकगीतों की परंपरा विद्यमान है। ये लोकगीत जीवन के सभी क्षेत्रों से संबंधित हैं। सदियों से मौखिक रूप में ये लोकगीत अरुणाचलवासियों का मनोरंजन एवं दिशा-निर्देशन करते रहे हैं। इन लोकगीतों में पौराणिक आख्यान, सृष्टि की उत्पत्ति विषयक कथाएं, जनजातियों के उद्गम और देशांतरगमन, विभिन्न जीव-जंतुओं की उत्पत्ति संबंधी आख्यान समाविष्ट हैं। आखेट से संबंधित पूर्वजों के विविध अनुभवों को भी इन गीतों में स्थान मिला है। अनेक प्रकार के नीतिपरक गीतों द्वारा समाज को अनुशासित एवं संयमित जीवन व्यतीत करने की शिक्षा प्राप्त होती है। वन्य जीवन से सम्बद्ध गीतों में प्रकृति का धूपछांही सौष्ठव दृष्टिगोचर होता है। इनमें यहां के सामाजिक जीवन की विशिष्टताओं की झलक भी मिलती है। अरुणाचल के लोकगीतों को निम्नलिखित वर्गों में विभक्त किया जा सकता है– 1. उपासना-गीत, 2. त्योहार-गीत, 3. प्रणय-गीत, 4. मनोरंजन-गीत, 5. लोरी-गीत, 6. श्रम-गीत, 7. शोक-गीत, 8. बलिपरक-गीत।

प्रस्तुति : डॉ. वीरेन्द्र कुमार सिंह

अगम बाबु

अगम बाबु डोलंका
होलंको कु-विये
येक-लौंक-को कु-बिये
अगम बाबु डोयंग लं-का
होलों-को कु-बिडंग
येकलौं-को कु-बिडंग
नामी डुंग्गु इम योलन्यो बि-बंग
नामोंग पाएजम येक़न्यो बिडंग
गु-ते टाकुएम टा-बट विडंगकु
डेडी टाकु एम टा-बट बिडंगकु
अगम बाबु नो
होने लम्कंग एम डुएंग लं-का
बोमोंग लम्कंग एम डु-भंग लं-का
एम्ला दोनी बोते ताकम बुलु
कोम्जी तुतुना ताकम बुलुमे
कोम्जी गिलमगेम तु-सिक्ला
गि-दि गोपक एम
उगम गेपक एम गेडुंकु।

पशुधन के देवता

तुम्हें समर्पित सब कुछ
स्वीकार करो अगम बाबु
मिथुन-मांस और हड्डी
भेंट चढ़ाता हूं
सूअर मांस और हड्डी
भेंट चढ़ाता हूं
यथासाध्य जो अर्पित
स्वीकार करो अगम बाबु
चावल निर्मित मदिरा
भेंट चढ़ाता हूं
श्रद्धा से भोज्य सुंगधित
भेंट चढ़ाता हूं
पशुधन को आरोग्य–
श्रीयुक्त करो अगम बाबु
आबाल वृद्ध वनिता
विनय करते हैं
सरल हृदय की विनती
सुनो अगम बाबु

अनुवाद : वीरेन्द्र कुमार सिंह

अंगोंग लेरो

अंगोंगे -रे-रे-रो-होइ
लेन-लांग्का-रे-रे-रो-होइ
अंगोंग लेनमा लेन-
माने-रे-रो-होइ
लेन-लांग-का-रे-रो-होइ
अंगोंग लेन-मा लेन-मनू-
इम-रे-रो होइ
लेन-मांग अजेंगेम-रे-रो-होइ
ला-लापे-रे-रो-होइ
अंगोंगे-रे-रे-रो-होइ
लेन-लांग्का-रे-रे-रो-होइ

दोस्तों को आमंत्रण

नमस्ते दोस्तो !
आओ और हमारे साथ हो लो
दोस्त, जो नहीं आ सके पास अब तक
कृपया आओ और हमारे साथ हो लो
दोस्त, जो नहीं आएंगे कभी
आएं, वे भी दें हमारा साथ
बढ़ाएं अपना हाथ कि जो नहीं आ सके
उनके लिए भी है यही दंड
कि वे हमारे साथ हो लें
आओ, तय करें मिलकर दंड
नमस्ते दोस्तो आओ साथ निभाओ!

अनुवाद : सारंग कुमार

टिप्पणी : यह एक समूह-गान है, जो सामान्यतया समाज के स्त्री-पुरुषों द्वारा त्यौहार के अवसर पर गाया जाता है। यह किसी रिवाज से जुड़ा नहीं है और कोई वाद्ययंत्र इसके लिए जरूरी नहीं होता। गाने वाले अपने-अपने घरों में दुबके पड़े दोस्तों का आह्वान करते हैं कि वे आएं और नाचने-गाने में उनका साथ दें।

कोकोंग किलिंग : डेरे

टेडे डेरे टेडे कोकोंग किलि
डेरे टेडे बंडो गारो
रोलेगे-रोलेगे।

एक युवागृह

जब मैं शाम में कोंकोंग किलिंग (युवागृह)
में आता हूं तो भूंकते हैं निरंतर
दुष्टात्मा रूपी कुत्ते।

अनुवाद : वीरेन्द्र कुमार सिंह

सुश्री नोतेंग और श्री कोक-कोंग

गे तातिन किनोए बिन्यी
गे नेने तोनेन्गे बिन्यी तुरुंग
गे पनग्गे पेकोगे बिन्यी
गे नेने पोक्कोंगे बिन्यी तुरुंग
गे बिबो गी-लिंगे तेतोक तुरुंग
गे पनग्गे पेकोगे बिन्यी
गे नेने कोक-केंगे बिन्यी तुरुंग
गे गिन-न्यिंग रुम-ने

दो प्रेमी

तातेन किनो की
बेटी नोतेंग
और पनग्गे पेकोगे के
बेटे पोकेंग
में थी दोस्ती
रहते थे दोनों बिबो गी-लिंग में
पनग्गो पेकोगे का वेटा
और लोक केंग की बेटी

गे नेने अ-यिन्गे बोसिल तुरुंग
गे सिन्बो योरने बोसिल तुरुंग
गे सिन्बो योरने बोसिल
गे नेने अ-ताने बोसिल
गे नेने केगोमे बोसिल
गे नेने गोम-बो सिला तुरुंग
गे सिसिंग तातिगे कोपे
गे नेने को-यिगे कोपे तुरुंग
गे सिआक ताके कोपे
गे नेने साम सोरे कोपे तुरुंग
गे बिबो गी-किंगे तेलोक
गे नेने अमिंगे तेलोक तुरुंग
गे बोगम सिबुका यिके
गे नेने योप-युका यिके तुरुंग
गे काबो मेरांगका यिके
गे नेने योप-पारका यिके तुरुंग
गे तातिन किनुए बिन्यी
गे नेने योतेन्गो बिन्यी तुरुंग
गे पांग-गे पेकोगे बिन्यी
गे नेने कोक-केंगे बिन्यी तुरुंग
गे गिन-न्यिंग रुम-ने बोसिल
गे नेने रुम-बो सिला तुरुंग

झूलते पुल के पास ही
दोनों एक-दूजे के हो गए
सपनों की दुनिया में खो गए

वे डूबते-उतराते
एक-दूजे की आंखों में
जैसे मेढ़क नदी में
कि जैसे केंकड़ा नदी में

था पास ही झूलता हुआ पुल
बिबो गी-लिंग में
कूद पड़े दोनों नदी में
कि जैसे कूद पड़े हों अग्नि में

तातेन किनों की
बेटी नोतेंग
और पनग्गे पेकोक के बेटे पोकेंग
करते थे दोनों प्यार

उनके सपनों का सुनहला संसार
था बस नदी के आर-पार!

अनुवाद : सारंग कुमार

प्रणय गीत

आगे गे ओदोम रुम्ने में
ओगे गे सिने रोत्कन लो
ओगे गे ओदोम रुम्ने नीने
ओगे गे न्यी पे नेमीन्जे
ओगे गे किरकी दक्कोम
ओगे गे मुमीन के बिची
ओगे गे बिमन रुनम मेमे
ओगे गे मने सेमुआ ओगे गे मसे सेमुआ।

प्रणय गीत

रोम-रोम में बसकर प्रिय
उस पार खड़े हो
पर मेरे मन के बहुत निकट
तुम दूर नहीं हो
कोई अवरोध
नहीं आ सकता
हमारे मिलन में
प्रेम हमारा शाश्वत और अमर है।

अनुवाद : वीरेन्द्र कुमार सिंह

लोरी गीत

कुमबांग पाक्यो

कुमबांग पाकपुआ रिरि रिरि
कोकापनेम रिरि रिरि
पोगोबोम्ला रिरि
दोदुंग मायिके रिरि
अकी एमें गक्कोक तुला
रिरि रिरि
अकिसाल एम् रिरि रिरि
लामगेलो पाकला इंदुन-
अयिके रिरि रिरि
दम्पोंगेमे पातुला
रिरि रिरि
लिसिक लो केलिकला रिरि
रिरि
इनुनायिके रिरि रिरि
अने अबुए रिरि रिरि
पेकिंग्गेये एमला मियेपे
एमला रिरि रिरि
अले अलाक् एम् तेतुले
रिरि रिरि
एमेलो एसिंग किसापे
रिरि रिरि
तिलिक बिला इदुनायिके
रिरि रिरि
अमिक् एमे रिरि रिरि
रोलेन तुला रिरि रिरि
किपुर लो मेबिला रिरि रिरि
मिरंसिकोया एमला रिरि रिरि
डोमेम सुपेये एमला
किपुरलो लिक-बिला रिरि रिरि
यित् :

घर का दैत्य

घर के दैत्य को देख
रोते हुए बच्चे
ऊपरी मंजिल से कूद रहे हैं
वह खा जाएगा उन्हें
वह उन्हें काट खाने को है
पेट
जो झूल रहा है
घर के मुख्यद्वार से लगा
बच्चे का सर कटा है
सर डाल दिया गया है भगौने में
उबलने के लिए
ऐसा ही कर रहे हैं
माता और पिता
ऐसी गलती हो रही है
रसोई के बरतन में
वह जल रहा है चूल्हे की लकड़ी
की तरह
वह झोंक दिया गया है चूल्हे में
जलने को लकड़ी की तरह
आंखें
निकाल ली गई हैं
रखी हैं वे टोकरी में
गलती से खा जाने के लिए
मिर्च की तरह
यही हो रहा है
कितना भयवह !
एक भयानक दुरात्मा रीसिंग कोन्यिंग
घुस आया है घर के भीतर
एक और भयानक दुरात्मा
कोडांग जोर्जो घुसा है घर में

टिप्पणी : यह आदी जनजाति का लोकगीत है जो एकल रूप में किसी महिला या पुरुष द्वारा गाया जाता है। कुमवांग पाक्यो घर में रहने वाले पिशाच को कहते हैं।

रीसिंग कोन्यिंगे यित् पेसित्
कोदांग जोन्जो यित् पेसित्
लामगे तोदे दाक्तोर कंकन्
कुम्बांग पाक्पो पोगो
कन्-कन् यित् !

घर का दैत्य लामगे तोदे
खड़ा होगा दरवाजे पर
एक और दैत्य कुम्बांग पाक्यो
आने को है अभी-अभी
कितना भयावह !

अनुवाद : सारंग कुमार

ओरा ओरा.....

निग्कि ओहोमी
अरो तापो अइला
मोदिंग हचला
इपे गिनी नीपा
भाके हरिला
दिजो गिनी नीपा
परसिंग रोपोमी
अभि तीनिया
दोलो सीची मीइ
अमि तीनिया
प्योतो बिपोई
अमि तीनिया

ओरा ओरा.........

मैं देखना चाहती हूं तुम्हें
युवा और ओजस्वी
जो अकेले कर ले शिकार
जंगली जानवरों का
मैं देखना चाहती हूं तुम्हें
ऐसा धनुर्धर
बच न सके जिसके
निशाने से कोई भी हिरण
तुम्हें बनाना चाहती हूं
मैं ऐसा धावक
जो झटके में पकड़ ले
लोमड़ी की पूंछ

अनुवाद : वीरेन्द्र कुमार सिंह

पिआक अले पोक्तिर

पिआक आ-आक-आक
नोक-के अलेदेम आक-आक
कापे इतोनाम आक-आक
कापे इतोनाम आक-आक
पिआक दे लुकाने आक-आक
न्गोक्के अले सिम आक-आक
सितोंग बेलो आक-आक
लीरोंग बेलो आक-आक
रिबी बिदोल को आक-आक
पोकबोम तासुने आक-आक
पोकबोम तासुने आक-आक
पोक्तिर सुदान्तो आक-आक

एक लंगड़ा कौआ

कहो, कौए !
क्या हुआ तेरी टांगों को ?
कहा कौए ने—
नदी का किनारा
था पत्थरों भरा
उस पर था मैं खड़ा
रिबी बिदोल नाम की थी वह मछली
जिसने मेरी टांग पकड़ ली
मैंने जब मछली को खदेड़ा
पत्थर पर जा गिरा
मछली की हंसी छूटी
जब मेरी टांग टूटी

बोको कोयी

बोको कोयी
गुआत यांग
'कोयी' पेत्तांग गुआत यांग
सिआंग अबुन्गेम गुआत यांग
योप-कोक ने गुआत यांग

एक वीर

यहां जो आदमी है वह है वीर
'कोयी' को समझो एक कीर
यह जो महान नदी है सियांग
इस वीर ने लिया है उसे लांघ
और छोटी पड़ गई है सियांग

अनुवाद :संजीव 'स्नेही'

काकोल कोले

गे काकोले लोलेलो
अगोलो अयेलो
गे बोमीइ बोतेनो
सि-डुमे गिमांग नो
गे बोमिने अनेमे
दो-निमे अजिमे
गे अजिके अयिते।

मृतात्मा का विलाप

कब्र में पड़ी
मृतक की आत्मा (काकोल)
अपने जीवित भाइयों से
कहती है
मुझे कब्र से मुक्त करो
मुझे जंगली पिशाचों के बीच से
जीवितों के संसार में वापिस लाओ।

अनुवाद : वीरेन्द्र कुमार सिंह

फसल का गीत

अमा-चचा

दोइंग बोने तायिंग कुयो-अमा चचा
दोइंग कुयो मानिंग कुयो-अमा चचा
गोक्के दुइंग दुंगा तासी-अमा चचा
दोइंग भुइंग दुंगा तासी-अमा चचा

भावार्थ :

बोरी जनजाति का सर्वाधिक लोकप्रिय गीत 'अमा-चचा' है। इसमें धान, मिथुन, सूअर आदि की उत्पत्ति संबंधी कथाएं वर्णित हैं। यह गीत पुजारियों द्वारा गाया जाता है और उनके पीछे-पीछे महिलाएं उसको दुहराती हैं। पुरुष लोग इस गीत को नहीं गा सकते।

अनुवाद : वीरेन्द्र कुमार सिंह

बोरी जनजाति का उपासना गीत

हयकंग

काजु ई लोना हयकंग
मेरी लोना हयकंग
मिकुंग के सोलो हयकंग
मिटे के सोलो हयकंग
बोंगो हावो हयकंग
टासी पौन हयकंग
गुड्डुन कुइ हयकंग
दोन्ची ते रूमी हयकंग
रूलेन कुइ हयकंग
मेलो केन्लो हयकंग
न्यीबो के डिडुम हयकंग
उजिंग इना हयकंग
मेयुम के किमि हयकंग
गोंकी टोए हयकंग

भवार्थ :

इस गीत में पुजारी मनुष्य की उत्पत्ति की कथा सुनाता है। इसमें सृष्टिकर्त्ता द्वारा मानव जाति पर किए गए अन्याय का वर्णन है। धन, बल और बुद्धि की दृष्टि से मनुष्यों में समानता नहीं है। यह ईश्वर का अन्यायपूर्ण कृत्य है। कुछ मनुष्य धनी हैं, कुछ निर्धन, कोई बुद्धिमान है, कोई मूर्ख। यह सब सृष्टिकर्ता का अन्याय है। पुज़ारी सामान्य है। पुजारी सामान्य मनुष्यों से ज्यादा ताकतवर है। ईश्वर ही पुजारी की सृष्टि और उसका चयन करता है। (यह बोरी जनजाति का उपासना गीत है। जो किसी मनुष्य के बीमार होने पर उसके आरोग्य लाभ के लिए पुजारी द्वारा गाया जाता है। इस गीत द्वारा दुष्ट आत्माओं अथवा भूत-प्रेतों को प्रसन्न करने का प्रयास किया जाता है। 'हयकंग' संबंधी गीत को फसल तैयार होने के समय भी गाया जाता है। पुजारी गीत की एक पंक्ति गाता है, उसके बाद उसके सहयोगी प्रत्येक पंक्ति की समाप्ति के बाद 'हयकंग' का उच्चारण करते हैं।)

अनुवाद : वीरेन्द्र कुमार सिंह

संदर्भ : श्री अदुक तायेंग—आदी फोक सौंग-शोध निदेशालय, अरुणाचल प्रदेश सरकार ईटानगर, 1990
श्री टी. बादु— रिसारूण (शोध विभाग की पत्रिका) अरुणाचल प्रदेश सरकार ईटानगर, 1994
श्री एस.के. घोष— रिसारूण 1992
डॉ. धर्मराज सिंह—अरुणाचल की आदी जनजाति का समाजभाषिकी अध्ययन, वाणी प्रकाशन 1990

गुजराती

भील युवतियों के आलेणियां

प्रस्तुति : जयंत परमार

एकलांनी छापरी	**अकेले की छपरी**
कांनमियां मांगां आइवां	कांनमियां बुलावा आया
हो राम झरमरियुं	हो राम झरमरिया
मा ए मांगां नखे झीले	मां वो बुलावा नाखून पर झेले
हो राम झरमरियुं	हो राम झरमरिया
मा डुंगरीए एकळानी शापरी	मां पहाड़ी पे अकेले की छपरी
हो राम झरमरियुं	हो राम झरमरिया
मां दा'ळीनी डांगेर खंडावे	मां हर रोज धान कुटवाए
हो राम झरमरियुं	हो राम झरमरिया
मां डांगेरो खांडतां नूं आवळे	मां धान न कूटने आए
हो राम झरमरियुं	हो राम झरमरिया
मा सांबेले सांबेले मारी!	मां मूसल ही मूसल मारे
हो राम झरमरियुं	हो राम झरमरिया
मा दा'ळीनां वांसळा वळावे	मां हर रोज बांस कटवाए
हो राम झरमरियुं	हो राम झरमरिया
मा वांसेळा वाळतां नू आवले	मां बांस न काटने आए
हो राम झरमरियुं	हो राम झरमरिया
मा वांसेळे वांसेळे मारी	मां बांस ही बांस मारे
हो राम झरमरियुं	हो राम झरमरिया
मा दा'ळीनां टोपला वणावे	मां हररोज टोकरियां बुनवाए
हो राम झरमरियुं	हो राम झरमरिया
मा टोपेला गूंथतां नूं आवळे	मां टोकरियां न बुनने आए
हो राम झरमरियुं	हो राम झरमरिया
मा टोपेले टोपेले मारी	मां टोकरी ही टोकरी मारे
हो राम झरमरियुं	हो राम झरमरिया
मा दा'ळीना दैणलां दळावे	मां हर रोज चक्की पिसवाए
हो राम झरमरियुं	हो राम झरमरिया
मा दैणेला दळतां नू आवले	मां चक्की न पीसने आए

हो राम झरमरियुं	हो राम झरमरिया
मा टोपेले टोपेले मारी	मां टोकरा ही टोकरा मारे
हो राम झरमरियुं	हो राम झरमरिया
मा दा'ळीनां पाणीलां भरावे	मां हर रोज पानी भराए
हो राम झरमरियुं	हो राम झरमरिया
मा पांणीलां भरतां नू आवळे	मां पानी न भरने आए
हो राम झरमरियुं	हो राम झरमरिया
मा बेळुले बेळुले मारी	मां मटके ही मटके मारे
हो राम झरमरियुं	हो राम झरमरिया
मा दा'ळीनां वासीदां वळावे	मां हर रोज झाडू लगवाए
हो राम झरमरियुं	हो राम झरमरिया
मा वासीदां वाळतां नू आवळे	मां झाडू लगाने न आए
हो राम झरमरियुं	हो राम झरमरिया
मा सावरणे सावरणे मारी	मां झाडू झाडू मारे
हो राम झरमरियुं	हो राम झरमरिया

टिप्पणी : भील युवतियों के जाड़े के समय किए जाने वाले नृत्य को 'आलेणियां' कहते हैं। आलेणिया में नाचने वाली सभी महिलाएं वर्तुल बनाकर नाचती हैं।

डभोईनो कोट	डभोई का परकोटा
डभोईनो कोट चणी लीर्वो	डभोई का परकोटा चुन लिया
मारा हीरा कड़िये रे	मेरे हीरे राज ने
.... ने उभी चणी लीर्वी	.....को खड़ी चुन ली
मारा हीरा कड़िये रे	मेरे हीरे राज ने
शुं करवा उमी चणी लीर्वी	क्यों खड़ी चुन ली
मारा हीरा कड़िये रे	मेरे हीरे राज ने
बाइड़ी करवा उभी चणी लीर्वी	घरवाली बनाने खड़ी चुन ली
मारा हीरा कड़िये रे	मेरे हीरे राज ने

अनुवाद : वर्षा दास

टिप्पणी : इन गीतों में घटनाएं बुनी जाती हैं। कभी-कभी अतीत में घटी हुई घटनाओं की या किंवदंतियों की छाया गीतों में बनी रहती है डभोई का किला विसलदेव के समय में हीरर्विर शिल्पियों ने बनाया था। हीरर्विर की याद आज भी विकृत रूप में गीतों में बची हुई है!!

बिरहोर

बिरहोरों के कुछ शिकार-गीत

*श्री बुल्लू इमाम (हजारीबाग) द्वारा एकत्रित शिकार तथा प्रकृति और प्रेम पर आधारित 'गीतों' तथा 'बन्दों' (कविताओं) का हिन्दी अनुवाद प्रस्तुत है। **बिरहोर** जाति हजारीबाग तथा गिरिडीह जिला में ही अधिकतर पाई जाती है जो अभी विलुप्त हो रही है। आज तक इन्हें घर और खेत देकर बसाने के सरकारी व गैर सरकारी संस्थाओं के प्रयास प्रायः विफल ही रहे हैं। इन लोगों को अपने बर्बइए-नुमा घर में रहना ही अधिक भाता है, इसलिए सरकारी पक्के घरों को छोड़ कर यह अपना घर बना कर उसी में रहते हैं। ये मजबूरी में ही खेती करते हैं। इनका प्रिय रोजगार शिकार करना, जड़ी-बूटी एकत्रित कर बेचना और उन्हें औषधियों के रूप में प्रयोग कर इलाज करना है। यह शहद इकट्टा करने में माहिर होते हैं। प्यार में भावुक और मुक्त इस जनजाति की जंगलों में रहना आदत है और खानाबदोशी दिनचर्या। ये खेती नहीं करते। पर हाल में चन्द परिवारों को खेती में लगाने का प्रयास हो रहा है।*

प्रस्तुति : रमणिका गुप्ता

एक

आओ चलें 'खरहे'[1] का शिकार करने
जा रहा हूं जंगल कांधे पर लादे जाल
पहाड़ी पर जाऊंगा
मधु-मक्खी का छत्ता काटूंगा
जंगल की लाल मुर्गी पकडूंगा
अपनी 'खूजी'[2] में डाल

दो

हम धुंआएंगे गुफाएं
पकड़ेंगे गुफाओं में ही—'साही'[3]
हम जाएंगे बाजार
उसे बेचेंगे
उन पैसों से—अपने बच्चों के लिए
खरीदा अनाज बांध कर लाएंगे हम!

तीन

नदिया के किनारे पड़ा
रेशमी रूई-सा सेमल फूल
उस लाल फूल पर झपटा गीदड़
समझ कर मांस का टुकड़ा
"भागो रे मूरख
यह तो एक फूल है
मुर्गा तो पेड़ पर है बैठा
जो तुम्हारी पहुंच के है बाहर"

टिप्पणी : हर आदिवासी के घर में मुर्गा पाला जाता है। यह इनका प्रिय भोजन और चिन्ह, दोनों है।

1 खरगोश। 2 मुर्गी पकड़ने के लिए बनाया फंदों का जाल। 3 'साही' कांटों वाला जानवर है जो इस आर्थिक बाजारवादी युग में बिरहोर के लिए नगद पैसा बन गई है।

चार

घिरी गगन में घटा
धरती पर बरसे बदरा
झटपट-झटपट जाता मछुआरा
लेकर अपना मछली जाल/माछ पकड़ने
माछ पकड़ कर
अपने जाल में कर लेगा जमा!

पांच

हम जोतेंगे बार-बार कठोर धरती
जुत जाएगा खैरा नाला
तब सबका पेट भरे लायक पुर जाएगा
चना-खेसारी उगाने खातिर
बहने दो बस पानी
उग जाएगा चना-खेसारी
नदी किनारे रोपो चना खेसारी
फिर पानी भरपूर भरो
सब उग जावेगा जब
'सोसोनाला'[1] बांधेंगे हम
अब तो बच्चों के रहने खातर भी
जगह चाहिए।

टिप्पणी : यह एक बड़ा ही मर्मबेधी गीत है। यह खानाबदोश शिकारियों की एक जाति के स्थिर होने एवं परिवार को पालने की जरूरत का गीत है। जंगल में बदलती परिस्थितियों के कारण अब उन्हें शिकार नहीं मिलता इसलिए उन्हें खेती करनी पड़ रही है, जिसकी उन्हें आदत नहीं है। बिरहोर न किसान होते हैं और न ही खेतिहर मजदूर, वे शिकारी और घुमक्कड़ होते हैं।

छः

आंगन में कांटे ही कांटे हैं
पत्तों को पीटो मत
ऐ दोस्त इन्हीं पत्तों पे अपना खाना भी खाना है
हमारा परिवार बड़ा है
इन पत्तों को झाड़ो मत ऐ दोस्त
इन्हीं पत्तों पे हमें
अपना खाना भी खाना है!

टिप्पणी : 'कटकोम चेरेच' नामक झाड़ी के कांटे, यह केकड़े जैसे होते हैं। यह पहाड़ों की घाटियों में या दर्रों में होती है। साल के पत्तों को इन कांटों से जोड़ कर पत्तलें बनाई जाती हैं। बिरहोर इन्हें बार-बार इस्तेमाल करते हैं।

सात

नदिया के इस पार बज रही है बांसुरी
नदिया के उस पार जब गिरता है गाछ
तब
बहुत दुःखी होता है मन
हम जानते हैं यह गाछ—
नीलाम हो गया है।

टिप्पणी : यह भी एक तीव्र संवेदना भरा गीत है। कैसे छोटानागपुर में प्रकृति का प्रथम पुरुष कैसा विवश महसूस करता है—जब उसके हरे-भरे जंगलों को सरकार कटवा देती है और उसका उस पर कोई वश नहीं चलता।

---

1 सोसोनाला एक बारह महीने बहने वाले नाले का नाम है।

बिरहोरों के प्रेम गीत

एक

नदिया के इस पार है सेमल का पेड़
मेरी मां का घर है उस पार
मेरे भाई! कैसे पार करूं मैं नदिया
पहुंचूं मां के घर!

दो

जा रही थी सड़क पर मैं
तुम रखोगे मुझे—कहा तुमने
मौज-मस्ती करके ही छोड़ा मुझे
ब्याह लाए मुझे तुम
बिन खर्च किए ही पैसा-कौड़ी
कहते हो अब ले चलोगे मुझे 'गूलर'[1]
खिलाने—नदी किनारे
मैं नहीं खाऊंगी मिठाई ऐ मेरे भाई—
दे दो मुझे वह जो मेरी जवानी चाहे
तब तुम्हारे लिए भी
मैं किन दूंगी गमछा! ❑

अनुवाद : रमणिका गुप्ता

1 एक जंगली फल।

मुंडारी

संस्कार-गीत

आदिवासियों की अपनी धार्मिक मान्यताएं हैं जो उनकी धरोहर हैं। पीढ़ी-दर-पीढ़ी हस्तांतरित होती हुई ये मान्यताएं आज भी बची हुई हैं। 'सरहुल' हो, कृषि पर्व 'करम' हो, मवेशी पर्व 'सोहराई' हो या फिर मरण-संस्कार हो, सारे अवसरों पर ये लोग गीतों (मंत्रों) के द्वारा देवताओं का आह्वान करते हैं और मानव जाति के कल्याण की कामना करते हैं। आदिवासियों का आदि-धर्म उनके जीवन जीने का नियम है। इनके देवता इनके संग उठते-बैठते हैं। वे पेड़ों के पार नहीं रहते, वे धरती के बाहर भी नहीं रहते। इनके इन आस्था गीतों से जाहिर होता है कि ये देवता की पूजा नहीं, उससे वार्ता करते हैं। अपने मंत्रों में भी जीवन को अधिक सहज-सुलभ बनने की कामना करते हैं। आदिवासियों के अनुष्ठानों में पृथ्वी की प्राथमिकता दी जाती है, क्योंकि आदिवासी की अस्तित्व-रक्षा का वह प्रत्यक्ष स्रोत है चाहे वह बीजारोपण का आकांक्षा-अनुष्ठान हो या नवान्न भोजन का धन्यवाद-अनुष्ठान। प्रस्तुत है यहां कुछ संस्कार-गीत जो डॉ. राम दयाल मुण्डा की पुस्तक 'आदि-धर्म' से लिए गए हैं।'

प्रस्तुति : श्रीधरम

सरहुल-गीत

हे स्वर्ग के परमेश्वर
पृथ्वी की धरती माता
दूध की तरह उगनेवाले
दही की तरह डूबनेवाले
चारों कोने, दसों दिशाएं
उत्तर, दक्षिण, पूरब, पश्चिम
झुका हुआ आसमान
झिलमिल धरती
चटाई की तरह बिछी हुई
कटोरे की तरह ढका हुआ
गाछ-वृक्ष, पशु-पक्षी
वन-पहाड़, नदी-मैदान
तुम्हारे ही सृजन
तुम्हारी ही उत्पति
तुम्हीं से टिका है
तुम्हीं से रक्षित है
आज इस सरहुल के दिन
आज इस नेग के दिन
हम तुम्हारी संतान
हम तुम्हारी औलाद
हम तुम्हें बुलाते हैं
हम तुम्हें गुहारते हैं
हमारे संग बैठ लो
हमारे संग बतिया लो
एक दोना हड़िया
एक पत्तल खिचड़ी भात
हमारे साथ पी लो
हमारे साथ खा लो
पहाड़ के पहाड़ी देवता
वन की वनदेवी
दह के जल देवता
नाग-नागिन और अन्य
हमारी खेती देखने वाले
हमारी लक्ष्मी अगोरने वाले
हमारा शिकार सफल करने वाले
रोग-दुःख दूर करने वाले
पेट दर्द में सिर दर्द में
हमें बचाने वाले
हमें शांति देने वाले
गांव के ग्राम देवता
घर के गृह देवता
हमारे बूढ़े-पुरखे
हमारे पितृ-पूर्वज
फलाना बूढ़ा, फलानी बूढ़ी

इत्यादि-इत्यादि,
इत्यादि-इत्यादि
तुम्हारे बनाए रास्ते का
तुम्हारे दिखाए मार्ग का
हम अनुगमन करते हैं
हम अनुसरण करते हैं
हम तुम्हें बुलाते हैं
हम तुम्हें गुहारते हैं
हमारे संग बैठ लो
हमारे संग बतिया लो
एक दोना हड़िया
एक पत्तल खिचड़ी भात
हमारे संग पी लो
हमारे साथ खा लो।
आज यहां आये हुए
आज यहां पहुंचे हुए
तुम्हारे संग बैठकर
तुम्हारे साथ बैठकर
तुम देवताओं से
तुम देवियों से
हम यही अर्जी करते हैं
हम यही विनती करते हैं
हमारी खेती-कृषि
हमारी पशु-लक्ष्मी
दिनोंदिन बढ़ती जाए
दिनोंदिन विकसित हो
हमारे चलने के रास्ते में
निकलने की राह पर
बाघ का डर न हो
सांप का भय न हो
कोई ठोकर न हो
कोई खोंच न हो
हमारे बीच से आपसी द्वेष
आपस में क्रोध-लोभ
जड़ से समाप्त हो जाए
समूल नष्ट हो जाए
रोग-दुःख, दर्द-व्यथा
जिधर से आए, जिधर से पहुंचे
इधर ही लौट आए
उधर ही वापस जाए
तुम सभी देवताओं से
तुम सभी देवियों से
हम यही आशा करते हैं
यही उम्मीद करते हैं
जोहार ! जोहार ! जोहार !

आशीर्वचन
(विवाह-गीत)

प्रिय फलानी और फलाना
धरती और आसमान की तरह
हम तुम्हें जोड़ रहे हैं
हम तुम्हें जोत रहे हैं
अग्नि देवता के सामने
आम वृक्ष के समक्ष
पांच भाइयों के बीच
कुटुंब-बुंधओं के मध्य
आज तुम वर-वधू हो
आज से पति-पत्नी हो
एक साथ काम-उद्यम करो
एक साथ खोज-खबर करो
पत्थर के नीचे केकड़ा
कादो के भीतर मछली
यदि वह नदी में मिले
यदि वह बांध में मिले
तुममें से एक सिर की ओर
दूसरा पूंछ की ओर
तुम उसे मिल कर पकड़ो
तुम उसे मिलकर धरो
केंदू और चार के फल
आम और जामुन के फल

तुम एक साथ चुनो
तुम एक साथ बांधो
अन्न माता, लक्ष्मी माता
खेती-कृषि की देवियां
तुम्हारे साथ वास करें
तुम्हारे साथ डेरा डालें
आड़ के केले की तरह
मेड के बांस की तरह
तुम सदा उगते रहो
तुम सदा बढ़ते रहो
दुनिया की दौड़ में
जीवन की चढ़ान में
तुम ऊपर को ही उठो
तुम युग-युग जीओ
गांव के पांच भाई
देश के कुटुंब-बंधु
हम यही आशा करते हैं
मंगलकामना करते हैं।
जोहार ! जोहार ! जोहार !

मरण-संस्कार गीत

इस आंगन में जमा
भाइयो! कुटुंब-बंधुओ!
हम लोग जमा हुए हैं
एकत्र हुए हैं
इस गिरे हुए भाई को
इस हताश संबंधी को
फिर से खड़ा करने के लिए
साहस बंधाने के लिए
इतने दिनों तक इसका परिवार
इसका घर-द्वार
अशुचि में रहा
अपवित्र रहा
कोई खोज-खबर नहीं थी
कोई उठना-बैठना नहीं था
आज सभी भाइयों के बीच
सभी कुटुबों के मध्य
इसके सारे दुःख
इसकी सारी विपत्तियां
हमने गंगा में बहा दीं
समुद्र में डुबा दीं
हम इसे फिर से खड़ा करते हैं
इसे साहस बंधाते हैं
आज से इस भाई के प्रति
इस बंधु के प्रति
कोई घृणा न हो
कोई छूत न हो
सब कुछ शुभ हो
सब कुछ स्वस्थ हो।

❑

अनुवाद : डॉ. रामदयाल मुण्डा

** : सरहुल की कहानी इस प्रकार है—*

धरती की इकलौती बेटी बिंदि एक दिन नहाने गई तो उधर ही से गायब हो गई। धरती ने उसे खोजने हेतु अपने दूत चारों तरफ भेजे, किन्तु वह कहीं नहीं मिली। पृथ्वी शोकित हो गई। रोने-कलपने लगी। उदास रहने लगी। पृथ्वी पर पतझड़ छा गया। अंत में खोजते-खोजते पता चला कि वह पाताल में यमराज के पास है। दूतों ने यमराज से अनुनय-विनय की कि बिंदि पृथ्वी की इकलौती बेटी है उसे वापस दे दिया जाए लेकिन यमराज मानने को तैयार नहीं हुए। कहने लगे कि उसके यहां जो एक बार आता है वापस नहीं लौटता। किंतु जब दूतों ने कहा कि वैसी स्थिति में तो पृथ्वी मर ही जाएगी और सृष्टि समाप्त हो जाएगी तो यमराज इस बात पर राजी हो गया कि उसकी मां को बचाए रखने के लिए बिंदि अपना आधा समय पृथ्वी पर और आधा समय पाताल में बिताए। तभी से जब-जब बिंदि वापस आती है, पृथ्वी खुशी से भर उठती है, हरियाली छा जाती है और जब वह जाती है तो पृथ्वी उदास हो जाती है, पतझड़ आ जाता है। सरहुल बिंदि के वापस आने का समय है। धरती के खुश होने, सजने-संवरने की ऋतु है।

राजस्थानी

गोविन्द गुरु का आह्वान-गीत

भारत छोड़ों आंदोलन में गुरु गोविन्द अपने शिष्यों सहित भाग लिया करते थे, ब्रिटिश सरकार के खिलाफ जुलूस निकाले जाते थे। वे राजपूत राजाओं तथा महाजनों की भी खिलाफत करते थे और लड़के लड़कियों को पढ़ाने के लिए प्रेरित करते थे। इस कारण राजस्थान के राजपूत शासक भी उनके विरुद्ध थे। इन्होंने एक साजिश के तहत अंग्रेजों को गुरु गोविन्द के प्रभाव को नष्ट करने हेतु उन्हें मरवाने की साजिश रची। स्मरणीय है कि 1908 ई. में गोविन्द गुरु के आंदोलन से घबरा कर अंग्रेज और राजपूत राजाओं ने मिलकर मानगढ़ में लगभग 15 हजार लोगों की हत्या कर दी थी, जो पूजा के लिए गुरु गोविन्द के आह्वान पर एक पहाड़ी पर एकत्रित हुए थे। लेकिन इस तथ्य को इतिहास से अभी तक अलग रखा गया। इस गीत में ही गोविन्द गुरु ने स्पष्ट भविष्यवाणी कर दी थी कि मानगढ़ पर 6 दिसम्बर 1908 के हत्याकांड का बदला अंग्रेजों (भुरेटियों) से अवश्य लिया जाएगा। देश आजाद होगा। दिल्ली में चुनी हुई लोकतांत्रिक सरकार की स्थापना होगी। पंचायती राज वाले इस स्वतंत्र भारत में मानगढ़ धाम को पूरी महत्ता प्राप्त होगी। यह गीत 70 वर्ष से एक भविष्यवाणी के रूप में जन-जन में व्याप्त है।

प्रस्तुति : रमेश चन्द्र वडेरा

ने मानुं रे ने मानुं

झालोद में मारी कुंडी है
दाहोद में मारी थाली है
भूरेटिया ने मानुं रे ने मानुं....

दाहोद में मारी थाली है
गोधरा में मारो दीवो है

गोधरा में मारो दीवो हे
अहमदाबाद मारी जाजम है

अहमदाबाद मारी जाजम है
दिल्ली में मारी कलम है

दिल्ली में मारी कलम है
बेणेश्वर मारो चोपड़ो है

बेणेश्वर मारो चोपड़ो है
धूलक में मारो धमको है

धूलक में मारों धमको है

नहीं मानूंगा नहीं मानूंगा

झालोद में मेरी कुंडी आजादी का शंखनाद
दाहोद में मेरी थाली फूंक रही है प्राण
नहीं मानूंगा नहीं मानूंगा रे भूरेटिया

दाहोद में मेरी थाली है
गोधरा में मेरा 'दीवा' कर रहा प्रकाश

गोधरा में मेरा दीवा है
अहमदाबाद में मेरा जाजम लगता है दरबार

अहमदाबाद में मेरा जाजम है
दिल्ली में मेरी कलम चला रही है राज-काज

दिल्ली में मेरी कलम है
बेणेश्वर मेरा 'चोपड़ा' करता धरम का प्रचार

बेणेश्वर में मेरा चोपड़ा है
देश में मेरा धमाका मच रही है धूम

देश में मेरा धमाका है

झांबु में मारी फौजें है

झांबु में मारी फौजें हैं
मानगढ़िये मारी धुणी है
मानगढ़िये मारी धुणी है
कम्बोई में मारी द्वारों है

कम्बोई में मारो द्वारो है
मानगढ़िये मारां वेरां है

वेरां रे वारि पंचराज थापवु है
भुरेटिया ने मानुं रे ने मानुं....

पंचराज थापवुं ई
तो कई गया गोविन्द गुरु है
भुरेटिया ने मानुं रे ने मानुं.....

जांबू में मेरी फौजें भारत में मेरी फौज

जांबू में मेरी फौजें हैं
मानगढ़ में मेरी धूणी करती है आह्वान
मानगढ़ में मेरी धूणी है
कम्बोई में मेरा द्वारा है कम्बोई में मेरा मंदिर

कम्बोई में मेरा द्वारा है
मानगढ़ में लेना है बदला

पंचायती राज है लाना
नहीं मानूंगा नहीं मानूंगा रे भूरेटिया

पंचायती राज लाना है
कह गया है गोविन्द गुरु
नहीं मानूंगा नहीं मानूंगा रे भुरेटिया

अनुवाद : रमणिका गुप्ता

मानगढ़ नी माटी नो मोल भूलो नखे

मानगढ़ नी माटी नो मोल भूलो नखे
देशनी आजादी हारू
शहीद थईगया
हजारों आपड़ा भाई
ई मगसर पूनम व नो दिवस
भूलो नखे
मानगढ़ नी माटी नो मोल भूलो नखे

गुरू नी बताड़ीली बातें
याद करता रेजो
नीति नियम तोडो
नखे भक्ति भाव छोड़ो नखे
सब हलीमली ने गामें गाम
एक थई ने रे जो
मानगढ़ नी माटी नो मोल भूलो नखे

जे वाट बताड़ी है ऐणी वाटे

मानगढ़ माटी का मोल न भूलो रे

मानगढ़ माटी का मोल न भूलो रे
आजादी की बलि-बेदी पर
हुए शहीद हजारों भाई
आओ बबुआ, आओ बहना सुनलो भाई
माघ-पूनम का दिन वह
मत भूलो रे
मानगढ़ माटी का मोल न भूलो रे

गोविन्द गुरु की बातों को
याद करो
नीति-नियम मत तोड़ो
भक्ति भाव मत छोड़ो
गांव-गांव के लोग सभी
मिलके रहो रे
मानगढ़ माटी का मोल न भूलो रे

भटक मत जाओ भइया

सालजो भुले पड़ो नखे
एक बीज थकी ऊंचा थावा हारू,
झुठा झगड़ा उबाकरो नखे
थोडू थोडू खाई ने
भेगा-भेगा रे जो
मानगढ़ नी माटी नो मोल भुलो नखे

हुणजो सबनी
करजो मन नी
अलग अलग पार्टी ने
दल मां पड़ी ने
समाज ने वखेरो नखे
मानगढ़ नी माटी नो मोल भुलो नखे

भण्या लख्या, अनपढ सब
भक्ति में भेगा थाजो
मानगढ़ धूणी माथे
मगसर पूनम ने दाडे
आ गुरू नी वातें टारो नखे
गांठ बांधी ले जो फेंको नखे
मानगढ़ नी माटी नो मोल भुलो नखे

रास्ता मत भूलो
अहं को दूर भगाओ
आपस में नहीं लड़ो
आधी रोटी खाकर भी
संग रहो रे
मानगढ़ माटी का मोल न भूलो रे

सुनना सबकी
पर करना अपने मन की
बैरी तुमको बांट रहे समझो चालाकी
पार्टी अलग-अलग कर
समाज को मत तोड़ो रे
मानगढ़ माटी का मोल न भूलो रे

पढ़े-लिखे अनपढ़ सब
भक्ति-भाव से आओ भाई
माघी पूनम के उस दिन को
याद करें हम भाई
गुरु की इक-इक बातें
गांठ बांधकर रख लो रे
मनगढ़ माटी का मोल न भूलो रे!
❑

अनुवाद : श्रीधरम

मानगढ़ समस्त भील आदिवासियों के लिए आज आस्था का केन्द्र बना हुआ है। यह राजस्थान की वही जगह है जहां से गोविन्द गुरु ने भीलों को संगठित कर अंग्रेजों के विरुद्ध लड़ाई लड़ी थी। साथ ही राजा-रजवाड़े के साथ भी उन्होंने संघर्ष किया था। राजस्थान में गोविन्द गुरु का वैसा ही महत्व है जैसा झारखंड में बिरसा मुंडा का। यह गीत मानगढ़ की मिट्टी के महत्व एवं शहीदों के बलिदान की याद दिलाता है जो समाज को संगठित कर गोविन्द गुरु के बताए हुए मार्ग पर चलने का आह्वान करता है।

प्रस्तुति : खेमराज पारगी

मारो मानगढ़ रंगाईगियो रे

ए मानगढ़ मांरा तेरा
रे भूरेटिया-2
वेरां तो वालवां उबां
रे भूरेटिया-2
ए मानगढ़ मारी धामें है
रे भूरेटिया-2
गोविन्द-गोविन्द पुजाये
रे भूरेटिया-2
रजवाड़ी राज भांगू
रे भूरेटिया-2
रजवाड़ा मां रईने धोखो करो
रे भूरेटिया-2
मारों मानगढ़ रंगाई गियो
रे भूरेटिया-2
आल दे म्हारो राजा
रे भूरेटिया-2
आल दे मारू हक
रे भूरेटिया-2
उतार तारो झण्डो
रे भूरेटिया-2
सड़ाऊं मारों तण रंगो
रे भूरेटिया-2
दरियो उतरी जाजे
रे भूरेटिया-2

मारो मानगढ़ रंगाई गयो रे

मानगढ़ का बदला हम लेंगे
रे भूरेटिया-2
बदला लेना तो है बाकी
रे भूरेटिया-2
मानगढ़ धाम हमारा है
रे भूरेटिया-2
गोविन्द गुरु यहां पुजाते
रे भूरेटिया-2
राजाओं का तोड़ेंगे राज
रे भूरेटिया-2
रजवाड़ो दिया धोखा
रे भूरेटिया-2
म्हारो मानगढ़ खून से रंगाई गयो
रे भूरेटिया-2
वापिस करो हमारा राज
रे भूरेटिया-2
वापिस करो हमारा अधिकार
रे भूरेटिया-2
उतारो तुम अपना झण्डा
रे भूरेटिया-2
फहराएंगे हम अपना तिरंगा
रे भूरेटिया-2
सात समुन्द्र पार तुम जाओ
रे भूरेटिया-2

मानगढ़ मारां वेरां
रे भूरेटिया-2
छोड़ो म्हारे देश
रे भूरेटिया

मानगढ़ का बदला हम लेंगे
रे भूरेटिया-2
छोड़ो देश हमारा
रे भूरेटिया-2

❑

अनुवाद : रमणिका गुप्ता

टिप्पणी : *मानगढ़—बांसवाड़ा व संतरामपुर यानी राजस्थान व गुजरात की सीमा पर स्थित पहाड़ है भगत पंथ का केन्द्र है व यहां पर गोविन्द गुरू द्वारा स्थापित धूणी है। जाम्बुखण्ड—(जाम्बुद्वीप-भारत), धूलक—मुल्क-देश, बेणेश्वर—तीन नदियों (माही, सोम, जाखम) का संगम-स्थल पर स्थित संत मावजी महाराज की कर्मस्थली है। कृष्ण अवतार की लीला स्थली, दक्षिणी राजस्थान व समीपवर्ती मध्यप्रदेश व गुजरात के आदिवासियों का महाकुंभ है। जहां पर प्रतिवर्ष माघ शुक्ल पूर्णिमा को धार्मिक मेला लगता है जिसमें मुख्यतः अस्थि-विसर्जन व तर्पण किया जाता है। देशी व विदेशी पर्यटक भी आते हैं।*

लंबाड़ी (आंध्रप्रदेश)

बंजारा-गीत

आधुनिकता के इस दौर में भी जहां हर क्षण दुनिया बदल रही है बंजारों की जीवन शैली में खास बदलाव नहीं आया है। आज भी बंजारों का समूह एक जगह से दूसरे जगह घूमते हुए अपना जीवनयापन कर रहे हैं। कई जगह इन लोगों ने घर बनाकर स्थायी रूप से बसना भी शुरू कर दिया है। आश्चर्य की बात यह है कि दुनिया के प्रत्येक क्षेत्र में रहने वाले बंजारों की जीवन शैली में एकरूपता पाई जाती है। बंजारों के रीति-रिवाज, लोक-गीत आज भी जस के तस हैं जो उनकी धरोहर हैं। प्रस्तुत हैं यहां आंध्रप्रदेश में बसे बंजारों के कुछ लोक-गीत जो प्रो. वाई. वेकटरमण के निर्देशन में किए गए पी.राम कोटी के शोध-प्रबंध 'बंजारा लोकगीत कथ्य, संरचना एवं शिल्प' से साभार लिए गए हैं। संपादक

प्रस्तुति : पी.रामकोटी

हुंक्कार पचार

सामळोर भाईन सगे
पंच-पंचात, राजा भोजेरो सभा
पचारे लाकन पचारे सवा लाख
भाईन-सगे, सेन पचारे जोगत,
हेट गम, ऊं पर तम्ब,
तम्बेपर अमेरी,
अमेरी मा कस्तूरी,
कस्तूरी मा लाल,
क्वारुमा चुट्टा ग्वारुमा हुक्का
लो नायक हुक्का।

हुक्का-गीत

सुनो भाइयो और सगे-संबंधियो
पंचों की पंचायत सभा राजा भोज की सभा है
एक लाख हो या सवा लाख सब पधारते हैं
इसमें भाई और सगे सभी पधार सकते हैं
नीचे नली, ऊपर स्तूप
स्तूप के ऊपर हुक्का
हुक्का में तम्बाकू, तम्बाकू में अंगार
इतर (कोर) लोगों में चुट्टा (देशी सिगार)
बजारों में हुक्का
लीजिए नायक हुक्का।

यह गीत (पचार) वधू के टांडे में नायक को हुक्का प्रदान करते समय गाते हैं।

छोरान सवारनो

हालो हालो कर गी
सोजो सोजो कर गी
बाळान सवार गी
कांई दगो देगी
बाळान बाई ए

लोरी

हालो-हालो करके चली गई
सोजा-सोजा करके चली गई
बालक को सुलाकर चली गई
क्या दगा करके चली गई
बालक की बाई।

लदणीर गीत

सूवा भौजे सूतली रे, भौजे टाट पलाण
सूवा भीजे सूतली बापू भीजे मळायेमा
याडी भीजे झूरलेमा
नू कूं भीजूं बाई एकली
सोबत डगरों जा
मारच पाणी पचेरी
खाडू भड़कोजा।

लदनी के गीत

सूवा भीगे, सुतली भीगे और टाट-पलाण भी
भीग गए हैं/ सूवा सुतली भीग गए
बापू भीग रहे हैं पंचायत में और मां भीग रही
है झुंड में
ऐसा क्यूं भीगती है अकेली बाई
साथी चला जा रहा है बारिश हो रही है
परिवार समेत हम बिदा ले रहे हैं

सपत्नी संदर्भ

झर मरेरी टूकरी लारे ला
लावसतो दोईन बरा बर ला
झर मरेरी कांचळी लारे ला
लावसतो दोईन बराबर ला
ऊं चाले मलकेरो फेटिया लारे ला
लावसतो दोईन हांसलो लारे ला
पोरिया गड़ेती हांसलो लारे ला
लावसतो दोईन बराबर ला
हेटाले मलकेती भूरिया लारे ला
लावसतो दोईन बराबर ला
झर मरेरो वेसे रो लारे ला
लावसतो दोईन बराबर ला।

सपत्नी संदर्भ

रंग-बिरंगी ओढ़नी ले आना
लाना है तो दोनों के लिए बराबर लाना
रंग-बिरंगी चुनरी ले आना
लाना है तो दोनों के लिए बराबर लाना
पश्चिम से लहंगा ले आना
लाना है तो दोनों के लिए बराबर लाना
पोहरा गढ़ से हंसुली ले आना
लाना है तो दोनों के लिए बराबर लाना
पूरब से भूरिया (नाक की आभूषण) ले आना
लाना है तो दोनों के लिए बराबर लाना
रंग-बिरंगी लहंगा ले आना
लाना है तो दोनों के लिए बराबर लाना।

फेरा फेरणो

याड़ी देके-बापू देके
नव लाकेरो जीवड़ा
वराणे पतियारे हातेमा घालन
हूबरेगी भावजो आहियां
हातेमा हात कड़ी घालदेन
टांगेमा बेड़ी घाल न

सप्तपदी

मां के सामने, पिता के सामने
नौ लाख का जीवन
पराए पंथी के हाथों में डालकर
खड़ी हो गईं भाभियां—हीं हीं हीं
हाथों में हथकड़ी,
पैरों में बेड़ी पहनाकर

तमासो देकजूं देक-देक	तमाशा देखती
हूबरेगी याड़ियो आहियां	खड़ी हो गई मां—हीं हीं हीं
तमारी झूरले माईती मन	अपने झुंड में से मुझे
एकलीन टाळदेन वराणे	अकेली निकाल कर
पतियारे हाते मा हात झला देन	पराए पंथी के हाथों में हाथ देकर
कोसा ती कोसा भांद देन	छोर से छोर बांधकर
तम से हूबरेगी याडियो आहियां	तुम सभी खड़ी हो गईं मां—हीं हीं हीं

'फेरा-फरणो' अर्थात सप्तपदी। वधू इस समय ढावलो (रुदन) करती है, कि इस भरी सभा में मेरे माता-पिता के सामने फेरा लेने से मैं लज्जित हूं। समाज की मान्यताओं को आधार बनाकर मेरे हाथों में हथकड़ी और पैरों में जंजीरें पहना कर पराये पथिक के साथ भेजने की कोशिश कर रहे हो, कहकर वधू यह गीत गाती है

अंग्रेजी शासन का अत्याचार गीत

सोणले राजा मारो केणो	सुनो राजा मेरा कहना
मारी सलामी तोन चायेनी	मेरी सलामी तुझे नहीं मिलेगी
काळे भाटा न सलामी करूतो	काले पत्थर को सलाम करूं तो
दी टोकड़ा फूट जाय	दो टुकड़े फूट जाए
मारे गरसियान	मेरा गरसिया सांड
मारे खाडून छोड देनी	मेरा रेवड़ छोड़ दो नहीं तो
सीळी सीळो तो हवा लगाड़ीयूं	ठंडी-ठंडी हवा लगाऊंगा
लोई केरो खाळिया चलायूं	रक्त की नदी बहाऊंगा
चार मनक्याती खाट वटायूं	चार पुश्तों से खाट उठवाऊंगा
मारी वातेन सुणो सुणर	मेरी बात सुन ले
पोरिया गडेरो अंगरेजी बाषाओं	पौरा गढ़ के अंग्रेजी राजा
जीत लीयूं र डली देशे न।	जीत लूंगा तेरे देश को।

काम और व्यवहार

सोगळीन पेदास करेरो	हर एक को पैदा करना—
सर्वसरों वंतु	ईश्वर का काम
पन्नू वसूल करेरो	'कर' वसूल करना—
प्रभुरो वंतु	राजा का काम
बेटीन मोटियार करेरो	बेटी को जवान करना—
मा-बापेरो वंतु	मां-बाप का काम

जोवनियामा जमाईरो वंतु	जवानी में जमाई का काम
परकटन करचे वाते	परख कर बात करना—
कदिरो वंतु	कवि का काम
पकड़ लेजायेरो	पकड़ ले जाना—
यमुरो वंतु	यमराज का काम
धन भारी वमान गोकेरो	धन बहुत इकट्ठा करना—
मूर्खेरो वंतु	मूरख का काम
काड ले जायेरो	निकाल ले जाना—
चोरेरो वंतु	चोरों का काम।

प्रेम, व्यवहार और जीवन की वास्तविकता

भूकिया रो छोरा	भूकिया का छोरा
कांई टक-मक देकरो	क्यों टुकुर-टुकुर देखे है
टकमक देकेरो भूलजोरे	टुकुर-टुकुर देखना भूल जा
मारो घागरो धोयेरो सीक्जोर	मेरा घाघरा धोना सीख जा
जादोतेरो छोरा	जाटोत का लड़का
कांई टकमक देकरो	क्यों टुकुर-टुकुर देखे है
टकमक देकेरो भूल जोरे	टुकुर-टुकुर देखना भूल जा
मार फेटीया धोयेरो सीकजोर	मेरा लहंगा धोना सीख जा
बाणोतेरो छोरा	बाणोत का लड़का
कांई टकमक देकरो	क्यों टुकुर-टुकुर देखे है
टक मक देकेरो भूल जोरे	टुकुर-टुकुर देखना भूल जा
मार टूकरी धोयेरो सीकजोर	मेरी ओढ़नी धोना सीख जा।

चोरी और पुलिस व्यवस्था

चोरी चोट्टा चोरी करिये	चोर चोट्टा चोरी करे
सरकारी डंडा वाजियरो	पुलिस (सरकार) डंडा बजाएगा
बंगला कोटम रेणो	थाना में रहना पड़ेगा
चोरी चोट्टा चोरी करिये	चोर चोट्टा चोरी करे
घरे मुणाके एकच मोरी	खूंटें पर एक ही गाय बचेगी
सरकारी डंडा वाजियरो	पुलिस डंडा बजाएगा
बंगला कोटम रेणो	थाना में रहना पड़ेगा

पगे मांई बेड़ी हातकड़ी
डोरी डोरी हींडियरो
बंगला कोटम रेणो।

पांव में बेड़ी/ हाथ में हथकड़ी लगेगी
मारे-मारे फिरोगे
थाना में रहना पड़ेगा।

छोरीर हंगोळी

छोरी वेतीति जन्ना
हड़ हड़-खड़ खड़
करतीति चल छोरीये
काकोटी चढ ब्याटी
छोरी वेतीति जन्नास
दातियान मसिया
लगाड़तीति चल छोरीये
गोड़िया दाबे ब्याटी
छोरी वेतीति जन्ना
गटला गटला, भाटा भाटा
कूदतीति चल छोरीये
काकोटी चड ब्याटी।

कन्या को नहलाना

कुंवारी थी जब—
हड़-हड़ खड़-खड़
करती थी छोरी
अब कठौती पर चढ़ बैठी
कुंवारी थी जब
दांतों पर कोयला
घिसती थी छोरी
अब घुटना दबाकर बैठी है
कुंवारी थी जब
पत्थर-पत्थर पहाड़-पहाड़
कूदती फिरती थी छोरी
अब कठौती चढ़कर बैठी है।

वेतडूर हंगोळी

ऊटराये गोबरेरो पोट्टा
गांगलिरो बेटा, टूरिया
हंगोळी करले
ऊ टराये गुंटकारो मोघु
गुजरीरो लड़का, टूरिया
हंगोळी करले।

वर को नहलाना *

उठ रे! गोबर का पोता
गांगली के बेटा टूरिया
नहा ले
उठ रे! लकड़ी का ठूसा
गुजरी का लड़का, टूरिया
नहा ले

छूटो गीत

आंगे पाचे हालो जन्ना
खवो झलन मारो जन्ना

छूटो गीत

आगे पीछे हिलते समय
बांह पकड़ आलिंगन के समय

** मंडप में नहाने का पीढ़ा रख कर वर की सालियां और टांडे की लड़कियां वेतडू (वर) को छेड़ाती हुई, नहाने के लिए उठाती हैं और हंसी-मजाक में यह गीत गाती हैं।*

खविया झड़गो देवरियो
मोटियारो दाड़ो
ऊंड़ी ऊंड़ी दारिमा
मूंड़ो चूमो जतूत
फूली खोगी देवरियो
मोटियारो दाडो

खविया (पट्टा) झड़ गया देवर
जवानी का दिन
गहरी-गहरी खाई में
मुंह चूमते समय
फूली गुम हो गई देवर
जवानी का दिन।

घूगरा छोडणो

भीयाओ रे घूगेरा छोडलेन
कूणेसी भ्याने न
भांदू करेन केरोचीरे
भीया आहियां
सोनेरी ताकड़ी
रुपेरी डांडीती तोलाई
तूले घूगरा
मारे मोटे भीयारी हातेरी
परकी घूगरा
दनियारी छोरी गुंतावे
सण-सूतलीमा
मैं हूंसण गुंताई रेशम
पाटेर दोरामा
अंदारी रातेमा
दीयो जळान
गुंताई घूगरा
बाळ पणेर-भोळ पणेर घूगेरा
भीयाओ आहियां
वीरेणा कूणेसो बाकी वाळो
खींचरो करेन
मारे घूगेरा छोडेलागो
वीरा-आहियां।

घुंघरू उतारना

भाइयो घुंघरू छोड़कर
कौन-सी बहन को
बांधने जा रहे हो
भाई—हीं हीं हीं[1]
सोने की तराजू
चांदी की डंडी से
तोले हुए घुंघरू
मेरे बड़े भाई के हाथ
परके घुंघरू
सखियों ने गूंथी
सन-सुतली से
मैं प्यारी, गूंथी
रेशम-पाट धागे से
अंधेरी रात में
दीप जलाकर
गूंथी थी घुंघरू
बालपन-भोलापन के घुंघरू
भाइयो—हीं हीं हीं
भाई कौन कर्ज वाला
खींच रहा है तुझे
मेरे घुंघरू को छोड़ रहे हो
भाई—हीं हीं हीं।

❑

1. आहियां. हीं हीं हीं ये रोने की ध्वनि का सूचक हैं।

संथाली

प्रेम-गीत

संताली छोटानागपुर के जंगलों में रहने वाली जनजाति है। ये शिकार और जंगल पर आधारित हैं। ये नदी, नालों या डुब्बे खेतों में धान की खेती भी करते हैं। ये 'सरना' में पेड़ों की पूजा करते हैं तथा स्वभाव से सच्चे, वचन के पक्के और सीधे-सादे होते हैं। हड़िया-चावल से बनी शराब इनकी संस्कृति का अंग है। महुआ चुनना, लकड़ी बेचना, साल बीजों पर गुजर तथा खेती करना इनका मुख्य रोजगार है। इनके जंगलों में 'सखुआ', 'महुआ', 'पलास', 'खैर', 'गंभार' तथा 'सेमल' के गाछ और 'पुटूस' की झाड़ियां खास महत्व रखती हैं। साल भर बहने वाले नाले-नदियां, उन पर बनाए गए छोटे-छोटे बांध इनके लिए विशेष महत्व रखते हैं। इनके गीतों में पेड़-पौधे, पहाड़, आकाश, नदी और अब बनती हुई सड़कें तथा मुर्गी, कालहंस, कबूतर, पेड़की, मोर एवं खेसारी धान प्रायः वर्णित होते हैं। ये बहुत भावुक होते हैं। पर अब औद्योगिकरण से ये विस्थापन का दंश झेल रहे हैं और अपसंस्कृति के शिकार भी हो रहे हैं। पहाड़ों के टूटने, नदियों के बंधने, और जंगलों के कटने का दर्द इन्हें सालता है।

प्रस्तुति : रमणिका गुप्ता

एक

जिसे जलना था
जल गई वह पहाड़ी
पूरी तरह नष्ट हुए
पेड़ों के पत्ते
पेड़ कांपते पंछी रोते
व्याकुल-व्याकुल
धरती का जीवन और पत्ते!

दो

दह गई बड़ी पहाड़ी
भसकी छोटी पहाड़ी
उल्टी-पुल्टी हो गई दुनिया
ओ मेरे भाई!

तीन

हमारी सड़क के बीचों-बीच
सेमल गाछ खड़ा
इस पर आ बैठा एक सारस पंछी
ओ मेरे भाई—
दुनिया को एक सहारा मिला!

चार

पीपल की फूट रही हैं कोपलें
मोर के खाने के लिए
खाने के लिए मोर के—
पीपल की फूट रही हैं कोपलें
मरने के लिए पैदा होता है आदमी
कोई नहीं जीएगा इस धरती पर सदा
ऐ मेरे भाई—ऐ मेरे भाई!

पांच

अपनी गोद में मैंने तुम्हें उठाया
मेरे बेटे, मैंने तुम्हें सुलाया
तुम्हें नहलाया/तेल लगाया
ओ मेरे बेटे! ओ मेरे बेटे!
ओ मेरे प्यारे बेटे
किसी दिन दिल मत तोड़ना मेरा
दिल मत तोड़ना मेरा
किसी दिन!

छः

कुर्सी-कुर्सी/सोने की कुर्सी
कुर्सी-कुर्सी/चांदी की कुर्सी

जमा हो गई कितनी कुर्सियां?
यह तो जंगल की लकड़ी हैं मां
यह तो दिए की 'आगी' है मां
सबने देखा अपने से सच–
और लगे सब हंसने!

सात

'दुदुरी' की सड़क पर
कमलों जैसा है बालू
दुदुरी की सड़क पर
तूफां जैसा है बालू
बीचों-बीच सड़क के
बीचों-बीच जंगल के
छिप गया है सूरज

ओ दुदुरी की सड़क
कहां सोवेंगे हम?
कहां होवेगी हमारी सुबह?
कहां होगी हमारी रहने की जगह?

जहां घर बनाया है देव ने
हम सोवेंगे उस जंगल में
देवता के दिए पेड़ों तले
पेड़ों की छाया तले
सोवेंगे हम दोनों?
सोवेंगे हम दोनों वहीं
वहीं हमारी सुबह मनेगी
वहीं हमारी सुबह मनेगी!

आठ

नदी, घाटी, मैदान में
धान से कूटा चावल
धान से कूटा चावल
कालहंसों ने बनाए हैं वहीं
अपने घोंसले
जब तुम धान काटोगे मीता
जब तुम काटोगे धान
मत छूना उनके घोंसले
मत छूना उनके घोंसले
कालहंसों ने वहां बनाए हैं
अपने घोंसले!

नौ

सुवर्ण घाटी में इक झील है
इक झील है
जहां नहा रही है इक लड़की
इक लड़की जो अपने को संवारती
जिसके केस हैं बड़े लम्बे
बड़े लम्बे हैं जिसके केश
उसके सिर का जूड़ा बहुत बड़ा
बहुत-बहुत बड़ा
उसकी आत्मा में जिन्दगी भरी है
लबालब प्यार से भरा है उसका दिल !

दस

नदिया के तीरे-तीरे
नदिया के तीरे-तीरे
हाय मुझे मिला एक फूल
हाय मुझे मिला एक फूल
पर आगे-आगे मर्द था मेरा
पीछे-पीछे देवर
हाय कैसे इस फूल को मैं
तोड़ूं मेरे मीता?
कैसे इस फूल को मैं तोड़ूं?

ग्यारह

जाने किस राह से तुम गई हो
मेरी बहना
जो नहीं मिला तुम्हें कोई फूल
नहीं मिला तुम्हें कोई फूल?
वहां फूल का इक गाछ है
तालाब के किनारे

वहां सन्दल का इक गाछ है
तालाब किनारे
इस पर मेरी बहना फूलों वाला
गाछ है
फूलों वाला गाछ है?

बारह

पानी बहुत कम है
पेड़कियां पानी बहुत पीती हैं
हंस-हंस कर कहती हैं वे
चलो अपने देश चलें
चलो अपने देश चलें।

तेरह

सड़क पर इक गाछ 'गम्भार' का
और जंगल में पेड़की
रोवो मत ओ पेड़की
रोवो मत! ओ पेड़की!
मेरे बरामदे में इक कबूतर
मेरे घर में इक कबूतर
रोवो मत ओ कबूतर
रोवो मत! ओ कबूतर!
ओ मेरी मां! मेरी पेड़की
गंगा नदी में है
ओ मेरे पिता! मेरा कबूतर
छोटी नदी में है।

चौदह

तुम्हारा घर छाते-सा है
हम आंगन में धूप-से
हमारा घर 'लगभर'[1] की
पहाड़ी पर
सूत की खाट पर बैठी है
धनी औरत
केशों में करके कंघी
और लगाई है उसने
लाल-लाल बिन्दी
फूल की पांखुड़ियों-सी
वह झूम रही है
सैंकड़ों चहेतों से घिरी
वह नाच रही है
वह धनी बाप की बेटी।

पन्द्रह

शादी के मुहूर्त पर
शादी के मड़वे के नीचे
आकाश-सा अनन्त
किसने गाया ये गीत
हम हंसदा बहनों ने—
भाइयो हम हंसदा बहनों ने
गरम बादलों को किया ठण्डा
बस हम हंसदा बहनों ने भाइयो
गरम बादलों को किया ठण्डा!

सोलह

बाप ने बनाए किनारे
उसी ने बनाया बांध
उसने रोपे बहुत 'किसिम' के फूल
बहुत 'किसिम' के फूल
तुम्हें चाहिए कौन-सा फूल मेरी बेटी?
उसने पूछा
"मुझे चाहिए वह फूल पिता
जो सजाता है देह"—
उत्तर दिया मैंने!

सत्तरह

घर के बाहर एक पेड़—
आंगन के बीच है उसकी
फूलों वाली टहनी
वह जो 'दूसरे' घर की लड़की—

1 एक पहाड़ी का नाम, 2 देखती या बाट देखती

'जोहती'[2] है फूल
करती है कोशिश उसे छूने की
पर नहीं पहुंच पाती
वह उस तक!

अठारह

पति बिना कैसे रहूं?
मुझे गले का हार ला दे मां
दही-दूध खाओ
पति बिना कैसे रहूं?
मुझे ताबीज ला दे मां
दही-दूध खाओ
पति बिना कैसे रहू?
मुझे सोने की पहुंची ला दे मां
दही-दूध खाओ
पति बिना कैसे रहूं?
मुझे पायल ला दे मां
दही-दूध खाओ
पति बिना कैसे रहूं?
मुझे अंगूठियां ला दे मां
दही-दूध खाओ
पति बिना कैसे रहूं?

उन्नीस

बड़ी पहाड़ी की चोटी पर
एक फूल खिला
बड़ी पहाड़ी की चोटी पर
एक फूल खिला
किसकी खातिर यह फूल खिला
धरती को सुन्दर बनाने को
यह फूल खिला
धरती को सहारा देने को
यह फूल खिला!

बीस

ओ गुरु कहां जन्मी गाय?
ओ गुरु कहां प्रकटा देवता?
खासी के घास के जंगलों में
जन्मी गाय
सखुआ गाछ के तले
प्रकटा देवता
किस कारण जन्मी गाय
ओ गुरु !
किस कारण प्रकटा देवता?
धरती का पालन करने को
जन्मी है गाय
धरती की सुरक्षा के लिए
प्रकटा देवता?

इक्कीस

ओ चंदा मैं छोटी थी
जब तुम ले गए मां को
ओ चन्दा! रात और दिन
मैं सुनती हूं मां की आवाज़
कभी मैं जाती अन्दर
कभी मैं आती बाहर
बहाती हूं आंसू

अगर मां होती जिन्दा
याद होते उसे सभी दिन
हर पर्व पर वह मुझे बुलाती
तोते की तरह रट-रट मेरा नाम—
मुझे बुलाती—
मुझे हंकाती!
❑

अनुवाद : रमणिका गुप्ता

हिन्दी कहानी

साहूकार की मछली

कोमल

बुधुवा ने टीन के छोटे से ढोंगरे से चारे को निकाला और उसे कांटे में फंसा दिया, फिर उसने बंसी को अपने सिर के ऊपर एक चक्कर घुमाकर पानी में दूर फेंक दिया।

'छप' की हल्की सी आवाज़ हुई। गोल-गोल तरंगें पानी पर लहराई। बंसी की डोर से बंधी 'फूही' उन गोल तरंगों के बीच फंसी कुछ देर तक कांपती रही, फिर स्थिर हो गई।

बुधुवा ने एक बार बांध के चारों ओर उल्लू की तरह अपनी गोल-गोल आंखें घुमाईं। जगह-जगह बांध के किनारे पानी में लंबी घास उग आई थी। 'थेथर' एवं 'लुड्डी' के भी कुछ पौधे किनारे पर खड़े थे। बुधुवा की नजर बांध के शांत पानी पर पड़ी। पानी की सतह पर ढेर सारे मेंढ़क छप-छप की आवाज करते इधर-उधर दौड़ रहे थे। थोड़ी दूर किनारे पर कुछ बगुले सफेद वस्त्रों की आड़ लिए अपने शिकार की टोह में चुपचाप खड़े थे। बुधुवा मुस्कुरा उठा, फिर उसने एक उचटती-सी निगाह गेहूं के खेतों पर डाली। गेहूं की फसल अब पकने को थी। गेहूं के पीले सुनहरे पौधे धूप में चमचमा रहे थे। गेहूं के खेतों के पास बनी छपरी के नीचे बूढ़ा जितिया अधलेटा-सा पड़ा था।

उधर से दृष्टि हटाकर बुधुवा ने अपनी धोती को घुटनों के ऊपर सरकाया और चुपचाप दम साधे लकड़ी के खंभे की तरह, किनारे बालू पर बैठ गया और बांध के शांत पानी को घूरने लगा।

सहसा पानी में एक चेहरा प्रतिबिंबित होने लगा—सूखा बीमार चेहरा, जो उसकी पत्नी का था।

आज कलेवा के समय उसकी पत्नी ने उससे मछली की फरमाइश की थी। नोन और प्याज के साथ भात खाते हुए उसने कहा था—"सुकरा के बापू! मछली खाए आज माह भर हो गया, तनिक कहीं से मछली मार लाते। इस बेमारी में मुझे कुछ भी नहीं सुहाता।"

"बिमार-बिमार में तुम चटोरी हो गई हो" बुधुवा ने अपनी पत्नी को मीठी घुड़की पिलाते हुए कहा—"अरे भागवान! इस चैत माह में मछली मिलती है कहां ? नदी की धार सूख कर तुम्हारी ठठरी काया की तरह हो गई हय।"

"उ नदी के बांध से मार लाते।"

"क्या ?" बुधुवा ने अपनी गोल-गोल आंखों से उसे घूरा, "लगता हय, बिमारी ने तुम्हारी खोपड़ी उलट दी हय। अरे भागवान ! इस दुनिया में गरीबों को कोई चीन्हता भी हय। क्या तुम्हें साहूकार का डर नइ। वो मेरी चमड़ी उधेड़कर उसमें भुस भर देगा।"

"हूंऽऽ । ऊ हरामी, साहूकार" प्याज के टुकड़े को अपने दांतों के नीचे 'करच' से चबाते

हुए बुधुवा की पत्नी ने कहा—"बांध बंधवायी हय, इकर मतलब इ नाहीं कि नदी और मछरी भी उकर बाप की हय।"

"अरे, तू समझती क्यों नइ ?" बुधुवा झुंझलाया।

"इकर में समझने-वमझने की बात कैसन ?" मुंह चलाती हुई उसकी पत्नी ने बुधुवा के पुरुषार्थ पर चोट की, "अरे, सीधे-सीधे बोल न कि तुझे साहूकार से डर लागे हय।"

"हूं ऐसी-तैसी उस साहूकार की" अपने पुरुषार्थ पर चोट पड़ते ही बुधुवा तिलमिला उठा, "साला, उससे डरता कौन हय। अबी मैं जाकर आठ-दस ठो मछलियां बांध से खींच लाता हूं। जो होगा, सो देखा जाएगा।"

और फिर बुधुवा दिन ढले टीन के छोटे से ढोंगरे में चारे को रख और हाथों में बंसी संभाल बांध पर आ गया।

यह बांध गांव के ही साहूकार गंगा साहू का था। छोटी-सी नदी को आर-पार बांध दिया गया था। बांध की एक तरफ पानी निकासी के लिए नाली बनी हुई थी तथा दूसरी तरफ एक नहर खुदी हुई थी जो गेहूं के खेतों तक जाती थी।

साहूकार के काफी खेत नदी किनारे थे। वह हर साल इन खेतों में गेहूं उगाता था। अतः गेहूं की सिंचाई के लिए वह इस छोटी-सी नदी को बंधवा देता था।

फसलों को कोई जानवर बरबाद न कर दे, इसलिए साहूकार का एक ढांगर खेतों के पास छपरी डालकर सुबह से शाम तक खेतों की रखवाली करता था। वह खेतों की रखवाली के साथ-साथ बांध पर भी नजर रखता था क्योंकि साहूकार की सख्त हिदायत थी कि कोई दूसरा व्यक्ति बांध में मछली न मार सके।

वैसे भी किसी की हिम्मत नहीं थी कि साहूकार के बांध में मछली मार सके। एक तो वह गांव का अन्नदाता था, जिसके सहारे गांव की गरीब जनता का पेट चलता था। उसके अनेक उपकार गांव के लोगों पर थे। यह अलग बात है कि वह अपने उपकारों का चार गुना वसूल करता था।

बुधुवा की नजर फूही पर पड़ी। उसने बंसी उठायी और डोर में बंधी फूही को हल्के-हल्के झटके देकर पानी पर नचाने लगा। कुछ देर फूही को नचाने के बाद उसने बंसी जमीन पर रख दी। फूही पानी पर फिर स्थिर हो गई।

बुधुवा को बांध में मछली फंसाने के लिए भी काफी तिकड़म भिड़ानी पड़ी थी। सबसे पहले खेतों की रखवाली कर रहे उस बूढ़े जितिया को उसने पाय लागू काका कहकर खुश किया था। फिर उसे फांक खैनी खिलाई थी तथा उसे हंड़िया (चावल की बनी शराब) का लालच भी दिया था। तब कहीं उस बूढ़े जितिया ने उसे बांध में मछली फंसाने की अनुमति दी थी। इसके बाद ही उसने चेतावनी दी थी कि वह जल्दी से दो-चार मछलियां फंसाकर भाग जाए, वरना साहूकार को पता लग गया तो खैर नहीं।

और तब बुधुवा उस बूढ़े जितिया से मछली मारने के लिए हरी झंडी का सिगनल पा, बांध में बंसी डालकर किनारे चुपचाप बैठ गया था।

उस बूढ़े जितिया को उल्लू बनाकर बुधुवा मन-ही-मन खुश हो रहा था। उसकी खोपड़ी में किस्म-किस्म के विचार विचरण कर रहे थे।

"टप ! टप !" सहसा फूही ने टपकना आरंभ किया।

फूही को टपकते देख बुधुवा ने फुर्ती से अपने विचारों को अपनी खोपड़ी के एक कोने में कैद किया। फूही के टपकने के साथ ही उसके दिल की धड़कन भी तेज हो गई। उसने अपनी आंखें ठीक बिल्ली की आंखों की तरह पानी में टपकती फूही पर गड़ा दी।

'गुडुप !' उधर पानी में फूही डूबी और इधर बुधुवा के हाथों में तेजी से हरकत हुई। उसने बंसी को सर्र से ऊपर खींचा और फिर फंसी मछली फरफराकर हवा में उड़ती हुई उसके पीछे बालू पर जा गिरी।

बुधुवा के नेत्रों की चमक बढ़ गई। यह एक बड़ा 'पोठा' था। उसने जल्दी से पोठे को कांटे से निकाला और उसके गलफड़े में घास की सुतली डाल एक ओर रख दिया।

उसके बाद बुधुवा ने कांटे में फिर चारे को फंसाया और उसे बांध के पानी में डाल दिया।

कुछ देर में ही बुधुवा ने सात-आठ मछलियां बांध से खींच ली। कुछ पोठे थे, कुछ मांगुर। वह सुतली में पड़ी मछलियों को देख-देख कर मुसका रहा था। उसने आसमान की ओर देखा। सूरज अब पहाड़ियों से कुछ ही हाथ ऊपर रहा होगा। हवा अब धीमे-धीमे बहने लगी थी। गेहूं की पीली बालियां सूरज की पीली रोशनी में हौले-हौले डोल रही थीं, मानों गेहूं के पौधे अपनी बालियों को हिला-हिलाकर सूरज को विदा कर रहे हों।

'बस, दो-चार ठो मछलियां और खींच लू, तब घर चलूंगा" बुधुवा होठों-ही-होठों बुदबुदाया। "कितनी खुश होगी मछलियों को देखकर सुकरा की मां।"

बुधुवा कल्पना में देखने लगा—सुकरा की मां मछलियों को कड़ाही में तल रही है। वह एक कोने में पीढ़े पर बैठा हुआ अपनी पत्नी की ओर निहार रहा है। तली हुई मछलियों की सोंधी-सोंधी गंध उसके नथुनों में समाती जा रही है और वह अपनी पत्नी की इच्छा पूरी कर फूला नहीं समा रहा है।

"ऐ , कौन हरामखोर मछली मार रहा है?" नगाड़े की चोट की तरह एक कर्कश आवाज बुधुवा के कानों से टकरायी।

बुधुवा चिंहुक पड़ा। उसने सिर उठाकर सामने बांध के उस पार देखा। साहूकार अपने कंधे पर बंदूक लादे बांध की ओर ही चले आ रहे थे। शायद वे पक्षियों का शिकार करने इधर आ निकले थे।

बुधुवा कांप उठा। साहूकार के रूप में एक आदमखोर शेर मुंह फाड़े उसकी ओर चला आ रहा था। बुधुवा को बांध से अपनी बंसी खींचने का अवसर नहीं मिला। वह मछलियों की सुतली पकड़ एक झटके से उठा और पीछे मुड़कर तेजी से भागा।

अपने शिकार को भागते देख शेर दहाड़ उठा, "ठहर साले, भागता कहां है, सूअर के बच्चे।"

सहसा भागते हुए बुधुवा को एक ठोकर लगी। वह गिर पड़ा। मछलियों की सुतली उसके हाथ से जाने कहां छिटक पड़ी।

मछलियों की सुतली किधर है, यह देखने का समय बुधुवा को नहीं था। वह तेजी से उठा और अपनी नाक की सीध में भागने लगा।

उसे अपने पीछे शेर की दहाड़ फिर सुनाई पड़ी, "रुक बे, साले मैं कहता हूं रुक जा, वरना मैं तुझे गोली मार दूंगा। साले, चोट्टे, हरामजादे.... ।"

पर बुधुवा रुका नहीं। वह साहूकार के मुंह से निकली गालियों के छर्रों को अपनी पीठ पर झेलता हुआ भागता चला गया।

बुधुवा जब शाम को थके-थके कदमों से घर पर पहुंचा तो दरवाजे पर ही ठिठक कर रुक गया।

अंदर रसोईघर में घटर-घटर की आवाज हो रही थी। उसके कान सतर्क हो उठे। वह दबे पांव अंदर घुसा और रसोईघर के सामने खड़ा होकर अंदर झांकने लगा। उसके नथुनों से मसाले की महक टकरायी।

सहसा बुधुवा का दिल एक अनजानी पीड़ा से रिसने लगा। वह अपनी पत्नी को अपलक देखता रह गया।

उसकी पत्नी सिल पर मछलियों के लिए मसाला पीसने में लगी हुई थी।

पहचान

मुखिया सिंह जी ने नजर उठाकर सामने खड़ी युवती की ओर देखा, फिर पूछा "क्या बात है?"

"जी, इस पर दस्तखत कर दीजिए," युवती ने एक कागज मुखिया जी की ओर बढ़ा दिया।

"ये क्या है?" मुखिया जी ने कागज थामते हुए कहा।

"जी, मुझे जाति प्रमाण-पत्र बनवाना है, उसी के लिए यह आवेदन पत्र लिखा है।"

"अच्छा, क्या नाम है तुम्हारा?" आवेदन पत्र पर अपनी नजरें जमाते हुए मुखिया जी ने कहा।

"जी सोनिया टोप्पो।"

"पढ़ती हो?" मुखिया ने अगला सवाल किया।

"जी हां, अभी मैं इंटर में हूं।"

"हूं, तो तुम आदिवासी हो," मुखिया ने अपनी नजरें उठायीं।

"जी हां।"

"पर तुम तो आदिवासी नहीं लगतीं।" मुखिया ने उसे घूर कर देखा।

"ज जी, मैं...." युवती हकलाई।

"हां, तुम्हारा नाम तो आदिवासियों जैसा है नहीं। आदिवासी लड़कियों का नाम तो 'एतवारी', 'सुरजी' आदि हुआ करता है।"

"जी, मैं आदिवासी ही हूं," युवती ने कुछ संकोच के साथ कहा।

"आदिवासी हो तो तुम्हारे हाथों में 'गोदना' कहां?" उठकर मुखिया ने उसके हाथों पर अपना हाथ फिराया।

युवती ने धीरे से अपना हाथ खींच लिया।

"और तुम्हारे कानों में 'बिड़ियों' (ताड़ के पत्ते का बना, जिसे आदिवासी स्त्रियां आभूषण के तौर पर अपने कानों में धारण करती हैं) कहां ?" मुखिया जी मुस्कुराए और बारी-बारी से उसके कानों को छुआ।

युवती अपने-आप में सिमट गई। उसका चेहरा शर्म से लाल हो उठा। उसने अपनी आंखें नीची कर लीं।

"और तुम्हारा ये सलवार, कुरता और दुपट्टा...." मुखिया ने दुपट्टे को पकड़ कर हल्का-सा झटका दिया। "आदिवासी लड़कियों का पहनावा तो ऐसा नहीं होता। वे तो 'मोटिया' (कपास के धागे से बुना मोटा कपड़ा) पहनती हैं।"

युवती ने अपना दुपट्टा संभाला और अपने पैर के अंगूठे से फर्श को कुरेदने लगी।

मुखिया जी को युवती के सीधे और भोलेपन पर ताज्जुब हो आया। वे कुछ देर तक युवती को घूरते रहे फिर बोले "तुझमें आदिवासियों का कोई भी चिन्ह नज़र नहीं आता। खैर, कोई बात नहीं ! मैं दस्तख्त किए देता हूं।"

फिर मुखिया ने आवेदन पत्र पर दस्तख्त किए। उस पर अपना मुहर लगायी और उसे युवती की ओर बढ़ा दिया।

युवती ने आवेदन पत्र थामा और सिकुड़ी-सिमटी वहां से निकल गई।

"हद हो गई" युवती के जाते ही मुखिया जी कमरे में कुछ देर तक यूं ही चक्कर लगाते रहे, फिर कुर्सी पर बैठते हुए बुदबुदा उठे—"खैर, यही तो पहचान है इन आदिवासियों की।'

❑

खखरा[1]

वाल्टर भेंगरा 'तरुण'

समूचे गांव में आज चर्चा थी सिर्फ 'खखड़ा' की। बच्चे बूढ़े, जवान-अधेड़, स्त्री-पुरूष सभी बातें कर रहे थे, तो बस खखरा की। आज बात ऐसे फूट पड़ी, मानों बादल की हर कड़कड़ाहट के साथ गोड़ा[2] धान के टांड़[3] में 'ओहे खुखड़ी' (खुम्भें) पुटक-पुटक कर सिर निकालने लगी हों। पहले एक नें सिर निकाला, फिर एक के बाद अनेक। गांव में लोगों की भीड़ यहां-वहां उसी तरह सिर उठाए चर्चा में लगी हुई थी। युवतियां गांव के कुंए के पास, औरतें किसी के आंगन में, युवक अखाड़े में और बूढ़े बरगद की छांव में 'खखरा' की ही बातें कर रहे थे। सारा का सारा गांव, बच्चों का झुण्ड तो बस 'खखरा' के साथ ही लगा हुआ था। गांव से लगी कच्ची सड़क से बुधना खेतों की ओर जा रहा था कि अचानक एक जीप उसके पास आकर रुकी।

"सुनो भाई !" गाड़ी की खिड़की से झांक कर एक व्यक्ति ने बुधना से पूछा—"जतरा बाबू क्या इसी गांव में रहते हैं ?"

बुधना थोड़ा चकराया।

"जतरा....ज-त-रा।" सोचते हुए बुधना ने कहा— "आप लोग 'खखरा' दादा की बात तो नहीं पूछ रहे हैं ?"

"हां-हां ! खखरा....गांव में जतरा बाबू को लोग इसी नाम से जानते हैं।" गाड़ी की पिछली सीट पर बैठे किसी व्यक्ति ने कहा।

"आप लोग कहां से आ रहे हैं ? कौन हैं आप लोग?" बुधना ने प्रश्न किया।

"टी.वी. वाले हैं दूरदर्शन से।" पहले व्यक्ति ने जवाब दिया।" हम लोग जतरा बाबू पर एक कार्यक्रम बनाने के लिए आए हैं।"

"ओ हो।" बुधना खुश हुआ। "वो जो रेडियो में फोटो भी दिखाई देता है.....क्या तो बोलते हैं....टेली...."

"हां, टेलीविजन । उसी में दिखाने के लिए जतरा बाबू का प्रोग्राम बनेगा। इसी सिलसिले में हम उनसे मिलने के लिए आए हैं।"

"ओ हो ! तो फिर आइये ना, आप बाबू साहेब लोग। यही तो है उनका गांव, हमारे खखरा दादा का गांव।" बुधना गद्‌गद हो गया।

जीप के रुकने की आवाज सुनकर गांव के अनेक बच्चे वहां जमा हो गए थे। वे

---

1 केकड़ा, 2 वह धान जो बिना क्यारी के खेत में छींटा जाता है, 3 बंजर जमीन

उत्सुकतापूर्वक आगंतुकों को देख रहे थे।

"जतरा बाबू, माने कि आपके खखरा दादा अभी घर पर तो हैं ना !" जीप से उतर कर पहले व्यक्ति ने बुधना से पूछा।

"आप भी क्या पूछते हैं साहेब ! अरे बाबू, खखरा दादा का घर तो पूरा गांव है। लेकिन आप कोनो फिकिर मत कीजिएगा। अभी उन तक खबर पहुंच जाएगी।" बुधना ने उत्तर दिया।

आगंतुक ने कुछ नहीं कहा।

"अरे, सुन रे छौवा मन !" बुधुवा ने बच्चों को संबोधित करते हुए कहा। "जा तो कुइ‌‌ (कूद) के जाबा। खखरा दादा के बोलबा की शहर से साहेब मन मिलेक आए हैं। मोएं ई बाबू मन के लेई के दुनुब ओड़अः जा थों।"

बुधना की बात सुनकर अनेक बच्चे खुशी से शोर-गुल मचाते हुए चारों ओर दौड़ पड़े खखरा को सूचित करने के लिए।

"आपका नाम क्या है ?" एक ने चलते हुए पूछ लिया।

"बुधना !"

"यह दुनुब ओड़अः....क्या कहा था आपने ?"

"ओ हो ! बाबू दुनुब ओड़अः....हमारे गांव में सभा-बैठक की जगह है। शहर में..... क्या कहते हैं....खखरा दादा ने एक मरतबा बताया था।....हां, क्लब घर। गांव में मेहमानों को हम वहीं बैठाते हैं। आप लोग भी आइए। खखरा दादा अभी वहीं आ जाएंगे।"

बच्चों के शोर-गुल के साथ ही सारे गांव में बात जंगल की आग की तरह फैल गई।

"अच्छा बुधना यह बताइए कि जतरा बाबू को आप लोग 'खखरा' कहकर क्यों पुकारते हैं ?"

"ओ हो ! बचपन में ही नाम पड़ गया बाबू !" बुधना ने बताया। "आजकल खेतों में धान रोपनी हो रहा है न साहेब। बस, वहीं से पड़ गया नाम। मेरी मां बताती है कि खखरा दादा जब बहुत छोटा था, तब अपनी मां के साथ खेतों में वह भी चला जाता था। कादो में खूब खेलता, धान का बीड़ा इधर-उधर रोपने वालों तक पहुंचाता और बाबू उसके हाथ में एक 'टुपअः' भी हमेशा रहता था।" बुधना हंसने लगा।

"टुपअ : !" आगंतुकों में से एक ने आश्चर्य प्रकट करते हुए पूछा। "यह क्या होता है?"

"ओ हो ! टुपुअः....हम लोग छोटी टोकरी को कहते हैं साहेब !" हंस कर बुधना ने बताया। "धान रोपने के समय खेत में छोटी मछलियां, गोंधी और केंकड़ा जिसे आप लोग खखरा कहते हैं—वहां बहुत मिलते हैं। गांव में औरतें धान रोपनी के समय इन्हें जमा करती जाती हैं। उन दिनों भी यही बात थी। जतरा दादा....मछली और गोंधी तो छोड़ देता दूसरे बच्चों के लिए, लेकिन खखरा के लिए दौड़ पड़ता। बस, क्या था साहेब 'खखरा रे खखरा' कहते-कहते पड़ गया नाम जतरा का खखरा।" बात पूरी की बुधना ने।

"और यह 'जतरा' नाम कैसे पड़ा?" उसी व्यक्ति ने फिर पूछा।

"इस नाम के पीछे भी एक घटना है बाबू ! मेरे आबा खखरा दादा के आबा के अच्छे दोस्त थे। मेरे आबा ने एक बार हमें इस नाम के बारे में बताया था। बहुत पहले की बात है।....ओ हो, बाबू साहेब लोग, आप लोग चलिए न। गाड़ी को यहीं छोड़ दीजिए। कोनो नहीं होगा।"

टेलीविजन वालों को लेकर बुधना गांव के सभाघर की ओर चल पड़ा। रास्ते में ही उन लोगों ने जतरा की कहानी भी सुन ली।

खखरा का नाम वास्तव में 'जतरा' था। लेकिन गांव के लोग जतरा को भूल कर खखरा को ही जानते थे। इस नाम के पीछे भी एक दिलचस्प घटना थी। जिस दिन खखरा का जन्म हुआ था, उसी दिन उनके गांव में 'कृषि विकास मेला' लगा था। जोजो हातु का नाम एकाएक आस-पास के गांवों में चर्चा का केन्द्र बन गया था। सरकार की ओर से इसी गांव में पहली बार 'कृषि विकास मेला' का आयोजन किया गया था। 'मेला' माने 'जतरा'।

"हां, मैं अपने बेटे का नाम 'जतरा' ही रखूंगा।" खखरा के पिता एतवा ने जोर देकर कहा।

"जतरा! यह भी भला कोई नाम हुआ?" परिवार में किसी ने आपत्ति की। "देखो, आज बृहस्पत का दिन है, हम इसका नाम 'बिरसा' रख दें।"

"बिरसा मुण्डा—एक महान आदमी तो हो चुका ! उसने गोरा पलटनों को मार भगाया। हमारा बेटा इस गांव का नाम ऊंचा करेगा।" लेकिन एतवा अडिग रहा अपने फैसले पर।

"क्या बात है, एतवा! बेटा का नाम जतरा रख लिया। आखिर क्यों?" सुकना ने पूछा।

"देख सुकना भाई, आज के दिन हमारे गांव में सरकार की ओर से मेला जतरा लगा है। गांव का कितना नाम हो रहा है।"

"ओ तो है!" सहमति में सुकना ने सिर हिलाया।"

"गांव के लोग खुश हैं कि नहीं !"

"हां, खुश हैं, यह भी सच है।"

"तो सुकना भाई, ऐसी शुभ घड़ी में जन्मे बेटे का मैंने इसीलिए 'जतरा' नाम रखा है। देखना, एक दिन मेरा बेटा इस गांव में खुशहाली लाएगा। हमारे गांव का नाम ऊंचा करेगा।" भविष्य के सुखद सपने देखता हुआ एतवा आत्म-विभोर हो उठा था।

एतवा ने उस सपने को साकार करने के लिए मेहनत, त्याग और तपस्या भी कम नहीं की।

"आबा, मैं भी आपके साथ खेत में काम करूंगा।" खखरा जब थोड़ा बड़ा हुआ तो एक दिन उसने बाप से कहा।

"ना बेटा, तुम आगे की पढ़ाई जारी रखो। मैं अभी बूढ़ा नहीं हुआ हूं। खेतों में अभी भी काम कर सकता हूं।"

"लेकिन आबा, मिडिल स्कूल की पढ़ाई तो यहां पूरी कर ही चुका हूं।"

"तो क्या? शहर जाओ आगे पढ़ने के लिए। मैं पूरा खर्च दूंगा। तुम फिकिर मत करो।"

बाप के सामने खखरा और कुछ कह नहीं सका।

"खखरा, तो तुम सचमुच शहर जा रहे हो पढ़ने के लिए!" उस शाम बाहा ने उसे टोका था। बाहा उसकी बाल-सखा थी।

"हां, आबा की यही इच्छा है।"

"मुझे भूल तो नहीं जाओगे ?" मायूस बाहा ने कहा। "अक्सर गांव के लड़के शहर जाकर अपने गांव को ही भूल जाते हैं।"

"कैसी बातें करती हो, बाहा!" खखरा ने समझाया। "मैं कोई हमेशा के लिए थोड़े ही जा रहा हूं। मैं वापस गांव जरूर लौटूंगा, तुम्हारे पास।"

बाहा—गांव की एक फूल-सी लड़की। बहुत ही सलोनी थी। खखरा के साथ ही वह भी पास के बड़े गांव में स्थित स्कूल में पढ़ने के लिए जाती थी। वह सिर्फ पांचवीं कक्षा तक ही पढ़ पाई। उसकी मां की अचानक मृत्यु हो जाने के बाद उसके पिता ने उसको काम पर लगा दिया। बाहा की हार्दिक इच्छा थी कि वह बहुत ऊंची कक्षा तक पढ़े। मैट्रिक, बी.ए.,एम.ए. और क्या-क्या डिग्री वह जानती भी नहीं थी। लेकिन पढ़ना चाहती थी वह।

खखरा आगे पढ़ता गया। सातवीं कक्षा तक की पढाई उसने निकट के गांव के स्कूल में पूरी की। स्कूल से लौट कर वह रात के समय ढिबरी की मद्धिम रोशनी में प्रायः हर रोज बाहा को उस दिन का पाठ पढ़ा दिया करता। तब बाल-सुलभ दिलों में प्यार की कोमल कली फूटने लगी तो आश्चर्य कैसा ?

अब तो वे दोनों काफी बड़े भी हो चुके थे।

"मैं शहर से तुम्हारे लिए ढेर सारी किताबें ला दिया करूंगा छुट्टियों में।" खखरा उसे मनाता रहा।

"मैं लौटकर जरूर आऊंगा, बाहा! इसी गांव में यहां के लोगों के लिए जो अपने हैं, जैसे तुम....।" खखरा अपनी बात पूरी भी नहीं कर पाया। लिपट पड़ी थी बाहा उससे। खखरा उसे अपनी बांहों में लिए देर तक दुलार करता रहा और वर्षों के अंतराल में लौट आया था खखरा। सचमुच लौट आया था वह। लोगों के समझाने के बावजूद। अनेक प्रलोभनों को झुठला कर। आराम और सम्मान की आधुनिक जिंदगी को त्याग कर लौट आया था वह अपनी माटी में गांव की धरती पर।

कॉलेज में एक दिन उसके प्रोफेसर ने कहा था, "जतरा तुम डॉक्टरी की पढ़ाई करो। इस बार मेडिकल एट्रेंस की परीक्षा में बैठो। डॉक्टरी के पेशे में तुम्हारा जीवन सफल हो जाएगा। हमारे देश में गरीबी की तरह बिमारी भी भारी हुई है। बिमारी का इलाज करके तुम लोक सेवा तो करोगे ही, अपने लिए आराम की सुविधाएं भी हासिल कर सकते हो।"

"लेकिन सर, मैं तो कृषि के क्षेत्र में जाना चाहता हूं।" जतरा ने कहा।

"कृषि!" प्रोफेसर ने आश्चर्य प्रकट किया।

"जी सर, मैं एक किसान का बेटा हूं। चाहता हूं कि कृषि की उन्नति में अपना योगदान दूं।"

"लेकिन जतरा, तुम गांव की उसी कीचड़ में वापस जाना क्यों चाहते हो? तुम्हारे समक्ष उज्ज्वल भविष्य है।"

"सर, क्योंकि उस कीचड़ में शहर की कीचड़ की तरह बदबू नहीं, खुशबू होती है। महानगर की कीचड़ में भयंकर कीड़े पैदा होते हैं। मगर गांव की कीचड़ में धान की खेती होती है। अनेक तरह की फसलें उपजती हैं। कमल के फूल खिलते हैं।"

जतरा का उत्तर सुनकर प्रोफेसर साहब चुप रह गए।

"सर, आप बीमारी की बात करते हैं। अगर हमारे देश में प्रत्येक व्यक्ति को भरपूर भोजन मिले, तो वह कभी बीमार नहीं होगा। यहां तो आदमी बचपन से ही कुपोषण का शिकार होकर अनेक रोगों को अपने शरीर में आमंत्रित कर लेता है।" खखरा ने अपनी बात पूरी की।

"अरे यार, जतरा ! खेती-बारी के पीछे क्यों पड़े हो ?" उसके दोस्तों ने उसे टोका "तुम तो काफी ब्रिलियंट हो। यार, तुम तो आई.ए.एस. अफसर बन सकते हो। फिर वहां तुम्हारा रुतबा होगा। क्या ठाठ-बाट होंगे।"

"लेकिन बंधुओ! मैं गांव की उन्नति के लिए काम करना चाहता हूं।" जतरा ने जोर दिया।

"गांव की उन्नति ! क्या बकते हो यार ?" दोस्तों ने मजाक किया। "गांव की उन्नति करनी है तो देश की उन्नति की बात सोचो और इसके लिए सिर्फ एक ही रास्ता है। एक दम सरल और सुगम।"

"अच्छा....वो क्या है सरल-सुगम, मैं भी तो सुनूं?" जतरा ने पूछा।

"नेता...... नेता बन जाओ तुम !" दोस्त ने कहा। "क्योंकि हमारे देश की उन्नति सिर्फ नेता ही करते हैं। आई मीन....कर सकते हैं !....अरे यार, इसमें हंसते काहे हो? दिस इज़ ए फैक्ट !.....और तुम जानते ही हो कि हमारा प्यारा देश भारत गांवों का देश है। इसकी आत्मा गांवों में बसती है। इसे खुशहाल बनाने के लिए हमारे नेताओं ने बड़ी-बड़ी कुर्बानियां दी हैं, प्यारे ! तुम भी कुर्बानी दे डालो।"

हंस कर मौन रह गया था जतरा।

"यार जतरा, आजकल नौकरी मिलती नहीं। चाहे जितना भी पढ़ लो। तुम्हें तो आरक्षण कोटे से नौकरी मिल भी जाए। लेकिन उसका भी क्या भरोसा? तुम्हें डिस-क्वालीफाई करने वालों की कोई कमी थोड़े ही है। क्योंकि नौकरी देने वाले तुम्हारे चाचा-मामा तो हैं नहीं। सोच लो, प्रोफेसर साहब ठीक कहते हैं, मेडिकल लाइन में जाओगे तो नौकरी न भी मिले तो आला के सहारे दवाइयों के नाम लिख-लिख कर कुछ कमा ही लोगे।"

"और तो और दवा दूकान वाले एक्सपाइरी डेट वाली दवाएं बेचकर और पैथोलॉजी लेब्राटरी वाले पेशेंट रिफर करने के एवज में तुम्हारी कमीशन ईमानदारी से पहुंचा दिया करेंगे।" दूसरे दोस्त ने तुक्का भिड़ाया। "फिर नौकरी करने की चिंता क्यों ?"

"सभी अगर सिर्फ नौकरी के मकसद से ही पढ़ें तो खेती-बारी करने के लिए कौन रह जाएगा ?" जतरा ने कहा।

"फिर खेती! अरे यार जतरा, अगर खेती-बारी ही करनी थी तुम्हें, तो कॉलेज की पढ़ाई में बाप का पैसा क्यों बर्बाद कर रहे हो? स्कूल की पढ़ाई काफी थी। तभी से हल पकड़ कर खेत की लिखाई में जुट जाता।"

प्रोफेसर तथा साथियों के लाख समझाने के बावजूद जतरा ने कृषि विश्वविद्यालय में अपना नाम दाखिल करवा लिया। अपनी मेहनत से वह अव्वल श्रेणी में उत्तीर्ण हुआ। उसकी इस सफलता को देखकर सरकार ने उच्च अध्ययन के लिए जतरा को विदेश भेज दिया।

"मिस्टर जतरा, वी आर वेरी प्राउड ऑफ यू।" विदेश में उनके निदेशक डॉक्टर ब्राइट ने एक दिन उससे कहा। "अगर आप चाहें तो हमारे संस्थान में ही रहकर अपना रिसर्च जारी रख सकते हैं। आपको हर तरह की सहायता और सुविधा दी जाएगी। आप यहां जब तक चाहें रह सकते हैं और स्वतंत्रतापूर्वक रिसर्च वर्क कर सकते हैं। वी विल रिकमेंड फॉर योर स्टे इन दिस कंट्री टू योर गवर्मेंट।"

"थैंक यू वेरी मच फॉर योर जेनेरस ऑफर, डॉक्टर ब्राइट।" जतरा ने नम्रता से कहा। "आपके प्रति मैं आभारी हूं। इसके बावजूद मैं अपने ही देश में काम करना अधिक पंसद करूंगा।"

"थिंक इट ओवर। इट इज़ ऑलवेज ओपन फॉर यू। हमें खुशी होगी अगर हमारे इस इंस्टीट्यूट में आप जैसा होनहार नौजवान साइंटिस्ट होगा।" डायरेक्टर ने हार नहीं मानी। लेकिन जतरा ने स्पष्ट कर दिया।

"इट इज वेल डिसाइडेड सर ! मैं अपने देश भारत में ही काम करना चाहूंगा।"

और लौट आया था जतरा विदेश की सुख-सुविधाओं को त्याग कर भारत भूमि में। सरकारी अनुबंध की अवधि पूरी होने तक वह सरकारी सेवा में बना रहा। जब-तक जहां कहीं भी रहा, पूरी तन्मयता से काम करता रहा। पूरी निष्ठा और ईमानदारी के साथ।

फिर एक दिन अपने पद से त्यागपत्र देकर जतरा अपने गांव लौट आया।

"क्या ?....क्या खखरा बाबू साहेब बन कर भी गांव आ गया !" गांव वालों ने आश्चर्य व्यक्त किया।

"आज तक शहर जाने वाला गांव नहीं लौटा। खखरा लौट आया है।" सारे गांव में खखरा की ही चर्चा थी।

"हां, मैं यही रहूंगा आबा इसी गांव में।"

जतरा गांव आकर पुनः खखरा बन गया।

"लेकिन तुम तो बहुत बड़े आदमी बन गए हो। यहां क्या करोगे ?" बाहा ने पूछा।

"गांव में बहुत सारे काम हैं, बाहा।" खखरा ने कहा।

खखरा के प्रयास से गांव में स्कूल, दवाखाना, पशु चिकित्सालय और कुटीर उद्योगों की स्थापना हो गई। अब गांव के लोगों को छः माह के लिए ईंटभट्ठा में काम करने के लिए दूसरे प्रदेशों में जाने की जरूरत नहीं रही। गांव में ही सबको काम मिलने लगा। आस-पास के गांव वाले भी खखरा के सहयोग और मार्ग-निर्देशन से आगे उन्नति के पथ पर बढ़ने लगे। बाहा भी काफी पढ़ चुकी थी। प्राइवेट मैट्रिक और बी.ए. की परीक्षा उतीर्ण कर ली। वह खखरा के कामों में कंधे से कंधा मिला कर साथ दे रही थी।

"खखरा, तुम शहर से क्यों लौटे?" बाहा ने एक दिन फिर पूछा था।

"सच बताऊं !.....क्योंकि तुम यहां गांव में थी।" जतरा ने उसका हाथ अपने हाथों में लेकर कहा। "मैं जानता हूं तुम शहर में मेरे साथ नहीं रह सकती। लेकिन गांव में मैं तुम्हारे साथ रह सकता हूं।"

"खखरा मैं! इतनी स्वार्थी नहीं हूं !"

"मैंने कब ऐसा कहा ?"

"लेकिन...."

"लेकिन - वेकिन कुछ नहीं। मैं...." फिर दोनों हंस पड़े। उनके बचपन की किशोर हंसी जवान होकर प्रौढ़ होने लगी थी। इस प्रगाढ़ प्रेम ने दोनों को एक कर दिया।

तब भी गांव में चर्चा हुई थी। लेकिन सभी जानते थे कि खखरा और बाहा दोनों ही गांव की माटी के सुंदर फूल थे।

टेलीविजन वाले जतरा पर कार्यक्रम बनाकर चले गए। जब दूरदर्शन पर कार्यक्रम प्रसारित हुआ तो खखरा के बूढ़े बाप ने कहा—"देखा सुकना, मैंने कहा था न कि जतरा गांव का नाम एक दिन रौशन करेगा।" ❑

भंवर

रोज केरकेट्टा

उस दिन मौसम भी थोड़ा साथ दे रहा था। चांद की रोशनी बादलों के कारण कभी चटक हो उठती तो कभी मद्धिम पड़ जाती। स्त्रियां, युवतियां और बच्चे खुल कर अपनी उमंग को प्रदर्शित कर रहे थे। उपवास रखने वाली युवतियां उस दिन का विशेष आकर्षण थीं। रामेश्वर बड़ाईक के आंगन में 'करम पूजा' का आयोजन था। उन्हीं के आंगन में यह चहल-पहल थी। लगभग नौ बजे रात्रि में पूजा आरंभ हुई। हम बैठकर परब करने वालों के उल्लास का आनंद लेने लगे। तभी हमारा परिचित कमल आ गया। उससे औपचारिक बातें हुईं, फिर वह रामेश्वर बड़ाईक की ओर मुड़ गया। उसने रामेश्वर को सूचना दी कि मालकिन भी अपनी बेटियों के साथ 'दउरा' (टोकरी) लेकर आ रही हैं। इसके लगभग आधे घंटे बाद मालकिन अपनी दोनों बेटियों के साथ पूजा-स्थल पर पहुंच गई। बड़ी बेटी ने 'करम डालिया' करम देवता के सम्मुख रखी। तीनों ने बड़ी श्रद्धा से करम देवता को झुककर नमस्कार किया। फिर उठकर अन्य स्त्रियों के समीप जाकर बैठ गईं।

बालक-बालिकाओं का ध्यान इन तीनों की ओर लग गया। मालकिन विधवा थी। अच्छे कपड़ों में होने के कारण तथा अधेड़ होने के बावजूद उनका व्यक्तित्व आकर्षक था। बड़ी लड़की सुमन पंद्रह-सोलह वर्षों की रही होगी। युवावस्था में कदम रखने के बावजदू वह अति गंभीर और शांत लग रही थी। कद-काठी आकर्षक था। उत्तम स्वास्थ्य के कारण चेहरा चमक रहा था। चेहरे की गंभीरता उसके अंदर के विषाद को प्रकट कर रही थी। छोटी बहन पांच वर्षों की रही होगी। दीदी की अपेक्षा उसका रंग थोड़ा दबा, निरीह भोली-सी बच्ची थी वह। मालकिन के बारे में मैंने सुना था, उस दिन देखने को मिला। अन्य महिलाओं से तीन माह पुराना परिचय था उनका, सो वे आपस में धीरे-धीरे बातें कर रही थीं।

पूजा ग्यारह बजे रात्रि में समाप्त हुई। खान-पान चल रहा था कि बादल घिर आए और वर्षा होने लगी। रीझ-रंग का मौका ही नहीं मिला। सब अपने-अपने घरों में दुबक गए। मालकिन भी दोनों बेटियों को बांहों में समेट कर लेटी रही। आज पूजा के बाद उसके अंदर धर्म के प्रति पूरी आस्था उत्पन्न हुई। यही विश्वास और आस्था उसके जीवन के संबल हैं। देवताओं को उसने पुकारा है। गरीबों ने उन्हें शरण दी है। विगत जीवन का सुख और वर्तमान का कष्ट दोनों में से किसे सार्थक कहा जाए। पर विश्वास बड़ी चीज है। भगवान के घर देर है अंधेर नहीं। उत्तेजना के कारण नींद उसकी दुश्मन बन गई थी।

मालकिन के पति किंवदंती पुरुष थे। उनका रूप और गुण दोनों ही चर्चित था। कुछ पढ़े-लिखे व कुछ सुदर्शन होने और कुछ दबंग होने के कारण अनेक स्त्रियां उनके जीवन में

आईं। पर सिर्फ तीन ही स्त्रियां पत्नी कहला पाईं। पहली पत्नी धन संपत्ति दे गई पर निसंतान मरी। दूसरी पत्नी को कुछ वर्षों तक सुख दिया, पर वह भी निसंतान मरी तब तक मालिक की उम्र पचास पार कर गई। फिर तो तीसरी पत्नी बनकर यही मालकिन आ गई। मालकिन से मालिक को दो पुत्रियां मिलीं। बुढ़ापे में इन्हें परिवारिक सुख मिला। पर तब तक बहुत देर हो चुकी थी। विलासिता ने उनके शरीर को घुन लगी लकड़ी में पलट दिया था। छोटी लड़की के पैदा होने के चार वर्षों बाद ही वे चल बसे। एक कथा का अंत हुआ पर दूसरी ओर एक नई का जन्म भी हुआ।

संख नदी में हर वर्ष बाढ़ आती है पर उस वर्ष कुछ अधिक ही वर्षा हुई। कोई सप्ताह ऐसा नहीं गुजरा जिसमें राहगीरों को एक दो दिनों तक बाढ़ कम होने की राह न देखनी पड़ी हो। मालकिन का खेवा डांग भी बाढ़ में बह गया था। वह अपने और अपनी बेटियों के प्राण बचाने के लिए हाथ-पैर इधर-उधर मार रही थी, तभी कमल उसके हाथ लग गया था। कमल मात्र एक लाठी था जब कहीं बाहर जाना होता, मालकिन उसे अपने हाथों में ले लेती, पर लोगों को मालकिन के हाथ में सांप नजर आने लगा। पहले मालकिन सिर्फ घर में रहती थी, अब वह दोनों बेटियों और कमल को लेकर अपने खेतों की ओर भी जाने लगी।

मालकिन जाती तो थी अपनी खेती देखने, पर उसकी नजरें टिक जाती थीं उन लाशों पर जो बाढ़ से बह कर आई होतीं। कुत्ते और गिद्ध उन्हें नोचते रहते। मालिक के रहते मजदूरों की कमी नहीं थी, अब खुशामद करके उन्हें लाना पड़ता है। न जाने कब ये दुख समाप्त होगा, कोई चौथा आदमी दो बोल बोलने वाला नहीं रह गया था।

वर्षा समाप्त हुईं। नदी वाली बाधा कम हुई, मालकिन के घर रिश्तेदारों का आना-जाना शुरू हुआ। सभी हालचाल पूछने आते तो कमल को भी देखते। हरेक के मन में कमल को देखकर भिन्न-भिन्न प्रतिक्रियाएं हुईं, अफवाहें उड़ने लगीं। जब तक ये अफवाहें नदी पार पहुंचीं, उनमें कई प्रकार की गंध समा चुकी थी।

देखते-देखते समय बीतने लगा। माघ का महीना आया। पुरखे कह गए हैं माघ का ठिठुर जिसने झेला उसने झेल लिया। पाला पड़ा सो रबी की फसल चौपट हो गई। ऐसे पालामार ठंड में मालकिन के गांव के बगल वाले गांव में हलचल मची थी। रविवार का दिन था। गांव से पन्द्रह हल लेकर लोग मालकिन के खेत में चढ़ गए थे। हलवाहे हल जोत रहे थे, स्त्रियां घूम रही थीं और बच्चे उधम मचाए हुए थे। गांव के बीच से धुंआ उठ रहा था, साफ पता चल रहा था कि गांव में आज कोई अनुष्ठान हो रहा है।

रोकाड़ी बसुआ ने देखा तो जाकर मालकिन को खबर दी। खबर सुनकर मालकिन को काठ मार गया। उसका गला सूख गया। वह दौड़ कर खेत की ओर जाने लगी, लेकिन लड़खड़ाकर बीच में ही बैठ गई। आंखों के सामने अंधेरा छा गया। सुमन ने मां को लड़खड़ाते देखा तो वह उसकी ओर भागी। वह समझदार थी। तुरंत मां के सिर को बांहों में संभाला और पीठ को देर तक सहलाती रही। बेटी का स्पर्श पाकर मां के सब्र का बांध टूट गया वह हिलक-हिलककर रोने लगी। सुमन चुप रही। इस वक्त बेटी मां बन गई थी और मां बेटी। वे दोनों बहुत देर तक उसी हालत में बैठी रहीं।

मालकिन और बेटियां आज जान गईं कि वे कितनी असहाय और अकेली हैं। अपना

कहने को कोई नहीं है। 14 अप्रैल 1937 ई. को 'हिन्दू स्त्रियों की संपत्ति पर अधिकार अधिनियम 1937' पारित हो चुका था। इसे कृषि योग्य जमीनों पर 'बिहार अधिनियम 6 सन् 1942' के द्वारा लागू किया गया। इससे पहले सामाजिक कानून के तहत भी विधवा को पति की संपत्ति पर परिसीमित हक था। मालिक की मृत्यु के बाद मालकिन ने धीरे-धीरे ये सारी बातें सुमन को समझानी शुरू की थीं परंतु साथ ही उन्होंने अनुभव कर लिया था कि कानून से सामाजिक व्यवस्था बंधी नहीं है। सामाजिक व्यवस्था भी उनके लिए है जिनके पास बाहुबल है। इसलिए कानून को या सामाजिक व्यवस्था को जमीन पर उतारने की कोशिश की जाएगी तो उसका भारी मूल्य चुकाना पड़ेगा। फिर समाज को स्त्रियों से क्या लेना-देना। समाज को जो चलाते हैं वे अपनी मर्जी से व्यवस्था बदल भी सकते हैं, पर जीना है तो संघर्ष का रास्ता ही चुनना है। मालकिन को एक ही भरोसा था कि कुटुम्ब शायद दोनों बेटियों के विवाह होने तक उस पर रहम करे। परंतु परिवेशजन्य साक्ष्य इस भरोसे की धज्जियां उड़ा रहे थे।

मां-बेटी उस जगह से उठीं तब तक दोपहर होने वाली थी। पर हलवाहों को उसी दिन पूरा खेत जोतना था, इसलिए वे पहर ढलने तक हल चलाते रहे। मालकिन की देह इस बीच रह-रहकर कांपती रही। बगल के गांव के भोज-भात की सुगंध इन्हें बेचैन करती रही। छोटी बेटी ने सहेलियों की माताओं से सुना कि आज उनकी जमीन परायी हो रही है। वह घर लौट आई। घर के उदास वातावरण से वह और उदास हुई, पर भयभीत नहीं थी। कमल गांव से बाहर था जब राहगीरों से इस घटना का समाचार मिला तो वह वहीं से मालकिन के खेत की ओर लौटा। हलवाहे दूर से ही उसे देखकर चीखे। कोई बोला, "भेड़िये की मौत आई है, वह देखो, इधर ही आ रहा है।" कमल के नजदीक पहुंचते ही चार-पांच हलवाहे, हल खड़ी कर उसकी ओर दौड़े। उन्होंने जमकर उसकी धुनाई की। कमल को जमीन पर गिरते देख हलवाहों ने चीख-चीख कर टिप्पणियां कीं और अपना काम करते रहे। मालकिन के गांव के लोगों ने देखा, पर वे कठमुर्दा बने रहे। इतने लोगों की भीड़ में कोई ऐसा नहीं था जो जाकर देखे कि कमल जिन्दा है या मर चुका है।

पहर ढलने तक खेत की जुताई पूरी हो गई। हलवाहे गांव लौट गए, तब कमल के घर वालों ने आकर कमल को चारपाई पर लादा और घर ले गए। पीड़ा से उबरने में कमल को लगभग दो माह लग गए। इस बीच दूसरे गांव में तथा मालकिन के रिश्तेदारों के घरों में कैसी-कैसी खिचड़ी पकती रही, इसकी गंध किसी को शायद ही मिली। होली आई और चली गई। बैसाख में एक दिन लोग हल-बैल लेकर निकलते, इससे पहले ही देखा कि मालकिन थोड़ा-सा सामान लेकर दोनों बेटियों के साथ बस पर सवार हुई और चल दी। कमल भी बस में ही उनसे आ मिला।

मालकिन और उसके परिवार को इसी बड़ाईक टोले में पनाह मिली। दो छोटे-छोटे कमरों में उनका जीवन सिमट गया। परंतु दो बोल बोलने के लिए पड़ोसियों की कमी नहीं रही। नतीजा हुआ कि मालकिन और सुमन आतंक के साए से निकल आईं। छोटी मंजरी तो हवा में उड़ने लगी। माह गुजरते-गुजरते मालकिन ने भविष्य की सुरक्षा निश्चित करने के लिए हाथ-पैर मारना शुरू किया। कोर्ट में एक दिन पेशकार के कमरे से निकलते हुए वकील

ने मालकिन से कहा—"आप लोग वहां जाइए, मैं अभी आता हूं।" फिर वे मुड़कर पंद्रह-बीस कदम दूर चले गए। मालकिन ने देखा कि वकील साहब मुदालेह के वकील से बातें कर रहे हैं। मालकिन वकील के चैम्बर में लौट गई।

वकील ने चैम्बर में आते ही मालकिन से कहा—" मैंने उनके वकील को धमकी दे दी है कि केस हम ही जीतेंगे" फिर वह आप ही बड़बड़ाने लगे—"चींटों के पर निकल रहे हैं। जल्दी ही पर कतरना पड़ेगा।" सुनकर मालकिन का विश्वास पुख्ता हुआ। कानून उसके पक्ष में है। गांव वालों ने साहस दिलाया। वकील ने आश्वासन दिया है। उसने 'करम देवता' की पूजा पूरी आस्था से की है। करम का त्यौहार उल्लासपूर्वक बीता। कुवार चढ़ने वाला था। नदी-नालों और खेतों का गंदा पानी साफ होने लगा था। तभी वकील साहब ने मालकिन को संदेशा भेजा—"आपके पास आमदनी का दूसरा जरिया है नहीं। खेती-बारी पर ध्यान दें। केस लम्बा खिंचेगा। इसलिए आप गांव लौट जाएं।" वकील का कहना सही था। पर मालकिन ने सोच रखा था कि मुकदमा समाप्त होगा, तभी कब्जे के कागज के साथ गांव लौटेगी। वकील के संदेश से वह पसोपेश में पड़ी। पर इधर हाथ भी तंग होने का अंदेशा था। उसने गांव लौटना ही उचित समझा।

वर्षा ऋतु समाप्ति पर थी। पर अभी हाथिया का पानी बरसना बाकी था। हथिया का बरसना खेती के लिए बहुत जरूरी है। पर कभी-कभी यह कहर भी ढ़ाता है। उस वर्ष हथिया बरसा और मूसलाधार बरसा। तीन दिनों तक रात-दिन बरसा। भयंकर तबाही मची। संख और कोइल नदी में जैसी बाढ़ आई, देखकर बुजुर्गों को कहना पड़ा कि उनकी जिन्दगी में पहली बार ऐसी बाढ़ आई है। झड़ी की उस पहली सांझ के धुंधलके में मालकिन के घर का बाहरी दरवाजा खड़का। वर्षा के कारण धांगर रुक गया था। उसने मालकिन के कहने पर दरवाजा खोला। देखा, सात-आठ आदमी थे। दूसरे गांव के परिचित लोग थे। उन्होंने कहा—"शहर गए थे। वहीं से लौट रहे हैं। अंधेरा हो रहा है और खास बात कि वर्षा हो रही है। सो रात बिताने के लिए रुकना चाहते हैं।" धांगर ने मालकिन को उनकी मंशा जता दी।

कितने महीनों से उस घर को आदमी तो क्या कुत्ता भी झांकने नहीं आया था। परिचित लोगों के आने से मालकिन को भरोसा हुआ। कम से कम अभी भी उस घर की अहमियत है। दूर-दराज के लोग वहां शरण ले सकते हैं। फिर बातचीत के लिए आदमी भी तो चाहिए। उसने निकल कर उनसे बातें कीं। दलान में रखी चारपाई की ओर इशारा कर बैठने की अनुमति दे दी। वह इस घर की मालकिन थी। धांगर के जरिए उन्होंने बाल्टी, लकड़ी, कड़ाही, बटलोई वगैरह रखवा दिया। चूल्हा बाहर था ही, सो उन्होंने रसोई बना लेने के लिए कहा और अंदर चली गई। धांगर से चावल, आलू, तेल, नमक और माचिस तथा लालटेन भिजवा दिया। आलू वापस करते हुए उन राहगीरों ने कहला भेजा कि घर के लिए शिकार खरीदा था, सो अब यहीं बना लेंगे। बस थोड़ा सा मिर्च-मसाला भिजवा दें। मालकिन ने प्याज, मिर्च और मसाला भिजवा दिया। देर रात तक गपशप करते हुए ये पकाते-खाते रहे। धांगर दलान वाले कमरे में सो गया। मालकिन भी अंदर के कमरे में दरवाजे बंद कर बेटियों के साथ सो गई। इतने बड़े मकान में विगत दो वर्षों के बाद इतने सारे लोग इकट्ठे हुए थे। परिचित लोगों के आ जाने से आज पहली बार मालकिन चैन से सो रही। बाहर जैसे-जैसे

रात बीतने लगी वर्षा भी तेज हो गई। सिर्फ वर्षा की झमझम और बादल की भयंकर कड़क सुनाई देने लगी। बीच-बीच में बिजली की तेज चमक से आंखें खुल-खुल जा रही थीं। पर आज मालकिन सबसे बेखबर निश्चित होकर सो रही थीं।

आधी रात को अचानक धांगर की चीख सुनाई दी। मालकिन और उसकी बेटियों की नींद खुल गई। फिर चारों और सन्नाटा छा गया। पंद्रह-बीस मिनट के बाद एकाएक मालकिन के कमरे पर लात पड़ने लगी। बड़े-बड़े पत्थरों और कुल्हाड़ी से दरवाजा तोड़ा जाने लगा। पुरखौती घर था। मजबूत किवाड़े लगे थे। पर दरवाजा टूट ही गया। कपाटों के गिरने की देर थी। सारे वहशी लोग दोनों मां बेटी पर टूट पड़े। सारी रात मां-बेटी को गिद्धो की तरह नोचते रहे। धांगर पहली लाठी के शरीर पर गिरते ही भाग चुका था। छोटी लड़की किवाड़े की आड़ में छिपी थी। उसकी ओर किसी का ध्यान नहीं गया। वह उस घनघोर वर्षा से निकल कर कहां भागी, पता नहीं चला। सुबह होने से पहले मां-बेटी को फरसे और गंडासे से टुकड़े-टुकड़े किया जा चुका था।

आगंतुक अपना काम पूरा कर चले गए। चौथे दिन वर्षा रुकी। आसमान साफ हो गया पर आस-पास के सारे गांव टापुओं में बदल गए थे। पांचवें दिन किसी ने थाने में जाकर घटना की इत्तिला दी। पुलिस आई। मुआयना किया। दालान में जूठन और हंड्डिया बिखरी थीं। बोतलें और गिलास लुढ़के पड़े थे। गांववासी पुलिस के द्वारा पीटे गए, तब जाकर लाशें पोस्टमार्टम के लिए भेजी जा सकीं। पोस्टमार्टम की खानापूरी हुई। लाशों को बाद में झाड़ियों के बीच डाल दिया गया। कुत्तों, गीदड़ों और गिद्धों ने बाकी क्रिया-कर्म पूरा किया, पुलिस ने रिपोर्ट लिखा—"कोई आई विटनेस नहीं मिला।" फाइल बंद हो गई।

सामाजिक परंपरानुसार स्त्री को सुरक्षा देने वाले, कानून के अनुसार स्त्री को न्याय देने वाले सब कहीं लोप हो गए। यह घटना समाचार पत्रों में स्थान नहीं पा सकी।

पांच वर्षों के बाद छोटी मंजरी अपनी दूर के रिश्तेदार के साथ कोर्ट में उपस्थित हुई। पर उसके आगे और गांव वालों के सामने प्रश्नों का भंवर घूम रहा है। फिर भी मंजरी भंवर से निकलने का प्रयास कर रही है। ❑

राजकुमारों के देश में

पीटर पॉल एक्का

जाने कैसे मंगलू काका मेरे जीवन में आकर रच बस गया था। औरों के लिए वह मंगल वैद्य था पर मेरे लिए शुरू से ही मंगलू काका। तब बाबूजी का तबादला उस अंचल के वन विभाग में हो गया था। वे बचपन के दिन थे आज से अनेकों साल पहले।

मंगलू काका से मुलाकात भी अजीब तरह से हुई थी। तब बरसात के दिन थे। बाबूजी काम के सिलसिले में कहीं दूर के गांव में निकल गए थे। घर के आंगन में खेलते हुए जाने कहां से कोई छोटा सा सांप आकर डस गया था। सांप विषैला हो न हो, मौत तो ज्यादातर डर से ही होती है। मां पर तो जैसे अनदेखा पहाड़ गिर पड़ा था। बाबूजी के पास न होने के कारण उन्हें शहर के अस्पताल तक ले जाना संभव न था। मां के करुण-क्रंदन से आदिवासियों का वह छोटा-सा गांव सिहर उठा था। विलाप और भगवान भरोसे के सिवा मां और कर भी क्या सकती थी। मेरी आंखें मुंदने लगी थीं और तभी उस ओर से फरिश्ते के मानिद मंगलू काका चले आए थे। जाने कौन सी जड़ी-बूटी पिलायी थी उन्होंने कि पांच घंटे बाद आंखें खुल गयी थीं। सीने से चिपकाए मां तब कितनी देर तक खुशी से सुबकती रही थी। जो चाहे वह मां मंगलू काका के चरणों में घर देना चाहती थी। बहुत मनुहार के बावजूद मंगलू काका बस चाय की एक प्याली स्वीकार किए थे।

तब से मैं सुबह-शाम भाग-भाग कर मंगलू काका के घर खेल-कूद के दौरान जाने लगा था।

"अरे देख तो कौन आया है?" उस दिन हमें आया देख काका बोल उठे थे। आंगन में ही कुछ दवाइयां पीस रहे थे वे।

काकी अंदर चूल्हे-चौके में उलझी थी। बाहर आयी तो नमस्कार में हाथ जोड़ दिए थे हमने। काकी ने स्नेह-वात्सल्य में आशीर्वाद पिरोते हाथ माथे पर रख दिया था।

"कौन है ए!"

"अरे अपुन फोरेस्टर बाबू हैं। पहचाना नहीं। उस दिन सांप डस दिया था न, तब गया था।"

काकी थोड़ा मुस्कुराने लगी थी। स्थानीय आदिवासियों के उसी चिर-परिचित परिधान में—करघे की बुनी मोटी-सी एक साड़ी पूरे तन-बदन को ढंके हुए थी। गले में जाने कौन सी माला थी, पूरे सांवले तन में गोदना गुदा था। कितनी प्यारी, अच्छी लगी थी।

अभी यह देख ही रहा था कि तभी उस ओर से चंदा आ गयी थी। शायद नदी से पानी भरने गयी थी। जूड़े में कोई जंगली फूल हंस रहा था। इससे पहले वैसी मासूम, सुंदर प्रतिमा

देखी न थी। थोड़ा-थोड़ा सा गोरा बदन। मां की अपेक्षा तन पर गोदना कुछ कम था। दो पलों के लिए बस देखता रह गया था।

"अपुन की अकेली छोटी बिटिया है चंदो...."

मैंने प्रणाम करते हुए हाथ जोड़ दिया था तो वह भी थोड़ा मुस्कुराती हाथ जोड़ रही थी।

"अपुन फोरेसटर बबुआ हो"—काका परिचय के लफ़्ज दुहरा रहे थे।

तब से कितने खुशगवार पल मंगलू काका के यहां गुजारे जाने लगे थे। काकी तो ऐसे दुलारती जैसे उसी का बेटा रहा हूं। कभी चंदा तक रूठने लगती। जंगल का कौन सा फल-फूल तब हमने नहीं चखा था—महुवा, चार, तेंदू, कटहल, आम—जाने काकी कहां-कहां से ढूंढ लाती थी। बरसात के दिनों में आलू की तरह जाने कौन से कंद खोद लाती, उबाल कर, धोकर जब परोसती तो निहायत तीते कंद भी मीठे लगने लगते। सप्ताह में दो-तीन दिन काका जंगल जाते थे, साथ में काकी भी। जड़ी-बूटी चुनी जाती, साथ में जंगल के कंद-मूल भी। काकी के साथ चंदा को भी जड़ी-बूटियों की अच्छी पहचान हो गयी थी। मंगलू काका को कभी किसी से दवा और इलाज के लिए पैसे की बात करते देखा-सुना नहीं था। खुद की मर्जी से जो दे दें। कभी तो दोना भर हंड़िया ही काफी हो जाता। ज्यादा उदार हुए तो कभी-कभार लोग चावल, दाल, साग-सब्जी कुछ भी दे जाते थे। वर्षों की मेहनत से जंगल के बीच एक-दो खेत बन पाए थे। एक जोड़ी बैलों की थी जीविका के लिए। सारा जंगल धरती माता की तरह उदार, बेफिक्र खुला था।

तब करीब के गांव में हर सोमवार बाजार लगता था। चुपके-चुपके दो-एक बार काकी साथ में बाजार ले गयी थी। बाजार जाना स्थानीय आदिवासियों का एक खास नशा था। चंदा भी जब जाने के लिए मचलने लगती तब हल्की सी चपत लगाते हुए काकी उसे भी साथ ले चलती थी। मेहनत से जंगल-जंगल भटकते, ढूंढे, तैयार किए चारे के बीज बाजार पहुंचने के पहले ही बिक जाते थे। शहर के सेठ-साहूकारों के नौकर रास्ते में ही बांट-बटखरे लिए तैयार खड़े रहते। अगहन के दिनों धान-चावल काफी सस्ते बेच देने पड़ते थे। बाजार से काकी हमारे लिए पकौड़ियां, मुरही, चिवड़ा खरीद देती थी।

वे बेहद खूबसूरत दिन थे। आदिवासियों की उस बस्ती में तब सांझ ढलते जो ढोल, मांदर बजने लगते तब अक्सर कुछ बहाना बता मां से इजाजत ले लेता था। मंगलू काका की मांदर बजाने की अपनी अलग खासियत थी। चंदा तो गजब का नाचती थी। मंत्रमुग्ध-सा उन भोले-भाले, खुश, बेफिक्र लोगों को नाचते देखता, तो यह नहीं लगता उन्हें किसी की चिंता भी है। एक-दो बार नाच सिखा देने के लिए चंदा हाथ भी पकड़ चुकी थी पर गया नहीं था। कुछ आत्माभिमान, कुछ शहर के हाईस्कूल में पढ़ने की झूठी शान। पर्व-त्यौहारों, शादी-ब्याह के मौकों की अपनी खास अदा थी।

जब छुट्टियों से घर आता तो ज्यादा समय चंदा के साथ हंसते, खेलते, गाते गुजर जाता। कभी-कभी नदी की बहती धार में अनजानी परछाइयां देखी जाती, कंकड फेंके जाते, जब-तब बालिश्त भर की मछलियां पकड़ी जातीं, रेत के बड़े-बड़े महल बनाए जाते, जंगल के फल-फूल बटोरे जाते, रूठना-मनाना होता। तब रविवार के दिनों औरों के संग वन-वन भटकते एक दूसरे की कितनी कहानियां सुनायी जातीं। शहर से आते ही चट से चन्दा पूछने

लगती—"हमारे लिए क्या लाए शहर से?"

"कुछ भी तो नहीं।"

"कुछ भी नहीं!"—चंदा जरा रूठने लगती।

"लाया हूं"— उसकी भोली-भाली आंखों में झांककर कहना पड़ता।

"क्या लाए?"—तब वह बच्चों की तरह मचलने लगती।

अपने हाथों जब कांच की कुछ चूड़ियां, लाल-लाल रिबन, बिंदी, कंघी देता तो वह वनफूल की तरह खिल उठती थी। भोली-भाली, मासूम आदिवासी बालाओं के लिए इनसे बढ़कर अच्छी सौगात तब और कुछ हो नहीं सकती थी।

फिर हमारे खुले-खुले, अल्हड़ से जीवन में बंदिश लग गयी थी। हमने उम्र की किसी दहलीज में कदम रख लिए थे। आदिवासियों की उस बस्ती में ऐसे खुले-खुले मिलने की आजादी उस उम्र में नहीं मिलती थी। एक बार जहां थोड़ी सी बात उड़ जाती तो चंदा को लेने कोई राजकुमार नहीं आता।

हाईस्कूल की अंतिम सीमा पार करने के दिनों में लंबी मुद्दत तक गांव नहीं आया था। इम्तिहान के बाद छुट्टियों में आया तो उस पहाड़ी इलाके में परिवर्तन की छाप हर ओर दिखने लगी थी। वहां एक नई कोलियरी खुल गयी थी। जाने गंगा पार के किन देशों से लोग आकर बसने लगे थे। वर्षों की मेहनत से बने बनाये खेत दब गये थे। मुआवजा के नाम मिली रकम गांव के सरपंच की झोली में चली गयी थी। मंगलू काका के दुर्दिन तब शुरू ही हुए थे। काका ने तब बैलों की जोड़ी बेच दी थी। जंगली जड़ी-बूटियों की वे खरीद-फरोख्त करने लगे थे। जंगली कंद-मूल, फल-फूल कम मिलने लगे। सुरक्षित वन बोर्ड के साथ कंटीली परिधि लग गयी थी। जब आया तो पहली बार काका के बेफिक्र, हंसते, सदाबहार चेहरे में अंदेशे, चिंता की काली घटा देखी थी।

"अब तो बबुआ, गांव छोड़ देवे होगा!"

"क्यों काका?"

"जंगल तो तुम्हारे बाबूजी कटवा रहे हैं। उधर सरकार कोलियरी शुरू करवा दे रही है, अपुन को जगह कहां। जाने कहां-कहां से लोग भर जा रहे हैं"—यह कहते काका हंस पड़े थे। हां, उस बनी-बनायी हंसी के अंदर कहीं रिसता-सा घाव था जो काका के लाख छुपाने की कोशिश में निर्मोही-सा बेपर्द हो उठता था।

काका को क्या कहूं कुछ भी सोच न पाया था।

"अब तो सब कुछ कितना बदल गया है। पहले वाला गांव कहां रहा? अब तो सरपंच, मुखिया, पटेल बाबू, पूरन पंडित का राज चले है। सरकारी योजना कहें है आदिवासियों के लिए, पर कहां कुछ होवे है? सब पैसा तो वही जंगली मानुस निगल जात है। थोड़ा-सा कहा सुना नहीं, उनके लठैत मारे-पीटे लगे हैं। अब तो बबुआ गांव छोड़ने की सोचत है।" सचमुच वे दुर्दिन के पल थे। कोलियरी किनके लिए खुली थी, खेत-खलिहान किनके दबे थे, जंगली कंद-मूल, फल-फूल किनके बंद हुए थे, सखुए के उन लहलहाते वनों का क्या हुआ था, उनकी जगह सागवान के पेड़ क्यों लगाए गए थे। गांव में राजनीति के बेहद घिनौने, फूहड़, भद्दे चक्र क्यों चलने लगे थे। पढ़े-लिखे बाबू बेबस भोले-भाले लोगों को बेरहमी से लूटते

थे। आए दिन चोरी डकैती, बलवा, खून होने लगा था। बहू-बेटियां खुले आम किनसे लुटने लगी थी? खुला-खुला, खूबसूरत, बेफिक्र, अल्हड़-सा पहाड़ी अंचल क्यों बेहया-सा बेपर्दा किया जाने लगा था?

काका की निरीह आंखों में बरसाती नदी से उमड़ते सवालों का मेरे पास कोई जवाब न तब था, न अब है। कुछ कह न पाया था सिवाय मंगलू काका के अंदेशे भरे चेहरे में झांकने के। तब काका की मर्जी के खिलाफ बाबू जी से कहला कर उन्हें वन-विभाग में छोटी-सी नौकरी दिला दी थी।

काका के अपने सिद्धांत थे, गौरव था, आत्माभिमान था। भूखों मरना पंसद हो पर किसी के आगे हाथ फैलाना मंजूर न था।

कॉलेज के दिनों गांव जाना ज्यादा हुआ नहीं था। बस इधर-उधर से खबरें थोड़ी-बहुत मिल जाती थीं। उन्मुक्त, अल्हड़ लता की तरह चंदा खिंचती जा रही थी। काका की वह एक अलग चिंता थी। कभी-कभी चंदा का ख्याल आता तो मन बेचैन हो उठता। काश वह भी पढ़ती-लिखती तो !

''बिटिया को क्या पढ़ाना-लिखाना बबुआ, पढ़ सके तुम लोग जैसे....''

''ऐसी बात नहीं काका दुनिया तो बदल रही है न, जंगल-पहाड़, खेत-खलिहान, गांव-घर नहीं बदले हैं क्या !''

''सो तो हौ बबुआ, मगर बिटिया तो चूल्हा ही फूंकेगी। उसके लिए कौन सा, कहां से राजकुमार आवेगा जी....।''

कभी सोचता चंदा का सहारा बन जाता तो, पर दिल की वह चाहत तो बस चाहत ही बनकर रह गयी। अगली बार जब आया, तब सब कुछ गुजर चुका था। आने में बहुत देर हो गयी थी।

उस साल माघ मेले का बहुत बड़ा आयोजन हुआ था। दूर-दूर से लोग आए थे। महीनों की मेहनत से जड़ी-बूटी खोजी थी मंगलू काका ने। मेले में अच्छी खासी बिक्री हो जाती थी। दुगुने उत्साह से तैयारी की थी। मेले में दो दिन तक रुकना था। चंदा के लिए एक नयी साड़ी, चूड़ियां, टिकुली, कंघी-बिंदी, दर्पण, फीते—एक साथ सब कुछ लाकर धर देगा।

पर मेले से आकर जैसे उसकी दुनिया ही ढह गयी थी। सुनकर जैसे पागल हो गया था। अपने योग का वश चलता तो पलभर में सब कुछ उस क्रोधाग्नि में स्वाहा कर देता। पर समाज के उन तथाकथित ठेकेदारों में व्यवस्था का जो एकछत्र राज होता है, उससे भोले-भाले गरीब आदिवासी लड़कर भी हारते रहे थे।

जब सुना तो अंदर तक कितना तड़प उठा था। मंगलू काका के मेला जाने पर उस रात पूरन पंडित, पटेल साव, दरोगा बाबू एक साथ उस छोटी, मासूम, पवित्र, बेफिक्र झोपड़ी तक चले आए थे। जंगली जानवर और भी वहशी हो गए थे और गांव वाले जानते हुए भी, नहीं देखने-सुनने का बहाना कर रहे थे। छोटी-सी दुनिया लुट गयी थी।

आने में बहुत देर हो गयी थी। उस रात आने पर मंगलू काका ने उसी अंदरूनी पीड़ा में जाने कौन-सा सोमरस तैयार किया था। अगली सुबह जब लोगों ने देखा वे चिर-निद्रा में सोये पड़े थे।

तब से कितने साल गुजर गए। उधर से गुजरते वक्त मंगलू काका, काकी, चंदा की कितनी यादें उभरती हैं। कोलियरी फील्ड ने पूरे पहाड़ी अंचल को समेट लिया है। किनके घर आबाद हुए, देश-समाज कितना आगे बढ़ा, कुछ कहा नहीं जा सकता। हां, उस पर्वतीय इलाके में आदिवासियों के जो मिट्टी के घर थे, जहां मंगलू काका जैसा छोटा-सुखी परिवार रहता था—अब न वह रह गया था, और न वह प्रकृति-प्रांगण, और न ढोलक-मांदर की वह डिमडिमाती आवाज जो उस देश के राजकुमार आजादी, बेफिक्री में खुशी के पलों को उजागर करते उन्मुक्त बजाते थे। ❑

प्रायश्चित

डॉ. मंजु ज्योत्स्ना

वह मेरा हमउम्र था। मैं स्कूल जाती थी। वह आवारागर्दी करता था। मेरे पड़ोस में ही रहता था। आते-जाते मैं उसे और उसके भाई-बहनों को देखती थी। उसकी मां की काठी काफी ऊंची थी, गदरायी देह। पिता भी ऊंची काठी के लेकिन दुबले पतले। दो बड़ी बहनें भी ऊंची काठी की थीं, रंग साफ। बस इधर-उधर डोलती फिरती थीं। दो छोटे भाई, बहुत छोटे नहीं थे फिर भी नाक सुड़कते अधनंगे खेलते रहते थे। कभी-कभी आपस में ही तीखे स्वर में जब लड़ाई होती तो मुहल्ला भर आक्रांत हो जाता।

यह जिसकी कथा मैं कहने जा रही हूं, उसका नाम है—डोमना। खपरैल की छत वाला मिट्टी का घर, बड़ा-सा आंगन। आंगन में जामुन का बड़ा-सा छायादार वृक्ष। वे किरायेदार थे। घर एक सिपाही की विधवा का था। सिपाही की किसी हादसे में मृत्यु हो चुकी थी, उसकी विधवा का 'सिपाहिन' नामकरण हो गया था। इसी सिपाहिन के दो कमरे वाले मकान में सात सदस्यीय परिवार पता नहीं कैसे समाता था। परिवार को सभी जानते थे। डोमना के पिता बहुत अच्छी ढाक बजाते थे। बड़ी, सधी हुई लय के साथ, बड़े मन से। सुनो तो सुनते रह जाओ। ताल के साथ उसका शरीर भी लयमान हो जाता था। शादी-ब्याह का अवसर हो, कहीं पूजा या कोई संस्कार हो, जन्म से मरण तक की सारी क्रियाओं में लोग खुशामद करके, गुहार करके उसे ले जाते थे। उसकी अच्छी-खासी कमाई थी। अच्छा खाते-पीते थे। औरतें मटरगश्ती करतीं कमाने की फिक्र नहीं थी। रहने का ढंग मालूम नहीं था, न ही संजोने का। डोमना की मां की आवाज भी बड़ी सुरीली थी। त्योहार आने पर या डोमना के पिता जब घर पर होते, उस आंगन की रौनक बढ़ जाती। राह चलते लोग भी ठहर कर देखने और सुनने लगते। पिता ढाक बजाता, डोमना वंशी बजाता, छोटा भाई जमीन पर रखे नगाड़े को बजाने लगता। मां और बहनें कमर में हाथ बांधे साथ-साथ उनकी ताल में नाचने लगतीं—क्या सामंजस्य था उस परिवार में। पूरा परिवार ही लोकगीत, लोकनृत्य और लोकवाद्य का जीता-जागता उदाहरण था— संगीतमय हो उठता। डोमना की मां गाने के बोल उठाती। एक कड़ी वह गाती तो शेष सभी दूसरी कड़ी समवेत रूप से गाते। डोमना की मां जब गाती तो उसके स्वर के आरोह-अवरोह और लोच के क्या कहने। कोई संगीतज्ञ ही बता सकता है। न तो उसने किसी से शिक्षा पायी। न ही कोई ज्यादा अभ्यास, यह तो नैसर्गिक गुण था जो उसके मुख से फूट पड़ता था। मैंने बाद में अपने अंतर्गत शोध करने वाली छात्रा को उसका स्वर और बोल टेप कर लेने को कहा था, जो लोकगीतों पर ही शोध कर रही थी। उसके पास हर अवसर और हर मौसम के लोकगीतों का खजाना था। कहें तो वह नैसर्गिक कैसेट

थी और उसका वह गुण उसके बच्चों को भी मिला और डोमना को देखने से लगता था जैसे उसे अपने पिता और माता दोनों के गुण विरासत में मिले थे। यही नहीं उसका नृत्य भी अपूर्व था। लोकनृत्य—डूमर, डोमकच सभी कुछ। उसके कमर की लचक, देहयष्टि की गति देखते ही रह जाए। करमा और सरहुल में दस दिनों पूर्व से उनका पारिवारिक नृत्य-संगीत का यह कार्यक्रम चलता रहता। मां हमें डांटती—'चलो पढ़ने बैठो' और हम बहनें बरामदे में बैठकर उसका मजा लेतीं और आलोचना-प्रत्यालोचना चलती रहती।

कुछ दिनों के बाद हमने देखा अब डोमना भी ढाक बजाने में पारंगत हो गया है। ढाक बजाते हुए जिस लय और लोच के साथ वह ढाक पर लकड़ी फेरता उससे उसके नृत्य और संगीत में कुशल होने तथा उसके भाव-विभोर होने का पता चलता था। हाथ यंत्रवत चलते और आंखें अधमुंदी सी। अब वह रिक्शा चलाने लगा है। देखने में सजीला-गठीला जवान, साफ रंग, सुंदर चेहरा। चलता तो धमकता हुआ। जब मैं कालेज जाती तो वह अपने रिक्शे में मुझे पहुंचा जाता। उसके रिक्शे में बैठाकर मेरे पिता जी भी बड़े निश्चिंत हो जाते। कहीं जाना हो पिता जी कहते—'डोमना को बोल देना ले जाएगा।' उसके परिवार वाले पिता जी की बहुत इज्जत भी करते थे। रास्ता रोककर उसकी मां और पिता जी मेरे पिता जी से बातें करते थे।

मेरी शादी हो गयी। मैं ससुराल चली गयी। दूसरे मुहल्ले में रहने लगी। संयोग ऐसा हुआ कि डोमना का परिवार जिस घर में रहता था वह अतिशय वर्षा के कारण ढह गया तो वे लोग हमारे ही मुहल्ले में मेरे घर के सामने ही रहने को चले आए। दोनों बड़ी बहनों की शादी हो चुकी थी। एक ससुराल में थी और एक अपने दो बच्चों के साथ उन्हीं के साथ रहती थी। एक ही बड़ा कमरा और छप्पर के छाजन का बरामदा जैसा। मैंने पूछा था—"अरे सगुनी इतने लोग कैसे रहते हो साथ-साथ उस एक ही कमरे में। सोना, कपड़े बदलना और न जाने कितने काम कैसे होते हैं।" वह हंसकर कहती है—"जिन भाई-बहनों के साथ बचपन में नंगे खेलते रहे उनके साथ क्या शर्म?"

पता चला डोमना की शादी की बात चल रही है। मैं खुश हुई। ढोल-ढाक के साथ ब्याह करने गये और दुल्हन ले आये। हफ्ते भर हंगामा। ये जाति के गोड़ाइत हैं। शादी में खर्च ही कितना! हल्दी रंग की साड़ी वह भी लाल पाड़ की कोरी साड़ी को हल्दी में रंग दिया, रेशमी लाल चूड़ी और सिन्दूर, दुल्हे की हल्दी से रंगी धोती और गुलाबी रंग में रंगी कमीज। न दान, न दहेज। आम की पत्तियों का छाजन, जिसके चार खंभे, जिनमें बंधे हैं लाउडस्पीकर और हरेक में अलग-अलग फिल्मी गीत बड़ी तेज आवाज में बज रहे हैं। यह उनके प्रगतिशील होने और सम्पन्न होने का प्रमाण था। इसके साथ ही नाच-गाना अनवरत रूप से चल रहा था दिन-रात। जो जाता, पीकर बैठ जाता या लुढ़क जाता। नाच-गाना, अनवरत, अथक। खुशी मनाने का निराला ढंग। और क्या? मटके पर मटके भरे थे हंड़िया के। जो परिवार न्योता पाकर आया है वह अपने साथ हंड़िया का छोटा मटका लाया है। हंड़िया और चखना-चना और पता नहीं कुछ और। इतना पी लेते हैं कि खाने बैठें तो खुद को संभाल ही नहीं पाते और खाने की सुध ही नहीं। अतः खाना कम, पीना ज्यादा। औरत-मर्द सबकी समान भागीदारी। सारा शोर-शराबा जब खत्म हुआ तो मैं दुल्हन को देखने गयी। न हंस

सकी न दुःखी हो सकी। डोमना के रंग के प्रतिकूल रंग, देह के गठन के प्रतिकूल गठन। हां, उस आबनूसी रंग के चेहरे में कुछ पानी आवश्य था, एक आकर्षण। यही उसे नारी रूप देने के लिए काफी था।

बाद में जब उससे बातें हुईं तो वह बड़ी समझदार लगी। सबसे बड़ी बात तो यह थी कि दूसरे ही दिन से घर के कार्य में जिस तरह वह लग गयी थी आश्चर्य होता था। उसकी सक्रियता और गतिशीलता देखते ही बनती थी। चाल 'एनरजेटिक' होने का प्रमाण थी। घर बुहारना, घर लीपना, कपड़े धोना, पानी भरना—सारे काम हफ्ते भर में ही उसने अपने ही हाथों में ले लिया। बेकार बैठकर गप्प करना उसे पंसद नहीं था। घर की सूरत बदल गयी। आंगन चक-चक करने लगा। सबके मुख से यही सुनने को मिलता— "बड़ी 'कमनी' है।" अन्य कामचोर औरतों की बन आयी।

महीना भर हुआ नहीं कि एक दिन डोमना के साथ उसकी बहस सुनाई दी। दूसरे दिन मैंने डोमना से पूछा—'का कहत रहउ रे तोर बहुरिया?' डोमना ने कहा—'का करबे दीदी उके, कहत रहउ कि हम दिन भर बइठ के का करब। रेजा काम करे जाब कुछ पैसा आवी। दिमाग, खराब होय जायहे उकर। अरे हम तो एतना कमाबे करिला। एतना से काम चलथे कि नहीं।"

मैंने कहा था, "डोमना क्यों नहीं करने देते काम, बेकार गप्प करना नहीं चाहती तो अच्छी बात है।"

दस दिनों बाद देखती हूं कि वह काम पर जा रही है। शनिवार को हफ्तावारी मिलने पर वह कुछ न कुछ लेकर आती, कभी बाल्टी, कभी थाली, कभी चादर। कभी अपनी रिश्तेदार बहन के साथ फिल्म देख आती। डोमना कहता—'हम तो देरी करीला न दीदी! जाय हे फिल्म देखे, जाय दे कमायला जे।' तीन से छः बजे शाम को शो मेन रोड में देखकर आने के पश्चात् तुरन्त चूल्हे के पीछे लग जाती। सक्रिय रहने के कारण उसका शरीर सुडौल होता गया। वह आकर्षक लगने लगी। किसी की शिकायत नहीं, बस काम से ही मतलब। ननदें भी खुश रहतीं, काम नहीं करना पड़ता था। हां जब कभी नाचने-गाने लगते तब वह नाच तो लेती थी पर गा नहीं सकती थी। उसका स्वर अलग ही सुनाई पड़ता। तब सब उसे डांटते— "का ले चिचियाथीस, चुपे से नाच !" हम सब भी मुस्कराते कि इस माने में डोमना का भाग्य खोटा है।

देखते-देखते दो वर्ष बीत गये। अब तक वह गर्भवती नहीं हुई तो आलोचना आरंभ हो गयी। पहले दबी जबान में, बाद में सुना-सुना कर ताने। एक दिन तो हद हो गयी। बगल की एक वाचाल औरत पीकर उसके मुंह पर कह गयी—'बांझ हउ बांझ, उकर छांई से भी बइच के रहेक चाही।' बस फिर क्या था डोमना की बीबी नल के पास सिर पर घड़े रखती हुई रुक गयी। घड़ा नीचे रखकर तुरंत पास पड़ी ईंट उठाकर उसे मारने दौड़ी। लोगों ने उसे पकड़ा। वह तो गुस्से से पागल हो गयी थी। मुझे बाद में पता चला। बेचारी का दुःख मैं समझ गयी थी। दुःखी औरत को छेड़ो तो वह कुछ भी कर लेगी। उसके दुःख दूर नहीं कर सकते, कम नहीं कर सकते तो छेड़कर उसका दुख बढ़ाते क्यों हो? आये दिन रिश्तेदारों की टोका-टाकी बढ़ गयी। शादी हुई तो बच्चे पैदा होने ही हैं— यह नियम है। इसके प्रतिकूल

होना आलोचना और निन्दा का कारण तो होना ही है। शायद डोमना को भी उलाहने मिलने लगे थे। वह अब कुछ ज्याद्दा पीने लगा था। एक दिन कुछ ज्यादा पीकर आया तो बीबी घर पर नहीं थी। बड़ी ननद के साथ फिल्म देखने गयी थी। पकाकर रख गयी थी। घर पर मौजूद नहीं थी और डोमना को बतलाकर नहीं गयी थी। आते ही डोमना ने उसे आड़े हाथों लिया। कुछ सुनना छोड़ पीटने भी लगा। वह कुछ देर मार सहती रही फिर विरोध करने लगी। आखिर उसकी बहन के ही साथ तो थी। लेकिन डोमना की आंखों में खून सवार था। आखिर वह मार खाकर बेहाल हो गयी। फिर भी रात के उस अंधेरे में ही दो-चार कपड़े बटोर कर वह मां के घर चली गयी। तीन किलोमीटर दूर का मुहल्ला। दूसरे दिन डोमना का नशा जब टूटा तब डोमना अपनी ससुराल पहुंचा लेकिन मनाने के बावजूद वह नहीं आयी और उसी रात ही कीटनाशक दवा उसने पी ली। उसकी मां को रात ढलते पता चला था। अस्पताल ले जाते-जाते ही उसकी मृत्यु हो गयी। यह सब मुझे तब पता चला जब मैं सुबह बच्चों को स्कूल भेजने की तैयारी कर रही थी। उसके घर से रोने की एक नियमबद्ध प्रक्रिया आरंभ हुई। मैं दौड़कर गेट पर निकल कर पूछने लगी थी हुआ क्या? यह घटना सुनकर मैं हतप्रभ रह गयी। डोमना आंगन के कोने में रो रहा था। उसे रिक्शे में बैठाकर अस्पताल ले जाया गया, जहां उसकी बीबी की लाश का पोस्टमार्टम होना था। सबकी सहानुभूति उसकी बीवी के साथ थी। इतने ही दिनों में वह आदर्श बन चुकी थी। लोग उसका उदाहरण देते थे। बच्चा न होना ही उसका सबसे बड़ा दोष बन गया। वह बेचारी अपने दुःख से दुखी तो थी ही। उसका दुःख दूसरा समझेगा भी क्या, लेकिन जब उसका अपना पति उसे नहीं समझ सका तो करती भी क्या? जिन्दगी के प्रति बढ़ती गयी उस निराशा ने उसके प्राण ले लिए।

लाश आयी और यथा नियम सारी क्रियाएं सम्पन्न हुईं। आंगन सूना हो गया। नाचने-गाने का वह समां रुक गया। ढाक की आवाज बंद, मौसम आया चला गया। कुछ त्योहार की सुगबुगाहट हुई लेकिन आंगन में कोई रौनक नहीं थी। डोमना घर पर बहुत कम दिखाई देता। ढाक-ढोल छूता ही नहीं था। लगता उसके मन का रस भी चुक गया। मां बिसूरती रहती। किसी ने कहा अब डोमना यहां बहुत कम आता है, नामकोम में कहीं रहता है। पीकर पड़ा रहता है।

और एक दिन डोमना घर आया। साथ में एक औरत थी। शरीर भारी लग रहा था। उसे सुन्दर तो कहा ही नहीं जा सकता था। बेहद अनाकर्षक अनगढ़ चेहरा। लगा वह तो गर्भवती है।

उसकी मां ने मुझे बताया—"सुन मैंया (बेटी) डोमना शादी कइर लेलउ, जाय दे बेटी उकर जनी के देखले न।" उसी ने बताया कि डोमना की संतान उसके गर्भ में नहीं है। कोई दूसरा ही उसकी कोख में बीज डालकर भाग गया। वह रास्ते के किनारे हंड़िया बेचती थी। डोमना वहां पीने जाता था। बस वहीं दोस्ती हो गयी और उसने शादी कर ली। ऐसी शादी में धूमधाम की आवश्यकता नहीं थी। शायद डोमना भी बाप बनना चाहता होगा या डोमना ने ऐसी गर्भवती महिला को प्रश्रय देकर अपने पाप का प्रायश्चित कर लिया। उसके आंगन में चुपके से मौसम और त्योहार के गीत उतर आये। ❑

कहानी के बाहर की औरत

शंकर लाल मीणा

ऐसा नहीं है कि मैं कुछ नया सीखने की कोशिश नहीं करती या सीखना नहीं चाहती। अपनी कमियों के बारे में भी मैं जानती हूं लेकिन मेरे बारे में आपने जो निष्कर्ष निकाला है, पूरी तरह से गलत भले न हो, एकतरफा जरूर है। झूठ भले न हो, पर पूरा सच भी नहीं है। मैं क्या हूं, क्या हो सकती थी, क्या कर सकती हूं, क्या कर सकती थी, इस पर आप अपने ढंग से सोचते हैं, कमियां निकालने वाले निर्मम ढंग से सोचते हैं और आज की परिस्थितियों में सोचते हैं।

विवाह के समय आपकी मुझ से जो अपेक्षाएं थीं और आज जो अपेक्षाएं हैं, उस में जमीन-आसमान का अंतर है, क्योंकि आपकी (हमारी भी कहा जा सकता है वैसे) हैसियत में बहुत अंतर आ गया है, आपने बहुत तरक्की कर ली है, आज आप एक वरिष्ठ प्रशासनिक अधिकारी हैं, आपके पास बंगला है, कार है, पैसा है, नौकर-चाकर हैं, स्वस्थ-योग्य बच्चे हैं, आप अच्छा खाते हैं, पीते हैं, पहिनते हैं (आप से मेरा मतलब हम).... मैं आपको जरा पीछे ले जाना चाहती हूं।

जब आपका मुझसे विवाह हुआ तब आप छात्र थे, पढ़ते थे। मैं नहीं समझती कि तब आपने मुझे चुना या मैंने आपको चुना। इस तरह की कोई सोच तब थी ही कहां? एक रूटीन की तरह एक हिस्से की तरह आप मुझे मिल गए, मैं आपको मिल गई। मेरे लिए आपकी जगह कोई और हो सकता था तो आपके लिए भी मेरी जगह कोई और हो सकती थी। आज आप मुझे नापंसद करते हैं, पर तब ऐसा नहीं था। यह सवाल तो तब आता न जब पंसद पूछने की सुविधा हमको या हममें से किसी को होती। हमने अपने-अपने हिस्से को स्वीकार किया न इच्छा से, न अनिच्छा से—बस तटस्थता से।

तब आप यूनिवर्सिटी में पढ़ते थे, पर मैं नहीं। मैं घर का कामकाज करती थी, गाय-भैंसों की देखभाल करती थी। शहर में रहते हुए भी हमारे न पढ़ पाने का एक कारण तो यही था कि हम एक दर्जन भाई-बहन थे, किस-किसको पढ़ाते हमारे मां-बाप? लड़कों को तो खैर उन्होंने पढ़ाया ही जैसे-तैसे करके, अलबत्ता लड़कियों के लिए इसकी जरूरत नहीं समझी गई। लेकिन इसमें मेरा तो कोई दोष नहीं था। ना ही तब आपने मेरे अनपढ़ होने पर कोई असंतोष व्यक्त किया। वैसे भी हमारा विवाह, विवाह कम था, मेरे और आपके माता-पिता द्वारा अपना-अपना फर्ज पूरा करने की जल्दबाजी ज्यादा थी।

उस दिन आपने किसी पत्रिका में छपी उस कहानी का जिक्र किया जिसमें गांव से आई अनपढ़ पत्नी को उसका पति, जो एक अधिकारी है, त्याग देता है और वह औरत

पढ़-लिखकर, तरक्की कर एक दिन उस आदमी की बॉस बन जाती है। पर ऐसा तो कहानी में ही हो सकता है, फिल्म में हो सकता है, असली जिंदगी में क्या यह संभव है? मुझसे कोई भी अपेक्षा रखने से पहले यह तो आपको ध्यान में रखना ही होगा न कि मैं कहानी की नहीं, कहानी के बाहर की औरत हूं।

विवाह के बाद एक साल तक तो आप पढ़ते रहे, फिर तीन-चार साल इधर-उधर छोटी-मोटी नौकरियां करते रहे। इसके बाद आप प्रशासनिक सेवा के लिए चुने जा कर प्रशिक्षण पर चले गए, दो साल के लिए। सच-सच बताओ इन छह-सात बरसों में क्या आपने मेरे बारे में सोचा? मेरे लिए कुछ किया ? मुझे कुछ दिया—चार बच्चों के अलावा? इस अरसे में आप लगातार तो मुझे साथ रख नहीं सकते थे। मैं कभी अपने पीहर में रहती तो कभी आपके घर। आपको शायद याद हो कि यह उस वक्त की बात है, जब हमारे घर में न तो नल होता था और न बाथरूम। नवें महीने में भी मैं सुबह चार बजे उठकर सार्वजनिक नल वाली लाइन में लगती थी। मिट्टी के तेल के लिए डिब्बा लिए धूप में खड़ी रहती थी। पड़ौसी मिलने, बात करने से कतराते थे, क्योंकि किसी को भी कोई न कोई काम ओढ़ा देती थी, पैसा भी कहां होता था? तीन-चार सौ रुपयों में अपना काम चलाती थी। मंडी से सस्ती सब्जी ढूंढ कर लाती थी, एक बार बनाती थी और गर्म कर-करके तीन बार खाती थी। आधा लीटर दूध में अपने लिए दो बार चाय भी बनाती थी और बच्चों को भी पिलाती थी। कई बार तो दूध में इतना पानी डालती थी कि बच्चे को पिलाते हुए शर्म भी आती थी और रोना भी।

अनपढ़ थी मैं, ज्यादा कुछ जानती नहीं थी, फिर भी कभी किसी से तो कभी किसी से जानकारी लेती, सरकारी अस्पताल में धक्के खाती, नर्सों के ताने सुनती, लेकिन फिर भी बच्चे को जरूरी टीके लगवाती। कभी-कभी तो सुबह आठ बजे की गई हुई शाम को पांच बजे वापस लौटती। न भूख देखती न प्यास, न धूप देखती न बरसात। रात को कभी किसी बच्चे की तबियत खराब हो जाती तो रात को ही लेकर भागती डॉक्टर के पास। पैसे नहीं होते तो वह भी मांगने पड़ते किसी से। एक रात मैं दूध पिला रही थी छोटी वाली को तो मेरे देखते ही देखते एक झटका लगा उसको, आंखें पथरा गईं और सारा शरीर कड़ा हो गया लकड़ी की तरह। मैं डर गई कि यह तो आज.....। मैं रोने-चिल्लाने लगी, आस-पड़ौस वाले भाग कर आए। रात को ही लेकर भागी डॉक्टर के पास। डॉक्टर ने दवा तो दी और वह सामान्य भी हो गई लेकिन बोला कि इसको गंभीर न्यूरो-समस्या है, बड़े अस्पताल में कोई लंबा टेस्ट करवाना होगा। आज तो आप एक फोन करो तो चार डॉक्टर दौड़ आते हैं, पर तब वह टेस्ट मैं कैसे करवा पाई, कितने चक्कर काटने पड़े, क्या-क्या सुनना पड़ा, यह मैं ही जानती हूं। पैसों की समस्या तो थी ही। आप शायद सहमत न हों, पर यह सच है कि अपने प्रशिक्षण काल में जितने रुपयों की आप सिर्फ सिगरेट पी जाते थे, उतने रुपयों में मैं अपना और अपने बच्चों का काम चलाती थी। बचे हुए आखरी सिक्के तक यह आभास नहीं देती थी कि मेरे पास पैसे नहीं हैं।

एक बार तो आप मुझे अस्पताल के ऑपरेशन-थियेटर में ही छोड़कर चले गए थे क्योंकि आप की ट्रेन का वक्त हो गया था, तब शायद मद्रास जाना था आपको। तब मरते-मरते बची थी मैं, संभालता कौन ? मेरी मां आई, आपकी मां आई और रोने लगीं दोनों मिलकर और

वे कर भी क्या सकती थीं ? "कहने लगीं बैन कि क्या होगा बेचारे बच्चों का मेरे बाद ?". ...खैर, इतनी आसानी से कहां मरने वाली थी मैं ? बहुत सख्त जान लेकर पैदा हुई हूं.... आपके माता-पिता की तरफ से भी इस दौरान न तो कोई सहारा मिला और न कोई सहयोग। मैं उनको कोई दोष नहीं दे रही हूं क्योंकि अभावों में जीना उनके लिए भी तो एक सामान्य रुटीन रहा है।

उन दिनों मोहल्ले की औरतें जो मजाक करती थीं, वे मुझे हंसा तो कभी नहीं सके, पर डरा जरूर देते थे। महीनों जब आप नहीं आते, आपकी कोई खोज-खबर नहीं मिलती तो औरतें कहतीं, आपने मुझे छोड़ दिया है, कि दूसरी कर ली है। मैं उनकी बातें अनसुनी तो कर जाती पर डर भी जाती। एक बार तो किसी ने पूरे आधिकारिक तौर पर घोषित ही कर दिया कि आपने दूसरा विवाह कर लिया है और वह लड़की आपके साथ रह रही है। तब मैं कुछ ज्यादा ही डर गई थी। तब शायद मैं आपके पास आना भी चाहती थी, पर अकेला आने की हिम्मत नहीं हुई, रास्ते और किराये-भाड़े का भी अंदाज नहीं था.....हार कर यही सोचा मैंने तब कि जो किस्मत में लिखा है वही होगा। दूसरा विवाह कर लिया है तो रखे उस को अपने साथ। मैं अलग रह लूंगी अपने बच्चों को लेकर, जो हो सकेगा करूंगी और—और बस।

आज आपका यह कहना शायद सही है कि मैं जिन घटनाओं के घट जाने की आशंका से डरी रहती हूं, सौ में से निन्यानवे वे कभी घटती ही नहीं। पर डर मेरे भीतर है तो क्या करूं? आप कहते हो कि यह डर, यह असुरक्षा मेरी अयोग्यता के कारण है। हो सकता है, यह सच हो, पर मैं क्या करूं? कहां जाऊं अपनी अयोग्यता दूर करने, अपना डर मिटाने और अपनी उस असुरक्षा की भावना को दूर करने, जिसका आज आप बार-बार जिक्र करते हैं और जो आप को बहुत अखरती है। लेकिन मुझ में असुरक्षा की यह भावना कोई आज की नहीं है। मैं तो अपने आप को हमेशा ही असुरक्षित महसूस करती रही हूं। अब भी करती हूं। जानती हूं। आज की तारीख में ऐसा कोई कारण नहीं कि मैं अपने को असुरक्षित समझूं पर सोच पर मेरा बस नहीं चलता। कोई भी चीज मुझे सुरक्षा की गारंटी देती नहीं लगती। बचपन में डरती-डरती रहती थी और उसके बाद भी बचपन में अक्सर सुनने को मिलता था—हल्ला मत करो, बाहर जा कर बैठो, कोई भी कभी भी डांट देता था। मां से भी कटु वचन ही सुनने को मिलते थे। हमारे भाई लोग तो फिर भी जवाब या स्पष्टीकरण देने की स्थिति में पा लेते थे अपने आप को। पर हम लड़कियां तो सोच भी नहीं सकती थी पलट कर जवाब देने की। हमारे हिस्से में तो सिर्फ सुनना ही सुनना था। हमें सिर्फ काम बताए जाते थे—झाड़ू, पौंछा, गोबर उठाना, कंडे थापना, घास खोदकर लाना, भैंसों को खिलाना, नहलाना, दूहना, रोटी सेंकना......बस!

आप ठीक कहते हैं कि मुझमें इतना आत्मविश्वास नहीं है जितना होना चाहिए। कहां से लाऊं आप जितना आत्मविश्वास मैं? इंजेक्शन से मिलाया जा सकता खून में तो शायद मिलवा लेती। आप को शिकायत है कि मैं जन्मजात कमजोर हूं, स्थायी रूप से बीमार हूं। आज आप ह्यूमोग्लोबिन, प्रोटीन, विटामिन की बातें करते हैं। स्टेमिना का सवाल उठाते हैं। ये सब भरे-पेट की बातें हैं, पर पेट भरने का ही जब सवाल हो तो इन सब के बारे में नहीं

सोचा जाता। बच्चों को और खासकर लड़कियों को कौन पूछता था हमारे वक्त में कि उनको क्या खाना है, क्या पहनना है। लड़कियां एक दो हों तो पूछे भी कोई, जो बना खा लिया। जल्दी मिला तो जल्दी और देर से मिला तो देर से। पंसद न होने पर किसी चीज को खाने से मना कर देने का हक तो हमें था, पर पंसद वाली वस्तु को मांगने का नहीं, जैसा आज हमारी बेटियों को है। विवाह के बाद भी सात-आठ साल तक ऐसा ही रहा ज्यादातर ठंडा-बासी खा कर ही काम चलाया। दो बार चूल्हा कौन जलाए, यह सोच कर दोनों वक्त का एक बार ही पका लिया....हो सकता है, ऐसे में शरीर में कोई बुनियादी कमी या कमजोरी रह गई हो, पर आप तो इसका हवाला ऐसे देते हैं जैसे मैंने वह कमजोरी या कमी किसी योजना के तहत पैदा की हो और जिस का मकसद आप को परेशान करना रहा हो। और तो और आप को तो यह शिकायत भी है कि मैं जल्दी-जल्दी गर्भवती हो गई। अब बताओ क्या स्पष्टीकरण दूं इसका? गर्भवती क्या मैं अपने आप ही हो गई?

आप के साथ इस शहर में आकर रहने तक मैं घाघरा-लूगड़ी ही पहनती-ओढ़ती रही हूं। अब साड़ी बांधने लगी हूं, सूट पहनने लगी हूं। इसके बाद अगर आप चाहते हैं कि मैं जिन्स-टी शर्ट पहनूं तो वह शायद न कर सकूं। जिस तरह के बनाव-सिंगार में आपकी रुचि है, जिसके आप उदाहरण देते हैं वैसा न तो कभी किया और न ही करना आता है। पार्टियां, शॉपिंग, सैर-सपाटा, क्लब, ड्राइविंग, ब्यूटी-पॉर्लर....ये सब मुझे बुरे नहीं लगते, लेकिन मेरे घर और मेरे बच्चों से ज्यादा अच्छे भी नहीं लगते। इन सबके लिए मैं फिर भी नहीं हूं। समय बिताने की समस्या मेरे साथ है नहीं। सुबह उठकर बच्चों को तैयार करना, उनके लिए खाना बनाना, झाड़ू-पौंछा कर कपड़े धोना, नहाकर लंच तैयार करना, खाना, बर्तन साफ करना और फिर शाम की तैयारी.....यह सब मुझे वैसा ही संतोष देता है जैसा आपको अपने दफ्तर का काम देता होगा। आप का यह कहना एकदम सही है कि यह सारा काम कोई भी नौकर एक हजार रुपये में कर सकता है पर मुझे दूसरे का काम कभी नहीं जंचता, कई बार देखा करवा कर।

आप कहते हैं कि स्वेटर, क्रोशिया, पापड़, मंगोड़ी, चिप्स, कुटाई, पिसाई, छनाई, मसाला, आचार, मुरब्बा....ये सब फालतू लोगों का काम है। हो सकता है। मैं कब कहती हूं कि ये व्यस्त लोगों के काम हैं। हो सकता है यह मूर्खता हो, पिछड़ापन हो, जैसा कि आप कहते हैं, हो सकता है—इन कामों का कोई महत्व न हो, पर इसमें आखिर बुराई भी क्या है? फुर्सत मिलती है तो कर लेती हूं, यह काम टीवी देखने से भी फालतू है क्या?

आपने ड्राइविंग सीखने के लिए कहा, मैंने सीखी। अब गाड़ी चलाते वक्त डर लगे तो क्या करूं? फिर जरा-सी गलती हुई नहीं कि आप डांटने लगते हो बुरी तरह से। तब मैं और डर जाती हूं, हाथ-पांव कांपने लगते हैं और हड़बड़ा जाती हूं पूरी तरह से। मुझे अपने बारे में सोच कर कोई डर नहीं लगता, पर आप को कहीं चोट आ जाए, नई की नई गाड़ी टूट जाए, यह सोच कर डर जाती हूं और कह देती हूं—मुझे नहीं चलानी गाड़ी, इस पर आप और बिगड़ जाते हैं और एक बार फिर से मुझे डरपोक और निकम्मी साबित करने लगते हैं.... ..हां, कोई पुरानी गाड़ी हो, कम कीमत वाली और आप न बैठें साथ में तो शायद बिना डरे चला सकती हूं। उस दिन की याद है? जब टक्कर होते-होते बची और वह गाड़ी वाला आप

को बुरा-भला कहने लगा, जबकि चला मैं रही थी, तो मुझे बहुत दुःख हुआ, रोना आ गया, गलती मेरी, माफी मांगी आपने।

आपके कहने से मैं कॉलोनी की औरतों के साथ क्लब गई, मेम्बर बनी। पर हुई परेशान ही। दो घंटे के इंतजार के बाद आपके बॉस की बीवी, जो चीफ-गेस्ट थी, आई। वो क्या बोली, यह मुझे पता नहीं चला, क्योंकि वो अंग्रेजी में बोल रही थी। फार्म जो दिया गया भरने को, वो भी अंग्रेजी में था। मैंने कह दिया—''ले जाती हूं भर के भिजवा दूंगी,'' और कहती भी क्या मैं ? माइक पर आकर बोलने के लिए कहा गया तो मैंने हिंदी में कह दिया कि भई मैं फलां-फलां हूं, जानती-वानती कुछ नहीं हूं, आप जो कहें, करें, आपके साथ हूं। कोल्ड-ड्रिंक मैंने पिया नहीं, नहीं तो फिर डकारें ही लेती रहती। सेंडविच करके कुछ था खाने को, कच्ची ब्रेड और कच्ची सब्जियों का घालमेल, खाया थोड़ा-सा। ....उस दिन मालूम है छह बज गए थे वापस आते-आते। पहुंची घर तो पाया बच्चे परेशान हुए बैठे हैं किसी को चाय चाहिए थी तो किसी को बदलने के लिए कपड़े। बाहर सूखते कपड़े किसी ने नहीं उतारे, सारे इधर-उधर बिखरे पड़े थे।

आपकी पंसद, आपके चुनाव पर मैं कोई टिप्पणी करूंगी तो आप उसे अनावश्यक और फूहड़ हस्तक्षेप कहते हैं, जबकि मेरी पंसद, मेरे चुनाव पर अपने हस्तक्षेप को भी आप नेक सलाह समझते हैं। कपड़े-लत्ते खरीदते वक्त आप दुकान पर ही शुरू हो जाते हैं और सार्वजनिक रूप से घोषित कर देते हैं कि मेरी पंसद बहुत घटिया है। डिजायन दादी-नानी के जमाने के ढूंढ़ती हूं मैं। मुझे कोई चीज अच्छी लगती है तो मुझे चुनने क्यों नहीं दिया जाता? सलाह देने और सिखाने का जहां तक सवाल है, इस घर में सिखाया उतना नहीं जाता, जितना कि मजाक उड़ाया जाता है। मजाक क्या कभी-कभी तो मैं अपने आप को अपमानित भी महसूस करती हूं। बच्चे मुझे पहले किसी अंग्रेजी शब्द का उच्चारण करने के लिए कहते हैं। मैं कोशिश करती हूं तो हंस-हंस कर लोटपोट होने लगते हैं। बेटे से कहूं कि पढ़ ले परीक्षा आ रही है तो कहता है– ''आप मम्मी, कम से कम पढ़ाई के बारे में सलाह मत दो।'' बेटियां तो मेरे बात शुरू करते ही कह देती हैं—''मम्मा, आप रहने दो प्लीज!.....'' पढ़ाई को लेकर बच्चों के पीछे मैं इसलिए पड़ी रहती हूं ताकि इनकी हालत मेरी जैसी न हो और ये जमाने के साथ चलने लायक हों, डांट-डांट कर खाना खिलाती हूं, फल खिलाती हूं। रात को जगा-जगा कर दूध पिलाती हूं। इसलिए कि ये स्वस्थ रहें। मेरी तरह इन के हाथ-पांवों में सनसनाहट न हों, चींटिया-सी न चले। निरोगी काया पहला सुख होता है, यह मुझ से अच्छी तरह और कौन समझ सकता है।

खैर, बहुत हो गया मैं यह दावा नहीं करती कि मैं इस गृहस्थी का कोई बहुत आदर्श हिस्सा हूं, पर इतना मानती हूं कि एकदम अनावश्यक भी नहीं हूं। इस गृहस्थी में कुछ योगदान मेरा भी है, वह कोई उपकार नहीं है किसी पर। लेकिन एकदम फालतू भी नहीं है। अपेक्षाओं का जहां तक सवाल है, वे बदलती रहती हैं। परिस्थितियों के साथ आप अगर आज अपने गांव में खेती कर रहे होते पिताजी की तरह, तब भी क्या ये अपेक्षाएं होतीं? ये शिकायतें होतीं? शायद नहीं.......कहानी वाली अनपढ़ औरत ने तो अपने पति की बॉस बनकर दिखा दिया। हो सकता है अपनी तौहीन का बदला लिया हो या यह भी हो सकता

है कि माफ कर दिया हो। कहानी वाली औरत कुछ भी कर सकती है। मैं चूंकि कहानी के बाहर की औरत हूं इसलिए मेरी कुछ सीमाएं हैं, विवशताएं हैं, असुरक्षा है, डर है। अशिक्षित हूं, आत्मविश्वास की कमी है। पित्ताशय में पथरी है, सर में माइग्रेन रहता है और कमर में दर्द.......ये सब समस्या कहानी वाली औरत के साथ नहीं होती, पर कहानी के बाहर वाली, खासकर मेरी जैसी औरत इनसे पूरी तरह मुक्त नहीं हो सकती बस, इतना ही कहना है मुझे अभी तो। ❑

अप्रत्याशित

रामधन लाल मीणा

आसमान में अब गहरे बादल मंडरा रहे थे, तेज तूफानी हवा कम पड़ गई थी जो हल्की ठंडी और आनंददायक लग रही थी। वर्षा की फुहारें हल्की हो चुकी थीं, परंतु फिर भी बाहर निकलने पर भिंजा देने लायक थीं। राजू अपनी झोपड़ी के बाहर उत्तर दिशा से उठते सफेद बादलों के बदलते स्वरूप को निहार कर, उस वर्ष अपने खेतों में क्या बोना है, किस खेल को पड़तर रखना है और किसमें बाजरा बोना है, उसी उधेड़बुन में मस्त था कि अचानक उसे याद आया घर में कुछ बीज कम था, इसलिए बाकी बीज बाजार से लाना था। उसे पता था कि बरसात बुवाई लायक पर्याप्त हो चुकी है लेकिन तत्काल खेतों में पानी भरा होगा इसलिए बुवाई तो कल से ही शुरू होगी। आकाश में सूर्यदेव आज नजर नहीं आ रहा था फिर भी दिन काफी ढल चुका होगा, ऐसा राजू को अनुमान था। वैसे यह समय खेत में अचूक काम करने का था लेकिन आज बरसात के कारण कुछ काम नहीं हो सकता था। सोचा क्यों न पास के गांव से आज ही पूरी फसल का बीज सहकारी संस्था से ले आऊं जिससे कल बुवाई का ही निश्चिंत काम रहेगा। उसने झटके से शहतीर में लगी छतरी को निकाला जिसमें काफी दिनों से एक ही जगह रखी रहने से मिट्टी आदि के कुछ धब्बे पड़ गये थे। राजू ने छतरी को जोर से तानकर फिर ढीला करके झाड़ा, अचानक इसमें से आधा फटे कागज का टुकड़ा दूर जाकर गिर पड़ा। राजू को अचानक याद आया, अरे यह तो तगावी के पैसे जमा कराए थे, उसी की रसीद है। जब तगावी की उगाही चल रही थी उसने लोगों को लाख समझाया कि मैंने तगावी भर दी है, लेकिन किसी ने विश्वास नहीं किया कि पिछली रकम भर दी है। ये रसीद गुम हो जाने से वह सबूत नहीं दे पाया और सरकार के विशेष उगाही का कार्यक्रम होने से उसे फिर से रकम भरनी पड़ी थी। राजू ने यह रसीद ढूंढने के लिए सारे घर के सभी आले छान मारे और बड़े लड़के प्रीतम से इसी बात पर गुस्सा होकर रोजाना खाने के वक्त झगड़ा भी हो जाता था कि वह थोड़ा बहुत पढ़ा-लिखा होकर भी घर के काम में कागजों का ध्यान नहीं रखता था। राजू को ध्यान आया कि जब पिछले जेठ में तगावी भरकर आया था तब असह्य गर्मी होने के कारण धूप से बचने के लिए छतरी साथ लाया था और नहाने का मन होने से कई दिनों का बदबूदार कुर्ता भी खोलकर और धोकर फिर नहाया था लेकिन उस समय कोई अधिक सुरक्षित जगह ध्यान में न होने से छतरी में ही छिपाकर रसीद रख दी थी। जब शाम को घर गया तो ठंडक हो चुकी थी। इसलिए छतरी वहीं झोपड़ी में छोड़ गया था। उसके बाद कई बार आंधी, धूल और बरसात के छीटों में यह छतरी काफी गंदी हो गई थी।

मानों राजू को अपना खोया हुआ खजाना मिल गया। डेढ़ सौ रुपये कोई मामूली रकम

तो नहीं जो राजू इतनी आसानी से भूल जाता। राजू इधर-उधर बीज लाने की बात भूलकर सीधा पटवारी के आफिस में आया। तलाश करने पर पता लगा शनिवार होने से सवेरे-सवेरे ही पटवारी जी अपने गांव चले गये थे और अगले दिन रविवार की छुट्टी थी इसलिए उसके बाद रक्षाबंधन की छुट्टी होने से दो दिन तक पटवारी जी नहीं आएंगे। वहां रहने वाले चपरासी ने यह भी बताया कि चूंकि बरसात हो चुकी है, उन्हें भी अपने खेतों की बुवाई का काम देखना है, इस वास्ते एक-दो दिन और भी लेट आएं तो कहा नहीं जा सकता।

पटवारी के न मिलने पर राजू सरपंच होरी लाल जी के पास गया। ये महाशय गांव की हर छोटी-बड़ी मुश्किल को समझते थे और किसी भी तरह अपना रोल अदा करने की भूमिका ढूंढ लेते थे। बाजार से माल-सामान लेने-देने के लिए सभी व्यापारियों से उनकी साख अच्छी थी। अच्छी-बुरी सलाह लेना-देना उनका व पटवारी जी का मानों मुख्य पेशा हो गया था और ऐसा तो कभी बना ही नहीं कि पटवारी जी उनमें से अपना हिस्सा जाने दें। हीरालाल जी काफी स्पष्टवादी और धर्मपरायण थे। पिछले वर्ष गांव के सभी लोगों को इकट्ठा कर सभी धामों की यात्रा करवाई थी लेकिन किसी भी छोटे-बड़े काम में दक्षिणा लेना और अपना हिस्सा लेना, इसे धर्म से अलग मानते थे। इस मामले में वे बहुत ही स्पष्टवादी थे। अपना हिस्सा तो वे अपने बाप से भी नहीं छोड़ते थे। छोटी-मोटी दक्षिणा देना तो गांव वाले अपना सौभाग्य समझते थे, वे पैसों को हाथ का मैल समझते थे। उससे ज्यादा उनके पटवारी के साथ मधुर संबंध थे। आखिर सरकारी प्रतिनिधि है जो चाहे सो करवा दे। उधर पटवारी जी छोटे-छोटे कामों में भी, दो-तीन बार फीस लेकर भी काम कर दें, तो गांव वाले अपना सौभाग्य समझते थे। अगर कोई उसको चुनौती दे तो उसकी जमीन जरूर किसी दूसरे के नाम हो सकती थी। पिछले चार बरसों में ऐसे तीन केस बन चुके थे, सभी को अपनी सलामती का भय था। गांव वाले पटवारी जी की छुट्टी कराने में थे। दो वर्ष पहले एक युवा तहसीलदार ने पटवारी की कुछ गलतियां पकड़ीं और भ्रष्टाचार के आरोप में जिलाधीश ने उसे मुअत्तल भी कर दिया था लेकिन अंतिम परिणाम जो जानते थे वही हुआ। तहसीलदार जी का दूर के खराब जिले में तबादला हो गया परंतु पटवारी जी की सभी जांच एक-एक करके फाइल हो गई। आखिर यह तो जांच करने वाले की गलती थी। भगवान दास पटवारी ने बहुत अधिक उम्र के नहीं होते हुए भी थोड़ी ही उम्र में काफी अनुभव प्राप्त कर लिया था। गांव की राजनीति, विवाह, शादी और अन्य कोई भी महत्वपूर्ण मामला हो, मजाल है कि उसकी सलाह के बिना कुछ हो जाए। यही नहीं राष्ट्रीय कार्यक्रमों में भी पटवारी जी की खूब दिलचस्पी थी। इसी बदौलत वह अपने अधिकारी वर्ग की नजरों में 'सिन्सियर' आदमी थे। सरपंच हीरालाल को पता था कि पटवारी जी की मनमानी में अगर उसने दखलअंदाजी की तो गांव के छः पुराने मामलों में उसका भंड़ाफोड़ हो जाएगा और सीधे हथकड़ी के अलावा बदनामी भी सहन करनी पड़ेगी। उन्हें सजा भी हो सकती थी। आखिर गांव के प्लॉटों की नीलामी में अपने परिवार वालों और चुनाव प्रचारकों में कम कीमत पर जमीन दिलाना भी तो कोई कम गंभीर केस नहीं था, तभी से सरपंच जी की चाबी पटवारी के हाथ में आ गयी। जब भी कोई सरकारी अफसर गांव आता, हीरालाल भगवान दास पटवारी की प्रशंसा के पुल बांध देता था। गांव के सभी आठ मोहल्लों के चुने हुए पंच भी सरपंच हीरालाल के पिट्ठू थे। उन्हें भी

कभी-कभी पटवारी और सरपंच की दावतों में खाने-पीने को मिल जाता था। वे समझते थे कि गांव के सरपंच और पटवारी सब गांव से ज्यादा हैं, उन्हें नाराज करना अपने ऊपर विपत्तियों को आमंत्रण देना है। उनकी प्रतिष्ठा गांव में सरपंच हीरालाल और पटवारी भगवानदास की बदौलत से ही है। पंच पद तो आखिर उन्होंने ही दिलाया जिससे गांव और समाज में वे अगड़ों की गिनती में आते हैं। वैसे भी गांव में पटवारी भगवान दास की काफी इज्जत थी। उन्हें अपनी खोई हुई प्रतिष्ठा मिलने की आशा तो उससे थी ही। हालांकि रुपए की कोई कमी नहीं थी, फसल तो खाने लायक होती थी। पर राजू पूरे एक महीने की मजूरी के बाद सौ रुपये कहीं जुटा पाता था। सुआलाल आखिर उसके भाई का लड़का था, काफी पढ़ा-लिखा इसलिए उसने सोचा कि उससे सलाह ली जाए। राजू को आते देख सुआलाल ने पूछा—

"चाचा जी कैसे आए? आज तो बरसात हुई है, अपने बीज-भात का हिसाब नहीं बैठाया।"

"बीज की चिंता नहीं है वह तो जब चाहे बाजार से मिल जाएगा, सुआलाल तुझे याद है गत महीने पटवारी ने मुझसे डेढ़ सौ रुपए दुबारा जमा लिया था।"

"हां, लेकिन कोई सबूत न होने से उसे कैसे झुठलाया जा सकता था?"

"देखो यह रसीद उन्हीं तगावी के रुपयों की है कि मैंने पिछले जेठ में पैसे भरे थे।"

"लेकिन तुमने समय पर कभी नहीं बताया। अब सांप निकल जाने पर पीछे लकीर पीटने से क्या फायदा?" सुआलाल का जवाब राजू जानता था, उसे उससे ज्यादा आशा भी नहीं थी। सुआलाल ने बात आगे युक्ति-पूर्वक बढ़ाकर सुझाव दिया—

"चाचाजी आप किसी चक्कर में न पड़ें। यदि आपको सब्र नहीं है तो पटवारी जी को आने दो और उनसे आप ही अकेले में बात कर लेना। कुछ आध पैसे मिल जाएं तो ठीक है, अन्यथा पुरानी बात भूल जाने में ही समझदारी है।"

राजू सुआलाल का मिजाज जानता था उसे इससे अब ज्यादा बात बढ़ाने का मन भी न हुआ, उल्टा अपना रहस्य बतलाकर पछता रहा था, लेकिन राजू दूसरे लोगों जैसा नहीं था, चाहे अनपढ़ और गरीबी की दो-दीवारें उसको चारों ओर से घेर लेती थीं फिर भी उसके नैतिक साहस और ईमानदारी से लोग काफी प्रभावित थे। इस रसीद को वह अपनी इज्जत का पुनर्वास मानकर उसी उधेड़-बुन में लग गया कि पटवारी से कैसे अपनी बेइज्जती का बदला लिया जाए। ऐसे वह पटवारी के प्रभाव से भी भली-भांति परिचित था। राजू को सुआलाल के बर्ताव के कारण उसके शिक्षित होने पर और भी घृणा हो गई—'इस लौंडे ने बी.ए. पास कर ली है। आटे-दाल का भाव मालूम ही नहीं है, आठवीं फेल पटवारी के पीछे अनपढ़ लोगों की तरह घूमता रहता है, इसीलिए इस गांव का सत्यानाश हो रहा है।' वह इसी उधेड़बुन में आ ही रहा था कि सोहन लाल से उसकी मुलाकात हो गई। देखते ही हमेशा कि तरह मुस्कुराकर पूछा—

"चाचा जी हल की तैयारी नहीं की?"

"आज बरसात ज्यादा होने से हल नहीं चल पायेगा, हल तो कल ही चलायेंगे जब मिट्टी में पानी बैठ जाएगा।"

"लेकिन तुम आज ज्यादा गंभीर नजर आ रहे हो?" राजू को एक करंट सा लगा कहीं सुआलाल ने सोहनलाल और सभी को यह बात बतला तो नहीं दी, वरना पटवारी से सीधे रास्ते से पैसे और इज्जत मिलना मुश्किल हो जाएगा। उसने तुरंत बनावटी बात बनाकर कहा—"नहीं सोहन ऐसा है कि मैं सुआलाल की तरफ आया था, लेकिन..." एकदम वह रुक गया उसके मुंह से अपने शब्द जबरदस्ती पराए बनते जा रहे थे।

"लेकिन क्या, आप साफ-साफ क्यों नहीं बताते? आखिर ऐसी क्या बात है कि आप हमसे भी छुपा रहे हैं?"

राजू सोहनलाल की बहुत इज्जत तो नहीं करता था क्योंकि वह इधर-उधर कॉलेज में गुण्डा-गर्दी करता है इसलिए लोग उसे समाज में अच्छा नहीं मानते। फिर भी सोहनलाल के दूसरों से अधिक स्पष्टवादी, निर्भीक और हंसमुख रहने के कारण हमेशा अपने हृदय में उसका स्थान रखता था। उसने मन में सोचा सोहनलाल से सब कुछ कह दे—'क्या कहूं सोहन, तुम्हें तो पता ही होगा पिछले महीने जब तगावी की उगाही का वक्त आया था तब पटवारी जी ने मुझे किस तरह बेइज्जत किया था? मेरे पास से दुबारा रकम उगाही थी। उसी की रसीद जो उस समय खो गई थी, अब वह मिली है। लेकिन ये विचार अभी मन में ही थे। वह बाहर कह नहीं पाया था। वह अभी सीधे रास्ते से काम लेना चाहता था।

"नहीं सोहन तुझसे क्या छुपाना, यही बरसात अधिक हो गई बुवाई पहले किस खेत में की जाए यह विचार कर रहा था" राजू के ये शब्द न चाहते हुए भी निकल पड़े। आखिर क्यों राजू भी सत्य को बाहर लाने में घबरा गया, उसके मन में फिर एक विचार दौड़ आया—"हर कोई दूसरों के दुखों और परिस्थितियों में मर्द बनता है, खुद का काम आता है तो सबके पैरों तले से जमीन खिसक जाती है।" वह सीधा लल्लूराम के घर गया। लल्लूराम उसके मोहल्ले का पंच था। राजू की बदौलत ही वह अपने विरोधी को कड़ी मात दे सका था।

"कहो राजू कैसे आये?"

"मन था इसलिए।"

"नहीं, सही बात कहो।"

"ठीक हैं...."

राजू थोड़ा ठहरा, जब पास बैठे अन्य व्यक्ति वहां से उठ गए तो उसने सब बात याद दिलाकर रसीद बाहर निकाली और लल्लूराम से गुफ्तगू शुरू की। काफी वार्तालाप के बाद लल्लूराम अपनी सांप-छछुंदर की गति से बचने का उपाय सोचने लगा। जब अपना काम पड़ता है आदमी हजार वायदे कर आता है लेकिन जब दूसरा उसी वायदे के आधार पर काम लेकर आता है तो फिर अपने बचने के रास्ते ढूंढने में लग जाता है। फिर भी अंत में साहस बटोरकर जवाब दे दिया—"क्यों खामखाह मुझे बीच में ला रहे हो, आप तो पटवारी जी को अच्छी तरह जानते ही हो...." राजू उसका पूरा जवाब सुनने का इंतजार किये बिना वहां से उठ खड़ा हुआ, "हां, मैं खूब जानता हूं तुमको और तुम्हारी पंचायत और पटवारी को, चुनाव के समय के वादे भूल गये। तब तो राजू मैं तेरे लिए जान देने के लिए तैयार हूं, थोड़ा भी काम हो मुझे अवश्य बताना।" राजू अब जान चुका था कि आखिर सरपंच से भी क्या कहे। वह क्या जवाब देगा इसमें राजू को कुछ शंका नहीं थी और इससे आगे पटवारी क्या कहेगा

यह भी राजू ने अनुमान लगा लिया था। आखिर ये पैसे शेर के मुंह में गये इन्हें भूल जाना ही अच्छा है।

राजू सोहन के स्वभाव से परिचित था और उसकी पटवारी से कई मामलों में झड़प हो चुकी थी। वह भी पता था सोहन कुछ करने लायक भी था। उसे सोहन के सिवाय अन्य सभी खोटे नजर आ रहे थे। राजू को रात में नींद नहीं आई। अभी पटवारी के आने का कोई ठिकाना नहीं था, उसने धैर्य किया वह समझता था कि अधिक जल्दी में कहीं अपने आपको मुश्किल में न फंसा ले, इसलिए पटवारी के आने की राह देखना ही उचित था।

"पटवारी जी जय राम जी की।"

"जय राम जी की राजूलाल कैसे आए?" पटवारी ने स्वाभाविक रूप से राजू से पूछा।

"आप से थोड़ा काम है।"

"मुझसे कैसा थोड़ा काम।"

"मैंने जो तगावी के पैसे दिए और पिछले महीने फिर भरना पड़ा उसी की रसीद मुझे मिल गई है।"

"तो उसे फाड़ के फेंक दो, यहां क्या मेरे सर चढ़ाने लाए हो।" पटवारी हकीकत तो जानता था, उससे तर्क करने से क्या फायदा। ऐसे मामलों में पटवारी जी अच्छी तरह आंख दिखाना जानते थे। वह समझता था, कि ऐसे लोग आंखें दिखाने से ही वश में आते हैं।

"लेकिन आपने उस वक्त रसीद के लिए पूछा था।"

"मुझे कुछ याद नहीं, सुना नहीं तुमसे एक बार कह दिया।"

"लेकिन पटवारी जी यह तो अन्याय है।"

"हां, अन्याय है जो तुझसे हो सके कर लेना, मेरी माथा-पच्ची मत कर, हट यहां से दूर।"

इसी प्रकार बात कुछ आगे बढ़ गई। दोनों में तू-तू, मैं-मैं की नौबत आ गई। यह पहला मौका था कि गांव में पटवारी से किसी ने सीधे मुंह सवाल-जवाब किये हों। काफी लोग इकट्ठे हो गए। गांव में राजूलाल की सच्चाई के बारे में सब लोग एकमत थे लेकिन उसने पटवारी के साथ उल्टा जवाब देकर जो तू-तू, मैं-मैं की उससे सभी लोग राजू को ही दबाने की कोशिश करने लगे। राजू गांव का माहौल समझता ही था। यहां बात बढ़ाने में सार न देखकर वह घर जाने लगा।

"चाची सोहनलाल घर पर है?"

"कौन प्रीतमलाल ? नहीं ? सोहन तो दो दिन से बाहर गांव है, बोलो क्या काम है कैसे आये?" सोहन की मां ने प्रश्नवाचक नजरों से प्रीतम की ओर देखा।

"नहीं कुछ नहीं पिताजी उससे कुछ बातें करना चाहते थे, वह घर आये तो हमारे घर भेज देना।" कह कर प्रीतम लौट गया। दो दिन बाद सोहन घर आया, मां से संदेश मिलने पर राजू के घर गया। राजू को मानों भगवान का दूत मिल गया हो। "कहो चाचा जी क्या काम है।" राजू ने सोहन को अपनी संपूर्ण कथा दोहरा दी। सुनकर सोहन पटवारी पर दांत पीसने लगा लेकिन काम सरल नहीं था। पटवारी की नींव कितनी गहरी है राजू से अधिक सोहन जानता था। "चाचा जी बात इतनी आसान नहीं है लेकिन अब तो बात पैसे से हट

कर इज्जत पर आ गई, पैसा तो शायद मिले या न मिले परंतु इज्जत बचानी है तो और भी पैसे खर्च करने पड़ेंगे। यह मामला तो कोर्ट के बिना सुलझ नहीं सकता।''

सोहनलाल ने नई रसीद और पुरानी रसीद दोनों की नकलें करवाईं। कुछ रकम अपने छात्र यूनियन के मित्रों से इकट्ठी करवाई। उसे पता था कि उस इलाके का कोई भी वकील राजू के केस में ईमानदारी से काम नहीं करेगा, इसलिए बाहर दूसरे क्षेत्र के कोर्ट के वकीलों से बातचीत की। सौभाग्य से उसके एक मित्र के भाई बड़े ही होशियार वकील थें। हालांकि उसकी फीस बहुत मंहगी थी लेकिन यह एक अपवाद रूप का केस था, दिलचस्प भी लग रहा था, उसने कम दामों पर केस ले लिया। गांव अब धीरे-धीरे दो खेमों में बंट गया था। कुछ लोग राजूलाल के कदम की खुले आम निंदा करते। कई लोग उसे चाहते भी थे लेकिन पटवारी और सरपंच के डर से खुले में कोई कहता नहीं था। सोहन लाल के साथ भी गांव के कई लोग थे। राजू लाल के मोहल्ले वालों ने इज्जत का सवाल बना लिया था लेकिन पैसे किसी के पास नहीं थे। राजू अपनी मेहनत मजूरी की कमाई हारकर भी इज्जत की लड़ाई जीतना चाहता था।

इस समय राजू लाल का अहम् जाग चुका था, उस अहम् को कभी इतनी बड़ी ठोकर नहीं लगी। भगवान दास पटवारी ने उसकी दो बार गांव वालों के समक्ष बेइज्जती की थी, प्रथम बार तो अपनी गलती समझ वहं जहर का घूंट पी गया लेकिन दूसरी बार सरासर पटवारी का सदमा वह सहन नहीं कर पाया था। सौभाग्य से उसे सोहनलाल का सहारा प्यासे को पानी की तरह मिला। वह रात-दिन इसी बात में लग गया कि कैसे न कैसे इस पटवारी से बेइज्जती का बदला लिया जाए। इसी उधेड़बुन में उसको नींद आ गई। सपनों में वह दो वकीलों की बहस सुन रहा है, पटवारी हथकड़ियों के साथ कटघरे में बंद है, लोग उसकी तरह हाय-हाय कर रहे हैं। राजू लाल का वकील एक के ऊपर एक ऐसे तर्क छोड़े जा रहा है, पटवारी भगवान दास की एक नहीं, अनेक काली करतूतों का भरी कचहरी में भंड़ाफोड़ होता जा रहा है, गांव वाले एक-एक करके सरपंच का साथ छोड़कर राजूलाल और सोहनलाल के पक्ष में आ रहे हैं, यह सब सुनकर मानों मन ही मन पटवारी भगवानदास पर दांत पीस रहा है। आस-पास के गांवों में राजूलाल के नाम की चर्चा है। राजूलाल एक गरीब किसान से उठकर एक हीरो बनता जा रहा है। सोहनलाल सलाहकार के रूप में जिस किसी से बात करके राजूलाल की जिंदादिली की दाद दे रहा है। पटवारी भगवानदास और उसके समर्थकों के विरुद्ध मानों विद्रोह हो चुका है। इसको समर्थन देने वाले सभी बड़े नेता चुनावों में हार रहे हैं। सोहन लाल विधायक का चुनाव लड़ रहा है और गरीबों के लिए जमीन आसमान एक कर रहा है। हर एक के बाद एक अनेक निर्माण व विकास कार्य चल रहे हैं, सभी लोग आराम कर रहे हैं। जज ने फैसला सुनाया पटवारी भगवानदास को छः महीने की सख्त कैद। उसकी नौकरी छूट गई, वह दर-दर का भिखारी हो गया और राजूलाल के पैर पकड़ अपनी गलती का पश्चाताप कर रहा है। राजूलाल अचानक चौंक गया उसकी आंखें खुल गईं। वह सवेरे ही हल पर प्रीतम को भेज कर खुद केस के मामले में चर्चा करने सोहनलाल के साथ शहर चला गया। सोहनलाल केस में काफी मेहनत कर रहा था। शिकायत दर्ज कराने कई बार जाने पर भी पुलिस नहीं आई। उसके शिकायत-पत्र मानों रद्दी कागज का टुकड़ा हों।

किसी ने ध्यान नहीं दिया। सोहनलाल वैसे न था, उसने जयपुर जाकर अपने एक मित्र की सहायता से गृहमंत्री को फोन कराया और 10-15 दिन की दौड़धूप करने पर शिकायत दर्ज की गई। लेकिन जितनी आशा थी उतना कुछ हुआ नहीं। मौके की तलाश के लिए जांच पर दो पुलिस वाले आए, सुबह से शाम तक राजूलाल के घर दावत खाकर वापस आ गए। हीरालाल जी के गांव में न होने से काम पूरा नहीं हो सका।

केस का मामला बहुत उलझा हुआ था। पुलिस की अरुचि और राजूलाल की गरीबी हर जगह खटक रही थी। सोहनलाल परेशान नजर आ रहा था। उसके दोस्त के भाई ने जो वकालत का सौदा तय किया, उसमें भी वह आना-कानी करने लगा। एक दिन आखिर हकीकत खोल ही दी, "धर्मादा की दुकान ज्यादा दिन नहीं चलती है, आखिर मामला भी तो भगवानदास पटवारी के विरुद्ध का है। कम से कम ज्यादा नहीं तो आधा मेहनताना तो मिलना ही चाहिए।"

राजूलाल के अब तक के जमा रुपये इधर-उधर की दौड़-धूप में खत्म हो चुके थे, उधर पटवारी भगवानदास ने नीचे से ऊपर अपने पैसे के बल पर सबको खरीद रखा था। जहां भी जाते भगवानदास पहले ही मुंह बंद कर देता था। सोहनलाल की दशा सांप-छछूंदर जैसी हो गई। नहीं यह काम अधूरा नहीं छोडूंगा आखिर राजूलाल तो मेरे बल–बूते पर इतने आगे बढ़ा था, अब उसे बीच भंवर में कैसे छोडूं?"

सोहनलाल की इस बरस फसल भी अच्छी नहीं हुई। खुद भी केस में व्यस्त होने से ज्यादा मजूरी नहीं कर पाया, इसलिए घर में बाहर की आमदनी भी लगभग आधी भी नहीं थी, राजूलाल के मन में सुआलाल की बातें याद आने लगी– क्या सौ डेढ़ सौ रुपये की बात? अब मेरा सारा घर इसमें बरबाद हो रहा है। क्यों न केस वापस ले लूं? नहीं-नहीं ऐसा नहीं करूंगा। अपनी इज्जत बचाने में सब कुछ दांव पर लगाकर भी पीछे हटना ठीक नहीं। इस तरह मन के प्रतिद्वंद्व में कभी सोहनलाल और कभी सुआलाल के प्रोत्साहक वाक्य उसके मस्तिष्क पर छा चुके थे। केस चलते हुए तीन बरस हो चुके हैं, कुछ नतीजा हासिल होता नजर नहीं आ रहा। अचानक मध्यावधि चुनाव घोषित हुए। एक-एक करके पटवारी भगवानदास के समर्थक चुनाव में हार चुके थे, केस आगे बढ़ा, सरकार बदली, कई अधिकारियों के तबादले हुए। अब उस समय जिलाधीश से लेकर तहसीलदार तक, पुलिस अधीक्षक से लेकर थानेदार तक, सबके सब नये। राजूलाल हिम्मत हार चुका था। यह सब उसके क्या काम का। उसने सोहनलाल से साफ-साफ कह दिया, मैंने अपने ऊपर कर्ज भी ले लिया है, केस में कुछ होने-जाने वाला नहीं। होगा भी तो क्या ज्यादा से ज्यादा पटवारी जी का तबादला, लेकिन मुझे क्या मिलने वाला है। राजूलाल की दशा देखकर सोहन ने धैर्य बंधाते हुए कहा–"अब कुछ राजनीतिक वातावरण बदला है। इस केस में अब ज्यादा रुचि लेने की जरूरत है।" उसने नए मंत्री मंडल के रेवन्यु मंत्री और गृह मंत्री के नाम दो शिकायत-पत्र लिखे जिसमें पटवारी भगवानदास और उनके सभी कामों के कारनामे का विशद वर्णन था। इस प्रार्थना पत्र में कुछ सत्यता होने की शंका होने पर पटवारी भगवानदास का तबादला दूसरी जगह हो गया। अब सोहनलाल ने एक-एक करके सबको अपना बनाना शुरू किया। इधर केस का फैसला आया, पटवारी को दोषी पाया गया और फर्जी हिसाब में

गलत ढंग से तथा दो-दो बार पैसे लेने इत्यादि अनेक मामलों में दोषी होने से उसे छः महीने की सजा हुई। पटवारी ने तुरंत उस पर अपील की जिसमें केस ऊपरी अदालत में पहुंच गया।

राजूलाल की आर्थिक दशा बिगड़ती गई। वह यह केस कैसे आगे लड़ सके, ऐसी उसकी शक्ति भी क्षीण हो गई और ऐसे भी राजूलाल एक दरिद्र आदमी बन गया। उसने इस मामले में अपने जमीन-जायदाद सबको दांव पर लगा दिया और इज्जत का केस जीत भी लिया। लेकिन आगे अपील में इसका बचाव करना मुश्किल हो गया था। अपील में कोई भी वकील न रोक पाने से जिला न्यायालय की तरफ से कुछ महत्वपूर्ण मुद्दा उठाये गये जिनका जवाब न दे पाने के कारण अपील में पटवारी फिर बरी होकर आ गया।

फिर से अपनी सिफारिश लगाकर उसी गांव में आ गया। राजूलाल गांव छोड़कर चला गया। प्रीतम यह नाटक अपनी नग्न आंखों से देखता रहा था। उसे वह सहन नहीं कर पाया। एक दिन अचानक वह भी गांव छोड़कर चला गया। आखिर वह इतने कर्ज कैसे चुका पाता?

तीन गोलियां एक साथ चलीं। वे भी गांव के तीन भागों में। सुबह पता लगा तो पटवारी भगवानदास, सरपंच हीरालाल और पंच लल्लूराम की किसी ने हत्या कर दी है। सोहनलाल गांव से लापता था। यह अप्रत्याशित घटना देख सभी दंग रह गए। ❑

दो लघुकथा

विरासत

हजारी लाल मीणा

"कर्जा लेकर क्या करोगे, बाबा !"

"कर्जा चुकाता हूं, बाबू जी।"

"कर्जा चुकाता है ! फिर हमारी रकम कैसे लौटाओगे ?"

"बाबू जी, कर्ज लेकर।"

"यह कैसे ?"

"बाबू जी, हमारी दुनिया में सब संभव है। साठ घरों की हमारी बस्ती में एक भी परिवार ऐसा नहीं है जो ठाकुर साहब या महाजन की बहियों में कर्जदार नहीं है। चमरवाड़े का हर आदमी गले तक कर्ज में डूबा हुआ। बाप-दादों के जमाने से चला आ रहा यह कर्ज चुकने का नाम नहीं। इसीलिए तो कांख में बहियां दबाये दोनों हर साल चमरवाड़े में आ धमकते हैं और कुछ न कुछ लेकर ही टलते हैं। ऊपर से सुना जाते हैं कि ब्याज तक नहीं पटा। जब बिना लिए ही हम इनका कर्जा चुका रहे हैं तो आपसे जो ले रहे हैं, उसे भला क्यों नहीं लौटाएंगे?"

अब और प्रश्न करने की हिम्मत नहीं रह गई थी डालू राम में। वह अपनी स्मृतियों में खो गया। पिताजी ने उसे भी कर्ज लेकर ही पढ़ाया था। गये साल ही उसने महाजन का हिसाब चुकता किया है। महाजन तो पिछले तीस सालों के आंकड़े बता रहा था परन्तु कुछ तो उसके बैंक अधिकारी होने के प्रभाव से और कुछ बदलते जमाने के डर से औने-पौने में हिसाब निपटा दिया था उसने।

"बाबू जी हम गरीबों के वक्त-बेवक्त में ये बोहरे ही काम आते हैं। लाली की शादी करनी है, लेकिन जब तक पुराने कर्ज पेटे कुछ जमा न करा दूं, महाजन कर्ज नहीं देगा। आपकी मेहरबानी हो जाएगी तो गंगा नहा लूंगा। भगवान आपका भला करेगा।" मिन्नत के इन स्वरों के साथ डालूराम की तन्द्रा टूटी। वह उस निर्निमेष बूढ़े बाबा की शक्ल देखने लगा। उसे लगा जैसे मूर्तिमान कर्ज खड़ा है उसके सामने, जो कर्ज में पैदा हुआ, कर्ज में मर जाएगा और कर्ज की विरासत छोड़ जाएगा अपनी संतान के लिए।

कौशल्या

बस में बैठा-बैठा वह धापूड़ी द्वारा कही गई बात पर विचार कर रहा था। उसने तो ऐसी कल्पना ही नहीं की थी। अचानक कौशल्या उसके स्मृति पटल पर छा-सी गई थी। यों तो

उसने उसके साथ कुल जमा दो ही दिन गुजारे थे पर आज तो वह अत्यल्पकालिक मिलन ही उसके लिए आनन्द एवं उमंग का 'सोत' बन गया था। वह स्मृतियों में खो गया। ये वही दो दिन दो रातें थीं जो उसने बिताए नहीं थे बल्कि मजबूरी में काटे थे कौशल्या के साथ और फिर वह हमेशा के लिए उसे अकेली छोड़ आया था। जब कौशल्या उसके पांव छूने झुकी थी तो वह ऐसे पीछे हटा था जैसे कबड्डी का खिलाड़ी बचाव मुद्रा में हटता है। कौशल्या ने भारतीय नारी के 'प्रथम समर्पण सोपान' की परम्परा सम्पन्न कर दी थी और खाट के पास बैठ गई थी। नहनू खाट पर सोने के नाटक के क्रम में सो ही गया था। देर रात गये नहनू ने देखा कि कौशल्या अब भी खाट की 'पगात' की ओर सिर झुकाये बैठी सिसक रही थी। तब उसने उसे उठाकर न जाने क्यों खाट पर सुला लिया था। आम मीणा युवतियों की भांति कौशल्या सुन्दर, सुड़ौल एवं आकर्षक व्यक्तित्व की स्वामिनी थी, पर निरक्षर थी। सुबह तक वह कौशल्या को समझा चुका था कि वह उसके साथ निर्वाह नहीं कर पायेगा। कौशल्या भी अच्छे घराने की थी। उसने भी मानों नियति के साथ समझौता कर लिया हो और गांव में ही रहने को राजी हो गई।

छः महीने बाद नहनू को समाचार मिला था कि सास-ननद तथा बराबरवालियों के तानों से तंग आकर वह पीहर में रहने लगी थी। नहनू भी तो वर्ष भर से गांव नहीं गया था। वह इस उधेड़बुन में था कि कौशल्या से कैसे छुटकारा मिले? अचानक आज की एक घटना ने तो जैसे उसके जीवन को दिशा ही प्रदान कर दी। आज वह पुलिस अधीक्षक श्री सुण्डा राम जी के घर आमंत्रित था। सुंडाराम जी की पत्नी को जब उसने ठेठ सवाई माधोपुरी लिबास में देखा तो वह चौंक सा गया था। सुंडा राम जी ताड़ गये। उन्होंने 'धापूड़ी' को बुलाकर पास बिठा लिया था। वे प्यार से धापा को धापूड़ी ही कहते थे। सुंडा राम जी ने कहना शुरू किया कि 'धापूड़ी' पढ़ी-लिखी नहीं है, ग्रामीण परिवेश में ही पली-बढ़ी है। शादी के बाद उसने पढ़ना-लिखना व शहरी परिवेश के अनुरूप आचार-विचार सीखा है। हमारी मान्यता थी कि व्यक्ति जिस वेश में स्वयं को सहज अनुभव करे उसे ही धारण करे। धापूड़ी राजस्थानी वेश में सहज रहती है सो अधिकतर यही वेश धारण करती है। दो वर्ष पूर्व तक तो यह पांवों में चांदी के मोटे-मोटे कड़े भी पहनती थी पर अब उसने वे सब स्वयं ही खुलवा दिए। हाट-बाजार तथा शादी-पार्टियों में धापूड़ी प्रायः इन्हीं तथाकथित 'गांव डैल' कपड़ों में जाती है। सभ्य समाज की लड़कियां आज जो पहन रही हैं उसके संदर्भ में कोई ठण्डे दिमाग से सोचे तो विस्फोट हो जाएगा। उस पहनावे या कहें कि प्रदर्शन के पक्ष में दिये जाने वाले तर्क एवं दलीलें तो सभ्यता के परखच्चे उड़ाने वाली होती हैं। खैर, अपनी-अपनी सोच है, पर 'परिवर्तन' जल्दबाजी में न लाकर आवश्यकतानुरूप सहज और तार्किक ढंग से होना चाहिए। हमारी औरत गांव से शहर में आकर सीधे ही सलवार सूट या साड़ी क्यों धारण कर ले? क्या वह घाघरा-लूंगड़ी में सुन्दर नहीं लगती? परन्तु हमारे अंदर हीनभाव घर किये बैठा है?"

धापूड़ी ने तालियां बजा दीं। सूंडाराम जी भी समझ गए थे कि वे ज्यादा ही भावुक हो रहे हैं। नायब तहसीलदार नहनू राम कुछ गंभीर से हो गए। धापूड़ी जो अब तक चुप बैठी थी उनसे बोली—"भाई साहब आप भी किसी गांव की भोली-भाली लड़की से शादी कर उसे संवारने-सजाने का आनन्द लोगे या फिर शहर की 'रेडिमेड' गुडिया ही लाओगे?"

नहनू मुस्करा दिया था बस।

धापूड़ी रसोईघर में जा चुकी थी। वे दोनों देर तक बतियाते रहे थे। भोजन से निपट कर नहनू ने अगले इतवार को आऊंगा कहकर विदा ली थी। वह कमरे पर आकर खाट पर लेट गया पर उसकी आंखों में नींद थी ही नहीं। आंखों में तो सपने ही सपने थे। वह सोच रहा था कि वह भी कौशल्या को साथ लाएगा। पढ़ाएगा। नई दुनियां से जोड़ेगा।

आज कौशल्या उसे बहुत सुन्दर लग रही थी, जो वस्तुतः वह थी भी। सुन्दर नाक, नक्श, सुड़ौल-गठीला बदन, सब कुछ सुन्दर। सब से बढ़कर सुन्दर था उसका आचार-विचार। 'अपनी कौशल्या' के साथ भावी जीवन की सुखद सुकल्पनाओं के बीच कब उसे नींद आ गई पता ही नहीं चला।

गांव जाने वाली बस की खिड़की से सड़क किनारे खेतों में काम करती लड़कियों को देखकर उसे एक अजीब-सी किन्तु सुखद अनुभूति हो रही थी। बस अपनी तेज रफ्तार पर थी, पर उसे लग रहा था कि आज बस कुछ धीमी गति से चल रही है। ❑

अंतिम टारगैट

मीरां रामनिवास

रात के भोजन के बाद मैं तथा पापा नियमित रूप से स्ट्रॉलिंग के लिए जाया करते थे। स्ट्रॉलिंग के दरम्यान पापा सर्वप्रथम मेरे शोधग्रंथ की प्रोग्रेस पूछते, फिर टी.वी. पर प्रसारित समाचारों व न्यूजपेपर में छपे देश-विदेश में चल रही राजनैतिक परिस्थितियों तथा अन्य मुद्दों पर चर्चा करते। आज पापा ने मेरे शोधग्रंथ के चैप्टरों का सूक्ष्म-सार सुनने के बाद जानकारी दी कि आज अहमदाबाद की जेल में एक नई महिला कैदी ट्रांसफर हो कर आई है, पारूल तुम चाहो तो अपने टारगैट के मुताबिक उससे कल साक्षात्कार कर सकती हो।

मैं मनोविज्ञापन में एम.ए. के बाद महिला अपराधियों पर शोधग्रंथ लिख रही थी। अपने शोधग्रंथ के लिए मैंने महिला अपराधियों को ही क्यों चुना, इसके पीछे कुछ खास कारण थे। एक तो मेरे पापा जेलर थे, इस कारण बचपन से ही जेल व कैदियों के बारे में देखने-सुनने को मिला। 26 जनवरी का कार्यक्रम हो या अन्य कोई वार्षिक कार्यक्रम, मैं नियमित रूप से पापा के साथ जेल जाती। यहां तक कि महिला कैदियों से घंटों उनके बारे में जानकारी लेती। बचपन की मेरी ये रुचि व विरासत में मिला माहौल ही इस विषय पर शोधग्रंथ लिखने को प्रेरित कर गया। इस शोधग्रंथ में मुझे क्रमशः 20 चैप्टरों के अंतर्गत महिला अपराधियों के पारिवारिक स्तर, वातावरण, शैक्षणिक स्तर, अपराधी बनने के कारण, कैदी जीवन तथा कैद के बाद का जीवन कैसा होगा, विभिन्न पहलुओं पर, प्रकाश डालना था। मेरा टारगैट 15 महिला कैदियों का था। मैं साल भर से नियमित रूप से जेल जाती रही तथा अब तक 14 महिला अपराधियों से अलग-अलग साक्षात्कार कर चुकी थी।

मैंने अपना अंतिम टारगैट पापा द्वारा जिक्र की गई महिला अपराधी को बनाने का फैसला किया और पापा के साथ प्रातः ही जेल चल पड़ी। पापा ने रास्ते में संक्षिप्त-सी जानकारी देते हुए बताया कि उस अपराधी का नाम अपूर्वा है, उम्र 24 साल है तथा हत्या के अपराध में कैद की सजा भोग रही है। उसे जेल होने के बाद, समाज वालों ने उसके परिवार वालों का ताने मार-मार कर बुरा हाल कर दिया, अतः अपूर्वा के पापा ने अपना व्यवसाय पूना से हटा कर यहीं शुरू कर दिया। वे यहीं बस गए तथा अपूर्वा का स्थानान्तरण आवेदन के आधार पर यहां कर दिया गया। अपूर्वा कान्वेन्ट एजूकेटिड है। कल शाम यहां शिफ्ट होते ही जब उसके फादर उससे मिलकर जाने लगे तो सजल नेत्रों से सर पे हाथ रख के जैसे ही वे मुड़े, अपूर्वा ने कहा– "प्लीज पापा डोंट लूज योर हार्ट, आइ एम आल राइट, टेक केयर आफ आराधना, आइ एम अलाइव ओनली फोर हर। एंड प्लीज सैन्ड हर विद ममी टु मारो।" (पापा आप दिल छोटा न करें। मैं ठीक हूं। आप आराधना का ख्याल रखें।

मैं उसी के लिए जीवित हूं। और कृपया आप उसे कल मम्मी के साथ भेज दें।) खाना खाने के बाद जैसे ही अपूर्वा कोठरी की तरफ बढ़ी मैं व पापा पहुंच गए। पापा को देखते ही उसने नमस्कार की मुद्रा में हाथ जोड़ दिए। पापा ने सिर्फ इतना ही कहा, "यह मेरी बेटी है" और चले गए। मैंने उसे वहां आने का अपना मन्तव्य समझाया, अपने शोधग्रंथ के बारे में जानकारी दी तो वह मित्रवत् मेरे साथ बातें करने लगी। अपूर्वा अपने नाम के अनुसार ही अपूर्व सुन्दरी थी, जेल के कपड़ों में भी उसका रूप-लावण्य देखते ही बनता था। मैंने अपूर्वा को बताया कि शोधग्रंथ में उसका नाम व पता सब गुप्त रखा जाएगा। अपूर्वा ने मेरा वाक्य पूरा होने से पूर्व ही ठंडी आह भरते हुए कहा, "मैडम, मेरी लाइफ में अब गोपनीय रह ही क्या गया है? कैद होने के बाद मीडिया ने इतना उछाला है कि मैं वह किताब बन चुकी हूं, जिसे बच्चों ने चाहे-अनचाहे फाड़-फूड़ कर नष्ट कर दिया है।

"मैं बिजनेस परिवार से हूं तथा मेरी शादी भी बिजनेस-मैन से ही हुई थी। पति व्यवसाय के काम से अक्सर बाहर रहते थे। एक दिन जेठ ने मौका पाकर बलात्कार करने की कोशिश की तथा बचाव में मेरे हाथों मारे गए। मुझे कैद हो गई, पति ने तीन-चार माह बाद पुनः शादी कर ली। मैंने जेल ही में आराधना को जन्म दिया। पापा ने मेरे डिफैन्स के लिए वकील किया है तथा कोर्ट में केस चल रहा है। लगभग तीन वर्ष गुजर गए हैं, कैद में न जाने कितने और वर्ष गुजर जाएंगे, क्या पता? बस, बच्ची की खातिर जिन्दा हूं। मेरे जेल पहुंचते ही समाज ने मेरे मां, पिताजी व छोटे भाई-बहनों का जीवन दूभर कर दिया था, अतः अपनों को छोड़ कर अपना धंधा छोड़ कर वे लोग यहां नये व्यवसाय व नये परिवेश में चले आए। बच्ची का बचपन, उसका बैठना-चलना, बोलना कुछ भी तो न देख पाई, यही मेरे लिए बहुत तकलीफ मंद है। कैद में आने से पूर्व जो कुछ पिता के यहां तथा पति के यहां जिया, उस सबको तथा मनहूस घटना को याद करके रो लेती हूं। डायरी लिखने का बचपन से शौक रहा है, अतः अपना गम पन्नों में जज्ब कर लेती हूं। मेरी बेटी के लिए मेरी डायरी एक इतिहास होगी, ऐसा इतिहास जिसमें उसकी विवश मां के वेदना के क्षण, हर्ष व विषाद के आंसू, दुआएं, ममता की तड़प, अपनों की बेरुखी—सभी कुछ एक साथ मिल जाएंगे। मेरी डायरी को पढ़ने के बाद वह कभी मुझसे कोई सवाल न पूछ पाएगी क्योंकि उस डायरी में ही उसके सभी प्रश्नों के उत्तर निहित हैं। मेरे आग्रह पर उसने अपनी डायरी मुझे पढ़ने को दी। उसकी डायरी के कुछ अंश इतने जीवंत थे कि मैंने हू-ब-हू किसी न किसी रूप में अपने शोधग्रंथ का हिस्सा बना लिए। आप सब भी जानना चाहेंगे कि कौन थी अपूर्वा, उसका व्यक्तिगत जीवन व व्यक्तित्व कैसा था तथा क्यों वह अपराधी बन कर जेल में पड़ी है, अनाम भविष्य लिए अपने जीवन के सुनहरे पलों को वह जेल की कोठरी में क्यों काट रही है?

11.5.85—आज मेरी सोलहवीं वर्षगांठ है। मम्मी व पापा खूब धूम-धाम करने के मूड में हैं। इसका कारण मेरा हायर सैकेन्डरी में फर्स्ट क्लास लाना तथा पापा का अपना व्यवसाय मुनाफे में चलना है। मेरी सारी सखियां तथा मम्मी पापा के सर्कल के लोग सभी आमंत्रित हैं। हमारे विशाल बंगले के लॉन में बंगला दुल्हन की तरह सजा है।

मम्मी का कहना है कि अब मैं बड़ी हो गई हूं, मुझे हिदायतें दी जाने लगी हैं। मैं भी अपने में शारीरिक तथा मानसिक परिवर्तन महसूस कर रही हूं। पापा का दुलार अभी छोटी

बच्ची की तरह मुझ पर बरसता है। अब भी मैं उनकी गोद में बैठ जाती हूं, क्योंकि अनमोल (छोटा भैया) तो इतना शाय नेचर (लज्जालु) का है कि कभी गोद में बैठना दूर, पापा के सामने ढंग से बोलते भी झिझकता है। मैं व मम्मी पापा के जाते ही उसे छेड़ने लगते हैं तो वह मुझे चोटी पकड़कर कहता है—"दीदी तुम जब ससुराल चली जाओगी तब नसीब होगी मुझे पापा की गोद।" "चल हट" कह कर मैं उसके पीछे भागने लगती हूं।

रविवार 5.6.88– आज सेंट जेवियर कालेज का वार्षिक उत्सव तथा बी.ए. फाइनल के विद्यार्थियों की फेयरवेल है। मैंने आज पहली बार साड़ी पहनी है। हर कदम पर लगता है जैसे खुल जायेगी। सभी सखियां चिंतित हैं कि अब वे एक दूसरे से बिछुड़ जाएंगी। किसी का पढ़ने का मूड है तो किसी की शादी की चर्चा। स्टेज पर मेरा कत्थक शो है। मम्मी, पापा व अनमोल भी आए हुए हैं। घर पहुंचते ही मम्मी पापा में चर्चा शुरू हो गई कि अब उन्हें मेरी शादी के लिए सोचना चाहिए तथा वर की खोज शुरू हो गई।

शुक्रवार 26.8.88 आज दोपहर फोन पर पापा ने मम्मी को व मुझे बताया कि उनके बिजनेस-मैन दोस्त अपने परिवार सहित रात के खाने पर आ रहे हैं। मैं खास तौर पर अपनी प्रिय ड्रेस में स्वागत-सत्कार के लिए हाजिर रहूं। मम्मी ने मुझे फेशियल व बाल सैटिंग के लिए ब्यूटीपार्लर भेजा तथा खुद तैयारी में जुट गई। रजत ने मुझे व मैंने रजत को पंसद कर लिया। दूसरे ही दिन मंगनी हो गई।

बुधवार 12.10.88 आज धूम-धाम से मेरी शादी रजत के साथ हो गई। पहली ही रात रजत ने मुझे घर के तौर-तरीके व सगे-संबंधियों के बारे में बता दिया। बिजनेस परिवार के तौर-तरीके मैं बचपन से ही देखती आई थी। फिर मां ने बिदाई के वक्त मुझे गले से लगाते हुए कहा था, "बेटी, तू इतनी पढ़ी-लिखी है तथा बचपन से तूने घर में हर तरह का माहौल देखा है। सदा ऊंची कही जाने वाली सोसायटी में उठी-बैठी है। तू वहां अपने आप को ढाल लेगी तथा श्रेष्ठ गृहिणी कहलाकर हमारा नाम रोशन करेगी, मुझे पक्का विश्वास है। मैं अनपढ़ होकर भी इस घर को एकसूत्र में बांधने में सफल रही, तू तो पढ़ी-लिखी है।"

रविवार 12.11.88 इस एक माह में रजत ने मुझे इतना प्यार व सम्मान दिया है कि मेरी जीवनधारा ही बदल गई है। रजत भले ही बिजनेस के काम से बाहर होते हैं किन्तु जब साथ रहते हैं तो इतना अपनत्व लुटाते हैं कि मैं जुदाई में भी वही सब महसूस करती हूं। इस एक माह में हमने उत्तरी भारत के सारे हिल-स्टेशन घूम लिए हैं। रजत का कहना है कि दुनियां की अच्छी से अच्छी ड्रेस मैं पहनूं। अच्छे से अच्छा गहना पहनूं, बस रानी बनकर रहूं। माह के तीसों दिन हर दिन नया सैट व साड़ी पहनना मेरा शौक तथा रजत का प्यार बन गया है।

1.1.89 इस बार मैं व रजत पूरे माह साथ रह पाएंगे क्योंकि जेठजी ने निर्णय लिया है कि अब से बिजनेस का बाहर का काम एक माह वे तथा एक माह रजत संभालेंगे। आज 20 तारीख है। मैंने रजत की पंसद का खाना बनाया है। 10 बजने को है, रजत आते ही होंगे। पूरे घर में सूनापन व शांति छाई हुई है। जेठानी बच्चों को लेकर अपने भतीजे के जन्मदिन में गई हैं, कब लौटेंगी राम जाने।

1.2.89 हे भगवान यह सब क्या हो गया। जेठजी को मैंने सदैव बड़ा भाई समझा और

उन्होंने.....? कहते हैं कभी-कभी इंसान की हर छोटी-मोटी आदत उसे मुसीबत से उबार लेती है। बचपन में दादी ने कहानी सुनाई थी, भूतप्रेत लोहे व आग से डरते हैं इसलिए अकेली होतीं हूं तो छुरी को तकिये के नीचे रख लेती हूं। कल यही छुरी अपने बचाव में काम आ गई, वरना मैं कहीं मुंह दिखाने के काबिल ना रहती।

3.2.89 मम्मी व पापा का दुःख मुझसे देखा नहीं जाता, भाई-बहन भी यूं बिलख रहे कि.....। रजत तो मिलने तक नहीं आए।

2.11.89 आराधना ने मेरे जीवन में कदम क्या रखा, जीने की इच्छा बलवती हो गई है। गुलाब की पंखुड़ी से होठ, ऊंचा माथा, सब कुछ रजत जैसा। पर रजत को क्या? उसने तो दूसरी शादी कर ली। मैं जीऊंगी अपनी बच्ची के लिए, मैं बनाऊंगी उसका भविष्य।

2.11.90 आज आराधना का पहला जन्मदिन है। केक काटने के बाद मम्मी-पापा उसे लेकर यहां आए थे। गुड़िया लग रही थी। मन करता था उसे बस गोद में लिए बैठी रहूं, पर कैसे? जेल में मेरा ही दम घुटता है। मेरा रोम-रोम रो पड़ा आराधना के जाते ही।

डायरी पढ़ने के बाद मैं अपूर्वा की डायरी लौटाने व धन्यवाद देने आई। लेकिन मैंने जाते-जाते उससे एक सवाल पूछा, "अपूर्वा मैंने पूरी डायरी पढ़ डाली किन्तु तुमने उस घटना का कहीं भी जिक्र नहीं किया है।"

"हां, मैंने उस घटना का जिक्र नहीं किया क्योंकि यह डायरी बड़ी होकर आराधना को भी तो पढ़नी है। उस दिन कालबैल बजी, मैंने दौड़कर गेट खोला तो सामने जेठ जी थे। मेरे बोलने से पूर्व ही बोले, "रजत बाहर गया है, मेरी तबियत खराब होने के कारण उसे जाना पड़ा। फोन करना चाहा था किन्तु फोन शायद खराब पड़ा है, फोन उस दिन डैड था। जेठानी को अपने घर बात करनी थी पर हो न सकी। जेठानी अभी तक भतीजे के जन्मदिन की पार्टी से नहीं लौटी थी। मैं डायनिंग टेबिल पर खाना लगा ही रही थी कि जेठजी आ पहुंचे। उनकी आंखें लाल थीं। मेरा मन घबरा रहा था। जैसे ही दाल डालने को हाथ बढ़ाया जेठ जी ने मेरा हाथ पकड़ लिया, मैं छुड़ा कर अपने कमरे की तरफ भागी तो जेठजी भी मेरे पीछे-पीछे चले आए। छीना-झपटी शुरू हो गई। अचानक मुझे तकिये के नीचे दबी हुई छुरी याद आ गई। जेठजी कुछ कर पाते उससे पूर्व ही मैंने छुरी पूरे जोर से उनके सीने में घुसा दी। खून का फव्वारा उठा तथा जेठजी कटे वृक्ष की भांति फर्श पर जा गिरे। मैं घबराई हुई थी। मैंने पुलिस स्टेशन फोन कर दिया। तथा सब कुछ साफ-साफ पुलिस को बता दिया। मैं निर्दोष हूं, ईश्वर मुझे इस संकट से जरूर उबार लेंगे, इसी आशा से एक-एक दिन काट रही हूं।"

मेरा शोधग्रंथ पूरा हो गया, किन्तु अपूर्वा अभी भी जेल में है। न जाने कितनी ही अपूर्वा समाज द्वारा अपराधी बना दी जाती हैं। इसी तरह समाज उन्हें अपराधी समझ प्रताड़ना के अलावा शायद कुछ नहीं दे पाता। ❑

अनूदित कहानी

मलयालम

प्रवाचक का जन्म

नारायन

अनुवाद : वी.के. रवीन्द्रनाथ

"इन्सान हमेशा से पापी रहा है। पापों से होकर उसकी जो निरंतर यात्रा है, वह मुक्ति के लिए है क्या? आदि में उसने पाप किया।"

शुरू-शुरू में तो चंद्रन 'मन्नान' (केरल की एक दलित जाति) की समझ में कुछ आया नहीं, वह सिर्फ सुनता रहा।

बाएं पैर से लंगड़ाता हुआ, स्लेट से सिर ढंके और बारिश में भीगे-भीगे आने वाले बेटे से बाप ने पूछा—"क्यों बे, आज भी मास्साब नहीं आए क्या?"

बेटे ने सिर्फ "ऊंहूं" कहा।

इधर कई दिनों से बारिश की झड़ी लगी रहती है तो टीला चढ़कर मास्साब कैसे आ पाएंगे? अगर आ पाए तो भी बड़ी उम्र वाली किसी लड़की को गुप्त रूप से कुछ न कुछ पढ़ाने में ही उनका मन लगता है। वे खुद पूछते—"क्यों बे, अक्षर पढ़कर आखिर तुझे क्या मिलने का?"

दालान में बैठे दुबलाई हुई पिंडली पर हथेली दबाए बारी-बारी से मां-बाप के चेहरों की ओर देखने वाले बेटे की आंखों में पीड़ा झलक उठती थी। जैसे दादा का मंतर वैसे ही उसकी दवाई। दोनों ही बेकार।

उस रोज भी शराब का नशा उतरने से पहले ही चंद्रन ने टीले की चढ़ाई शुरू की थी। रास्ते में वही उपदेशक लोग मिले जो रोज-रोज वहां खड़े होकर धर्मोपदेश सुनाया करते थे।

"तुम्हारे मन पाप से भरे हैं। पाप का इनाम होगा मृत्यु।"

हांफ मिटाने के लिए सुस्ताते समय चंद्रन ने सोचा कि आखिर ये लोग क्यों इतने जोर-जोर से चिल्ला रहे हैं यद्यपि सुनने वाला कोई नहीं है। सात बरस के अपने बेटे ने आखिर कौन-सा पाप किया? बीवी के साथ मिलकर उसने उसे जो जन्म दिया, यह कोई पाप है क्या? अगर है तो अपने बाप और दादा ने भी यह पाप किया था। यह पाप करने की अजीब-सी ललक होती है। पाप करके इनाम पाती हैं औरतें।

चंद्रन की बीवी अकसर उससे कहती—"बच्चे को यूं पड़ा रहने दोगे तो वह मर जाएगा।" सात बरस के उस बालक ने आखिर कौन-सा पाप किया है? उसे मरने नहीं देना चाहिए इसलिए मंतर और दवाई का प्रयोग किया।

सरकंडा खरीदने के लिए घाट पर आने वाले सज्जन ने कहा कि बेटे को किसी अच्छे डाक्टर को दिखाना चाहिए। अच्छा डाक्टर कौन है, वे कहां रहते हैं आदि बातें उसने बताई।

लंगड़ाते-लंगड़ाते बेटा पास आ गया और उसके कंधे पकड़ लिए। "बाबू जी, मेरा पैर"

उसकी कराह सुनते ही चंद्रन का दिल दहल उठता। सरकंडे वाले ने फिर कहा—"डाक्टर साहब ज़रा मन से इलाज करें तो वे इसे जरूर चंगा कर पाएंगे।"

कई दिनों से बच्चे का इलाज चल रहा था। मजदूरी के पैसे का लगभग आधा हिस्सा उसी के लिए खर्च होता था। फिर भी पैर बराबर दुबलाता जा रहा था। चंद्रन का प्रायः मजदूरी पर जाने को मन ही नहीं करता। वह सोचता—"आखिर क्यों?"

चंद्रन ने फैसला किया कि अब सरकंडे वाले के बताए डाक्टर के पास जाएगा। जहां-जहां से उसे पैसे मिलने थे उसने सब ले लिए। बेटे को कंधे पर उठाए हुए चंद्रन निकल पड़ा। रास्ते में जिस किसी ने भी उसे देखा, कोई खास पूछताछ नहीं की क्योंकि यह जाना-पहचाना दृश्य था।

देर तक प्रतीक्षा करने पर बस जो कभी-कभार ही उस रास्ते से गुजरती थी, आई। किसी तरह वह अंदर घुस गया। ऊपर की सलाख पकड़कर खड़ा रहना भी मुश्किल था। आगे-पीछे और दाएं-बाएं जो खिंचाव था उसके बीच संतुलन खोए बिना बच्चे को सही-सलामत थामे हुए किसी तरह वह खड़ा रहा।

अपने कंधे पर चिपटे ठिठुरते हुए बच्चे को लिए जब वह बाहर निकला तब उसकी जान में जान आई।

पुराने टेबुल के पीछे बैठी महिला से उसने पर्ची बनवा ली और डाक्टर से मिलने लंबी कतार के आखिर में खड़ा हो गया। मंदगति से आगे बढ़ती कतार से बेखबर बेटा लंगड़ाता हुआ घूम-घूमकर आसपास के नजारे देख रहा था।

भीतर जाने पर चंद्रन को लगा कि डाक्टर के चेहरे पर बेरूखी-सी झलक रही है। लपेटा हुआ नोट खोलकर उसने टेबुल पर रख दिया और कहा—"बच्चे को ठीक से देख लीजिएगा डास्साब।

मुस्कुराते हुए डाक्टर ने देखा। उस अधखुले नोट पर और उसे मेज पर रखने वाले के चेहरे पर कहीं कोई फंदे का निशान तो नहीं? जब उन्हें लगा कि नहीं, नोट उन्होंने मेज की दराज के भीतर कर लिया। "क्यों भई, इतनी देर क्यों लगाई इसे लाने में" डाक्टर के सवाल में मानों उदारता झलक पड़ती थी। चंद्रन खामोश खड़ा था कि डाक्टर की आवाज सुनाई पड़ी, "दस दिन यह दवाई लेने के बाद फिर आना।"

पर्चा देखकर फार्मसिस्ट ने फर्माया—"इधर का स्टाक खत्म हो गया। अब तुम बाहर से खरीद लो।" बाहर जिस दुकान पर दवाई मिलती थी उसका नाम भी उन्होंने बतला दिया।

सभी दवाइयों के दाम बढ़े हुए थे। दवाई खरीदकर चंद्रन ने अपनी जेब टटोली तो पाया कि बस का किराया और कुछ फुटकर पैसा ही बाकी रह गया था। जान-पहचान का कोई चेहरा देखने को उसका जी मचल उठा ताकि उससे पैसा उधार मांगे।

उसने बेटे के लिए केले का फ्राइ और चाय खरीदकर दे दी।

टीला चढ़ते-चढ़ते जब घर पास आ गया तब बेटा खिसककर नीचे उतर आया और आसपास के कंकड़ और पेड़-पौधे सबका मुआयना करके सबको छू-छूकर लंगड़ाता हुआ आगे बढ़ने लगा। उसने बाबू जी से कई सवाल किए। जैसे डाक्टर के कंधे पर लटकती नली का क्या नाम है, घुटने पर उंगली से ठोंग क्यों लगाई, आंखें और मुंह खुलवा कर उनके अंदर रोशनी क्यों फेंकी, आदि अनेक सवाल। "पता नहीं।" बाबू जी के इस जवाब ने उसे

चिड़चिड़ा दिया। "यह कैसा बाबूजी, जिसे कुछ भी पता नहीं।"

बाप-बेटे को आते देखकर मां आंगन में उतर आई। "यह लो दवाई। ई जो लाल गोली है, सुबह दो-दो देने का और सफेद गोली एक-एक करके शाम को दे देना।" चंद्रन की हिदायत के जवाब में उसकी बीवी के मुंह से निकल गया। "हे दैया, कम से कम ई दवाई से बिटवा का पैर ठीक करवा दे।"

जब भी मजदूरी मिलती, चंद्रन शराबखाने में घुस जाता और खाली हाथ घर लौटता।

गोली खाने वाले बेटे का हाल देखकर चंद्रन का मन भारी हो गया। बेटे का लंगड़ाना और तेज हो गया और उसका पांव जमीन पर घिसटता जाता। जब दर्द बढ़ जाता तब वह किसी चीज के सहारे खड़े होकर भारी आंखों से चुपके-चुपके बिसूरता। उसकी मां मणि की आंखें भी भर आतीं और वह अपने पति को याद दिलाती–"ऊ डाक्टर को कुछ और पैसे दे दो, तब वे अच्छी दवाई दे देंगे।" चंद्रन की अकिंचनता से भली-भांति परिचित मणि ने अपने गले में पहनी माला उतार कर दे दी। "अब इसे बेच कर या गिरवी रखकर पैसा जुटाओ। जैसे भी हो, बिटवा को अस्पताल ले जाना ही होगा।"

माला की जांच करने वाले साहूकार ने उसे गिरवी के रूप में लेने से इंकार कर दिया, "चला जा यहां से, वरना पुलिस के हवाले कर दूंगा।" हक्का-बक्का खड़े चंद्रन से फिर उसने कहा, "अरे वो तो मुलम्मे का गहना है। किसने यह तुझे बेच दिया? खबरदार जो किसी और के यहां ले गया तो। हवालात में बंद हो जाओगे।"

"स्साली ये रही तेरी माला।" घर आकर चंद्रन ने पत्नी के मुंह पर माला फेंक दी। "क्या हुआ, इसे बेचा नहीं क्या?" पत्नी के इस सवाल से चंद्रन तिलमिला उठा। वह चिल्लाया, "वो सोना नहीं मुलम्मा है री।" "यह किसने कहा? अपने बाबूजी की दी हुई दौलत है।" चंद्रन फिर झुंझलाया, "लौटा दे ई दौलत बुढ़वा को।"

जान-पहचान के कुछ दूसरे लोगों से चंद्रन ने पैसे उधार मांगे। पैसे को कागज में लपेटकर पुलिंदा बनाया और कमर में खोंस दिया। ऊपर से शर्ट पहन लिया और धोती तह करके फिर उसके ऊपर चढ़ा लिया। बेटे को कंधे पर उठाए वह टीले से नीचे की ओर चल पड़ा। आजकल तो लोग छोटी-सी दूरी भी पैदल तय करने के मूड में नहीं है। बस आने पर धक्कम-धक्की करके अंदर घुसने के इंतजार में खड़े हैं। "कहां चल पड़े बच्चे को लेकर?" किसी ने पूछा। ध्यान से देखकर फिर सवाल किया–"अभी इसका पैर ठीक नहीं हुआ क्या?" चंद्रन ने कहा, "नहीं।"

भीड़-भरी बस से वह अस्पताल के फाटक पर उतरा तो चैन पड़ी। बेटे को नीचे उतार दिया और अपनी कमर टटोली। कमर में बंधे हिस्से के पास धोती कट गई थी। चंद्रन को मानो काठ मार गया। पैसे का पुलिंदा गायब। उसके मुंह से चीख निकल गई, "हाय देया!" कलेजा थामकर वह सड़क किनारे बैठ गया। उसके बदन पर हाथ लगा-लगाकर बेटा उसे पुकारने लगा। चंद्रन उसके चेहरे की ओर तथा दुबलाए पैर की ओर दीनतापूर्ण नजरों से देखता रहा। अब कैसे डाक्टर से मिलूंगा और दवाई खरीदूंगा? और लौट जाना भी है। किसी अज्ञात व्यक्ति के प्रति प्रतिशोध की भावना लिए वह राह चलते लोगों की ओर देखकर यूं ही बैठा रहा। "बाबू जी, बाबू जी!" लड़के की पुकार से चंद्रन झुंझला उठा, "अबे चुप! पैदा

हुआ सत्यानासी बीमारी लेकर और मरने का नाम भी नहीं लेता।" बाप के झुंझलाने से बेटा सुबकने लगा। उसे देखकर बाप का दिल पसीज उठा। "रोओ नहीं बेटे।" उसने बेटे के आंसू पोंछकर उसे अपने शरीर से सटाकर दुलराया, "हमारा पैसा किसी ने चुरा लिया बेटे।"

सड़क किनारे बेसहारा बैठ रोने वाले बाप-बेटे को देखकर सफेद कपड़े पहना एक आदमी उनके पास आया। चंद्रन ने उस सज्जन को जो कि टीले पर प्रवचन सुनाने आया करता था, पहचान लिया। यही सज्जन रट लगाया करता था कि पाप का इनाम होता है और वह इनाम है मौत। उसने पूछा—"तुम्हारा ही नाम चंद्रन है न?" चंद्रन ने हां कहा।

उस सज्जन ने चंद्रन का सारा हालचाल पूछ लिया। सहानुभूति के साथ उन्होंने कहा—"मेरे साथ चलो भाई। कोई चिंता मत करना।"

चलते-चलते वे सब डाक्टर के पास पहुंचे। उस सज्जन ने डाक्टर से जाने क्या कुछ कह दिया।

डाक्टर ने बच्चे की जांच की और दस दिन की दवाई और लिख दी। उस सज्जन ने ही दवाई खरीद दी थी। खाने का खर्च और बस का किराया भी उसने दिया। एहसान जताते हुए चंद्रन ने कहा—"यह एहसान मैं कभी नहीं भूलूंगा साहब! हफ्ते भर के अंदर किसी तरह मैं इसे...."

"बेफिक्र होकर चले जाना भाई। पैसा तो जरूरत पूरी करने के लिए है। जब वह मेरे पास है तो मेरा और जब तुम्हारे पास रहे तो तुम्हारा हो जाता है।"

"मेरे पास से छिन गया पैसा आखिर किसका हो सकता है" इसके बारे में चंद्रन ने सोचा मगर बोला कुछ नहीं।

जरूरत के समय मदद करने वाले उस नेक इंसान से संबद्ध नेक विचार मन में लिए चंद्रन टीला चढ़ने लगा।

बिना पूर्व सूचना के आई टोली देखकर मणि हैरान रह गई। टोली में छह-सात औरतें थीं जो नीली किनारीदार सफेद साड़ी और घुटनों को ढंकती बांहों वाले ब्लाउज पहने थीं। सभी मर्दो की पोशाकें भी सफेद रंग की थीं। प्रायः सबों के हाथ में काली जिल्द वाली पुस्तकें थीं। मर्द आंगन में ही खड़े रहे जब कि स्त्रियों ने 'बहन जी' कहकर अंदर रसोई में प्रवेश किया। उन्होंने कहा—"ये चीजें ऐसे नहीं रखते। पीने का पानी ढंककर रखना चाहिए।" जब एक औरत झाड़ू लेकर कूड़ा साफ करने लगी तो मणि ने खुद वह काम पूरा कर दिया।

परिवार के सदस्यों की संख्या और आमदनी आदि के बारे में उन्होंने जानकारी हासिल की। चंद्रन जो उस वक्त कहीं से लौट आया था, आंगन में खड़ी भीड़ देखकर पहले हुछ सकपकाया। उसकी मदद करने वाला सज्जन भी उस टोली में शामिल था। उस दिन दी हुई रकम कहीं वे मांग बैठें तो? इस समय वह उसे लौटा नहीं पाएगा।

"अरे, यह तो अपने चंद्रन भैया हैं न? कहां गए थे आप? घर आए मेहमानों का पता नहीं चला क्या?" उनमें से एक व्यक्ति ने पूछा। खिसियाया हुआ-सा चंद्रन हंस दिया। उसके चारों ओर ऐसे व्यक्ति थे जिनके चेहरे पर नया शिकार पाने से उत्पन्न खुशी झलक रही थी। क्या देकर इनका स्वागत-सत्कार करूं, यह चिंता उसे सताने लगी। नाम बताकर वे सब अपना-अपना परिचय देने लगे।

घरवालों ने मेहमानों के लिए दालान में चटाई बिछाई। एक स्त्री चंद्रन के बीमार बालक

को गोद में लेकर बीच में बैठ गई और बोली—"इस बच्चे को चंगा करने के लिए हम प्रार्थना करेंगे भाई-बहनो!" मणि भी उनके साथ आकर बैठ गई।

तहे दिल से की गई प्रार्थना के बाद टोली के नेता ने कहा—"बिल्कुल चिंता मत करना भाई। करुणामय देवपुत्र यीशु पर विश्वास रखो। उसके नाम पर मैं कहता हूं कि यह बच्चा चंगा हो जाएगा। इस परिवार को सर्वशक्तिमान प्रभु का आशीर्वाद प्राप्त है।" मन्नान स्त्री-पुरुष अपने बच्चों समेत हालचाल जानने के लिए आते रहे। उनकी ओर देखकर मुस्कुराते हुए टोली के नेता ने कहा—"हे परमेश्वर की अच्छी संतानो, सुनो। हमारी परीक्षा लेने के लिए ही परमेश्वर सचमुच हमें मुसीबतें प्रदान करते हैं। क्योंकि सभी मनुष्यों ने पाप किए हैं। पापों से मुक्ति और देवराज्य की प्राप्ति के लिए देवपुत्र सर्वशक्तिमान परमेश्वर से प्रार्थना करेंगे। मनुष्यों के पापों की मुआफी के लिए उसने सूली पर चढ़कर मृत्यु का वरण जो किया। चलो, हम सब मिलकर उनका भजन गाएं। आमीन।"

पहले, चंद्रन की सहायता करने वाले सज्जन ने भजन के बाद उससे कहा—"हम फिर आएंगे भाई। हम सब मिलकर इस इलाके के घरों का दौरा करेंगे। आपको मंजूर है न?" चंद्रन ने कहा—"जी हां, मंजूर।"

उस दिन उन लोगों की संख्या कुछ ज्यादा थी। कुछ तो बर्तन, कपड़े और खाद्य वस्तुओं के पैकेट लिए हुए थे। उनमें से एक स्त्री ने मणि से कहा—"यह सब आपके लिए है बहन।" इतनी महंगी चीजें देखकर मणि की आंखें चमक उठीं। पहले कभी उसने ऐसी चीजें देखी नहीं थीं और अब वे ही चीजें उसे मुफ्त में मिल रही हैं। सहसा उस बहन जी की आवाज सुनाई पड़ी—"इस परिवार का हाल प्रभु को मालूम है। चलो, हम खाना बनाकर सबको खिलाएं।"

उनके साथ एक डॉक्टर भी था। उसने चंद्रन के बीमार बच्चे की धैर्यपूर्वक विस्तृत जांच की। "इस बच्चे के इलाज का सारा इंतजाम मैं करूंगा। इसे दवाइयों और दैवी कृपा की जरूरत है। प्रभु के आशीर्वाद के लिए प्रार्थना करनी है।" उसके बाद बच्चे के मां-बाप से डॉक्टर ने यूं कहा—"बेटे के इलाज के लिए तुम्हें एक पैसा भी खर्च नहीं करना है। अस्पताल जाने के लिए टीले के नीचे गाड़ी आएगी। तुम लोग चलो मेरे साथ।"

उस रोज के भोजन के लिए प्रभु का शुक्रिया अदा करके टोली के लोग भी उस परिवार के साथ खाने बैठे। फिर चंद्रन को साथ लेकर भजन गाते हुए वे पड़ोस के घरों में गए।

मुफ्त में मिली समृद्धि से मणि की आंखें चौंधिया गईं। उसका पति लोगों के बीच से उत्साहित नजरों से उसकी ओर देख रहा था। उसे पक्का विश्वास हो गया कि अब कोई न कोई चमत्कार होने वाला है।

टीले की तराई से चंद्रन सपरिवार जीप में सवार हो एक नए अस्पताल में पहुंच गया। डाक्टर जिनके सभी बाल पक गए थे, ने बच्चे की जांच की। कुछ देर सोचने के बाद वे बोले—"अब कुछ दिनों के लिए अपने मुन्ने को यहीं पड़ा रहने दो।" नीली किनारीदार सफेद साड़ी पहनी सिस्टर ने खाट पर चादर बिछाकर बच्चे को लिटाया और चंद्रन से कहा—"ईश्वर की कृपा से बच्चा जल्दी ठीक हो जाएगा। अगर घर पर कोई काम है तो आप जा सकते हैं। आपकी बीवी यहां सही सलामत रहेगी। बीमार बच्चे को मां की सेवा टहल जरूरी है न?"

मणि ने पति के कानों में फुसफुसाया—"अपने पास पैसे कुछ भी नहीं हैं। यहां कुछ भी

देना नहीं है फिर भी बिना पैसे के यहां कैसे रहेंगे?"

चंद्रन ने कहा—"हां, देखता हूं कि कोई काम मिलेगा या नहीं।"

टीले की तराई में बस से उतरते समय चंद्रन को नहीं लगा कि खास कुछ हुआ है। घर पहुंचने पर बिरादरी के कुछ लोगों ने बेटे के बारे में पूछा जो उसके लिए बिल्कुल नया अनुभव था। पहले जो लोग सामने पड़ जाने पर बोलने से कतराते थे, वे अब कुशल-क्षेम पूछ रहे थे। लीला ने कहा कि मणि बहन का साथ देने के लिए वह आने को तैयार है। उसका चरित्र संदेहास्पद था इसलिए चंद्रन ने कृतज्ञतापूर्वक वह प्रस्ताव ठुकरा दिया।

कुछ मन्नान स्त्रियां जो यह कहकर कि हम शहर जा रही है, मुखिया के साथ जातीं और दो-तीन दिन बाद ही लौटतीं, वे नए कपड़े पहने होतीं। उनके पास पैसे भी होते थे। वे बिना लाज-शर्म के दूसरे मर्दों के सामने श्रृंगार की चेष्टाएं करतीं। विरोध करने वालों को उनकी गालियां सुननी पड़तीं। शराब और गांजे का सेवन करके घर-परिवार के लिए बोझ बने हुए लोग भी थे जो हाथी-दांत और चंदन की तस्करी में कभी डाकुओं और वन-विभाग के कर्मचारियों के बीच बिचौलिए का काम भी करते थे। इन सब लोगों में एक प्रकार का मन परिवर्तन-सा हुआ है। आखिर किसने इन सबका मन बदल दिया है?

गर्भ गिराना असल में किसी बेगुनाह की हत्या के बराबर है। दूसरों की दौलत चुराना, पड़ोसी की औरत के प्रति कामुकता दिखाना, झूठ बोलना आदि नरक के द्वार खोलने वाले कार्य हैं, इसलिए उस रास्ते मत जाना भाई। पहले जब बिना किसी सहायता के इस प्रकार के उपदेश मिलते थे, तब लोग उन्हें निरा मज़ाक समझते थे।

कुछ मन्नान स्त्री-पुरुष अस्पताल आए। बच्चे के लिए वे फल और मिठाइयां लेकर आए थे। लाड़-प्यार से उसके चारों और खड़े होकर प्रार्थना भी की। मणि और चंद्रन हैरान रह गए क्योंकि ये लोग पहले गांव में आमने-सामने पड़ जाने पर मुंह फेर लेते थे। मणि को पता चला कि उपदेश सुनने के लिए आने वालों में कुछ उसके अपने गांव के लोग भी थे।

"पल भर के लिए भी किसी का किसी दूसरे के पास अपना शरीर बेचना पाप है। किसी दूसरे की औरत और जमीन पर लालच करना पाप है भाइयो! दैवी कृपा से अनुगृहीत अपने गांव से कोई भी बहन व्यभिचार के लिए न जाए। शराब और अन्य नशीली चीजों का सेवन करके आपस में झगड़ना मत। तहेदिल से जमीन पर मेहनत करोगे तो मिट्टी सोना उगलेगी। चलो, हम लोग प्रतिज्ञा करें कि एक दूसरे पर लांछन लगाए बिना प्यार-मुहब्बत के साथ, एक दूसरे की सहायता करते हुए परमेश्वर की इष्ट-प्रजा बनकर जीवन बिताएंगे। हम अपने अनुगृहीत घरों को स्वच्छ रखेंगे। अपने पास जो कुछ है उसका एक हिस्सा गरीब पड़ोसी को देकर बचा-खुचा हिस्सा ही स्वयं खा लो।"

"अगर मेरा पड़ोसी दुःखी है तो मैं उससे सहानुभूति रखूंगा। उसके सुख के लिए परमेश्वर से प्रार्थना करूंगा।" सब लोग इन प्रार्थना-वचनों को फुसफसाती आवाज़ में दुहरा रहे थे। दैवी कृपा के लिए उपवास और सामूहिक प्रार्थनाएं की गईं।

चंद्रन का बेटा अपनी मां का हाथ पकड़कर धीरे-धीरे चलते हुए वहां आया था। अपने मां-बाप की तरह वह भी अच्छे कपड़े पहने था। उस दिन डाक्टर ने उस टोली से कहा—"बच्चा जल्दी ठीक हो जाएगा। सब ईश्वर की कृपा है।"

"पिता, पुत्र और पवित्र आत्मा को प्रणाम।"

चंद्रन और मणि को दिव्य ज्ञान मिला कि अपना परिवार अनुगृहीत हुआ है। संतोष और कृतज्ञता भरे मन से दोनों ने टोली की ओर देखा और भक्तिपूर्ण नयनों से आकाश की ओर देखकर प्रणाम की मुद्रा में हाथ जोड़े। जब लोग दैवी कृपा से चंगा हुआ बच्चे को छूकर उसकी पीठ थपथपा रहे थे, तब बड़े पास्टर ने सवाल किया–"क्या तुम पापों से मुक्ति चाहते हो?" दैवी जमात में अनुभव-कथन करने को तैयार कुछ लोग वहां उपस्थित थे। छोटे पास्टर ने चंद्रन और मणि की देह पर पवित्र तैल का लेप किया और सिर पर जल छिड़का। चंद्रन को दानियेल, मणि को मरिया और उनके पुत्र को सामुअल कहकर नए सिरे से नामकरण किया गया।

स्वच्छ मन और शरीर लिए हुए जब दानियेल और परिवार टीले पर पहुंचे तो प्रथम पुरुष वर्षा पाने से मिट्टी पुलक उठी थी। मुरझाई पड़ी झाड़ियों में नया उत्साह भर गया था। चारों ओर नए-नए कोपल फूट पड़े थे। मरिया ने घर और आंगन साफ किया। शाम को बेटे को बीच में बिठाकर नया-नया सीखा भजन गा लिया। इससे पहले भी शामें नियमित रूप से आती थीं, मगर किसी को पता ही नहीं चलता था।

दैवी कृपा से खुशहाली के दिन एक-एक करके बीतते गए। पादरी ने कहा कि बपतिस्मा करके विमुक्ति के लिए सब तैयार रहें। उस दिन जो कपड़े पहनने थे उन्हें खरीदने के लिए पहले सहायता करने वाला वह सज्जन दानियेल को अपने साथ ले गया।

टीले की तराई में से बहती नदी में जा मिलने वाले नाले के किनारे छोटी-सी भीड़ इकट्ठी हो गई। उनमें से कुछ के हाथों में गाजे-बाजे थे। टीले को घेरे नीले आसमान की ओर देखकर हाथ जोड़कर खड़े प्रार्थना सुनाने के बाद दानियेल और परिवार पानी में उतर आए। पास्टर ने उनके सिरों पर पानी उडेल दिया। तब किनारे पर बाजे बज उठे।

विमुक्त दानियेल को दिव्य से पता चला कि टीले पर बहुत बड़ा घाव है और उसे धोकर साफ करके सुखा देना चाहिए। मरियम तथा अन्य लोगों के साथ उसने वहां के घरों का दौरा किया। प्रवाचक और कीर्तन-गायकों द्वारा भरसक उच्च स्वर में दैवी महत्व का आलाप करते हुए कोलाहल ने टीले में कंपन पैदा किया। छोटा सामुअल जिसका पैर अब ठीक हो गया था, शहर के एक विद्यालय में पढ़ने लगा। वह नई पुस्तकें पढ़ता और मां-बाप के सामने आज्ञाकारी और अनुशासनशील पुत्र बना रहा। उसकी आंखों में आशा और विश्वास की किरणें झलकने लगीं। टीले के विश्वासियों के परिवारों के लिए सामूहिक प्रार्थना और कर्मयोजना पर विचार के लिए सामान्य मंच की जरूरत महसूस हुई। सप्ताह में एक बार आने वाले पादरी की जगह कोई स्थायी पादरी भी जरूरी हो गया। टीले की ऊंचाई पर दानियेल का मकान था। एक इतवार के दिन टोली को संबोधित करके उसने कहा–"देवपुत्र के लिए देवमंदिर बनाने के लिए जरूरी जमीन मैं दूंगा।" उस प्रस्ताव का सहर्ष स्वागत हुआ।

देवमंदिर बनाने के लिए चुनी गई जमीन एक चट्टान के ऊपर थी। बिना मांगे ही दानियेल को जमीन की कीमत मिल गई। अच्छी कीमत। आसपास सुगमता से मिलने वाले बांस, सरकंडा और घास की मदद से एक छोटा-सा गिरजाघर बना। पास्टर ने आकर विधिवत् उसका उद्घाटन किया और उसमें प्रार्थना शुरू की। गिरजाघर की ओर जाने वाली सड़क पर

पत्थर बिछाकर विश्वासियों ने उसे पक्की और साफ-सुथरी बना लिया।

कड़ी मेहनत के फलस्वरूप वहां की मिट्टी में काली मिर्च, कहवा आदि की अच्छी फसल तैयार हो गई। केलों के बागानों में केलों के बड़े-बड़े गुच्छे तैयार हो गए। फसल के लिए अच्छा दाम मिलना चाहिए। रहने के लिए अच्छे मकान चाहिए। कम से कम सप्ताह में एक बार डॉक्टर को आना चाहिए। इस प्रकार उनकी जरूरतें बढ़ती ही गईं।

सरकारी स्कूल के मास्टर साहब कभी का स्कूल छोड़कर चले गए थे। एक रात जब कि प्रकृति झुंझला उठी थी, साथ आई बारिश और आंधी को रोकने में असमर्थ ट्राइबल स्कूल धराशायी हो गया। उसके दारुण अंत पर अधिकतर लोग खुश थे। नया स्कूल बनाने के लिए तराई में थोड़ी सी समतल जमीन देने को पत्रोस राजी हो गया। बिना मजूरी लिए मजदूरी करने को दूसरे लोग तैयार हुए। दिल से वे सब आदिवासी जो ठहरे।

नया स्कूल बना। ईश्वर भक्त और मानव-प्रेमी लोग अध्यापक बनकर आए। विश्वासियों ने यह घोषणा की कि नए विद्यालय में जात-पांत व भेदभाव के बिना कोई भी शिक्षा प्राप्त कर सकता है। बच्चों के लिए कपड़े, पाठ्य-सामग्री तथा मध्याह्न भोजन और महीने में एक बार डाक्टरी जांच की व्यवस्था की गई। सब कुछ मुफ्त था। बच्चों के मां-बाप की भी डाक्टरों ने जांच की। जरूरतमंद लोगों को दवाई और उपदेश भी मिलते थे जिसके एवज में उन्होंने बच्चों के मध्याह्न भोजन के लिए चंदा दिया।

छात्र जिन्हें अक्षरों की ज्यादा जानकारी प्राप्त हुई यद्यपि उन्हें ईश्वर की उतनी जानकारी प्राप्त नहीं थी, बेहतर शिक्षा के लिए शहरों में गए। यह क्रम बराबर जारी रहा।

संपन्न लोगों ने फैसला किया कि गिरजाघर के नित्य की मरम्मत में खर्च होने वाले पैसे से एक पक्का मकान ही बनवाया जाए और हर व्यक्ति उसके लिए अपनी सामर्थ्य के मुताबिक पैसा दे।

सीमेंट, रेत और लकड़ी को कंधे पर लादे, चीटियों की पांत की तरह विश्वासियों का झुंड टीला चढ़ने लगा। उनके बीच राजमिस्त्री और बढ़ई भी थे। उपलब्धियों के बाद कुछ लोगों का जोश ठंडा पड़ गया। वे फिर शराब और औरत की शरण ढूंढ़ने लगे। गिरजाघर के लिए स्थायी पास्टर की नियुक्ति की घोषणा हुई। उनके स्थानारोहण का वे बेसब्री से इंतजार करने लगे। आगे-आगे लाठी टेककर किसी दूसरे का सहारा लिए वयोवृद्ध पास्टर और उनके पीछे लोगों की भीड़ टीला चढ़कर ऊपर आ गई। बड़े पास्टर ने विश्वासियों की ओर लाठी फैलाकर उन्हें आशीर्वाद दिया।

गिरजाघर में विशेष रूप से तैयार किए गए मंच के सामने दोनों ओर विश्वासी लोग उपविष्ट हुए। सफेद वर्दी पहने सामुअल को बड़े पास्टर ने सभा के सामने खड़ा कर दिया और कंपित स्वर में बोले—"प्रभु की संतानो! यह जो तुममें से एक है, तुम्हारा नया गड़ेरिया है। इसकी बात तुम मान लो।"

एक बुढ़िया जो सामुअल को गौर से देख रही थी, ने पास बैठी स्त्री से पूछा—"अरे यह तो दानियेल और मरियम का बेटा सामुअल है न चिन्नम्मा?"

चिन्नम्मा ने कहा—"हां।"

तब एक सामूहिक सम्मति का स्वर गूंज उठा—"आमीन।" ❑

स्थित्यन्तर

दिनानाथ मनोहर

अनुवाद : डॉ. प्रतिभा मुदलियार

पेड़ों के ऊपर से सप्प से फेरा लगा के प्रकाश की किरणें अंधेरे को चीरते नीचे उतरीं और धूल भरी सड़कों तथा दोनों ओर की झोपड़ियों पर रुक गईं। इंस्पेक्टर जाधव जी ने पीछे मुड़कर गिरधर पाटिल की हवेली की ओर नजर दौड़ाई तब उन्हें अपनी शर्ट की जेब का मोटापा एक बार फिर महसूस हुआ। फिर बांयी ओर की झोपड़ियों पर नजर घुमाते हुए उन्होंने कहा, "थोड़ा रुको"।

घर्रर....अंधेर में छेद कर आगे बढ़ने वाली प्रकाश शलाकाएं वहीं रुक गईं, जाधव जी ने देखा मुन्ना नाईक की झोंपड़ी का दरवाजा बंद था। दरवाजे के समीप लकड़ी के चौपाये पर रखे बड़े से घड़े से पानी की बूंदें टपक रही थीं। बस वही एक आहट थी, बाकी सब सुनसान था। भिलारी की सारी झोपड़ियों के किवाड़ बंद थे। "चलो....चलो, सीधा वापिस" फौजदार साब ने अपनी आवाज में थोड़ी और कर्कशता लाकर हुक्म दिया। पेट में पड़े भारी भोजन से आने वाली सुस्ती तथा भेजे तक पहुंचा नशा, दोनों बेकाबू हो रहे थे। अपना निचला हिस्सा आगे सरका कर उसने सिर पीछे टिकाया और आंखें बन्द कीं। भिलारी पर जमे अभेद्य अंधेरे को प्रकाश के मनमाने आड़े-तिरछे फटकारे देती जीप मुख्य मार्ग में आकर लगी और धीरे-धीरे उसकी आवाज कम होती गई।

रात चढ़ती गई। पूर्व दिशा में चन्द्रमा स्पष्ट होता गया। और अंधेरा कुछ धुंधला सा हुआ। झोपड़ी का दरवाजा खोलकर भुन्या बाबा बाहर आया। अंधेरे में ही हाथ बढ़ाकर उसने मटके से प्याला भर पानी दिया। चबूतरे के समीप आकर उसने प्याला अपने गले में उलटा लिया और वहीं ओसोरे के किनारे पैर सड़क पर लटका कर बैठ गया।

सड़क के एक छोर पर रामचंद कोली के ठेले पर घासलेट का दीया जल रहा था पर उसकी रोशनी दीवार की मर्यादा लांघकर बाहर नहीं आ रही थी। दूसरे छोर पर गिरधर पाटील के दरवाजे पर बिजली का दीया जल रहा था पर उस दीये को भिलारी की दिशा का पता नहीं था। सारी झोपड़ियां निस्तब्ध, मौन रात्रि में निश्चल खड़ी थीं और ओसारे पर बैठा भून्याबाबा भी निश्चल था। चांद ऊपर उठा और झोपड़ी के नीचे अस्पष्ट परछाइयों ने आकार ले लिया। धुंधला, गंदला-सा प्रकाश भिलाटी पर, सड़कों पर भुन्याबाबा की झोपड़ी पर फैला। भुन्याबाबा की झोंपड़ी के सामने वाली झोपड़ी का दरवाजा करकराया। एक कांपती सी छाया झोंपड़ी से अलग हुई, सड़क पर आई और भुन्याबाबा के पैरों के पास बैठ गई। दो झोंपड़ियों के बाद का एक और दरवाजा करकराया, खुला, हल्के पैरों से सैनाबाई

पास आई। बजाबा से दो कदमों की दूरी पर बैठकर उसने बच्चे को आंचल के नीचे कर लिया।

भुन्याबाबा के घर के सामने बीस-बाईस स्त्री-पुरुष जमा हो गए थे। कोई बोल नहीं रहा था। आधी मुंदी आंखों से सब स्तब्ध बैठे थे। जैसे उन्हें शब्दों की जरूरत नहीं थीं। एक विचित्र से घने कोहरे ने उन सबको जैसे घेर लिया था। वजाबा ने चिलम भरी और फिर चिलम जलाई। तंबाकू की तीव्र कसैली गंध आस-पास फैल गई। दो तीन दीर्घ कश लेकर छाती को धुएं से भरकर वजाबा ने चिलम दूसरे के पास बढ़ा दी। दूसरे से तीसरे की ओर चिलम सरकती गई।

वजाबा ने बेचैनी से कुछ हलचल की, खामखाह गला साफ कर थूक कर वह थोड़ा संभल कर बैठा और फिर हलकी धीमी आवाज में उसने उन सबके मन में उठने वाला सवाल किया, "हम क्या करें? भून्या हम क्या करें अब तू ही बता दे ?"

भुन्याबाबा कुछ बोला नहीं, जैसे उसने कुछ सुना ही नहीं था। वह वहीं वैसे ही बैठा था। तने हुए शरीर वाला सफेद मूंछों वाला, झुर्रियों वाला पर मजबूत हड्डी पसलियों का बूढ़ा।

फिर वही शांति! अभेद्य शांति! लोग वैसे ही निस्तब्ध बैठे रहे, मन में उठते प्रश्न को शब्द रूप न देने की यही तो रीत थी उनकी, यही तो आदत थी। उनके बाप-दादाओं ने भी तो यही किया था। पीढ़ी-दर-पीढ़ी ऐसे ही तो होता आया था। यातना, दुःख आदि होंठ सीकर सहन किया था उन्होंने। खौलते क्रोध की भाप को फुस्स्स....की आवाज करते कभी आने नहीं दिया था उन्होंने। जीवन जीना और दुःख भोगना इतिहास ने यही तो सिखाया था।

पर तीस साल पहले ऐसे ही आंखों में न बहे आंसुओं का विस्फोट हुआ था और गिरधर पाटील के बाप ने धिरजी भाई के अधमरे, अचेतन राजन की छिली-खुली पीठ पर मारने के लिए उठाया था कोड़े का हाथ....और सप्प से बिजली की कौंध सा कंधे से अलग हुआ था वह हाथ। भुन्या नाईक का 'गंडासा' चमक उठा था।

"भुन्या! गांव तुम्हारे हुक्म से बाहर नहीं जाएगा। इस गांव के भीलों ने कभी किसी से मां-बहन के नाम पर गाली नहीं सुनी। भुन्या, बस तुम्हारे इस 'गंडासे' की ताकत पर तुमने इशारा किया और हम पीछे हटे, क्या ऐसा कभी हुआ है? हम पर भरोसा नहीं रहा, यूं चुप क्यों हो तुम?"

वजाबा का एक-एक शब्द शरीर चीरता चला गया था। भुन्याबाबा का शरीर बेचैन होकर कांपा, पर अंधेरे में गड़ी उसकी नजर ढली नहीं ।

इन अपने आदमियों को क्या भुन्या नाईक पहचानता नहीं था? दस साल जेल में काटकर अब वह लौटा, तब ट्रक से नीचे उतरते ही भीड़ ने उसे घेर लिया था। भीड़ में वजाबा आगे आया था। भुन्या नाईक का चमकता 'गंडासा' उसके हाथ में था। पुलिस की नजरों से बचाकर रखा था, फिर किसी ने भुन्या नाईक को उठाकर कंधे पर लिया था और इस गांव की भिलारी तक पांच कोस तक भुन्या के पैर सड़क से लगने नहीं दिये। इस कंधे से उस कंधे पर लोग उसे सिर पर लेकर नाचने लगे थे।

पर इन अपने आदमियों को भुन्याबाबा क्या सलाह देने वाला था? भुन्याबाबा की

सलाह सुनकर आज लोग सैनी बाई के खेत में घुसे थे। मजदूर स्त्री-पुरुषों ने जैसे ही भुट्टे तोड़ने शुरू किये वैसे ही गिरधर पाटील अपने पांच-सात लोग लेकर दौड़ता खेत पर आया। पर खेतों में भीड़ देखकर दूर ही रुका रहा और खेत से दूर नीम के पेड़ के नीचे खड़े भुन्याबाबा को देखकर गिरधर पाटील चुपचाप पीछे मुड़ गया। गिरधर पाटील के दूर जाते ही खेतों में खड़े स्त्री-पुरूषों ने जीत की जोरदार आवाज लगाई और फिर रुके हुए हाथ फुर्ती से चलने लगे। दादर के भुट्टे बैलगाड़ी में भर दिये गए थे। सैनीबाई ने भिलारी में सबको चाय पिलाई थी । लोग खुश थे।

भुन्याबाबा मात्र चिंतित था। इस गिरधर भाई की चाल कभी सीधी नहीं होती थी। इन दस-बीस सालों में भुन्याबाबा देखता आ रहा था। बाप-बेटे में बहुत फर्क था। धिरजी भाई की तरह गिरधर भाई ने कभी आदिवासी पर हाथ नहीं उठाया था, खामखाह गाली गालौच नहीं की थी। भुन्याबाबा सामने आया कि गिरधर भाई वहां से चलता बनता था। पर गिरधर भाई की जमीन-जायदाद बढ़ती ही जा रही थी। भुन्याबाबा जानता था कि गिरधर भाई चुप नहीं बैठेगा। खेत से वापस लौट कर गिरधर भाई के तुरन्त मोटर-साइकिल लेकर तालुके जाने का पता लगा, तब मजदूरों का दिल भी धड़क उठा था। पर गिरधर दो-तीन घंटों में ही वापिस लौटा था।

फिर शाम हुई, सूरज डूब गया। लोग अपने-अपने घर की ओर मुड़े। औरतों ने चूल्हे जलाए वजाबा सैनीबाई, भून्याबाबा के ओसारे में बैठे थे। गजन ठेले के पास चार-पांच लोग बीड़ी पी रहे थे और मुख्य सड़क से तेज रफ्तार से आने वाली जीप ब्रेक लगाते भिलारी में घुसी थी। पीछे बड़ी सी नीली जाली वाली गाड़ी खड़ी थी। रौशनी से चुंधियाती आंखों को क्या हो रहा है। यह दिखाई देने से पहले ही जीप से फौजदार जाघव जी बाहर निकले थे। शरीर में देवी ने प्रवेश किया हो, वैसे वह लगातार चक्कर लगाता घूमता पूरी गली में भागदौड़ कर रहा था। "पकड़ो हरामजादों को बहुत चर्बी चढ़ी है, दिन दहाड़े डाका डालते हैं, खेत काट लेते हैं, तुम्हारे बाप के खेत हैं क्या ? अरे जानप पकड़ो उसे, जमा दो कान के नीचे, जमा दो लात कूल्हों पर। कौन भाग रहा है रे वह? खबरदार, कोई एक भी यहां से हिला तो. ...हरामजादो गोली दागूंगा गांड़ में एक-एक के।"

चीं-चिल्लाहट, भाग-दौड़, रोना-धोना....पुलिस वाले दौड़ रहे थे, जो दिखता उसे मार रहे थे, मारते हुए उसे गाड़ी में धकेल रहे थे। भुन्याबाबा पल भर सन्न रह गया था फिर वह हड़बड़ाकर उठा था, भीतर की तरफ भागा, अंधेरे में कोने में दरवाजे के पास रखा गंडासा उठा लिया था। पीछे मुड़कर दरवाजे की ओर दौड़ा। दरवाजे के बाहर लाक में बैठा हुआ युवक पुलिस भुन्याबाबा के गंडासे पर कूद पड़ा। कंधे को जोरदार धक्का लगने से भुन्याबाबा नीचे गिर पड़ा। गिरते पड़ते वह उठ खड़ा हुआ, तब उसके ध्यान में आया कि उसका गंडासा पुलिस के हाथ में है। सीढ़ियों पर और दो पुलिस वाले खड़े थे और बजाबा ने उसकी कमर को कसकर पकड़ रखा है। क्रोध से भुन्याबाबा का शरीर कांपने लगा। वह थोड़ा आगे की ओर झुका– "कौन है रे वो?" "भुन्याबाबा?" "भुन्याबाबा अभी भी बूढ़े में मस्ती है तो जमा दो, दो लातें कमर में हरामजादे की।" फौजदार जाघव उसकी दिशा में ही आ रहा था। उस युवक पुलिस ने जल्दी से अपने हाथ में रखा गंडासा झोपड़ी के अंदर फेंक दिया था।

दस मिनट में ही सब खत्म हो गया था। दस-बारह जवान लड़के और चार-पांच प्रौढ़ जाली वाली गाड़ी में डालकर पुलिस वैन तैयार खड़ी थी। सैनीबाई के घर में रखे भुट्टे, बोरे, हंसियां आदि जब्त हो गये थे। भुन्याबाबा वहीं आंगन में कांपता खड़ा था। उसकी कमर के ऊपर का शरीर आगे-पीछे झूल रहा था। वजाबा ने उसका एक हाथ पकड़ रखा था, पर उसकी जरूरत नहीं थी। फौजदार जाधव झोंपड़ी के पास पहुंचा, तब वह कुछ क्षण भुन्याबाबा की ओर देखता रहा था फिर उस युवक पुलिस की ओर देखकर उसने फरमाया—"रहने दो उस बुढ्ढे को इधर ही, आधी हड्डियां तो उसकी पहले ही कबर में गई हुई हैं, छोड़ दो उसे। देखो! वह लक्ष्मण मिला क्या? लुंबा गणपत, रामा, तूका और तीन-चार औरतों को भी उठा लो साथ में।"

वैन सड़क से लग गई। तब फौजदार जाधव गिरधर भाई के घर की ओर मुड़ा था मन ही मन अपने आप को शाबाशी देते हुए। सबको असावधान रखकर कैसे झटके में काम हो गया था। उसे पकड़ने से तो उल्टा किस्सा बढ़ने की ज्यादा ही संभावना थी। गिरधर भाई का कहना सही था। जवान लड़के हैं समय के रहते उनमें नरमी लाना जरूरी था।

नींद से जागकर जैसे भुन्याबाबा ने चारों ओर देखा। भिलारी उजड़ गई थी और वह अकेला ओसारे पर खड़ा था।

"भुन्याबाबा, अरे उस रामा को भी ले गया वह महुआ।" सैनीबाई की रोती आवाज भुन्याबाबा के कान में पड़ी। "मेरे बच्चे को मिट्टी में डालकर मारा उन भडुओं ने। ये तो खेत में भी नहीं गया था। मुझे भी ढकेल दिया उन्होंने—मरीआई खा जाए उन भडुओं को—उसके बच्चे मिट्टी में मिल जाएं।" गालियां बकते-बकते ठगीबाई सुर लगाकर रोने लगी।

भुन्याबाबा अब थोड़ा हिल उठा। अंधेरे से अपनी नजर हटा कर ठगीबाई की ओर मुड़कर वह बोला—"ठगे रोओ नहीं।" छटपटाकर वह उठ खड़ा हुआ। कुछ पल सामने जमीन पर बैठे अपने आदमियों की परछाईं निरखता रहा। फिर झटके से पीछे मुड़ते हुए कहा, "ठगे, सैना घर चले जाओ, वसा सुबह सालुके जाने की तैयारी करो और गिरधर से कह देना, भुन्या नाईक अभी मरा नहीं।" पीछे मुड़कर भुन्याबाबा झोपड़ी में घुस गया।

उस जवान पुलिस का फेंका हुआ गंडासा अभी भी जमीन पर ही पड़ा था। भुन्या ने गंडासा उठाया। अपने दांये हाथ का अंगूठा गंडासे की तेज धार पर हल्के से घुमाया। अपने अंगूठे की चमड़ी कट जाने का उसे अहसास हुआ। दर्द की एक हल्की-सी टीस उसके मस्तिष्क में पहुंची। उसने गंडासा खाट पर फेंका और वह तनकर खड़ा हुआ। अंगूठे के जख्म से टपकते खून की बूंदें उसके दाएं पैर पर गिर रहीं हैं—इसका अहसास होते ही उसने अपना हाथ दूसरी ओर कर लिया।

एक-एक कर लोग अपने घरों को लौटे। लेकिन वजाबा काफी देर वैसे ही बैठा रहा। भुन्याबाबा आयेगा कुछ सलाह-मशविरा करेगा, ऐसा उसे लग रहा था। भुन्या के कदमों की आहट उसे सुनाई दे रही थी। झोंपड़ी में ही वह आगे-पीछे चक्कर लगा रहा था। वजाबा हौले से उठा। पलभर उसे लगा अंदर आकर भुन्या से दो बातें करे, पर उस युवक पुलिस के धक्का मारने से जमीन पर गिर और फिर उठने की कोशिश करने वाले भुन्याबाबा की

आकृति उसकी नजरों के सामने तैर गई। वजाबा भारी कदमों से घर की ओर मुड़ गया। भुन्या के कदमों की आहट आ रही थी। झल्लाये हुए पिंजड़े में बंद असहाय शेर की तरह वह चक्कर काट रहा था।

खाट के पास आते ही अनजाने भुन्याबाबा की नजर फिर खाट पर औंधे पड़े गंडासे की ओर गई। उसके कदम डगमगाये। भुन्याबाबा ने बायें हाथ की उंगलियों से अपना कंधा तथा भुजा टटोली, गरदन तान दी और दीर्घ सांस लेकर कहा–"नहीं, भुन्या नाईक अभी मरा नहीं है कुत्तो ! इन हड्डियों में अभी दम है।"

लेकिन दूसरे ही पल उसकी उंगलियां बांह से फिसल गईं और उसके दोनों हाथ निर्जीव से लटकने लगे। उसे याद आया, साठ साल पहले सैनी बाई उसके पास शिकायत लेकर आई थी कि गिरधर पाटील जमीन लिखकर मांग रहा है। तब ऐसे ही गंडासे पर नजर रखकर उसने उसे कहा था, "नहीं, यह भुन्या नाईक अभी मरा नहीं है।"

हाथ में गंडासा सम्हालते हुए भुन्याबाबा हंसता हुआ गिरधर पाटील की हवेली में गया था। "भुन्या कहीं कुछ उल्टा-सीधा मत कर बैठना दादा।" सैनीबाई की इस बिनती पर केवल गरदन हिलाते हुए वह पैर पटकते गली से बाहर निकला था।

भुन्याबाबा हवेली में पहुंचा। सामने आये कुत्ते को लात जमाकर सीढ़ियां चढ़कर वह ऊपर गया। झूले पर बैठे पान खाते हुए गिरधर उठा और आगे बढ़कर उसने उसका स्वागत किया था "अरे भुन्याबाबा, आज इस घर को तुम्हारे पैरों की धूल कैसे लगी? आओ, आओ बैठो, अरे रण्या! कुर्सी ला रे।"

"नहीं, मैं बैठने नहीं आया। सैनीबाई की जमीन लिखकर मांगी है तुमने? तुम्हें पता है, इन दस गांवों के भीलों की जमीन किसी पाटील के पास नहीं जायेगी।"

"भुन्याबाबा थोड़ा शांत हो जाओ दादा। अरे मुझे क्या पता नहीं? तुम्हारे जीते जी किसकी हिम्मत होगी जमीन लेने की? अरे तुम बैठो तो सही! तुम्हें बताता हूं सुनो! तुम्हें पता है पिछले साल बरसात ने दगा दिया, इस साल भी देखो, सावन भी खत्म होने आया। सैनीबाई आई थी ज्वार मांगने। पर वह भी क्या करेगी। जिले में अकाल पड़ा है। सवाबिछावाले किसानों के घर की औरतें मजदूरी करने निकली हैं। किसी किसान के खत्ते (भंडार) में मुट्ठी भर अनाज नहीं है खाने के लिए। लोग कितने दिन भूखे रहेंगे? फिर भी अपने गांव का थोड़ा तो ठीक है। जंगल पट्टी का गांव! अरे लेकिन तुम खड़े क्यों? बैठो बैठो बाबा। रण्या, अरे कुर्सी लाओ जल्दी भुन्याबाबा के लिए।"

भुन्या ने कुर्सी की ओर नजर डाली, पलभर उस कुर्सी पर बैठने का मन हुआ पर उसके पैर हिले नहीं। वह वहीं सीढ़ियों पर पास वाले चबूतरे पर बैठा।

"गिरधर मेरी आंख, कान दोनों सही-सलामत हैं। मैं देख रहा हूं लोग क्या खाकर जी रहे हैं। लोगों के पास खाने को दाना नहीं तो फिर तुम्हारे पास आयेंगे नहीं तो कहां जायेंगे? मेरे लोगों ने लिया सारा दाना तुम्हें वापस मिलेगा।"

"भुन्याबाबा, अरे मुझे क्या इंसान का विश्वास नहीं? पर मेरे पास भी तो अनाज कहां है? सैनी ने कहा था दाना नहीं तो पैसा दो, मैंने कहा, पैसा मैं तुम्हें सहकारी बैंक से दिलवाता हूं।" भुन्याबाबा सोचता रहा। भिलारी का घर-घर उसे मालूम था। भिलारी ही क्यों, आसपास

के सारे गांव उसे मालूम थे। पिछले दो-तीन महीनों से लोग जंगल से जड़ी-बूटी खोद-खोद कर ला रहे थे, पर जंगल भी उजड़ता जा रहा था। मजदूर तो गांव छोड़कर दूसरे गांव गये थे। पर खानेदार कैसे जायेंगे? घर में बैल, बकरी, मुर्गियों को कौन भला देखेगा? गर्मी में सरकारी सड़क बनाने का काम था पर जब पहली बरसात हुई तब काम भी बंद हुआ। लोगों के हालात खराब हो रहे थे।

"बैंक से पैसा देगा तो फिर सूद कितना लेगा?"

"भुन्याबाबा बैंक तो सरकारी। सूद तय किया हुआ। हिसाब भी चोखा रहेगा। वह क्या अपना निजी थोड़े न है। मैं साहब को बताये देता हूं। कर्जा मिलेगा, पर बैंक आदमी नहीं पहचानती, बैंक को कुछ बंधक देना होता है। जमीन-जायदाद चाहिए। जमीन बैंक के पास बंधक रखें, तो क्या बैंक थोड़े ही जमीन ले जायेगी? जमीन तुम्हारे पास ही रहेगी। हरसाल किश्त भरते रहो, तो हुआ। देखो, भुन्याबाबा इससे मेरा कोई संबंध नहीं।"

"ठीक है। बुलावो तुम्हारे बैंक वाले साब को। भिलारी के सारे खातेदारों को पैसा मिलना चाहिए। पर जमीन पर का अपना हक कोई छोड़ेगा नहीं, मैं बताये देता हूं।"

अपना गंडासा संभालता भुन्याबाबा वापस आया था। फिर कुछ व्यवस्थापक आगे बढ़े। पन्द्रह-बीस दिनों में कागजात तैयार हुए। बैंक का साहब, पटवारी आदि हवेली पर आये। आठ खातेदारों का बैंक ने कर्जा मंजूर किया। सारे किसानों ने साब को 'फूलपान' कहकर कुछ पैसे दिये थे। दस-बारह दिन खातेदार हवेली के चक्कर लगाते रहे थे।

भुन्याबाबा खाट के कोने पर टिका। घुटनों पर कोहनी टेककर अपनी उंगलियां उसने अपने सफेद होते बालों में खोंस दी। उसका चेहरा झुर्रियों से भर गया, माथे के बलों का जाल और अधिक घना हो गया। निचला होंठ भी कांपने लगा।

हां, उसने ही शुरूआत कर दी थी इसकी। आज यह जो कुछ हुआ उसके लिए वही जिम्मेदार था। गिरधर भाई के यहां से आने के बाद उसने ही अपने लोगों को सलाह दी थी सरकारी बैंक से कर्जा लेने की। सैनीबाई ने कुछ नहीं कहा था। वजबा भी बोला नहीं था। पर सैनी बाई को लक्ष्मण और तुंबा से बोलते भुन्याबाबा ने सुना था, "पर इस लड़के का कहना भी कहां गलत था? गत तीन साल से उनमें से कुछ लोगों ने अपनी जमीन बट्टे पर गिरधर भाई को दी थी और फिर खातेदारों के नाम नोटिस लगी थी।"

यह हुआ कैसे? भुन्याबाबा की कुछ समझ में ही नहीं आया। इन पांच-छः सालों में सब कुछ बदलता ही जा रहा था। गांव में स्वतंत्र ग्राम पंचायत आई थी। जिसका कार्यालय गिरधर पाटील की हवेली में ही था। दूध सोसायटी भी वहीं थी। बैंक का आदमी भी सीधे हवेली पर! पटवारी आया, तहसीलदार आया तो भी हवेली पर। गिरधर भाई कभी भिलारी में आता नहीं था, वह कभी भुन्याबाबा से टकराया नहीं था। आसपास के इलाके में भुन्याबाबा का रौब था, सम्मान था। गिरधर भाई ने कभी भुन्याबाबा के विरुद्ध एक शब्द भी निकाला नहीं था। जमात के व्यवस्थापक, भुन्याबाबा का मान-सम्मान करते थे। पर उनका उठना-बैठना पाटील के यहां ही होता था और फिर दो दिन पहले ऐसे ही अचानक दो जीपें गांव में घुसी थीं, हवेली पहुंची थीं। फिर खातेदारों को खबर मिली थी कि गांव का कोतवाल, बैंक अधिकारी आदि खातेदारों को बुला रहे हैं। खातेदार और अन्य व्यवस्थापक

हवेली की ओर गये थे।

......और थोड़ी ही देर में सैनीबाई रोते-चिल्लाते भुन्याबाबा के पास आई थी।

भुन्याबाबा हाथ में गंडासा लिए हवेली की ओर निकला। दूर से ही उसने देखा था, हवेली में दरवाजे के पास पेड़ के नीचे छांव में खाट पर साहब लोग बैठे थे, पास पुलिस खड़ी थी। पट्टेवालों की दौड़-धूप शुरू थी, गिरधर भाई खाट के पास हाथ जोड़े खड़ा था। भुन्याबाबा अपनी भारी टांगें उठाता हवेली की ओर गया। पास आते ही उसकी गति धीमी पड़ी। वह बिलकुल पास पहुंचा। आसपास घेर कर खड़े लोगों का उसकी ओर ध्यान नहीं था। भुन्याबाबा कुछ देर खड़ा रहा। फिर अपने हाथ में रखा 'गंडासा' अपने कंधे पर लेकर आगे बढ़ा तो एक दुबला-पतला सा पुलिस का आदमी दौड़ा और भुन्याबाबा की छाती पर अपना पंजा रखते हुए उसे रोकते हुए उसने कहा, "बुड्ढे पीछे हट, कहां जा रहा है?" भुन्या की आंखों में वेल्डिंग की जाती हुई रॉड भड़क उठी, शोले उड़ने लगे, चेहरा लाल हुआ उसका। संताप से एक ही झटके में उसने पुलिस को दूर ढकेला। फौजदार हड़बड़ी में खड़ा रहा। पुलिस असमंजस में ही रहे। गिरधरभाई ने तहसीलदार के कानों में कुछ कहा, तहसीलदार हड़बड़ी से आगे हुआ और उसने भुन्याबाबा का स्वागत किया।

"साहब ये क्या चल रहा है? इस गांव की भिलारी की जमीन पाटील के पास जायेगी नहीं। यह भुन्या नाईक अभी जिन्दा है।" पिस्तौल को हाथ डालते हुए गुर्राता फौजदार जाधव आगे बढ़ा, पर तहसीलदार ने उसे रोका।

"बाबा तुम्हारे लोगों ने किश्तें नहीं भरीं। बैंक ने नोटिस दी, वसूली के लिए आदमी भी भेजे, एक पैसा तक नहीं भरा। बैंक क्या करेगी? तीन साल पहले कुछ खातेदारों के जमीन की नीलामी का हुक्म था, पर गिरधर भाई के शब्दों पर जमीन दूसरों को करने दी थी, पर फिर भी कुछ फायदा नहीं हुआ।" तहसीलदार ने समझाने के सुर में कहा।

"साहब, लोगों ने किश्तें भरी हैं। वाज ने दो बार पैसे दिये हैं।" भुन्याबाबा ने कहा।
"और मैंने तीन किश्तें दी हैं।" सैनीबाई ने कहा।

तहसीलदार के पास बैठा बैंक अधिकारी हाथ के कागज देखते खड़ा था। "इस वजाबा शिवा ने एक किश्त भरी है पर उसे भी चार साल हो गये। इस सैनीबाई ने एक भी किश्त.... ।"

"साहब झूठ मत बोलो, तुम्हारे आदमी को पैसे दिये हैं, पूछो इस गिरधर पाटील से।" सैनीबाई रोते हुए चिल्लाई। तहसीलदार ने आसपास देखा, गिरधर पाटील कहीं सटक गया था।

"रसीदें दिखाओ।"

"रसीदें नहीं हैं साब, वह तुम्हारा चपरासी बोला, बाद में देता हूं।"

"यहां आने वाले वसूली क्लर्क कौन थे?" तहसीलदार ने पूछा। "देशपांडे राव साहेब। उनका तबादला हुआ है धुले में। पर वह नेक आदमी था।"

"और मेरे आदमी क्या बेइमान हैं?"

भुन्याबाबा अब गुस्से में आया था। तहसीलदार अपनी जगह से उठा। भुन्याबाबा के कंधे पर हाथ टेकते हुए बोला, "भुन्याबाबा अरे यह तो सरकारी काम है! यह जमीन क्या

मुझे मिलने वाली है या इस मैनेजर साब को? बैंक को पैसा चाहिए, बस! जमीन लेकर क्या करना है? यह क्या मेरे घर का काम है? सरकारी नियम है और नियमानुसार, कानूनन जमीन की नीलामी करनी ही पड़ेगी। "इस साब से कहता हूं मैं, खातेदार गरीब है, आदिवासी है, आधी जमीन का ही नीलाम करें.....क्यों साब?"

"पर नीलामी में गिरधर ही लेगा जमीन उसके पास ही जमीन जायेगी।" भुन्याबाबा ने कहा।

"नीलामी कोई ले, हमें क्या उसका। चलिए आप बोली लगाइए।" बैंक का अधिकारी जब बोला तब सभी दबी हंसी में हंसे।

भुन्याबाबा भिलारी में वापस लौटा था। पिछले पांच-सात सालों से उसे एक-एक कदम पीछे सरकना पड़ा था। भुजाओं में बल होते, गंडासे की धार तेज होते हुए भी वह कमजोर होता गया था। उस पर भरोसा रखकर मदद के लिए उसके पास दौड़ने वाले लोगों की वह रक्षा नहीं कर पा रहा था और अब यह आखरी दांव भी उल्टा पड़ा था। धिरजीभाई का हाथ कंधे से काटा गया था, उसके बेटे गिरधरभाई को सीख देने के लिए उसने उसकी खड़ी फसल काट ली थी, और उसने गलती क्या थी? जमीन तो सैनीबाई की ही थी – पैतृक।

और अब भिलारी के सारे जवान लड़के, पुलिस थाने में बंद थे। गिरधरभाई शांत सोया था। फौजदार, तहसीलदार, बैंक अधिकारी किसका हाथ कंधे से अलग करने वाला था भुन्याबाबा? अभी भी पंद्रह साल पत्थर तोड़ने की हिम्मत थी उसमें। कलाइयों में ताकत थी पर.....पगलाई आंखों से उसने आस-पास देखा–कहां वार करे? किस पर वार करे?

अचानक भुन्याबाबा जमीन पर फिसला। भिलारी सारी शांत थी। कहीं कोई आहट नहीं थी। उत्तर रात्रि की हवा चल रही थी। बच्चों की तरह घुटने पेट में लिए, सिर हाथों के पंजों में धरकर भुन्याबाबा जमीन पर करवट लिए पड़ा था। उसकी आंखों से बहने वाले आंसू जमीन पर टपक रहे थे। उसका सारा शरीर कांप रहा था। असहाय शिशु सा भुन्या नाईक मिट्टी की गोद में घुसकर रो रहा था।

तड़के मुर्गे ने बांग दी। उदयाचल पर आकाश थोड़ा सा हंस पड़ा। वजाबा कमर पर हाथ रखकर झोंपड़ी से बाहर निकला और उसने देखा भुन्या की झोंपड़ी का दरवाजा हवा से आगे-पीछे डोल रहा था। वजाबा का दिल हिल गया, वह आगे बढ़ा। लकड़ी की घरौंची पर रखे घड़े के टुकड़े बिखरे पड़े थे और नीचे की जमीन पानी से भीगी थी और जमीन पर भुन्याबाबा और गंडासा औंधा गिरा था। ❑

....और जंगल शांत हुआ

गाने वाली औरतों और बैलों के गले की घंटियों की आवाज निकट आते ही वंकाबाबा अपनी जगह से हिला और दीवार का आधार लेकर खड़ा हुआ और कमर को हाथ का सहारा देकर धीरे-धीरे अपनी कुटिया से बाहर आया। घर के सामने से बैलगाड़ियां चली जा रहीं थीं। आंखें छोटी कर उसने लोगों के चेहरे देखने का प्रयास किया पर उसकी आंखों को सिवा रंगीन चमकती पट्टियों के अलावा कुछ नहीं दिखा। तो भी उसने भाल पर हथेली धर कर आंखें फाड़कर देखना चाहा। पड़ोस के गजन की आंडेर बच्चे को गोद में लिए खड़ी थी। वंकाबाबा को हड़बड़ी में देखकर वह बोली—"सारा गांव आया है जैसे! उस-उस गाड़ी में देख लो बाबा, वह है दूल्हा। चल बाबा चल, मैं ही लेकर जाती हूं तुम्हें ! तुम्हारी नातिन का ब्याह है।"

'नाहीं नाहीं हम नहीं....आता, तुम जाओ मुझे क्या पड़ी है?" कुछ ऐसा ही फुसफुसाता वंकाबाबा झोंपड़ी में घुस गया। दीवार का सहारा लेकर वह झोंपड़ी के कोने में गया। हाथ आगे बढ़ाकर कुछ टटोलता हुआ आगे सरका और जैसे ही उसके हाथों को ढोल का स्पर्श हुआ, वह थक गया। थोड़ा और पास गया। ढोल के अंग-अंग पर उसकी उंगलियां फिरने लगीं। यहां, आंखों की जरूरत नहीं थी। ढोल का इंच-इंच उसकी उंगलियां पहचानती थीं। लकड़ी में खोदी नक्काशी तथा रस्सी से होते हुए ढोल के किनारों से घूमता उसका हाथ फिर ढोल के मध्य में आ गया। लाड के ऊपर लगाए हुए पतले चौक टुकड़े पर उसकी उंगलियां रुक सी गईं। वंकाबाबा ने कभी पढ़ना सीखा नहीं था पर राणू से उसने कई बार उस पन्ने के टुकड़े पर लिखा मजमून पढ़ा लिया था। उसके कानों में राणू की आवाज गुनगुनाने लगी, "श्री वंका सजन नाईक को सेंधवा में आयोजित ढोल-वादन प्रतियोगिता में सर्वोत्कृष्ट ढोलवादन के लिए।" वंकाबाबा का हाथ आगे बढ़ा, फिर तने हुए चमड़े पर आया। इस ओर चमड़े के बीच में फटा हुआ छेद अब सिला दिया गया था। पर वंकाबाबा के हाथों ने महसूस किया कि चमार ने सीने के काम में सफाई नहीं बरती। दोनों किनारों को मिलाकर ठीक सीया नहीं गया था और वैसे ही ऊपर से चरबी लगा दी गई थी। वंकाबाबा ने निःश्वास छोड़ा। अब शरीर में ताकत नहीं है, नहीं तो छबू मास्टर के उस उद्दंड बच्चे को क्यों भेजा होता ? जब पूरी बोतल दी, तब कहीं जाने को तैयार हुआ वह जवान। पर अब वह भी क्या करें। पुराना जमाना बदल गया सारा। अब देखो नातिन का ब्याह और वंकाबाबा को न्यौता नहीं।

वह पीछे मुड़ा और जल्दी-जल्दी घर से बाहर निकला। गांव के दूसरे छोर से भीमू के घर की ओर से लोगों की जोर-जोर से आवाजें सुनाई दे रही थीं। मोटर साइकिल की फर्र-फर्र-फर्र भी सुनाई दे रही थी। मेहमान तो मंडप में आकर पहुंच गए पर ढोल की आवाज

नहीं ? ना सही वंकाबाबा को बुलावा, पर क्या गांव में कोई दूसरा ढोल नहीं? वंकाबाबा की नातिन का ब्याह और उसमें ढोल नहीं? उसने अपने हाथ का पंजा सिर पर फेरा और फिर भीमू के घर की उल्टी दिशा में संभू के घर की ओर वंकाबाबा चल पड़ा। वंकाबाबा की कमर में अभी भी ऐंठ थी। पर पैर घुटनों से झुके थे। बाहर की बाजू में कदमों से लेकर जंघाओं तक दोनों पैरों के बीच कमान तैयार हो गयी थी और इस कमानदार पैरों पर मजबूत हड्डी-पसलियों के कंकाल पर झुर्रियों से पूर्ण चमड़े की खाल लटक रही थी। वंकाबाबा का चेहरा असंख्य झुर्रियों से भरा हुआ था। चिबुक पर दो-चार लंबे सफेद बाल, आधा खुला मुंह, निचला होंठ असहाय सा लटकता हुआ, पर गहरी बुझी-सी आंखों में पानी चमक रहा था। वंकाबाबा की दृष्टि कमजोर थी पर कान अभी भी सही-सलामत थे।

भीमू के घर की ओर से आने वाली आवाजों में एक और आवाज बढ़ गई। भोंपू शुरू था। उसकी कईं....ईं की आवाज गांव भर में फैली थी। "अरे बाबा, भिका काका ने रेडिओ (रेडो) लाया है सूरत से, अरे हम जैसे बोलते हैं, वैसे वह भी बोलता है। आशाबाय हंसी तो वह भी उसने लिख लिया।" गजन की बेटी ने वंकाबाबा को बताया था। लाउडस्पीकर पर गुजराती गरबा चल रहा था। डफ की आवाज आ रही थी। साथ टिपरी और बांसुरी की आवाज भी आ रही थी। कुछ क्षण वंकाबाबा उस आवाज में खो-सा गया हो, ऐसे खड़ा रहा। अंदर से जब संभू ने आवाज दी तभी वह सिर हिलाता अंदर गया। दरवाजे के पास पड़ी खाट पर न बैठकर वह सीढ़ियां चढ़कर सीधे ओसरी में आया और दीवार से पीठ लगाए धीरे-धीरे नीचे जमीन पर बैठ गया।

"क्यों वंकाबाबा नातिन का ब्याह और तू अभी यहीं?" संभू ने हंसकर पूछा।

वंकाबाबा ने जैसे वह प्रश्न सुना ही नहीं। कमर की धोती में रखी नोट की तह निकाली और संभू के सामने पकड़कर कहा—"आधा सेर ले आना, एकदम बेस माल चाहिए, नई तो. ...।" अंदर जानेवाले संभू ने उसकी बात को बीच में ही काटा, "अरे वंका, सारी उमर गई तेरी मेरे हाथों से पीने में, संभू ने कभी खराब माल दिया है तुम्हें? और आज तो स्पेशल माल निकाला है, पिव्वर ! पी ले जितनी पीनी है, ये चने भी लेना।"

वंकाबाबा ने कांपते हाथों से अल्युमिनियम का प्याला उठाया, मुंह तक लेकर वह पलभर के लिए रुका। उसने आंखें बंद कीं और मुंह ऊपर करके एक ही सांस में उसने पूरा गिलास गले में खाली कर दिया। जलता द्रव गले को जलाता अंदर उतर गया। गिलास जमीन पर रखते हुए वंकाबाबा वैसे ही आंखें मूंदे बैठा रहा। गले की आग धीरे-धीरे कम होती गई और पेट से एक-एक लहर उठने लगी और सारे शरीर में फैलने लगी। शरीर गरम हुआ। हाथों की कंपकपाहट बंद हुई। तनी हुई रीढ़ ढीली हुई आंखें खोलकर उसने संभू की ओर देखा, तब उसके खुले मुख पर हंसी थी और होंठों के आसपास की झुर्रियां अधिक गहरी हो गईं। सामने रखे गिलास को संभू ने भर कर सामने बोतल धर दी। बोतल को जमीन पर ठीक खड़ा करते हुए उसने पूछा, "वंकाबाबा ढोल का चमड़ा सीकर लाएं?"

वंकाबाबा कुछ बोला नहीं, पोपला मुंह खोलकर केवल हंसा। उसे मालूम था संभू क्यों पूछ रहा है। संभू के मन में जो था वही वंकाबाबा के मन में भी खौल रहा था। आठ-दस दिन पहले शादी तय होने की खबर मिली थी। उस दिन से वंकाबाबा राह देख रहा था। भीमू

झोपड़ी में आएगा। दो-तीन नोट हाथ में रखेगा और कहेगा "काका लख्या को बताए देता हूं, बैलगाड़ी लेकर ढोल लेकर जाना और पूरा चमड़ा बदल डालना। मेरी बच्ची के ब्याह में वंकाबाबा का ढोल बजेगा ही।"

वंकाबाबा ने उत्तर भी तय कर रखा था, "अरे अब ये कैसे होगा, अब इन बूढ़ी हड्डियों में ताकत नहीं है, अब रंगा के लौंडे को बताओ।"

फिर भीमू अपना हाथ पकड़कर कहेगा, "काका, वंकाकाका कभी ऐसा हुआ है? वंकाकाका के ढोल बिना शादी-ब्याह हुआ हो, ऐसा कभी तो हुआ है? तुम्हारा ढोल जब बजने लगता है तब अक्राणी का जंगल भी हिलने डोलने लगता है। अब और कुछ नहीं कहना। ढोल उठाकर तुम्हारे गले में डाला कि अपने आप हाथ चलने लगेंगे।"

हाथ का गिलास होंठों को लगाकर वंकाबाबा ने झटके से गले में खाली कर दिया। एक-एक दिन बीत रहा था। वंकाबाबा बाट जोहता ही रहा। गजन की बेटी ने उसे समझाया था, "अरे वंका, तुम्हारा भीमू शहर में पला-बढ़ा और पढ़ा भी, उसे क्यों पुराने रीत-रिवाजों की जरूरत, पुराने दिन गये दादा अब ! अब के बच्चों को देखो पैन्ट पहनते हैं और ये लंबे बाल रखते हैं।" उस समय भी वंकाबाबा ने हां में सिर हिलाकर निःश्वास छोड़ा था। फिर भी वह भीमू के आने की बाट जोह रहा था। आखिर जब ब्याह केवल चार दिन पर रहा तब वंकाबाबा अपनी झोंपड़ी के ओसरे के कोने से उठा था। अंदर जाकर टटोल कर दरवाजे के पीछे रखी पुरानी पत्रे की पेटी खोली थी। कांपते हाथों से संदूक के बिल्कुल तल में पोटली में बांधकर रखी रानी के रुपयों की माला निकाली थी। रामदास महाराज के पास कांग्रेस का नेता आया था, तब वंकाबाबा का ढोल सुनकर नेता जी ने बड़ा सा इनाम दिया था। वंकाबाबा ने सेनाबाई के लिए रानी के रुपयों की माला बनवाई थी। कितने साल हुए इसे? वंकाबाबा को कुछ याद नहीं आ रहा था। राणू टीबी. से सूरत के दवाखाने में ही चल बसा और एकाध महीने में सेनाबाई भी चल बसी। उस झोंपड़ी में कितने ही साल वंकाबाबा अकेला ही रह रहा था। थोड़ी सी जमीन थी जिसे दामाद कर रहा था। रुपयों की माला कमर में रखकर वंकाबाबा हांफते-हांफते पुखराज मारवाड़ी के पास गया था और गांव में आते ही छबू मास्टर के बच्चे को तालुके की ओर भेज दिया ढोल लेकर ! वंकाबाबा फिर बाट जोहने लगा। पर भीमू आया नहीं। लोगों की हड़बड़ी चल रही थी। गाड़ियां आ रही थीं। भीमू आज कहीं सूरत तो कल नंदुरबार, भागदौड़ कर रहा था। धूले जाकर खास मंत्री महोदय को आमंत्रित कर आया था। गांव का कोतवाल जब हल्दी-अक्षत देकर आमंत्रण दे गया, तब वंकाबाबा ने मन में ही तय कर लिया था कि मंडप की ओर कदम नहीं बढ़ाएगा। वंकाबाबा के सामने पड़ा खाली गिलास संभू ने एक बार फिर भर दिया। वंकाबाबा के हाथ में गिलास देकर संभू ने कहा, "अरे दादा, हम क्या साहू हैं? अरे हम आदिवासी के ब्याह में क्या बुलावा लगता है? और फिर तू तो ढोलवाला, तुम्हें काहे चाहिए बुलावा? जहां ब्याह है वहां मंडप में जाना। पर इस भीमू का भी वैसे कुछ ठीक नहीं। इतना पैसा बेटी के ब्याह में लगाया फिर रीत-रिवाज क्यों छोड़ दिया? आदिवासी के ब्याह में हल्दी के लगते ही ढोल बजना शुरू होना चाहिए। ब्याह में तो ढोल होना ही चाहिए।"

वंकाबाबा कुछ बोला नहीं। पर अब वह कुछ खुश लग रहा था। होंठों की हंसी अब

चेहरे पर फैली थी। उसकी आंखों में एक चमक आयी।.....कितने दूर-दूर से ढोल आये थे और प्रत्येक ढोल के साथ गांव के जवान लड़के-लड़कियां बड़े से मैदान में दूर तक जगह-जगह घेरा बनाकर बिखरे थे। थोड़ी-थोड़ी दूरी पर ढोल बज रहे थे। प्रत्येक ढोल के साथ झांझ झनक रहा था, बांसुरी, बज रही थी। इर्द-गिर्द लड़के-लड़कियां नाच रहे थे। ठिच्चांव-ठिच्चांव, ठिच्चांव....ढोल की आवाज बढ़ रही थी, रात चढ़ रही थी। आधी रात के बाद जब हवा रुकने लगी वैसे एक-एक ढोल की आवाज बुझने लगी। मैदान के वृत्त कम होने लगे। पर वंकाबाबा का ढोल बजता ही रहा, चढ़ता ही रहा। वंकाबाबा की नजर आकाश के तारों पर टिकी थी और हाथ चल ही रहे थे। पैर आगे बढ़ रहे थे। तड़का हुआ। पूर्व क्षितिज में हंसी फूटी। पर वंकाबाबा का ढोल बजता ही रहा। ठिच्चांव-ठिच्चांव, ठिच्चांव... ...च्चांव....च्चांव। ठिच्चांव-ठिच्चांव, ठिच्चांव की आवाज सतपुड़ा के पहाड़ों से टकराती रही। वंकाबाबा के कपड़े गुलाल से सन गए थे और झांझ बजाने वाले गजन की जेब सिक्कों से भारी हो गई थी। सूरज ऊपर चढ़ा, तब गांववालों ने वंकाबाबा के गले से ढोल उतार दिया और नौजवान के सिर पर रख दिया और वंकाबाबा को कंधे पर उठाकर गांववाले नाचते हुए मंत्री के पास गए। वाजा खुद आगे बढ़े और वंकाबाबा के गले में फूलों की माला डाल दी।

वंकाबाबा झटके से उठे, कमर को सहारा न देते हुए ऐंठ कर खड़े हुए। अब उसके हाथ कांप नहीं रहे थे। गरदन हिल नहीं रही थी। पैरों की कमान भी कम हो गयी थी। पैर जैसे सीधे हो गए थे। संभू के ओसरी से सड़क पर उतरते-उतरते वंकाबाबा बोला, ''सच कह रहा है संभू! अरे वंकाबाबा को कोई नहीं जानता। इसका ढोल बजने लगा कि सारा गांव इकट्ठा होता है। वंका ढोल बजाएगा।''

जल्दी-जल्दी वह झोंपड़ी के पास आया। उसने लोहे का संदूक निकाला। अंदर हाथ डालकर पुराना रंगीन शर्ट निकाला। रेशम का साफा भी निकाला। बड़ी सफाई से उसने साफा सिर पर बांधा। झोंपड़ी से बाहर आकर गजन के आंगन में बैठे बच्चों को बुलाकर ढोल बाहर निकाला। हाथ लगाकर ढोल को नमस्कार किया और एक कंधे से रस्सी लेकर तनकर खड़ा हुआ। हाथ ऊपर उठाकर उसने ढोल पर थाप मारी।

ढोल की आवाज सुनकर संभू आया था। ढोल के सामने घुटनों के बल बैठकर उसने ढोल की रस्सियां ऐंठनी शुरू कीं। वंकाबाबा तनकर खड़ा था। अपने पेट का भाग उसने आगे किया था। कमर से ऊपर का शरीर कुछ पीछे की ओर झुका था। चेहरा आकाश की ओर मुड़ा था और आंखें मूंदकर वंका ढोल पर हाथ मार रहा था। काफी देर बाद वंका का समाधान हुआ। उसको घेर कर आसपास के बच्चे खड़े थे। गजन की बेटी ने झोंपड़ी में कहीं रखा गुलाल लाकर संभू के हाथ में रखा। संभू ने उसमें से थोड़ा गुलाल ढोल पर फेंका बाकी वंका के भाल पर मल दिया। फटे पुराने चमकते गुलाबी शर्ट और लाल साफे में वंकाबाबा का झुर्रियों से भरा चेहरा अब तेजपूर्ण और तरुण दिखने लगा था। हौले-हौले कदम बढ़ाते ढोल बजाते वंकाबाबा मंडप की ओर निकला। उसके घुटनों की ऐंठ अब थोड़ी कम हो गयी थी। उंगलियों, कंधों, कदमों तथा कमर में, सारे शरीर की हलचल में एक ताल आया था।

वंकाबाबा सड़क पर आया। अपने ढोल की आवाज में चाहे वह खुद डूब गया हो पर लाउडस्पीकर की आवाज में ढोल की आवाज फंस गयी थी। वंकाबाबा जैसे-जैसे मंडप के

निकट आने लगा, आवाज बढ़ती ही गयी। मंडप में गड्ढ़े फैले थे। बाहर गांव से मोटर साइकिल, जीप, बस से आए लोग गद्दों में भीड़ करके बैठे थे। घर के दरवाजे पर औरतों का जमघट था। धूले से आया बैंड बज रहा था। मंडप में थोड़ी दूर सड़क के पास खाली जगह में वंकाबाबा रुक गया। ब्याह के मंडप से छोटे बच्चे-बच्चियां दौड़कर उसके आस-पास जमा हो गए। साथ में खड़ा जवान लड़के-लड़कियों का जमघट उसकी ओर सरक गया। पर बैंडवालों के पास खड़े बच्चे हिले भी नहीं। वंकाबाबा ने आंखें मूंद लीं। जैसे ही उसने अपना ध्यान हाथों की हलचल तथा ढोल की आवाज पर केंद्रित किया वैसे ही बैंड की आवाज डिस्को, संगीत, लोगों की ची-चिल्लाहट धीरे-धीरे क्षीण होती गई। एक-एक कदम बढ़ाता वंकाबाबा ढोल पर अपना हाथ नचा रहा था। उसके मस्तिष्क में आवाज प्रतिध्वनित हो रही थी। ढिच्चांव-ढिच्चांव....ढिच्चांव....।

बीच में ही उसे एहसास हुआ, कोई झांझ बजाकर ताल दे रहा है, थोडी देर बाद बांसुरी का सुर भी मिल गया। आस-पास नाचने वाले पैरों की आवाज भी आने लगी। हिलने वाली शरीर के कपड़ों की सरसराहट भी वंकाबाबा के कान पर आ रही थी। ढोल अब चढ़ा था। तप गया था। आवाज गूंज रही थी। आसमान कांप रहा था। वंकाबाबा के कंधों, हाथों, पैरों और गरदन की हलचल में लयबद्धता आई थी और हाथ तो जैसे अब अपने आप नाच रहे थे। हाथ के प्रत्येक आघात के साथ वंकाबाबा के कमर से एक लहर सी उमड़ती थी और सारे शरीर में फैलती थी। इस लहर में वेदनाएं भी थीं और समाधान का सुख भी था। नाचने वालों की संख्या बढ़ रही थी। कुर्रर......किसी ने फुटकी दी। पैरों की आवाज और अधिक बढ़ी। अब नाचने वालों के आस-पास भीड़ जमा हुई थी। उनकी आवाजें और नजरें वंकाबाबा को महसूस हो रही थी और बीच ही में उसे भीमू की आवाज सुनाई दी, "अरे वंकाबाबा आया क्या? बेस हुआ। चलो नाचो रे बच्चो!"

वंकाबाबा ने पैर बढ़ाए। वह भीमू की आवाज की दिशा से आगे बढ़ा। आकाश की ओर मुड़ा हुआ अपना चेहरा उसने नीचे झुकाया। उसके चेहरे पर समाधान था। होंठों पर हंसी थी। उसने आंखें खोलीं भीमू की दिशा में देखा....।

उसके हाथों से जैसे जान ही चली गयी। वे कंधे से लटकने लगे। मुंह खोलकर आंखें फाड़कर वंकाबाबा सामने देखता रहा। सामने भीमू नहीं था। झांझ वाला, बांसुरी वाला, नाचने वाले लड़के-लड़कियां कोई नहीं था। आस-पास लोगों की भीड़ भी नहीं थी। दो-चार छोटे बच्चे कौतूहल से उसकी ओर देख रहे थे। अभी-अभी जवान लड़कों के जमाव ने उसकी ओर पीठ फेर दी थी और सारा गांव लाउडस्पीकर की आवाज तथा बैंड की आवाज से भर गया था। पलभर, पलभर ही वंकाबाबा को लगा जैसे उसके पैरों की सारी शक्ति खत्म हो गई है, अब वह नीचे गिर पड़ेगा।

"मेरे भीतर का वह जादू कहां है? इस ढोल की आवाज की वह शक्ति कहां है? अरे इन भीलों के बच्चों के पैर क्या पत्थर के हो गए? भीमू कहां है?" वंकाबाबा ने झट से आंखें मूंद लीं। उसे लगा रुपयों की माला बेचकर इस फटे ढोल को मैं सी तो लाया पर उसका कोई फायदा नहीं हुआ। उसका चेहरा आकाश की ओर उठा। आंसुओं से भीगा चेहरा धूप में चमकने लगा। कितने ही पल वह ऐसा ही खड़ा था।

धीरे-धीरे उसकी उंगलियां हिलने लगीं। ढोल की आवाज उसके कानों में बजने लगी। वंकाबाबा धीरे-धीरे सड़क पर आया। रास्ते से पीछे मुड़ा। झोंपड़ी के पास आया पर अपनी बंद आंखें उसने खोली नहीं, वह वैसा ही आगे बढ़ता गया। गांव की झोंपड़ियां पीछे रह गयी। संभू ढोल की आवाज सुनकर झोंपड़ी से बाहर आया पर वंकाबाबा का चेहरा देखकर निःश्वास छोड़कर चुपचाप पीछे मुड़ा। गांव से लगकर जो नाला था उस पर बना पुल भी पीछे रह गया। किनारे का शिवजी का मंदिर भी पीछे रहा। पर वंकाबाबा के पैर आगे बढ़ते ही रहे। ढोल पर थाप पड़ती ही रही। गांव की पहाड़ी के किनारे जंगल से लगे वाघदेवा के पास खुली जगह तक आते-आते ढोल की आवाज बढ़ती गयी। उसके कान अब आवाज पी रहे थे, हाथ नाच रहे थे, पैर आगे बढ़ रहे थे। जंगल से घिरी उस खाली जगह में वह गोल-गोल घूम रहा था। ढोल की आवाज तेज होती गई। उसका शरीर, उसका हृदय, उसका खून, आसपास का जंगल, सतपुड़ा का पहाड़, ऊपर का आकाश सारा समां उस ताल पर नाच रहा था, डोल रहा था, धड़क रहा था। सूरज पश्चिम की ओर झुका, डूब गया। रात अंधेरे में गई, बीच में ही कभी लाउडस्पीकर की आवाज बंद हो गई थी। गांव में शांति फैली थी। लेकिन दूर गांव के बाहर पहाड़ी के किनारे जंगल बजता ही रहा ठिच्चांव, ठिच्चांव....सतपुड़ा गूंज रहा था। उसी ताल पर आसमान के तारे चमक रहे थे।

फिर एक बार सूर्य पूर्व दिशा में आया। पत्तों की भीड़ से प्रकाश की किरणें जमीन पर उतर आईं। सारा जंगल शांत था। रात के अंधेरे के साथ ही ढोल की धड़धड़ ही बंद हो गई थी। ❑

संथाली

साकोम*

डॉ. कृष्ण चन्द्र टुड्डू

अनुवाद : सुधीर कुमार हेम्ब्रम

प्रकृति की गोद में बसे लुमाङडिह गांव में प्राचीन काल से ही रेशम के कीड़े पाले जाते थे। जिससे उसका नाम लुमाङडिह पड़ा। पश्चिम से बहने वाला झरना और उतरी दिशा से बहने वाली नदी मिलकर गांव की सीमा तय करती है।

साङखी का जन्म लुमाङडिह गांव में हुआ था। छोटे परिवार एवं परिवार में इकलौती होने के कारण वह प्रतिदिन सुबह-शाम घड़ा लेकर पानी भरने सीमांत में बने कुएं पर जाती थी। कुद (जंगली पेड़) के नजदीक ही कुआं था जिसे पत्थरों से घेरकर बनाया गया था। यही कारण है कि आषाढ़-सावन के दिनों में कुएं का पानी बहकर निकलता था।

चैत-माह की सांध्य वेला में गांव की लड़कियों के साथ साङखी भी मुच साग (चींटी साग) तोड़ने खेत जाती थी, राहगीरों की पगडंडी उधर से ही गुजरती थी। गोधूलि बेला में साङखों भी 'आसान-बोनी हाट' वाले रास्ते से जा रहा था। जाते वक्त राह में साङखों ने जब साङखी को देखा तो उसकी धड़कन मानों रुक गई। क्यों न हो? श्यामवर्णी कन्या उन वीरान खेतों में सबका मन ऐसे मोह रही थी जैसे आंखों की कजरी हो। साङखों ने ऐसा महसूस किया मानों आंख में कुछ चुभ गया। आंखे मींचते हुए साङखों ने साङखी को देखा। यह विधाता की लीला ही है कि दोनों की नजरें मिल गईं। साङखों ने कभी दोङ ऐनेच और लांगड़े ऐनेच (नृत्य विधाएं) में या गांव में पर्व-त्योहारों के नृत्य-समूहों में देखा था। लेकिन आज जैसा सुअवसर कभी नहीं मिला था। ऐसे में भला युवा मन मिलन की खुशी में क्यों न धड़केंगे? जवानी की गाड़ी में सवार सभी युवक इससे वाकिफ हैं। अतः साङखों ने दिल थामकर साङखी से पूछा—

"एई क्या कर रही हो?"

"किससे पूछ रहे हो?" साङखी लजाती-डरती हुई बोली।

"तुम्हीं से पूछ रहा हूं। यहां तो हम दोनों ही हैं। किससे पूछूंगा?" साङखों गहरी सांस लेकर बोला।

इस तरह बातों-बातों में ही पूर्व दिशा से काले बादल घिर आए। क्षणभर में नदी का जल लहरें मारने लगा तथा तूफानी हवा भी अपना गुल खिलाने लगी। मानों पूरे गांव को बहा ले जाएगी। साङखी मुच साग को अगोंछे में छिपाकर भागती हुई घर गई। साङखों भी तूफानी हवा देखकर 'आसान-बोनी हाट' देखने नहीं गया। वह अपने गांव लुमाङडिह लौट

* चूड़ी

गया।

इस तरह निरंतर साङखों और साङखी का प्रेम गहराता चला गया। वे नया जीवन जीने का खेल खेलने लगे। सपनों का महल बनाने लगे। वे जंगलों के पेड़ में 'हाव-पोटोम' (चींटी की एक प्रजाति जो पत्तियों का घोंसला बनाकर अंडा देती है) बनाते लेकिन घोंसला बनने से पहले ही ओलों और हवा ने उसे छिन्न-भिन्न कर दिया। यह कुदरत का खेल ही है कि शैतान रूपी तूफान ने घोंसला बनने से पूर्व ही गिरा दिया।

कहा जाने लगा है कि रांगाडीह (गांव) के रागदा सेठ के सुपुत्र रामजीत के साथ साङखी का विवाह होगा। शादी निश्चित हो गई तथा दिन भी समीप आ गया। विवाह-प्रयोजन से गांव के प्रधान और माननीय पंचों ने साङखी को तेल-हल्दी लगवाया।

इधर साङखों के लिए भी सांवनाडीह में कन्या मिल गई। दोनों की शादी एक ही दिन होनी तय हुई। साङखी को दूल्हा और साङखों को दुल्हन मिलने वाली है। यही कारण है कि अगुवा काफी व्यस्त है। कितना बड़ा काम है शादी-विवाह का, इसलिए वह जी-जान से लगा हुआ है। व्यस्तता के कारण कई दिन से सोया नहीं है फिर भी शरीर में थकावट नहीं है चूंकि उसे हल्दिया पगड़ी जो पुरस्कार में मिलने वाली है।

दोनों के इतने दिनों के प्रेम के बावजूद साङखी ने कभी साङखों से कुछ नहीं मांगा, लेकिन आज प्रेम के आंगन में प्रेम को दफना कर दोनों जिंदगी भर के लिए अलग होने वाले हैं, संभवतः इसीलिए साङखी बोली—

"मेरी एक बात है?"

"क्या बात है?" साङखों ने पूछा।

"इतने दिन, इतने साल दोनों मिलते रहे। लेकिन तुमने कुछ भी नहीं दिया?" साङखी बोली।

"क्या चाहती हो?"

"कुछ भी खरीद दो"

"क्या चीज दूं, बोलो"—साङखों बोला।

"मैं कुछ भी नहीं चाहती हूं, बस मुझे एक चूड़ी खरीद दो।" यह शायद साङखी की अंतिम मनोकामना थी, अंतिम निशानी के तौर पर।

साङखों भी बोला—

"ठीक है, खरीद दूंगा। कैसी चाहिए?"

"तुम जैसी भी पंसद करोगे मैं उसको पंसद करूंगी।"

"आज तुम घर लौट जाओ, कल इसी जगह आना"— साङखों बोला। इस तरह वह साङखी की चूड़ी का माप लेकर घर लौट गया।

इधर साङखों के पिता शादी का सामान खरीदने हेतु काफी व्यस्त थे। गांव में ही मोहन और हुनार नामी कारीगर हैं। लेकिन आस-पास के सभी लोग मोहन कारीगर से ही साजो-सामान की वस्तु बनवाते हैं क्योंकि पूर्वजों के समय से ही उसे अच्छा माना जाता है और शुभ भी, इसीलिए साङखों के पिता ने भी उसी से लोहे की चूड़ी बनवाई। साङखों की मां ने माहलेडीह की माहले बुढ़ी से दावड़ा (शादी में प्रयुक्त होने वाली विशेष टोकरी)

बनवाई।

उधर साङखी की शादी भी निकट आ गई। कल शाम को ही अगुवा बारातियों को लाने जाएगा। इसीलिए लुमाङडिह वासी अपने-अपने घर-आंगनों को साफ कर रहे हैं। गांव का प्रधान और माननीय पंच 'टाका चाल ढावरा रुकू' (वधू मूल्य हेतु) शराब पी रहे हैं। ऐसी स्थिति में साङखी बार-बार पेड़ के नीचे पत्थरों से घिरे कुएं की ओर देखती है। किसलिए? सज्जा (चूड़ी) के लिए।

कुछ देर बार साङखों दिखा। प्रत्येक दिन की तरह छिपते-छिपाते आ रहा था। डर था कि लोग क्या सोचेंगे। साङखी घर के भीतर रखा पीतल का घड़ा लेकर घर के पीछे वाले दरवाजे से कुएं पर शीघ्र पहुंची।

पहुंचते ही साङखी बोली—"चूड़ी लाए।"

"हां लाया हूं।"

"तो शीघ्र मुझे दो। प्रधान और पंचों ने अगुवा को बारात लाने भेजा है।"

"कितने आश्चर्य की बात है कि दोनों की शादी आज ही है। इसी को कहते हैं एक हाथ से दो फल चुनना या उठाना। तुमको पति मिलेगा और मुझे पत्नी—आश्चर्य की बात नहीं है।"

"यह ईश्वर की सृष्टि और लीला का परिणाम है कि तुमको वधु मिल रही है और मुझे वर के रूप में संसार मिल रहा है। अलग-अलग रहकर कल से जिंदगी भर के लिए सपनों का महल बनाएंगे।" साङखी हिम्मत करके बोली—"कुछ भी हो तुम शीघ्र मुझे चूड़ी दे दो।"

साङखों बोला —"ये लो।"

साङखी दाहिना हाथ बढ़ाकर बोली—"दो।"

साङखों बोला—"प्यारी साङखी! इतने साल इतने दिन जहां कहीं भी मिले थे, कुछ भी बांटे थे, वह सभी दाहिने हाथ से ही आदान-प्रदान हुआ था। दाहिने तरफ बैठकर मजाक किया करता था, लेकिन आज से समाप्त हो गया। तुम्हारे दाहिने पक्ष में खड़ा होने की जगह अब नहीं रही। अतः इसे प्रेम से बायें हाथ से स्वीकार करो।"

यह बात सुनकर साङखी की अश्रुधारा प्रवाहित होकर सूखे पत्ते पर टप-टप गिरने लगी। साङखी ने अपने पल्लू से आंसू पोंछते हुए बाएं हाथ को आगे बढ़ाया।

ऐसे में साङखों ने जल्दबाजी में बायां हाथ पकड़कर चूड़ी पहना दी। चूड़ी देखकर साङखी बोली—"प्रिय यह क्या किया? यह कैसी चूड़ी है।"

कुछ देर साङखी शांत रही। साङखों भी कुछ नहीं बोला। कुछ बोले बिना एक दूसरे को देखते रहे। शायद साङखी मन ही मन सोच रही थी जैसी भी हो चूड़ी ही तो है। साङखों बोला—"क्यों चूड़ी पंसद नहीं आई?"

कुछ देर बाद साङखी बोली—"प्रिय मैंने तो सोने की चूड़ी मांगी थी।"

"सोने की चूड़ी क्या करोगी प्रिये, यह सोने से भी मूल्यवान है। जब तक इस धरती में जीवित रहूंगा तब तक संघर्ष स्वीकार करो प्रिये! जब मेरे शरीर का खून और हड्डी धरती माटी में मिल जाएगी, उस दिन इस चूड़ी को भी दफना देना। भविष्य में मिलने पर

भी इसका उपयोग कोई नहीं करेगा। इसको कोई नहीं चुराएगा। इसीलिए मैंने इसको दिया। सोने-चांदी की चूड़ी रहने पर हमारे और तुम्हारे नहीं रहने पर भी लोग इसका उपयोग करेंगे।''

इधर रात्रि की काली चादर अपना आंचल फैला रही थी। दोनों की शादी होने वाली है, अतः देर तक नहीं रुक सकते। पेड़ के किनारे कुएं में निशान लगाकर धीरे-धीरे उल्टे पांव दोनों चलने लगे। शायद युग-युग के लिए रात्रि के अंधेरे में जुदा हो रहे थे।

दूसरे दिन सुबह ही अगुवा बारात लाने गया। लेकिन रांगाडीह घोपोठ सेठ सामदू (बहू लाने) बारात नहीं जाएगी। वह रामजीत के लिए शादी का संदेश नहीं लेगा क्योंकि रांगाडीह प्रधान मोटर साइकिल, टीवी. अलमारी और पलंग के साथ दस हजार रूपए मांग रहा है, नहीं तो बारात लुमाङडिह नहीं जाएगी।

यह बात सुनकर अगुवा कुछ देर आश्चर्यचकित रहा और चुपचाप बैठ गया। कुछ देर बाद मजबूती से खड़ा होकर कहा—''क्या संताल समाज में ऐसा रिवाज है? मैं तो अगुवा हूं। अगुवा की सीमा होती है। समाज में मान-मर्यादा है। संताल समाज में रुपया से बड़ी इज्जत होती है।'' इस तरह साङखी की शादी टूट गई। ऐसे में कई तरह के सवाल उठने लगे। क्या लुमाङडिह प्रधान की बेटी की शादी नहीं होगी। क्या वह बिना शादी के 'छाडुई' (तलाक-शुदा औरत) हो गई?

उधर साङखों की बारात जाने वाली है लेकिन शाम तक अगुवा नहीं लौटा है। सभी चिंतित हैं। अतः गांव का प्रधान और पंचों द्वारा शादी में लगने वाली सामग्री को सजाया-संवारा जा रहा है। सभी चीजों को ठीक से देखा जा रहा है। ऐसे में प्रधान ने कहा—लोहे की चूड़ी नहीं है। सभी जगह जांच-पड़ताल की गई, कहीं नहीं मिली। घर में शोर-गुल मच गया। लोग एक-दूसरे पर दोषारोपण करने लगे लेकिन कोई भी खोज नहीं पाया।

ऐसे वक्त में अगुवा दोपहर को पहुंचा। अगुवा के आते ही आंगन और द्वार में बैठी औरतों ने खुशी से गाना प्रारंभ कर दिया। घर के अंदर बैठकर मद्यपान करने वाले अतिथियों ने भी खुशी के गीत गाये। इस तरह पूरा माहौल संगीतमय हो गया। बारात जाने वाले नवयुवक मंडप के नीचे—मादल, नगाड़ा, ढोल, मजीरे आदि गाजे-बाजे से पूरा वातावरण उल्लसित हो गया। मानों घर की दीवारें खुशी से कांप रही हों। हल्दिया रंग से रंगी धोती पहन कर बारात घर से निकली।

गांव की बालाएं कंधा से कंधा मिलाकर कतार में रास्ते के किनारे खड़ी थीं। गांव के नौजवान युवक बैलगाड़ियों को सजा कर दूल्हे को चढ़ाने के लिए आंगन की ओर ले जा रहे थे। इतनी खुशी के बावजूद अगुवा प्रसन्नचित्त नहीं है। यह देखकर गांव के प्रधान और पंचों के मन में सवाल उठा। इतने में गांव के प्रधान ने अगुवा से इस रहस्य को जानना चाहा। अगुवा ने कहा—''सांवनाडीह प्रधान आज बारात को नहीं स्वीकारेगा।'' यह बात सुनकर लोवङडिह प्रधान ने चिल्लाकर कहा ''क्यों बारात को नहीं देखेगा? क्यों आतिथ्य स्वीकार नहीं करेगा? प्रजा—चलो। लड़के को सजाओ। सांवनाडीह प्रधान ने रुपया लिया है। चलो निकलो, प्रधान और पंचों के साथ चलो।''

अगुवा बोला—"माननीय प्रधान माफ कीजिएगा, सांवनाडीह प्रधान की बेटी को 'शेर ले भागा है' उसने भाग कर शादी कर ली है।"

प्रधान ने कहा, "ऐसा नहीं हो सकता। तुमने आज अतिथियों के सामने मेरा अपमान करवाया है। तुम्हारे जैसे लुचपुच अगुवा के कारण ही ऐसा हुआ है। आज मैं बेटे के लिए बहू अवश्य लाऊंगा, चाहे कुछ भी हो जाए।"

यह बात सुनकर साङखों बोला—"बाबा, आपका अपमान मुझसे बड़ा नहीं है। बाबा आज गांव के प्रधान और पंचों के सामने शादी के नाम से जो हल्दी तेल लगाया गया है तो क्या आज मैं बिना विवाह का 'छाड़ुई' (तलाकशुदा व्यक्ति) हो गया?"

यह बात सुनकर साङखों की मां ने कहा, "यह अगुवा का दोष नहीं है। दोषी तो हम दोनों (मां-बाप) हैं क्योंकि लड़की देखने से पहले उसके चरित्र को भी जान लेना चाहिए था। तुम तो लंबी, गोरी और दिकु-कुड़ी जैसी चाहते थे। इसीलिए कहा गया है कि लड़की के रूप-सौंदर्य से गुण-सौंदर्य बड़ा है।"

थोड़ी देर के बाद अगुवा और साङखों की मां के बीच कुछ बातचीत हुई। प्रधान और पंचों के सामने साङखों की मां ने निवेदन किया—"आज मध-भात को व्यर्थ बर्बाद नहीं होने देंगे। हल्दिया-धोती को भी नहीं खोलेंगे।"

इसके बाद अगुवा बोला—"चलो लुमाङडिह प्रधान के घर शादी का संदेश लेकर। लुमाङडिह प्रधान से मशवरा करते हैं और हम लोग कन्या-मूल्य देंगे। दिन भी तय करेंगे और बारात को लेकर चलेंगे।" इस बात पर सभी ने हामी भरी। प्रधान और पंचों ने मिलकर लुमाङडिह प्रधान से बात पक्की कर ली और इस प्रकार गाजे-बाजे के साथ बारात गई।

सूर्य के उगते ही आज दावड़ा (पवित्र टोकरी) के ऊपर 'चांदों बोंगा' (चांद देवता) को साक्षी मानकर पेड़ के नीचे कुएं में पहनाई गई, लोहे की चूड़ी में सिन्दूर लगाकर साङखी की मांग भरी गई। इस प्रकार लोहे की चूड़ी और अगुवा के परिश्रम से टूटा हुआ विवाह जिंदगी भर के लिए जुड़ गया। अगुवा बोला—"जहां सगाई होनी होती है, वहीं होके रहती है। जहां सच्चा प्यार रहता है, वहां 'चांदों बोंगा' (चांद देवता) भी मदद करता है। जहां सच्चा प्यार नहीं होता, जहां आतिथ्य नहीं होता, वहां कोई भी सहयोग नहीं करता।" यह सब सुनकर लोगों ने अगुवा की काफी सराहना की। इस प्रकार अगुवा को भी हल्दिया-पगड़ी पहना कर सम्मानित किया गया। ❑

एक वित्ता जमीन

डॉ. कृष्ण चन्द्र टुड्डू

अनुवाद : सोने लाल हेम्ब्रम

अगहन माह की अमावस्या की अंधेरी रात। आस-पास शान्त वातावरण। दिन भर के मेहनत से थके शरीर को आराम देने के उद्देश्य से गांव के सभी लोग सो गए हैं। ठंडक बढ़ी हुई है। पतली ठंडी बयार बह रही है। इस अंधेरी रात में अगर कोई जाग रही है तो वह है सरला गांव की अठारह वर्षीय बाला। सरला बांस का दरवाजा खोल बाड़ी की ओर बढ़ती जा रही है। आगे गली के अंत पर के पीपल के पेड़ की तरफ, इस पेड़ से थोड़ी दूर पर एक पोखर है, सरला पेड़ के पास पहुंच जाती है और खड़ी हो जाती है। ठंडक के कारण अथवा किसी और कारण से पोखर के जल-जीव अपनी उपस्थिति नहीं बता रहे हैं। शांत, बहुत शांत वातावरण है। कोई शोर नहीं, कोई आवाज नहीं।

सरला आज घर छोड़कर जा रही है। भाग रही है वह, पर क्यों भाग रही है यह उसके सिवा किसी को मालूम नहीं है? ऊपर पीपल के पेड़ पर घोंसला बनाकर रहने वाली गिद्धनी भी घोंसला तोड़ उड़ जाती है। उसके घोंसले के तिनके बिखर कर जमीन पर गिर पड़ते हैं। उसको सरला अपशकुन मानती है और कह उठती है–''यह मेरी कैसी यात्रा है?''

इधर आसमान में सोरेन-तारे (सप्त ऋषि) डूबने के लिए सीधे हो चुके हैं। सवेरा होने को है, तभी दूर से ढ़ेक की आवाज सरला को सुनाई देती है। यह आवाज जिस घर से आ रही है वहां आग जलने से रोशनी भी हो रही है। रोशनी में देखती क्या है कि एक औरत लकड़ी का गट्ठर दोनों हाथों से दबाये घर में प्रवेश करती है और पुरुष आंगन में कुदाल आदि को अपनी बहंगी (भार) पर सजा रहा है। शायद ये दोनों काम पर जाने की तैयारी कर रहे हैं। सरला के घर सब कुछ है खाने के लिए–अनाज, मवेशियों से भरा गोहाल, धान-चावल से भरी कोठी, पर फिर भी ये सब छोड़ कर वह जा रही है–अपनी बस्ती राजदा को छोड़कर।

हां, छोड़ना तो होगा ही उसे अपनी बस्ती राजदा को। लड़की जात जो ठहरी वह। इसलिए कि औरत जात में जन्म जो हुआ है उसका? लड़की जात को तो जाना ही होता है दूसरे घर में। कहां रहेगी यहां, जहां उसके छोटे भाई नहीं है, जहां भाभी-भैया नहीं हैं, मृत्यु ने सभी को छीन लिया है सरला से। माता-पिता का साया तो बहुत पहले ही छूट गया। कोई नहीं है उसका अपना, सभी पराये हैं।

सरला के अब तक घर न बसाने से गोतियागण चिंतित हैं। वे तो चाहते हैं कि जितनी जल्दी हो, सरला उनसे दूर हो जाए। सरला गोतियागण की आंख की किरकिरी बनी हुई है।

उसे गोतियागण से अक्सर जली-कटी सुनने को मिलती है, तो वह बेचैन-सी हो उठती है।

पर कहां जाकर अपना जीवन साथी ढूंढे वह? कहां किसके साथ घर बसाए वह तुरंत— यह प्रश्न बहुत बड़ा था, जिसका निदान मिलना संभव नहीं था? सरला स्वयं से ही माकूल उत्तर की प्रत्याशा में प्रश्न पूछ बैठती, "क्या यह गांव-देश उसका नहीं है — यह घर-द्वार उसका नहीं है? क्या लड़की जात के लिए उसके अपने घर में जगह नहीं है? क्या लड़की जात को कोई कानूनी अधिकार नहीं होता? यदि ऐसा है तो लड़की-लड़का एक साथ समाज में कैसे रह सकते हैं? फिर ऐसे में संताल समाज की गाड़ी कैसे बढ़ सकती है?" यह सब उसने पीपल के पेड़ के तले ही सोच लिया।

सरला माता-पिता के देहान्तोपरांत अकेली ही गांव के लोगों के साथ गत अठारह वर्षों से रह रही है। गोतियागणों की मदद के बिना ही जीती रही है फिर गोतियागण उसकी मदद क्यों करने लगे। वे तो उसके दुश्मन ही थे। सरला अपने गोतियागणों के लिए सिरदर्द ही थी।

कुछ देर में अचानक अवाज गूंजी—"हां, हमने पा लिया भागने वाली को यह रही, यह रही। इस पेड़ के नीचे खड़ी है पकड़ो इसे, पीटो इसे, जान से मार डालो इसे, यह डायन है, यह डायन है।"

आज लोभ-लालच के कारण उसके गोतियागण जिन्हें जमीन-जगह-धन और अनाज चाहिए सरला को जान से मारने पर तुल गए। लोगों की मार और लात को झेलती सरला गिर पड़ती है वहीं पीपल के पेड़ तले निढ़ाल जमीन पर। उसे उसी हाल में बांध कर घसीटते हुए पोखर के अड्डे तक ले जाया जाता है और धक्का देकर पानी में फेंक दिया जाता है। शैवाल में डूब जाती है सरला। सभी उसे, उसी हाल में छोड़ वापस लौट जाते हैं अपने-अपने घरों को।

सुबह सूर्य की रोशनी में लड़की को पानी में डूबा देख कर चहुं ओर यह खबर फैल जाती है कि सरला को बुरी तरह से मार कर पोखर में फेंक दिया गया है। लोग जमा हो जाते हैं पोखर के पास। पुलिस को यह खबर मिलती है तो दारोगा जी आ धमकते हैं। पोखर के पानी से सरला को निकाला जाता है। पर यह क्या सरला तो मरी नहीं है वह तो जीवित है। बेहोशी की उसी हालत में उसे डाक्टर के पास ले जाया जाता है।

डा. सीमाल बाबू सरला को देखते ही पहचान जाते हैं और पूछ बैठते हैं, "सरला यह तुम्हें क्या हुआ? तुम्हारी यह हालत कैसे हो गई?" फिर जल्दी-जल्दी उन्होंने उसे दवा दी। सरला धीरे-धीरे उठ बैठी और बोली—"डॉ. बाबू आपने मेरी जान क्यों बचाई? मर जाने दिया होता मुझे। मैं गोतिया गणों की दुश्मन हूं न, उनके आंखों की किरकिरी हूं न, मेरे मरने से उनको खुशी होती। उनको मेरे हिस्से की जमीन मिल जाएगी। एक वित्ता जमीन की खातिर ही तो उन्होंने मेरी यह दुर्दशा की है।"

इस पर सीमाल बाबू बोले—"धर्म ही तो निभाया है मैंने, एक मरणासन्न को बचा कर।"

फिर दारोगा जी को देखकर सरला बोली—"दारोगा जी मेरे ऊपर जो अत्याचार हुआ है, उसे तो मैं सह ही लूंगी क्योंकि मैं तो लड़की जात हूं। मेरे भाग्य में तो यही लिखा है। मैं लड़की हूं न। मेरा तो कोई जन्मस्थल हो ही नहीं सकता न। मेरी कोई जगह जमीन भी नहीं

हो सकती। इसीलिए मुझे मरना चाहिए न। मुझे मारने वाले, मेरी यह गत बनाने वाले कोई और नहीं, मेरे अपने गोतिया हैं। इन्हें पकड़ने से क्या होगा। ये हमारे समाज का नियम है—हमारी परंपरा है जिसके कारण मेरा यह हाल हुआ है। आप भी क्या कर सकते हैं? क्या होगा इन्हें पकड़ कर या सजा देकर?''

''हां दारोगा जी जो बात सरला कह रही है शत-प्रतिशत सही है।'' डा. सीमाल ने हामी भरी।

''डा. बाबू आप! आप सरला को जानते हैं?'' दरोगा ने पूछा।

''जी, मैं सरला को भली-भांति जानता हूं। बालपन से हम दोनों एक साथ, एक दूसरे के आस-पास रहकर खेले और बढ़े हैं। अब जब यह बड़ी हो गई है, हम दोनों एक दूसरे से प्रेम करते हैं। सरला के बाएं हाथ की अंगुली में जो अंगूठी चमक रही है वह मेरे प्रेम की निशानी है।'' सीमाल बाबू ने स्पष्ट किया।

दारोगा जी इस प्रेम कथा को जान कर बोले—''सरला और सीमाल बाबू आप दोनों से पूरी कहानी सुन कर मैं सारी बातों से अवगत हो गया हूं, इसलिए मेरी सलाह है कि आप दोनों टाटा कोर्ट जाकर विवाह-बॉण्ड भर कर विवाह कर लें। जहां तक सरला के गोतिया लोगों को माफ करने और छोड़ने का प्रश्न है तो मैं उन्हें छोड़ नहीं सकता। वे तो सरला पर अत्याचार करने और मार डालने की साजिश में शामिल हैं इसलिए वे भारतीय दण्ड संहिता 325 के तहत दोषी हैं। इस जुर्म में इन्हें मैं टाटा हाजत भेज रहा हूं। तभी इनके होश ठिकाने लगेंगे।''

दारोगा की बात सुन कर डा. सीमाल ने कहा— ''दारोगा जी आप जैसा कहते हैं वैसा करने को हम तैयार हैं। परंतु मेरे तो माता-पिता, गोतिया लोग और समाज के पंचगण भी हैं, इसलिए अभी हम अपने गांव नीमडी जाएंगे। मेरे माता-पिता भी संभवतः काम से लौट गए होंगे। उनके मार्ग-दर्शन से हम आगे का कार्यक्रम तय करेंगे।''

''तो ठीक है। जो आप लोगों को उचित लगे, कीजिए।'' दारोगा ने कहा।

''मैं सरला को भी अपने साथ लिए जा रहा हूं।'' फिर सरला के कंधे पर हाथ रखते हुए सीमाल बाबू बोले—''चलो सरला मेरे साथ। मैं तुम्हें अपने गांव लिए चलता हूं। जहां हम विवाह के बाद साथ-साथ जीवन बिताएंगे।''

दारोगा जी ने प्रेमी युगल को अलविदा कहा। ❑

बेरथअ बिहा*

प्यारे केरकेट्टा

अनुवाद : रोज़ केरकेट्टा

अभी-अभी जंगल के शाल, आसन, केशेल आदि बड़े-बड़े पेड़ पल्लवित होने लगे थे। जंगलों में शाम होते ही आग जला दी जाती थी। रात भर सूखी पत्तियां जलती रहतीं और सारा जंगल प्रकाश में नहाया रहता। मधुमास के समय सुबह होते ही गांव के युवक-युवतियां पहाड़ों पर छा जाते। पहाड़ 'सबैघास' से अटा पड़ा था। तीतर, बटेर और मोर आदमी के हाथ पड़ने से पहले ही घास में छिप जाते। बाल-बुतरू और बूढ़े-बुजुर्ग सब चिरौंजी, गूलर और केन्द खाने के बहाने पहाड़ों पर चढ़ जाते। शोर, गीत और बांसुरी की तान से पूरा जंगल गुलजार होता। मन मुक्त होकर भावनाओं को वन में ही तो अभिव्यक्त कर पाता है। ठीक उन्हीं दिनों लोगों ने नया-नया इसाई धर्म स्वीकार किया था। उनके बीच पूर्वजों द्वारा गाए गीत और नृत्य ही मनोरंजन के साधन थे। परंतु नए-नए शिक्षक और प्रचारक जो सोनपुर और नागपुर की तरफ से आए थे, वे उन्हें पुरखौती गीत गाने और नाचने से मना करते थे, इसलिए रात को थोड़ी देर तक ही नाच-गान होता था। सो लोग सूखे मौसम का इंतजार करते रहते ताकि वनों में प्रवेश कर सकें। मुक्त होकर अपनी भावनाओं और अनुभूतियों की अभिव्यक्ति के लिए वन से अधिक उपयुक्त स्थान दूसरा नहीं है। ऐसे ही सुखद मधुमास के एक दिन पहाड़ पर से नीचे उतरते हुए लोगों ने एक गीत सुना। गीत पहाड़ की ऊंचाई पर एकाएक फूटा था और गीत की लहर नीचे तराई पर पसर गई थी। पहाड़ की तराई पर अनेक युवतियों ने गीत सुना। गीत के बोल थे–

"रसिक छैला पहाड़ पर गा रहा है (सुनकर)
परित्यक्ता स्त्री रात के अंधेरे में ताक-झांक कर रही है।"

गीत का राग श्रोताओं के कान में रस घोल गया। मनचली युवतियों का दिल मचल उठा। वे भी गीत को गुनगुनाने लगीं। युवक तो उत्तेजित ही हो उठे। असल में खड़िया पाडू का राग इतना मोहक होता है कि थोड़ी देर के लिए आदमी अपनी पीड़ा भूल जाता है। वैसे ही पल में पहाड़ के दूसरे छोर से गीत गूंज उठा–

"कब तक युवक तुम युवा होगे।
तुम्हारी दाढ़ी मूछें उगेंगी,
मैं तुम्हारी प्रतीक्षा करूंगी।"

गीत हवा के झोंके के साथ तलहटी से पहाड़ की चोटी पर पहुंच गया।

---

* बेरथा का ब्याह

दंदू पौलुस के स्वर को सारे लोगों ने पहचान लिया। युवतियों के अंदर हलचल मची। बेरथा के दिल में कुछ अधिक ही गुदगुदी हुई। उसके दिल की धड़कन बढ़ गई। वह दंदू पौलुस को कम से कम एक नजर देखने और बात करने के लिए व्याकुल हो गई। वह मिलने या वापस जाने की दुविधा में फंस गई।

बेरथा का नाम ईसाई होने से पहले सोमारी था इसलिए उसे लोग बेरथा के साथ-साथ सोमारी भी पुकारते थे। बेरथा सोमारी बीरूटोला के धाधु मतियस की बेटी थी। देखने में जितनी सुहानी थी, काम-धंधे में भी उतनी ही कुशल थी। बेरथा का विवाह रामपुर दरंगाटोला में तय हुआ। गांव में उसी का पहला क्रिस्तानी विवाह था। उससे पहले सौंसार (सरना रीति का विवाह) विवाह होता था। ईसाई होने के साथ ही विवाह में मांस-भात का चलन आ गया। घर देखी, सर-जमीन देखी, चिलम पोड़ाउनी, सुखमूड़ देखना, सुखमूड़ लाने जाना, डंडअ आयेड आदि नेगों व रस्मों, रीति-रिवाजों के नाम पर कई-कई बार वर के घर जाने लगे थे। ऐसा दस्तूर पहले नहीं था।

बीरूटोला के लोग दरंगाटोला के रीझा सामुएल के घर नए दस्तूरों के मुताबिक कई बार गए। सामुएल का बाप जुएल का घर खाता-पीता ही था। लेकिन नेग के नाम पर खिलाते-खिलाते एक वर्ष के अंदर घर खाली हो गया। लोग जितनी बार आए मांस-भात से ही सत्कार करना पड़ा। जितनी बार आए, पचास-साठ से कम नहीं आए। 'डंडअ ओयेड' में तो पूरे एक सौ बीस जन बिना बुलाए ही आए। बुलाए बिना किसी जगह नहीं जाना चाहिए ऐसा कोई विचार खड़िया लोगों में नहीं है। लाज-शर्म भी नहीं होती है। सो बेचारा जुएल नेग पूरा करते-करते पस्त हो गया। विवाह के नाम पर घर का सारा अनाज होम हो गया। कर्ज में भी डूब गया।

अब जरा दूसरी ओर भी देखें। दरंगाटोला के लोग भी कम नहीं थे। उन्होंने सलाह की कि वे भी पूरे गांव के लोग बारात में जाएंगे– "वे हमारे यहां बार-बार खाकर गए हैं तो क्या हम एक बार भी नहीं जाएंगे?" सो दरंगाटोला से एक सौ अस्सी आदमी बारात में गए। टिड्डी जिस तरह पत्तियों, फसलों को चटकर जाती है वैसे ही दरंगाटोला के लोग धाधु मतियस का सारा अन्न चट कर गए। धाधु मतियस का घर पूरा साफ हो गया। माघ के महीने में ही खाली हो गया। सामने पूरा वर्ष मुंह खोले खड़ा हो गया। दोनों समधियों को दिन में ही तारे दिखाई देने लगे।

यों देखें तो विवाह हंसी-खुशी और नाच-गान के बीच सम्पन्न हुआ। भोज-भात भी किसी को पंसद हुआ किसी को नहीं हुआ। अच्छे घर-वर की चर्चा भी किसी-किसी ने की। परंतु अधिकांश असंतुष्ट रहे। किसी ने कहा कि उसे सिर्फ रान की हड्डी मिली, किसी ने कहा उसे शोरबा ही मिला। एक ने कहा कि उसने घर वापस जाकर भोजन किया। दूसरे ने परोसने वालों की शिकायत की। बेचारे दोनों समधी इष्ट-कुटुम्ब को प्रसन्न करने में लगे रहे, पर सब पानी में बह गया। न खुदा ही मिला न बिसाले सनम। इतना ही हुआ कि घर की तंगहाली में दोनों अंदर ही अंदर जलने लगे।

बेरथा सुशील थी और काम में भी निपुण थी। लोग गांव का नाम रोशन करने वाली कहा करते थे। इतनी दृढ़ चरित्र कि गांव के शिक्षक ने उसे बहुत बहकाने की चेष्टा की

पर बेरथा डिगी नहीं। बाद में शिक्षक ने उसके सामने आंख उठाने की हिम्मत नहीं की। सब उसके चरित्र की सराहना करते थे।

बेरथा की तरह ही उसका पति सामुएल चरित्रवान था। धीर-गंभीर और सुशील स्वभाव था उसका। लेकिन बेरथा की सास बेटे के विवाह से दुःखी हो गई। जब-तब अंदर-बाहर घुसते-निकलते बड़बड़ाने लगी– "इससे विवाह करके मैंने अपना पूरा घर ही धो डाला, हम तो बरबाद हो गए।" कभी बेरथा की तबीयत बिगड़ जाती तब भी उसे आराम नहीं करना था। जैसे ही वह बिस्तर पर लेटती सास सुनाने लगती थी– "घर तबाह कर बहू लाई हूं। अब देखो बिछावन से नीचे नहीं उतरती है, सारा काम मेरे सिर पर पड़ गया। पता नहीं कितना लेटने का मन करता है। हमारे जमाने में ऐसा नहीं होता था। ऐसा करते तो ये दिन देखते?"

बेचारी बेरथा ने सास-ससुर को प्रसन्न करने के लिए क्या नहीं किया, पर उन्हें प्रसन्न न कर सकी। सामुएल सीधा-सादा युवक था। घर की दशा से अन्दर ही अन्दर घुलने लगा। मां की बातें सुनकर अंदर ही अंदर रो उठता। आखिर विवाह के लगभग दो माह पश्चात् सामुएल ने इस तरह खाट पकड़ ली कि फिर उठा ही नहीं। चिंता की कोई दवा नहीं है। बहुत खर्च हुआ उसके इलाज पर लेकिन एक दिन मुर्गा बांग दे, उसी समय लगभग सामुएल वहां के लिए प्रस्थान कर गया, जहां से कोई वापस नहीं आता। मां-बाप और सबसे ज्यादा बेरथा अकेली रह गई। बेरथा की दुनिया उजड़ गई। आंखों की रोशनी बुझ गई। हाथ-पैर प्राणहीन हो गए। वह रोई–फफक-फफक कर रोई। दो-तीन दिनों तक अन्न-पानी को छुआ ही नहीं।

बेरथा की सास भी रोई। गरज-गरज कर रोई–चिल्ला-चिल्ला कर रोई। वह! सिर धुनती और बोलती जाती–"घर तबाह कर मैंने तुम्हारा विवाह किया मेरे बेटे.....। तुम किस ग्रह के फेर में पड़ गए ? तुम्हारे लिए सारी दुनिया में आग लग गई थी जो इससे विवाह किया। दूसरे की बेटी-बहन को यहां लाकर तुमने छोड़ दिया।" सहने की भी सीमा होती है। सारे दुःख सहकर भी बेरथा ने सास-ससुर की सेवा करनी चाही। ताने-लांछन और कष्ट से वह जर्जर हो गई। नौ माह उसने इसी अवस्था में ससुराल में काटे। जब पीड़ा असह्य हो गई तो वह एक दिन हाट के बहाने नैहर लौट गई।

नैहर की स्थिति भी अच्छी नहीं थी। घर में कुछ था नहीं। उधार कोई देता नहीं था इसलिए कि वे वापस करने की स्थिति में नहीं थे। फिर भी बेरथा मां के आंचल तले अपना दुःख भूलने लगी। गांव की सहेलियों से बातें करती, हंसती। धीरे-धीरे वह अपनी व्यथा से मुक्त होने लगी। परंतु कभी अकेले में अपनी विवाहित सखियों को देख कर अपना दुःख याद करती और आंसू बहा लेती थी। लेकिन उसे मां के प्यार की छांव में नया जीवन आरंभ करने की प्रेरणा मिली। यद्यपि वह भगवान से प्रार्थना करती थी कि उसे बल मिले जिससे कि वह अपने चरित्र की रक्षा कर सके। वह दृढ़ चरित्र थी लेकिन उसके जीवन में वसंत अभी-अभी आया था। कभी-कभी मौसम, फूलों, पक्षियों और आकाश को देख कर उसके मन में भी किसी का साहचर्य पाने की उद्दाम इच्छा जागृत हो जाती, तब वह घबरा कर रो पड़ती। उसकी मां के बोल भी उसे उद्विग्न कर देते। मां रात

को बिछावन पर लेटे हुए कभी-कभी बोल बैठती—"किसी का हाथ थाम कर कहीं चली जाओ सो भला। कब तक अकेली बैठी रहोगी?" ऐसी बातें सुनकर बेरथा निराशा में डूब जाती। चारों ओर अंधेरा दिखाई देता। अंधेरे में ही हाथ-पैर मारती, पर उसे तसल्ली देने वाला कोई नहीं मिलता। काश! कोई होता जो उसे रास्ता दिखाता। युवावस्था, तिस पर विधवा जीवन! झूठे ही सही कोई तो तसल्ली देता। बांध जब तक पानी को रोक सकता है— रोकता है, पर जब संभाल नहीं पाता तो बांध टूट जाता है। बेरथा का बांध भी टूट गया।

चड़री पहाड़ के उस पार टोंगरी टोला है। चड़री टोला के दंदू पौलुस ने पहाड़ पर चढ़कर पाड़ू किया। पहाड़ की तराई में बेरथा ने उसे सुना। बेरथा ने बड़े मन से गीत गा कर उसे उत्तर दिया। फिर तो दोनों की मुलाकातें वन में ही होने लगीं। वे दोनों कब, कहां और कितनी देर तक बातें करते, किसी को पता नहीं। लेकिन बेरथा बड़े मनोयोग से बाल संवारने, तेल लगाने और साफ कपड़े पहनने लगी। एक दिन बेरथा जंगल से काफी रात गए घर वापस लौटी। फिर तो घर पर ही बनने-संवरने में काफी समय लगाने लगी। एक दिन सुबह घर वालों को पता चला कि बेरथा घर पर नहीं है। गांव में परिचितों के यहां रिश्तेदारों के यहां, उसकी मां ने ढूंढा, पर बेरथा नहीं मिली। कुछ युवक-युवतियों के बीच कानाफूसी हुई। किसी ने कुछ, किसी ने कुछ कहा। थोड़े दिनों के बाद सुना गया कि दंदू पौलुस भी भाग कर असम चला गया।

सब कुछ जानने के बाद गांव के बुजुर्गों ने सिर्फ इतना कहा—"जब दोनों एक दूसरे को पंसद करते थे तो उन्हें मिला देना चाहिए था। बेरथा के घरवालों ने बड़ी भूल की। कांच-कुंवार लड़की की तरह दुनिया भर का नेग-जोग मांगने लगे। भोज-भात बड़ा है या इज्जत? दूसरे का खाने के लिए मुंह फाड़े रहते हैं। अच्छा हुआ चेहरे पर कालिख पोत कर चली गई।" ❑

लोदरो समधी

"आंखें मिटिर-मिटिर होने तक हड़िया पीते हो,
मैं अपनी बेटी तुम्हें नहीं दूंगी,
वह पानी में बह जाएगी।"

गीत पसर गया घर-भर में।

आज मुरूनटोला में झांझ-मांदर और गीत-गोविन्द के मारे सारे लोग धूल-गर्द में सन रहे हैं। राहगीर भी बूढ़े-बूढ़ियों को इस तरह नाचते देखकर थोड़ी देर रुक कर आगे बढ़ते हैं। राहगीर अनुमान लगाते हुए विचार करते हैं कि पता नहीं, आज यहां कौन सा उत्सव हो रहा है। आज बुधु के घर में गांव भर के स्त्री-पुरुष जमा हो गए हैं। सुबह से ही हंडिया पीने लगे हैं। एक घड़े की हंडिया समाप्त हुई नहीं कि दूसरा घड़ा निकाल रहे हैं। कभी-कभी हंडिया का घड़ा छोटा हो तो एक साथ दो-दो घड़े निकाल रहे हैं। आखिर हंडिया पीकर सारे लोग मदमस्त हो गए। सूर्यास्त होने तक तो सारे लोग सूअर की तरह यहां-वहां लोटने लगे।

फागुन का महीना था। महुआ गिरना आरंभ ही हुआ था। मुरूनटोला के लोगों का खाता-पीता घर था। इसी तरह से खड़िया लोग नया मेहमान (विवाह-संबंध) ढूंढते हैं। हंडिया भी मन भरने तक पीते हैं। उस समय युवक-युवतियां हंडिया नहीं पीते थे और आज की तरह माता-पिता की आज्ञा को टालते नहीं थे। आज्ञा मानते थे और जमकर श्रम करते थे। आबादी कम थी इसलिए किसी भी काम को लेकर आपस में ईर्ष्या-द्वेष नहीं था। सभी लोग अपने पुराने धर्म को निष्ठा से मानते थे। पूरे गांव के लोग मेल-जोल से रहते थे। इसीलिए एक-दो राहगीर जो हंड़िया का लालच रोक नहीं पाते थे, वे लोगों के नजदीक जाकर बैठ जाते। हंडिया पीकर ही उठते और अपना रास्ता नापते थे। परिचित लोग तो एक-दो दिन मेहमान बनकर रुक ही जाते थे। उन दिनों लोग बुलाए या बिना बुलाए कहीं भी चले जाते थे।

उन दिनों घर में भरपूर खाना-पीना होता था, इसलिए किसी को देने में भी कष्ट नहीं होता था। जंगल-झाड़ साफ नहीं हुए थे। धूप और वर्षा समय पर उपलब्ध थे। सभी लोग सहिया-समधी-देवान कह कर मित्रता को दर्शाते और खूब खाते-पीते। ये लोग भी इसी तरह एक-दूसरे को पुकार रहे हैं और पीने-पिलाने में मशगूल हैं।

मुरूनटोला के बुधु किसान की बेटी गांगी गांव भर की लड़कियों में सबसे अच्छी है। कारी फल की तरह पुष्ट, काम-धाम और सामानों की जतनदारी में निपुण है। पिछले दो वर्षों से उसके विवाह के लिए लड़के (कुटुम्ब) आ रहे हैं लेकिन बात अभी तक पक्की नहीं हुई है। पिछले वर्ष अगहन में इरिनटोला के लोदरो किसान ने भी बात पहुंचायी थी। सो इस वर्ष वे ही अपने बेटे की मंगनी तय करने के लिए आए हैं।

इस मौसम में हल्की ठंडक वाली धीमी-धीमी बयार चलती है। तेज धूप नहीं लगती। युवक-युवतियां जंगलों-पहाड़ों में गूलर और बेर खाने के लिए छाए रहते हैं। लकड़ी भी जमा करते हैं। मौसम ही ऐसा होता है कि जिधर देखो उधर ही सोंटा और गठरी ढोते हुए लोग चलते दिखाई देते हैं। यहां भी वैसी ही धमाचौकड़ी चल रही है। किसी बात की चिंता नहीं है। सभी सहिया-समधी-देवान कह कर पीने-पिलाने में मग्न हैं। तभी समधिन गा उठी :

> "आंखें मिटिर-मिटिर होने तक हंडिया पीते हो,
> मैं अपनी बेटी तुम्हें नहीं दूंगी,
> वह पानी में बह जाएगी।"

पिया हुआ आदमी चाहे जो सोचे, पर एक बात सही है कि वह स्वयं को दूसरों से बेहतर आदमी अवश्य मानता है। इसलिए पियक्कड़ों के बीच बात-बात में तू-तू, मैं-मैं और गाली-गलौज होने लगता है। मुझ से भला कौन हो सकता है, यही सोच लेते हैं। वे तुरंत हिलमिल जाते हैं और फिर तुरंत बिगड़ कर छिन्न-भिन्न हो जाते हैं। उनकी अधिकतर बातें निरर्थक होती हैं। समधी राजा ने गीत को सुना। पीकर बेहाल था परंतु समझ बनी हुई थी। समधिन के गीत से पहली बार कुछ नहीं हुआ। दूसरी बार भी कुछ नहीं हुआ। लेकिन तीसरी बार जब वह गाने लगी तो समधी के कलेजे में तड़ाक से चोट लगी। बेचारा समधी ! गुस्सा आ गया उसे। उसने दौड़कर उठना चाहा कि संतुलन गड़बड़ा गया और आप ही गिरते-पड़ते कुछ दूर चला गया। इतना होना बहुत था। खलबली मच गई। कोई कहने लगा किसने क्या किया? कोई कुछ और बोले और कोई कुछ। किसी ने कहा, पीट रहे हैं। किसी ने कहा, धकिया रहे हैं। जितने मुंह उतनी बातें होने लगीं। समधी राजा अलग भद्दी-भद्दी गालियां बकने लगे। कुछ लोग मनाने-बुझाने में लग गए। कुछ झगड़ा बढ़ाने में लग गए। कुछ देर तक खूब हल्ला-गुल्ला हुआ। फिर थक कर सब शांत भी हुए और सो भी गए। किसी ने खाना खाया, किसी ने नहीं। समधी जी को लोगों ने खाने के लिए उठाने की कोशिश की, हाथ भी धो दिए पर वे तो बैठ ही नहीं पा रहे थे, कैसे खाते। हाथ भर जूठा किया और पुनः बिस्तर पर लेट गए। रात को नशे में होने के कारण निश्चिंत होकर सो गए। परंतु रात को उनका खोदिया (लंगोट) गीला हो गया। दिन में यद्यपि कई बार पेशाब कर चुके थे, लेकिन पता नहीं रात के लिए कैसे बच ही गया था। सो रात को उन्होंने बिस्तर गीला कर ही दिया।

सुबह अंधेरा रहते ही जाग गए। पूरा खोदिया (लंगोट) गीला हो चुका था। क्या करते उठकर बैठ गए। शर्म के कारण असमंजस में पड़ गए। कभी उठकर खड़े हो जाते, कभी लेटकर उस चारपाई के नीचे झांक कर देखते। कभी चटाई को, कभी खोदिया को छूकर देखते। कभी-कभी रात की बाता-बाती को याद कर उसे ही बहाना बनाकर नाराज होकर भागने का इरादा करते। सोचते, "सारे लोग गीला खाट, चटाई और जमीन को देखकर समझ जाएंगे और क्या कहेंगे। कनिया (दुल्हन) मांगने के लिए मैं आया था लेकिन मेरी यह क्या दशा हो गई। ऊहूं कब बिदा देंगे यही निश्चित नहीं है, सो चुपचाप निकल जाना ही उचित है। वहां पहुंचकर बीमारी का बहाना कर लूंगा। लेकिन साथ आए मित्रों का क्या होगा। मैं

ने ही निमंत्रण दिया है। मेरे कहने पर ही वे आए हैं, उन्हें कैसे छोड़कर जा सकता हूं ?'' कभी सोचता–'अरे चले ही जाएंगे, वे लोग भी क्या यहीं रहेंगे?' ऐसा सोचकर वह थोड़ी दूर निकल जाता। पर फिर सोचता कि चुपके से भागकर जाना तो बेहद शर्मिंदगी का कारण हो जाएगा। मेरे समधी भी अलग से नाराज हो जाएंगे, साथी लोग जब नाराज होकर कहेंगे कि 'अब तुम्हारा कभी साथ नहीं देंगे', तब क्या होगा। सो बेहतर है लौट ही जाना चाहिए, सोचकर लौट गए।

लौटते वक्त मन में एक विचार आया। उसने जल्दी-जल्दी कदम बढ़ा कर चारपाई को दूसरी जगह सीधा कर दिया। चटाई को लपेट दिया। परंतु खोदिया (लंगोट) का क्या करे? फीचने पर जल्दी सूखेगा नहीं, जल्दी नहीं सूखने पर भयंकर महक आएगी। सो वे जल्दी-जल्दी निकल कर दूर जाने लगे। वहां पहुंच कर उन्होंने खोदिया को उतारा और जल्दी-जल्दी जोर-जोर से हवा में फैला कर झाड़ते हुए सुखाने लगे। फागुन का चांद, पूर्णिमा होने पर था। टह-टह चांदनी चारों ओर फैली थी। चांदनी सुबह होने तक फैली ही रहती।

महुआ का फूल टपकना पूरे जोर पर था। गांव की बच्चियां महुआ चुनने के लिए मुंह अंधेरे ही टुकनू टोकरी लेकर निकल पड़ी थीं। समधी साहब इधर खोदिया जल्दी सूखे इसकी मशक्कत करने में व्यस्त थे, तभी महुआ चुनने वाली बच्चियां वहां पहुंच गईं। समधी साहब पीछे पलटे तो बच्चियां दिख गईं। बेचारे को खोदिया पहनना मुश्किल हो गया। इधर बच्चियां भी चीखती हुई क्या है, क्या है, करती जिधर सूझा उधर भागने लगीं। डर के मारे टोकरी और टुकनू भी उन लोगों ने फेंक दिया। समधी साहब इधर अलग ही, नंगे जंगल की तरफ भागे। बच्चियां भागकर जब गांव पहुंचीं तो हल्ला उड़ा दिया। सभी लोगों के मुंह से एक ही बात निकली कि पता नहीं कैसा आदमी है, नंगे घूम रहा है। किसी ने ओंड़का (नरबलि देने वाला) कहा, किसी ने भूत कहा, किसी ने साधक कहा। पर नंगे घूम रहा है, यह बात सारे लोगों ने कही। यही बात सभी जगह होने लगी, हाट के रास्ते में, पनघट के रास्ते में, जूं खोजते वक्त, तम्बाकू, चूना बांटते वक्त, सभी के मुंह से यही किस्सा बयां होने लगा।

अब इधर समधी साहब को भी जरा देखें। कुछ दूर तक तो वे झुक कर भागे। भागते-भागते ही खोदिया पहना। जब बच्चियां चीख कर भाग रही थीं तो उन्हें लगा कि वे उसी की ओर भागी आ रही हैं, सो चुंदी चोटी खुलने तक भागे। इतनी दूर और इतने जोर से भागे कि पसीने से भीग गए। जब रुके तो एकाएक रुक नहीं पाए और लध से बैठ गए। भांड़ा के पानी को उबलने में जितनी देर लगती है, उतनी देर बैठे तब उनकी थकान दूर हुई।

अब उन्हें 'किस तरह लौटेंगे' इसकी चिंता सताने लगी। चिंता के मारे बैठे थे सो उठना मुश्किल हो गया। ''सारे लोगों ने देख लिया। पता नहीं क्या-क्या बोलेंगे। देखकर ही सारे लोगों की हंसी छूटेगी। शायद मेरे साथी देखकर नाराज हों। हो सकता है दूसरों के साथ मिलकर वे भी हंसें। जिन्होंने मुझे नंगा देखा वे क्या सोचेंगे? अच्छा होगा मैं वापस वहां न लौटूं, चाहे जो हो जाए।'' वह घर लौटने के लिए उठ खड़ा हुआ और घर की ओर चलने को हुआ। एक-दो कदम बढ़ा तभी दूसरा विचार मन में आ गया, 'चला तो जाऊंगा लेकिन चुपके से भागना तो बहुत बड़ा अपराध होगा। साथी भी मुझ पर बहुत नाराज हो जाएंगे। इष्ट कुटुम्ब के लोग पकड़ेंगे और मुझे कुटुम्ब से विश्वासघात करने वाला कहेंगे, जुर्माना भी लेंगे।

इसलिए मेहमानी-घर ही लौटना चाहिए।' कह कर लौटने लगा।

फिर सोचने लगा—'लौट तो रहा हूं लेकिन हाथ-पैर जड़ हो गए हैं। आखिर इतने लोगों के सामने किस तरह खड़ा हो पाऊंगा। बात-बात पर मेरी हंसी उड़ाएंगे। चलो, एक-दो लोग होते तो कोई बात नहीं थी। यदि कपड़ा महकने लगेगा तब तो और ही मुसीबत में फंस जाऊंगा। सो अच्छा है अपने घर ही लौट चलूं। अगर दंड देते हैं तो दे लें। आखिर कितना जुर्माना लेंगे ? लेकिन घर पर बेटे और उसकी मां का सामना कैसे करूंगा ? वे दोनों कुछ कम नहीं डांटेगे। आखिर करूं क्या ?'

इस तरह अन्तर्द्वन्द्व में फंसे लोदरो समधी किसी एक निश्चय पर पहुंच ही नहीं पा रहे हैं। जबकि, सूरज पश्चिम की ओर रुख कर चुका है। ❑

उपन्यास अंश

सपनों वाली वह दुबली लड़की

शंकर लाल मीणा

देखता हूं....कहीं से आ रहा हूं मैं। रास्ते में एक मकान के पास एक लड़की खड़ी मिलती है, मैं उसको साथ लेता हूं और आगे चल पड़ता हूं। वह इतनी दुबली-पतली और कमजोर-सी है कि मैं उसको कंधों और बांहों से पकड़कर चल रहा हूं। बीमार नहीं है, लेकिन बीमार-सी लगती है....चलते-चलते वह कुछ कह रही है, लेकिन उसका स्वर इतना क्षीण है कि मुझे उसके होंठ तो हिलते हुए दिखाई देते हैं, पर आवाज सुनाई नहीं देती....उसके होंठों के करीब अपने कान लगाकर मैं सुनता हूं। वह कह रही है—"आपने जो कविता संपादक को भेजी थी, उसके पहुंचने के घंटे भर बाद ही मैंने उसके प्रकाशन की व्यवस्था कर दी थी।" मैं कहता हूं—"हो सकता है, छपी हो। मैंने नहीं पढ़ी।" वह फिर कहती है—"आपने कुछ और रचनाएं भेज रखी हों तो मुझे तारीख, पत्रिका का नाम, शीर्षक वगैरह बताइए ताकि उनके प्रकाशन की भी व्यवस्था की जा सके।" मैं कहता हूं—"डायरी में देखकर बता सकता हूं, ऐसे तो याद नहीं है...." हम उसी तरह से चलते जा रहे हैं....सामने से आने वाले पहले हमें सामने से देखते हैं कुछ हैरत और उपेक्षा से, फिर आगे निकल जाने पर पीछे मुड़कर और देखते हैं...."तुम बगैर सहारे के बिल्कुल नहीं चल सकतीं?" मैं उससे पूछता हूं। वह कहती है—"चल सकती हूं, लेकिन जब आप हों, तब नहीं।"....रुककर वह अपनी आंखें मसलने लगती है, उसकी आंखों में कुछ गिर गया है शायद.....

देखता हूं....मैं बैठा कुछ कर रहा हूं। वह दुबली लड़की भी वहीं बैठी है....अचानक कहीं से एक सांप आता है और उसको डस लेता है, एक मटमैला-सा सांप, जो मुझे डसने के बाद जाते हुए दिखाई पड़ता है। मैं एकदम चिन्तित हो उठता हूं। वह कहती है—"कोई बात नहीं, इट्स ओके...."

फिर देखता हूं कि हम सिनेमा हॉल में फिल्म देखने आये हैं। टिकट लेने के लिए वह लाइन में खड़ी है और मैं लाइन से थोड़ा हटकर खड़ा हूं....तभी देखता हूं कि उसके शरीर में मोटे-मोटे दाने निकल आये हैं....फिल्म देखना स्थगित कर मैं उसको लेकर किसी डॉक्टर की तलाश में चल पड़ता हूं। उससे पूछता हूं कि जब तुम्हें कोई दिक्कत थी तो तुमने बताया क्यों नहीं?....वह कुछ नहीं बोलती, लेकिन संकेत से कहती है कि जब सांप मेरे सामने ही डसा था उसको तो फिर अलग से बताने की जरूरत रह गई थी क्या !....

देखता हूं....मैं उसको लेकर अपने गांव में पहुंच गया हूं। मेरे घर से थोड़ा आगे शामियाने लगे हुए हैं। बड़े पैमाने पर खाना बनाया जा रहा है। बहुत सारे लोग वहां जमा

हैं। ज्यादातर तो बैठे हैं, कुछ इधर-उधर आ-जा रहे हैं और काम कर रहे हैं.....पता चलता है कि वहां ऐसे और भी बहुत सारे लोग बैठे हैं, जिनको सांप ने डस लिया है। एक बूढ़े ओझा के सामने बैठते हैं, वह नीम के पत्तों से झाड़ा देकर फूंक मारता है और आदमी उठकर चला जाता है, फिर दूसरा आकर बैठ जाता है....मेरे वहां पहुंचते ही सबका ध्यान मेरी ओर ही आ लगता है....''आओ, बहुत दिनों में आये.....हमें तो बिल्कुल भूल गये।'' इस किस्म के उलाहने सुनाई पड़ते हैं। मैं अपने एक चाचा से कहता हूं कि इस लड़की को सांप ने डस लिया है। वे कहते हैं—''तभी तू आया है पट्ठे, वरना तू आने वाला थोड़े ही था.....खैर कोई बात नहीं। सांप ने काट लिया तो काट लेने दे, अभी दो मिनट में ठीक हो जाती है, चिन्ता क्यों करता है....देखता हूं....'' मैं अपने गांव में नदी के पूर्वी किनारे पर खड़ा हूं। सामने पश्चिमी किनारे पर वह दुबली लड़की खड़ी है। हम दोनों एक-दूसरे को देखते हैं और अपनी-अपनी तरफ से नदी के प्रवाह में उतर जाते हैं....फिर बगैर बीच में मिले हुए किनारों पर चढ़ जाते हैं....मैं उसको आवाज देता हूं, वह हंस पड़ती है।

देखता हूं.....मैं एक टीले पर खड़ा हूं। दुबली लड़की कहीं से आती है। उसके साथ एक लड़की और है। दुबली लड़की ने कुछ मेकअप किया हुआ है, खास कर उसके होंठ बहुत लाल हैं जो दूर से ही चमकते दिखाई दे रहे हैं.....कुछ दूरी से मैं उसका चेहरा ध्यान से देखता हूं तो ऐसा लगता है जैसे मेरे देखते-देखते ही उसकी उम्र काफी रफ्तार से बढ़ती जा रही है. ...वह मेरी तरफ बढ़ने लगती है....फिर अचानक वह घूंघट निकाल लेती है और दूसरी तरफ चल पड़ती है। वह दूसरी लड़की भी उसके साथ ही चल पड़ती है....उन दोनों के बीच मुझे सफेद वस्त्रों में एक केशविहीन भिक्षुणी भी दिखाई देती है, जिसको वे दोनों सहारा देकर ले जा रही हैं।

देखता हूं.....एक बहुमंजिली इमारत है। ग्राउंड फ्लोर पर एक हलवाई की दुकान है। हलवाई कुछ बनाने में व्यस्त है। एक अधेड़ आदमी भी वहां खड़ा है.....मैं एक थाल में से कुछ जलेबियां उठाता हूं, एक खाता हूं तो पता चलता है कि एकदम सूखी है और पता नहीं कब की बनी हुई है। खाने में मेरी अरुचि देखकर वह अधेड़ आदमी मेरे हाथ की जलेबियों में चासनी डालने के लिए चासनी का बर्तन उठाता है फिर ऊपर से आवाज आती है—''नहीं, इसको नहीं।'' मैं आवाज की दिशा में ऊपर देखता हूं, ऊपर की मंजिल के एक कमरे की खिड़की से वही दुबली लड़की हाथ हिलाकर उस अधेड़ आदमी को मना कर रही है, शैतानी और बचपने के अंदाज में। अधेड़ आदमी असमंजस में है। कभी वह मुझे देखता है और कभी उस लड़की को। मुझ पर वह ऐसा जाहिर करता है कि उसने मना कर दिया भई, मैं क्या करूं?....मैं जलेबियां वहीं रख देता हूं और दौड़ कर उस मकान की सीढ़ियां चढ़ जाता हूं, बच्चे जिस तरह से जोश में जाते हैं कि 'ठहर जा अभी आता हूं' उसी अंदाज में....एक फ्लोर पर पहुंचकर देखता हूं, वहां कुछ सिक्योरिटी गार्ड खड़े हैं, वहां कोई वी.आई.पी. रहता है शायद। मैं एक गार्ड से पूछता हूं—''मेरी जान-पहचान की एक लड़की अभी यहां खड़ी थी, वह कहां है?''....वह एक बार दूसरे गार्ड की तरफ देखता है, शायद उससे पूछता है, फिर मुझसे कहता है—''ढूंढ़ लो, हमें तो मालूम नहीं''.....मैं वहां से चल देता हूं और सोचता हूं कि पहले यह मालूम होना चाहिए कि वह लड़की किस फ्लोर पर खड़ी थी, उसके बाद ही

ढूंढ़ा जा सकता है। लेकिन यह मुझे याद नहीं आता....फिर मैं सोचता हूं कि वापस नीचे चला जाए, ठीक उसी जगह खड़ा होकर देखा जाए, जहां से पहले देखा था, तो शायद कुछ अंदाजा हो सकता है....देखता हूं....दो लड़कियां एक दूसरी को ढूंढ़ रही हैं। हो यह रहा है दरअसल कि जब एक आती है दूसरी को पूछती हुई तो वह पहले ही जा चुकी होती है, पहली को पूछती हुई उसे ढूंढ़ने....यह क्रम काफी देर तक चलता रहता है.....हार कर फिर दुबली लड़की कहती है–"अब मैं सोती हूं, बहुत ढूंढ़ लिया उसको।" और कपड़े बदलने चली जाती है। थोड़ी देर बाद वापस आ जाती है, "मैं अपने घर जा रही हूं।" मुझे दूसरी लड़की भी दिखाई दे रही है जो किसी पूजा में बैठी है, लेकिन इस लड़की की परेशानी को देखकर मुस्कुरा रही है...."मैं तुम्हें छोड़ने चलूं?" मैं दुबली लड़की से पूछता हूं। वह हां कहती है और मैं उसके साथ चल पड़ता हूं.....चलते हुए मैं कुछ अतिरिक्त रूप से उससे सट जाता हूं, फिर इसका ख्याल कर उसकी तरफ प्रश्नवाचक दृष्टि से देखता हूं, वह कहती है–"इट्स ओके।"....हम चलते रहते हैं.....चलते-चलते लेकिन हम उसके घर नहीं मेरे गांव में पहुंच जाते है। घर के सामने काफी भीड़ है, मैं उसको पीछे की तरफ से लेकर आता हूं....खेत की डोली पर एक कतार में बहुत सारे आदमी बैठे हैं, ज्यौनार-सी लग रही है। कोई उकड़ू बैठा है, कोई घुटनों के बल और कोई आधा पसरा हुआ। अजीब किस्म की हरकतें कर रहे हैं वे लोग। कोई हाथ ऊंचे कर चिल्ला रहा है, "लाओ, इधर लाओ".....अजीब-सा शोर है।

देखता हूं.....घर के बाहर लॉन में खड़ा हूं मैं। आज भी वह लड़की स्कूल से लौटी है यूनीफार्म पहने और मैं देखता हूं रोजाना की तरह वह आज भी घर में घुसने से पहले ही शर्ट के बटन खोलना शुरू कर देती है। पहले तो मैं सोचता हूं इसको ऐसी क्या जल्दी रहती है यूनीफार्म उतारने की, फिर उसको देखने लगता हूं वह यूनीफार्म वाला शर्ट उतारकर एक तरफ फेंक देती है और दूसरा शर्ट ढूंढ़ने लगती है। मैं उसके पास जाकर कहता हूं–"तुम्हें ऐसी क्या जल्दी रहती है यूनीफार्म उतारने की" मैं उसके पास पहुंचता हूं उसको आवाज देता हूं वह पलटकर पूछती है–"क्या है?" मैं उससे कहता हूं–"तुम्हें ऐसी क्या जल्दी रहती है यूनीफार्म उतारने की। पहले तुम दूसरा शर्ट ढूंढ़ लिया करो, फिर पहने हुए को उतारा करो। मैं कई दिन से देख रहा हूं कि तुम रास्ते में ही शर्ट के बटन खोलना शुरू कर देती हो, घर में घुसते-न-घुसते यूनीफार्म वाला शर्ट उतार फेंकती हो और फिर नंगे बदन दूसरा शर्ट ढूंढ़ती रहती हो।" सुनकर वह अचानक हंस पड़ती है और हंसती ही चली जाती है। हंसी के बीच में कुछ कहना चाहती है, लेकिन हंसी उसको मौका नहीं देती....मैं वापस आ जाता हूं। देखता हूं.....पता नहीं कहां जा रहा था मैं। गांव के घर के पिछवाड़े चारे के दावे के पास पहुंचता हूं तो देखता हूं कि वहां डोली पर एक चार-पांच साल की लड़की बैठी है और मिट्टी के लड्डू बना रही है.....लड्डू बना-बनाकर उनको एक ढेरी की शक्ल में जमाती जा रही है वह..... कुछ दूर एक अधेड़ आदमी उकडू बैठा इस लड़की को गौर से देख रहा है। दूसरी तरफ तीन-चार बच्चे खेल रहे हैं, जिनकी उम्र तेरह-चौदह के आसपास है....वे लड़के और वह अधेड़ मेरे पास आते हैं–अधेड़ कहता है–"इस लड़की के दांत बहुत लम्बे हैं और लम्बे होते ही जा रहे, यह कोई चुड़ैल का अवतार है।" लड़के भी 'चुड़ैल है, चुड़ैल है' का नारा-सा लगाने लगते हैं....वे किसी गांव का उदाहरण देते हैं कि वहां भी एक लड़की के ऐसे ही लम्बे

दांत थे और वह चुड़ैल थी....लड़के फिर नारा लगाते हैं–'चुड़ैल है, चुड़ैल है.....' वह लड़की पहली बार सुनकर उधर देखती है और खिलखिला कर हंस पड़ती है....मैं उसके दांतों को देखता हूं, मुझे उनमें कोई अस्वाभाविकता नजर नहीं आती। लड़कों को मैं डांट कर भगा देता हूं, फिर उस अधेड़ से कहता हूं समझाने के अंदाज में कि ये दांत तो थोड़े दिनों के लिए हैं, दूध के दांत हैं। असली दांत तो बाद में आएंगे.....वह कहता है–ठीक है, ठीक है, दूसरे भी आने दो, उनको देखूंगा.....

देखता हूं.....गांव में कुएं के पास वाले घर के पास मैं खड़ा हूं। पुराना घर (जो अब ढह गया है) पहले की तरह पूरा बना हुआ है। पृष्ठभूमि में पेड़ के पास से चांद दिखाई दे रहा है। उस घर के पास दो बच्चियां खेल रही हैं। बच्चियां वहीं से पुकार कर मुझसे उड़ने वाला गुब्बारा मांगती है। मैं एक गुब्बारे की लम्बी डोर पकड़े नदी के किनारे-किनारे उन लड़कियों की तरफ चलने लगता हूं.....नदी के दूसरे किनारे पर मेरा ही हमउम्र एक लड़का है जो पतंग उड़ा रहा है....वह लड़का पेंच लड़ाने के अंदाज में अपनी पतंग की डोर को गुब्बारे की डोर में उलझा लेता है और गुब्बारा कट जाने की उम्मीद में चिल्लाने लगता है उछल-उछलकर। मुझे भी यही लगता है कि पतंग के मांजे से गुब्बारे की कच्ची डोर जल्दी ही कट जाएगी.. ...लेकिन ऐसा नहीं होता। उलझी हुई डोर को हम दोनों ही खींचने लगते हैं अपनी-अपनी तरफ....तभी देखता हूं कि वह लड़का डोर के साथ खिंचकर उड़ता-सा आता है और नदी में गिर पड़ता है, पानी में नहीं, पानी के किनारे.... । वह लगातार चिल्ला रहा है, दर्द की वजह से या चोट की वजह से.....मैं डोर को सुलझा कर उसकी अण्टी बनाता हूं और पतंग और गुब्बारे की डोर पकड़ा कर वापस आने लगता हूं, वह लड़का अभी वहीं पड़ा चिल्ला रहा है।

थोड़ी देर बाद देखता हूं.....उन दो बच्चियों में से एक बच्ची गुब्बारे की डोर पकड़े लटकी हुई है और गुब्बारा उसको उड़ाए लिए जा रहा है। दूसरी लड़की कभी उसकी ओर देखती है, कभी मेरी ओर तथा जोर-जोर से रो रही है.....अचानक मुझे एक उपाय सूझता है। मैं अण्टी वाली डोर से पतंग को बांधता हूं और लम्बी करने लगा हूं....थोड़ी देर में पतंग गुब्बारे तक पहुंच जाती है। मैं गुब्बारे की डोर को पतंग की डोर में फंसा लेता हूं और आहिस्ता-आहिस्ता अपनी तरफ खींचने लगता हूं.....मुझे लगता है, लड़की नीचे आ जाएगी।

देखता हूं..... मैं अपने एक दोस्त के साथ कहीं जा रहा हूं। दोस्त कहता है कि रास्ते में उसके एक परिचित रहते हैं, उसके यहां होकर चलते हैं.....वहां पान-सिगरेट की एक दुकान है। हम उस दुकान पर जा खड़े होते है। मैं सिगरेट लेकर सुलगाता हूं, दोस्त कहता है–पान भी खा लेते हैं......दुकान पर एक बीमार-सी लड़की भी है, जो बीमारी की अवस्था में होने के कारण दीवार का सहारा लेकर आधी बैठी, आधी लेटी-सी है....हो यह रहा है कि पान वाला पान में आवश्यक सामान डाल कर लड़की की तरफ सरका रहा है और वह लड़की उसको समेट कर या जरूरत हो तो कागज में लपेटकर ग्राहक को दे रही है.....मुझे पान देते हुए उस लड़की का हाथ अचानक रुक जाता है और दुःख और गुस्से के मिले-जुले स्वर में कहती है–"ओह ! मुझे पता नहीं था कि यह पान आप खाने जा रहे हैं....." फिर वह अपने सिर और मुंह पर एकदम से कपड़ा लपेट लेती है, मुंह छिपाने के अंदाज में और सिसकने लगती है.....मैं पान लेता हूं और दोस्त के साथ चल पड़ता हूं, लापरवाह-सा। दोस्त पूछता

है—"तू जानता है इस लड़की को?" मैं कहता हूं—"हां ! सात-आठ बरस पहले देखा था, लेकिन तब तो यह ऐसी नहीं थी"....मैं मुड़ कर देखता हूं, वह लड़की अपनी सफेद बीमार-सी आंखों से मुझे ही देख रही है....

देखता हूं.....अपने गांव का मंदिर है। मंदिर के एक गोखे पर बैठा हूं सामने वाले दूसरे गोखे की तरफ मुंह करके। मंदिर के सामने थोड़ी दूर पर काफी भीड़ है, वहां कोई आयोजन चल रहा है शायद, गाने-बजाने की आवाजें आ रही हैं....मेरे सामने एक खड़ा पत्थर है संगमरमर का एक पट्टी के रूप में। उस पत्थर के पीछे दुबली लड़की है। उसका चेहरा और कंधे ही दिखाई दे रहे हैं, बाकी शरीर उस पत्थर की ओट में है.....थोड़ी देर बाद वह पत्थर हट जाता है। लड़की की दृष्टि सामने हो रहे उत्सव पर है, लेकिन ध्यान मेरी ओर है.....हम मंदिर के गर्भगृह में पहुंचकर ठाकुर जी की मूर्ति को देखने लगते हैं। काले पत्थर की मूर्ति के हाथ में बांसुरी है और सिर पर मुकुट.... ❑

जंगल के गीत

पीटर पॉल एक्का

कुदरती खूबसूरती में प्रकृति-प्रांगण के एक-एक खुलती अनेकों कड़ियों में जीवन फिर शुरू हो गया था। हरी-भरी वादियां, छोटी-छोटी पहाड़ियां ऊंची-नीची चोटियां, उन्मुक्त खुले आकाश में बेफिक्र उड़ते परिंदों का झुंड, हर दिशा में बहती क्वांरी हवाएं, खुला-खुला माहौल, ताजी खुली-खुली खुशबू पहाड़ी हरियाली का अनोखा समां। पूर्व का आकाश लाल रंग से रंगने लगा था धीरे-धीरे पवन के झोंके पूरे प्रकृति-प्रागंण में बेरोकटोक आ जा रहे थे। भूरे, ऊंचे सखुए के दरख्तों में कलियां छिटक आई थीं। किसी नई नवेली दुल्हन की तरह प्रकृति श्रृंगार करने में लगी थी। पूरी घाटी में फैले छोटे-छोटे गांवों में एक खुशगवार जिन्दगी शुरू हो गई थी!

उस पहाड़ी की तराई में बसे तुंबा टोली के लोगों की जिन्दगी में एक नई सुबह आ गई थी। पूरे इलाके में आज बड़े त्यौहार का दिन है। तराई में बसे उस इलाके के उरांव खद्दी (सरहुल) मनाने की तैयारी में हैं। हर तरफ उत्साह और उमंग है, खिले-खिले चेहरे, हंसते गाते बच्चे। हवा में धुली-धुली ताजगी, सखुए की डालियों से छिटकती एक जानी-पहचानी सी ताजी-ताजी खुशबू, युवक-युवतियों में एक अलग ही उत्साह का आलम। सब उमंग में भागे चले जा रहे थे। त्यौहार का मौसम घर-आंगन में हर जगह हवा मे तैर रहा था। पिछली रात के भेजा-बेचना (नाच) की स्मृतियां अखाड़े के करीब के लंबे ऊंचे दरख्तों में अब भी उसांसें भर रही थीं। अंग-अंग में कल के नाच की खुमारी टपक रही थी। एक-एक गीत की कितनी यादें उभरती हैं—

खद्दी गे झंडा गड़डेरा	*खद्दी में झंडा गाड़ा गया है*
गुचाय कोय डिडा पेलो	*ऐ कुआंरी लड़कियों*
बेचोगे कालोन।।	*नाचने के लिए चलो*
पइरी बारी झंडा गड्डेरा	*सुबह में झंडा गाड़ा गया है*
गुचाय कोय डिडा पेलो	*ऐ कुवांरी लड़कियों*
बेचाबे कालोन।।	*चलो नाचने के लिए!*

पहान बंधना उरांव के घर में एक अलग सरगर्मी बिखर रही है। घुमकुड़िया के युवक-युवतियां घर आंगन सजाने में लगे हैं। बांस के खूंटे गाड़े जा रहे हैं, झंडे लगाए जा रहे हैं, बंदनवार सजाए जा रहे हैं। अखाड़े को एक नया रूप दिया गया है। युवतियों ने गोबर से घर आंगन लीप दिया है। सखुए की हंसती, खिलती!, इठलाती डालियां यहां-वहां करीने से सजा दी गई हैं। अब वे हंसती-खिलखिलाती, खुशी में डोलती, झूमती गांव से बाहर उस ओर के चुंवा की

ओर बढ़ने लगी है।

"जितनी!"

"क्या है री?"—जितनी बगल में घड़ा दबाए लगभग दौड़ती करीब आ गई।

"क्या सोच रही है?"

"सोचूंगी क्या। अच्छा तुम बताओ तो जाने!"—करमी का हाथ थामे वह उसकी शरारत में लबलबाती आंखों में झांकते हुए बोली।

अपनी मोटयारी साड़ी का पल्लू कमर में खोंसती करमी कहने लगी—"सच्ची कहूं तो पीटोगी तो नहीं न।"

"तुम कहो तो सही।"

"सोच रही होगी आज तो अपने जितन से नाचने का मौका मिलेगा...."

"फिर वही बात, अरी तुमको और कुछ सूझता भी है क्या ! तुम्हारा करमा रहता तो तुम भी"....जितनी आगे कुछ कहते-कहते रुक गई।

करमी की आंखें कुछ उदास हो आई थीं। कितने साल तब से निकल गए हैं। तब करमा तेरह साल का था। उभरते कद का करमा अब सत्ताइस-अट्ठाइस साल का खिलता मुस्कुराता नौजवान होगा। गांव में उसकी उम्र के लड़के किस कदर जवानी में खिलने लगे हैं वह भला कब तक इंतजार करेगी?—

"फिर आ गई न याद!"

"अरी नहीं तो"—करमी आंख के किनारों तक उभर आए आंसू के कतरों को आंचल से पोंछती बोली।

"फिर हमसे झूठ! संगी कहो न!"

"हां जितनी बड़ी याद आती है"

"क्यों नहीं आएगी, चिढ़ाती केवल हमीं को है और वह जो न आए तो"—जितनी उसके पतले, नाजुक होंठों को छूते हुए बोली।

"मेरा जिया कहता है जित्ती, वह जरूर लौटेगा। धर्मेस ने उसे जरूर सही सलामत रखा होगा। जानती हो उस दिन उसने क्या कहा था?"

"चल वहां 'सारो' झरिया के किनारे की चट्टान पर बैठते हैं, सुनाना अपनी कहानी वहीं"—जितनी उसे खींचकर उस ओर ले चली।

बात करते पता ही नहीं चला कि सभी सहेलियां उन्हें ही एकटक देखने लगी थीं। करमी और जितनी को कौन नहीं प्यार करता है? गांव की तो वे शोभा हैं। एक साथ ही वे खिलखिलाती झरिया किनारे बने चुंवा की ओर बढ़ने लगी थीं।

जितनी और करमी जाकर उस ओर की चट्टान पर बैठ गई थीं। करीब ही सखुए क अनेकों ऊंचे दरख्त खड़े थे। डालियों से फूलों की महक छिटक रही थी। करमी फूलों का एक हंसता महकता गुच्छा तोड़ लाई थीं। वह जितनी के बालों में फूल गूंथने लगी थी।

"अब हमें सजाना छोड़ो भी, पहले अपनी कहानी तो सुनाओ।"—वह करमी को लगभग अपनी गोद में बैठाती सी बोली।

"अब नादानी छोड़ो भी, सुना रही हूं न।"—करमी जैसे हांफती सी बोली। वह

लंबी-लंबी सांस लेती रही। जाने क्यों करमा की याद आते ही उसके दिल की धड़कन एक-ब-एक बढ़ जाती है। पोर-पोर क्यों इस कदर भींगने लगता है। वह फिर संयत होकर बैठ गई।

"फिर तुम्हारी आंखें भीगने लगी हैं न। यादों में ही रोने लगी तो मैं चली"—जितनी जैसे उठकर जाने लगी। करमी ने उसकी मोटयारी का आंचल खींचते हुए उसे फिर करीब बिठा लिया।

"रूठती क्यों हो रानी, सुना तो रही हूं। क्या करूं बड़ी याद आती है। कभी तुम्हें भी जितन से अलग रहना पड़े तो जानोगी यह जुदाई क्या होती है?"

"जानती हूं रे दिल का दर्द। इतना अनाड़ी थोड़े न हूं। तब की याद है जब जितन बिसु शिकार के लिए गया था और जंगल में भटक गया था।"

"हां याद है, पर उ तो दो-एक दिन की बात थी न, जब दस पंद्रह साल की बात हो तब न देखूं तुम्हारा धीरज। खैर छोड़ो उन बातों को। अब भी याद है—वह खद्दी का दिन था, आज ही की तरह। पर तब करमा मेरे साथ था। हम इसी तरह उस ओर वहां की चट्टान पर आकर बैठ गए थे।"—करमी यह कहते उस ओर हाथ के इशारे से दिखाने लगी थी।

"फिर क्या हुआ था, अब आगे कहोगी भी या"—जितनी सटते हुए और भी करीब चली आई थी।

"तब मैं बारह साल की थी, वह पंद्रह साल का। कितना तो लजाता था। मेरे मनुहार पर उसने खुद ही अपने हाथों से मुझे सजाया था उस दिन। जूड़े में सखुए के ढेर सारे फूल गूंथ दिये थे। मैंने नए तरीके से मोटयारी बांधी थी। वह फिर मुझसे कुछ दूर चला गया था।"

"दूर चला गया था फिर—"

"सुनाती हूं, तुम तो बीच में टोक देती हो।"—वह कहने लगा था, "मेरी कम्मो!"

"हूं....।"

"बहुत सुंदर लग रही हो!"

"तुमने अपने हाथों से सजाया है न इसलिए।" लाज से मैं भी मरी जा रही थी। तब की लाज क्या कहूं, आंखें उठती ही न थीं।

"करमा!"

"कहो!" वह मेरी झील सी आंखों में झांकने लगा था।

"बाबा से बात किया।"

"अभी इतनी जल्दी भी क्या है...."—वह मुस्कुराता मेरे करीब चला आया था—"तुम्हारी उम्र ही क्या है, बिल्कुल बच्ची लगती हो।"

"छिः, ऐसे नहीं बोलते हैं। देखो न, मैं तो बारह की हो गई हूं, तुम पंद्रह के...."— लाज से मैं धीरे-धीरे बोल रही थी।

"यह उम्र शादी की थोड़ी होती है"

"दूसरों को देखा है गांव में !"

"दूसरों की बात अलग है। हम जीवन में कुछ कर लें तो फिर यह सब सोचें। तुम लड़कियां और सोचेंगी भी क्या। घर आंगन से आगे की बात कभी सोची है? दुनिया की

सोचो। इस उम्र में हम यह सब न सोचें तो कौन सोचेगा?''

''हुंह, बड़ा आया है दुनिया की सोचने वाला। बाबा कहे तो कल ही शादी के लिए हां कह दो।''

''छोड़ो भी!''

''क्यों !''

''मैं कहीं जाने की सोच रहा हूं!''

''कहां?''—मैंने कसकर उसका हाथ पकड़ लिया था। ''तुम कहीं नहीं जाओगे, मुझे छोड़कर....।''

''अब हम भी तुम लोगों की तरह चूड़ियां पहनकर बैठ जाएं तो हो गया सबका कल्याण। कहा न जीवन में हमें कुछ करके दिखाना है, गांव-घर को ऊपर उठाना है, समाज को आगे बढ़ाना है।''

''बड़े समाज सुधारक बनने लगे हो, लेकिन मैं तुम्हें नहीं जाने दूंगी। अपने आंचल में बांधे रखूंगी।''

''और जो चला जाऊं तो?''

''मुझे छोड़कर?''

''हां....''

''हां कह रहे हो....'' और मैं रोने लगी थी। वह समझ नहीं पा रहा था कैसे मनाए। शर्माता तो इस तरह था कि हाथ छू जाए तो लाज से पानी-पानी होने लगता।

''तुम रोना छोड़ो भी....'' आंचल से वह आंसू पोंछते हुए बोला था।

''क्यों न रोऊं, तुम सच ही जा रहे हो क्या?''

''मेरी बातों से विश्वास नहीं होता है क्या?''

''फिर तो मैं रोती रहूंगी''—और मैं जोर से रोने लगी थी। सुबकती रही और वह निर्मोही-सा कुछ पलों के लिए मुझे देखता रहा था!

फिर उसने मुझे बांहों में भर लिया था। अपने हाथों से आंसू पोंछते हुए बोला था—''इस तरह नहीं रोते हैं पगली। मैं जल्द ही वापस तो आ जाऊंगा!'' फिर वह मेरे जूड़े से खेलने लगा था।

''कहां जा रहे हो?''

''उलगुलान में''

''उलगुलान !''

''हां यह देखो''—और वह बगल की झाड़ियों में छुपाया तीर-धनुष लाता बोला—''जानती हो कहां से आया है?''

''कहां से?''

''पूरे गांव में हम बस तीन जानते हैं फगुवा, गंदूरा और मैं। एक संदेश आया है—''बिरसा भगवान से। हम जा रहे हैं....उलगुलान में''

''कब?''

''सब तुम्हें बता दें और तुम जाकर बाबा से....''

''मुझ पर विश्वास नहीं करते हो क्या?''

''करता हूं बहुत ज्यादा''—वह फिर मेरी आंखों में झांकने लगा था।

''करमी एक बात कहूं।''

''कहो!''

''मेरा इंतजार करोगी !''

''हां जीवन भर!''

''सच !''

''हां!''

और मैं उसके सीने से लिपटी रोती रही थी। चट्टान जैसे किसी ठोस आधार पर सिर रखे। मुझे अजीब किस्म की अनुभूति होती रही। वह मेरे बालों और आंचल से खेलता रहा था। जानती हो जित्ती उसी दिन उसने पहली बार मुझे चूमा था।

''और तब !''

''और तब के बाद की कहानी तो तुम जानती हो। उसी रात को वे तीनों उलगुलान में शामिल होने चले गए थे, तब से अब तक जाने कितने साल...?'' करमी की आवाज गीली हो उठी थी।

''मेरा मन भी कहता है तुम्हारा करमा जरूर लौटेगा।''

''उसी आस में तो जी रही हूं रे, नहीं तो कब की।''

''छिः, ऐसे नही बोलते हैं, आसा से ही तो जीवन चलता है न। मेरा दिल कहता है वह जरूर लौटेगा, जरूर लौटेगा !''

''वही तो आसा है। सालों से बरत भूख रही हूं, कल भी तो बरत रखा था न''—यह कहते करमी दूर कहीं कुछ झांकने लगी थी।

''अब चलो री। समय कितना निकल गया है। तैयारी कर लें।''

वे नीचे नदी की ओर भागीं। सारो झरिया का साफ, नीला जल छोटी-छोटी चट्टानों से टपकते उन्मुक्त बह रहा था। वे थोड़ी देर के लिए बच्चों की तरह किनारे के बालू में इधर-उधर दौड़ने लगीं। बालू में दौड़ते-दौड़ते जब वे थक गईं तो वे नदी के किनारे बालू के ढूहों में बैठ गईं। पांवों को पानी में डाल वे सुस्ताने लगीं।

''संगी!''-

''क्या है री।''

''आज करमा लौट आए तो?''

करमी बोली कुछ नहीं। कौतुक भरी नजरों से जितनी को देखती रही।

''इस तरह आंखें फाड़कर क्या देख रही है री?''

''तुम्हें मजाक सूझ रहा है....''

''कहीं सच हो जाए तो....''

''सच हो जाए तो तुम्हें....'' करमी से आगे कुछ कहा नहीं गया, भावनाओं के आवेग में वह जितनी से जा लिपटी।

''मेरा मन कहता है संगी....''

“तुम्हारा मन तो कहता रहता है....” यह कहते करमी पानी में उतर कर अपने बाल धोने लगी।

उस ओर गांव की दूसरी युवतियां सजने-संवरने लगी थीं। कितना उल्लास था, कितनी उमंग। खुशी से पैर जमीन पर न पड़ते थे। वे चहक रही थीं, हंस रही थीं। खिलखिला रहीं थीं। उस क्वांरी बेफिक्री और आजादी में एक अल्हड़पन था।

“थोड़ा नगड़ा मिट्टी तो देना....” करमी बालों को भिंगा चुकी थी।

जितनी ने मिट्टी बढ़ा दी। वह अब भी बैठी-बैठी पांवों को पानी में डाले अधलेटी सी पड़ी थी।

“अब उठो भी संगी। बीडी (सूर्य) कितना चढ़ गया है।”

जितनी उठी और करमी के बगल आकर जल्दी-जल्दी हाथ-पैर धोने लगी।

नहा-धोकर, सज-संवरकर वे चलने लगीं तो सूरज काफी ऊपर चढ़ आया था। पूरे माहौल में साल के फूलों की महक छिटक रही थी। एक अनोखे समां में जंगल के दरख्त झूम रहे थे। नन्ही पतली सुकुमार डालियां जब-तब एक दूसरे से उलझ जाती थीं।

“हाय संगी, क्या लग रही हो....”

“बनाना तो तुम्हें खूब आता है। खुद को भी कभी देखी है आइने में। उस आइने में जिसे पिछली बार तुम्हारे जितन ने बाजार से लाकर दिया था। आज इस रूप में वह तुम्हें देखे तो....” करमी खिलखिलाने लगी थी।

“और इस रूप में तुम्हें करमा जो देख ले तो....”

करमी जरा उदास हो गई थी। काश करमा लौट आता तो। करमा की याद आते ही एक घुटन भरी उदासी घेरने लगती थी।

“चल री अब चलती है....”

अभी वे टोकरी में साल के फूल, पत्ते सजाकर चलने ही वाली थीं कि उस ओर से जितन हांफता-दौड़ता आ पहुंचा।

“करमी, करमी!!”

“क्या हुआ रे, हांफ तो इस तरह रहा है जैसे पीछे-पीछे बाघ भागे आ रहा है....” करमा और जितनी एक साथ ही हंस पड़ीं।

“बहाने बना रहा है संगी। छुपकर हमें सजते-संवरते देख रहा होगा। थोड़ा पकड़ो तो मिलकर पीटेंगी। लाज-हया तो है नहीं इसे....”

“तुम लोग सुनोगी भी या मैं लौट जाऊं? तोहमत लगाती रहोगी तो मैं चला....” जितन मुड़कर जैसे ही जाने को हुआ कि करमी दौड़ पड़ी– “क्या सुनाना था, अब सुनाते क्यों नहीं हो?”

“सुनाता हूं, सुनाता हूं। हां यह तो बताओ इसका क्या दोगी?”

“तुम्हारी जितनी को”–करमी यह कहकर हंस पड़ी। जितनी लाजवंती की तरह छुई-मुई हो रही थी। उसकी नजरें झुकी हुई थीं। वह अंगूठे से धरती कुरेद रही थी।

“तो कान खोलकर सुनो–करमा, गंदूरा और फगुवा गांव लौट आए है।”

“क्या कहा....” करमी को सहसा विश्वास नहीं हुआ।

"अपनी आंखों से देखकर दौड़ा-दौड़ा इधर आया हूं। सब धर्मेस की किरपा है...."

"सच जितन...."

"सच नहीं तो क्या झूठ। चलकर तुम लोग खुद ही देख लो।"

करमी हिरण-शावक की तरह भागने लगी। जितनी भी टोकरी उठाए उसके पीछे-पीछे भागी। उस ओर युवतियों की टोली में भी जैसे खलबली मच गई। सब गांव की ओर भागती चली गईं। टोकरी में रखे सखुए की फूलों की डालियां इधर-उधर गिरती गईं। गिरती-पड़ती वे गांव की ओर पगडंडियों में भाग रही थीं। खद्दी की रौनक और ऊपर से यह जानलेवा खबर। सरना में धर्मेस की मनौतियां मनाई गई थीं, उपवास, व्रत रखा गया था, मन्नतें मनायी गई थीं। आज इस कदर सब एक साथ पूरा हो जाएगा, इसका सपने में भी गुमान नहीं था। पहाड़ियां और घाटियां एकाएक बेहद खूबसूरत हो उठी थीं। ❑

तेलुगू

रागो

साधना

रागो जिसे दल के बारे में कुछ भी मालूम न था, दल के साथ चल रही थी। दल किधर जा रहा था? उसे नहीं मालूम! फिर भी वह दल के साथ-साथ चल रही थी। उसके कदम गिरिजा के कदमों के पीछे-पीछे पड़ रहे थे। बहुत रात बीत चुकी थी। दल और कितनी दूर चलेगा? किस घर में आराम करेगा? उसे नहीं मालूम! उसके पास न चादर थी न ही कोई दूसरा कपड़ा जिसे ओढ़ कर वह रात बिता सके। रागो अब चिंतित हो रही थी कि घर से आते समय कम से कम एक साड़ी तक साथ नहीं लाई! इतने में, दल के किसी दादा के बोले एक दो शब्द उसे सुनाई पड़े। उसे यह नहीं मालूम हुआ कि ये शब्द कौन बोला और इन शब्दों का मतलब क्या है?

दल रास्ता छोड़कर जंगल में गया और एक पेड़ के नीचे ठहर गया। जंगल के बीच में दल क्यों ठहरा है, रागो की समझ में नहीं आ रहा था। उसने गिरिजा से पूछा, "बहन, क्या हुआ?" उसके स्वर में आतुरता थी।

"कुछ नहीं हुआ। यहीं लेट कर रात बिताएंगे और सुबह यहां से चले जाएंगे।" कहती हुई गिरिजा ने अपने किट में से मैनकपड़ा निकाल कर नीचे बिछा दिया।

'मैं कहां लेटूं? इनमें एक गिरिजा से ही मेरी जान पहचान है और किसी से मेरा परिचय नहीं! ओढ़ने के लिए कपड़ा तक साथ नहीं लाई। न जाने क्या होगा।'

रागो सोचती हुई, अपने बिस्तरों को ठीक कर रहे दल के सदस्यों की तरफ देख रही थी।

"सीदो! नई आई अक्का (बहन) तुम्हारे साथ, तुम्हारे मैनकपड़े (पॉलीथीन) पर सोएगी।" दादाओं में से किसी ने कहा। रागो ने सिर उठाकर देखा। समझ गई कमांडर बोल रहा है। 'ओह! भगवान ने एक मार्ग तो दिखाया।' रागो ने मन ही मन कहा। वह सोचने लगी सीदो अपनी ही जाति की है। यह अच्छा हुआ! जब वह बिना संकोच कोई भी बात पूछ सकती है और कह सकती है।

रागो खुश थी।

सीदो ने जरा सरक कर रागो के लिए मैनकपड़े पर जगह दी। अपनी ओढ़नी को रागो पर भी बिछा दिया। इन दोनों के बाद गिरिजा और उसके बाद और एक बहन लेटी थी। दादा लोग दूसरी तरफ लेटे थे। मर्द और औरतों का इस तरह एक ही जगह लेटना उसने अब तक नहीं देखा था। इसे देखकर उसके दिमाग में तरह-तरह की भावनाएं उमड़ रही थीं। उसे नींद नहीं आ रही थी। सेंट्री करने वालों का आना-जाना उसे मालूम हो रहा था। बगल में लेटी सीदो की बारी आई। वह सेंट्री करने गई। मैनकपड़े पर रागो अकेली लेटी थी। अकेले लेटने में उसे डर लग रहा था। वह अपने में सिमट गई। वह सोचने लगी, 'इस अंधेरे में भालू, बाघ

या चीता आ जाए तो ये लोग क्या करते हैं? कामिया या कोई चुड़ैल आकर ऊपर चढ़ जाए तो फिर? मैं भी जाकर सीदो के पास ही खड़ी रहूंगी, रागो उठना ही चाहती थी कि सीदो आई और 'मिन्को-मिन्को' कहती हुई मिन्को को जगाने लगी। सीदो बहन की ड्यूटी खत्म हुई समझ कर रागो करवट बदल कर लेटी।

"क्यों बहन नींद नहीं आ रही?" पूछती हुई सीदो लेटने लगी।

"इंगो।" रागो ने कहा।

"पहले दिन मुझे भी नींद नहीं आई थी। एक घंटे में भोर होने वाली है। अब सो जाओ, जल्दी ही उठाएंगे।" कहती हुई सीदो लेट गई।

उधर सो रहे कोई दादा खर्राटे ले रहे थे। उसके बगल में सो रहे और एक दादा भी खर्राटे ले रहे थे। ऐसा लगता था, ये दोनों होड़ लगाकर खर्राटे भर रहे हैं। खर्राटों की इस होड़ से रागो की नींद एकदम गायब हो गई थी।

"रागो चलोगी?" रात को तूंबे में लाए पानी के शेष भाग को साथ लाती हुई गिरिजा ने पूछा। तब तक सीदो और मिन्को भी टट्टी जाने के लिए तैयार हो गई थीं।

टट्टी जाने के लिए तैयार खड़ी इनमें से कोई भी पत्ते नहीं तोड़ रही थी। बिना पत्ते लिए टट्टी जाने की बात उसकी समझ में नहीं आ रही थी। यह भी उसकी समझ में नहीं आया कि अब क्या करें?

"हन्विना बहन?" (तुम जाओगी नहीं?) मिन्को ने पूछा।

"एरूमंता बारामा" (पानी है। कुछ नहीं होता) मौन खड़ी रागो से सीदो ने कहा।

टट्टी जाते समय पानी ले जाने की बात रागो नहीं जानती थी। रागो ने मन में कहा, 'बाद में जाऊंगी' और प्रकट में बोली, "अभी जाने की जरूरत नहीं है।"

रागो जब लौटी तब तक दादाओं ने अपना-अपना किट संभाल लिया था। बहनों ने भी अपने किट्स को पीठ पर लाद लिया था।

मूरा ने अपने कंधे से लटकाए झोले को रागो के हाथ में देते हुए कहा, "बहन इसे पकड़ो" फिर वह चलने लगा था।

दल अपने प्रोग्राम के अनुसार 'बरेंकतोगु' पहुंचा था। दादाओं ने अपने किट्स उतार कर निक्कर पहन ली थी। सीदो और मिन्को भी दादाओं की तरह निक्कर पहन कर लाइन में खड़ी थीं। रागो अचरज से यह सब देख रही थी। सीदो और मिन्को को निक्कर पहने देखकर रागो के होठों पर हंसी थिरकने लगी।

कसरत करते दादाओं और बहनों की तरफ एकटक देख रही रागो को गिरिजा प्रोत्साहन देती हुई बोली, "कल से तुम भी कसरत करना।"

इतने में गांडो ने कहा, "किचचु मान बाई!" (आग सुलगाओ बहन!)

कसरत पूरा होने के तुरंत बाद गरम-गरम काली चाय पीने की आदत थी, शरीर पसीने से तर रहने पर भी गांडो गरमागरम काली चाय पीने के लिए उतावला रहता था। वह हमेशा कहता था, "जलते पेट के लिए खौलती चाय!"

दल के सब सदस्य आकर चूल्हे के चारों तरफ बैठे थे। रागो एक तरफ हट गई। गांडो चाय तैयार करने में जुट गया। सब गुनगुना रहे थे। कमांडर ऋषि दूर पॉलीथीन पर बैठकर

ट्रांजिस्टर सुन रहा था।

रागो को अपने लिए तौलिया, चादर और झोला मिल गया था। दल में और तीन महिला कामरेडों के रहने के कारण रागो को बिंदिया, आइना, कंघी और साड़ी बदलते समय दूसरी साड़ी मिलने में कोई कठिनाई नहीं हो रही थी। उसे दल के कुछ दादाओं के नाम भी याद हो गए थे। चार-पांच दिन से सबके मिल-जुल कर रहने से और सब लोगों के 'अक्का' 'अक्का' कह कर पुकारने व बोलते रहने के कारण रागो के मन में पहले दिन का जो डर व घबराहट थी वह भी कम हो चुकी थी।

उस दिन जब सब लोग हमेशा की तरह चूल्हे के चारों तरफ बैठ कर बातें कर रहे थे उस समय एक कामरेड ने, दूर बैठे अपने काम में मशगूल कमांडर को पुकार कर पूछा, "इस नई आई अक्का(बड़ी बहन) का क्या नाम रखेंगे?"

"अभी क्या जल्दी है कामरेड़? कल इस अक्का को वर्दी और बंदूक देते हैं, फिर उसी से पूछेंगे, कौन सा नाम वह पंसद करती है।" यह कहते हुए कामरेड ऋषि भी चूल्हे के पास आ गया।

दूसरे दिन रागो के लिए नई वर्दी बंदूक चप्पल और टोपी आ गए थे। कमांडर ने गिरिजा के हाथ में वर्दी और बेल्ट देते हुए कहा, "अक्का, रागो को यह वर्दी और यह बेल्ट पहनाओ।"

फिर बाकी तीनों बहनें रागो को खींच कर एक तरफ ले गईं।

इस जल्दबाजी में रागो की साड़ी एक काठ से उलझ गई और वह नीचे गिर पड़ी। यह देख कर सीदो जोर से हंसने लगी तो बाकी दोनों रागो को उठाने लगीं।

"आराम से वर्दी पहन लेती तो यह मुसीबत न आती ना!" कहती हुई सीदो रागो को प्रोत्साहित करने लगी, जैसे वह हंसने की अपनी भूल पर चिंतित थी।

फटी साड़ी को उतारते समय रागो को—विवाह के समय बड़े लोग 'टीके' का रस्म अदा करते हैं, उसकी याद हो आई। गांव की शेडों (सुहागिनें) बलात दुल्हिन के कपड़े उतार देती थीं। उसे कुरूपी और अर्धनग्न कर डालती थीं। एक छोटा सा तौलिया कमर से बांधने के लिए और एक तौलिया ऊपर डाल लेने के लिए देती थीं। ये सब दृश्य उसकी आंखों के सामने घूम गए। इस तरह शेडों नई, दुल्हन को अर्धनग्न और बदसूरत बना डालती थीं। 'मत्री-मत्री' (नहीं-नहीं) कहते हुए रोने, चिल्लाने और नीचे गिर कर इधर-उधर लुढ़कते रहने पर भी बिलकुल न सुनने व न मानने वाले गांव के बड़े लोगों का जिद्दी व्यवहार उसे याद आ गया था। गालियां, घूंसे, लातें याद आई थीं। चूड़ियां फोड़ना, छल्ले निकाल देना और बिंदिया पोंछ देना—इस तरह महिला को अपमानित करने के रीति-रिवाजों के स्मरण मात्र से रागो के शरीर के रोंगटे खड़े हो जाते थे।

"निक्कर पहन लो, अक्का।" कहती हुई निक्कर देने आई गिरिजा की आवाज से रागो होश में आई।

"नत्र बोरो!" (मुझ से नहीं होता, जा!) कहती हुई रागो ने अपने मुख को ऐसा बनाया जैसे सुराही हो!

"बारामो!" (कुछ नहीं होगा) कहती हुई सीदो नया बनियान लेकर रागो के सामने आ

खड़ी हुई थी।

एक ही क्षण में रागो का रूप व वेष पूरी तरह बदल गया था। वर्दी पहनकर, सिर पर टोपी रख कर और पांवों में चप्पल पहन कर, बाकी तीन महिला गुरिल्लाओं की तरह रागो भी गुरिल्ला बन गई थी।

गिरिजा ने रागो को एकदम अपने आलिंगन में कस लिया। सीदो और मिन्को ने माड़िया महिलाओं की आदत के अनुसार माथे को चूम लिया।

रागो ने इतना प्यार अब तक नहीं पाया था। उसकी कोई बहन न थी। इसलिए वह बहनों के प्यार के आनंद से वंचित रही थी। बहनों वाली माड़िया स्त्रियों के लिए भी इतना आदर और प्यार का मिलना संभव न था। रागो ने कल्पनाओं में स्वयं को खो जाने दिया था।

उसे शादीशुदा माड़िया बहनों की याद आई। जैनी का स्मरण हुआ। घुटनों के नीचे तक न आने वाले हाथ भर लंबाई से कम परिमाण का कपड़ा कमर से बांध कर वह सास-ससुर-पति के सामने किस तरह रहती थी। रागो की आंखों के सामने मैनी दीख पड़ी। रागो का पिता माता को मारता था। गालियां देता था। कभी-कभार प्यार व प्रशंसा करता था। फिर भी मां रीति-रिवाजों के बोझ तले दबती हुई जिंदगी बिता रही थी। अपनी मां की याद आते ही रागो के मन में एक गहरी व तीखी टीस सी उठी। गांव की शेडों (सुहगिनों) के आकार उसकी आंखों के सामने दीखने लगे।

'चाहे जान जाए अब उस नरक में नहीं जाऊंगी।' रागो ने मन ही मन निर्णय लिया।

रागो शर्ट, कॉलर, टोपी और बेल्ट को छूकर देखते हुए परवशा होने लगी थी।

इसी समय कमांडर ने पुकारा। रागो चौंक उठी। देखा तो कमांडर कह रहा था, "अक्का, बंदूक लो।"

"किट रेडी दादा।" टुग्गो ने बेल्टों को ठीक करते हुए किट लाकर कमांडर को दिया।

"यह है पोच, 25 कारतूस हैं।" कहते हुए उलगे ने पोच दिया।

"अक्का, ये लो, बंदूक के कपड़े। बंदूक को रोज पोंछ कर साफ रखना है।" सीदो ने पुराने कपड़ों के टुकड़ों को रागो के हाथ में रखा। उन कपड़ों को देखकर रागो अचंभित हुई थी। कपड़े के ये टुकड़े उसी फटी पुरानी साड़ी के थे, जिसे उसने अभी-अभी बदल दिया था। इधर गिरिजा ने उसी साड़ी के दो बड़े टुकड़ों को लेकर अपने किट में रख लिया था और दो टुकड़े रागो के हाथ में दे दिए, "रागो इन्हें भी रख लो। इनकी जरूरत पड़ेगी।"

गिरिजा ने पोच रागो की कमर में बांध दिया।

"अक्का, इधर आओ, बंदूक किस तरह दागना है, सिखाऊंगा।" ऋषि रागो को साथ लेकर मुकाम से थोड़ी दूर आगे चला गया था।

"चलो, रागो।" गिरिजा भी साथ चलने लगी।

कमांडर ने स्टैंडिंग, नीलिंग और लैइंग इन तीन पोजीशनों को बताने के बाद, बंदूक दागना सिखाया था। रागो ने कमांडर के बताए अनुसार बंदूक दागी थी। घोड़े को खींचने के साथ आंखें बंद कर लेने के कारण कारतूस तो छूटा पर निशाना चूक गया था।

"पहली बार ऐसा ही होता है।" कमांडर ऋषि ने धीरज बंधाया।

"अक्का, कौन सा नाम रखोगी?" मूर ने उतावला होते हुए पूछा।

"तुम ने ही तो नहीं बदला था, दादा?"

"तुम्हारा यह नाम तो अच्छा ही है। तुम को वहां कोई पहचानने वाला भी नहीं। तुम्हारा असली नाम लेने पर भी कोई विश्वास नहीं करेगा।" ऋषि ने अच्छी तरह समझाया कि दलों में आने के बाद नाम क्यों बदला जाता है।

"अक्का, क्या नाम रख दें, बताओ।" मिन्को ने चर्चा को इधर मोड़ दिया।

रागो ने कहा, "यही बेशमंता।" (यही अच्छा है।)

"ये नहीं, कोई नया नाम रख लेना अच्छा है।" गिरिजा के नाम बदल लेने की जरूरत को समझाया।

"तो तुम्हीं बताओ।" रागो बोली।

सीदो तुरंत चिल्लायी, "जैनी!"

सब ने उस नाम के प्रति अपना-अपना अनुमोदन प्रकट किया।

वर्दी पहन कर, पीठ पर किट लाद कर, सिर पर टोपी, हाथ में बंदूक लेकर अभिमान के साथ चलती जैनी (रागो) को दल के फार्मेशन में दसवां नंबर दिया गया था।

"बग्गो के पीछे तुम को चलना है अक्का!" कमांडर ऋषि ने कहा। 'बग्गो' नाम याद रहे न रहे, इसलिए जैनी ने बग्गो नाम को बक्लू करके याद रख लिया। क्योंकि वही दल में सबसे दुबला था। 'बक्लू' का मतलब 'दुबला' होता है।

दल गांव में पहुंच गया था। गांव के लोग आ-आ कर दल को 'लाल सलाम' कह रहे थे। थोड़े लोग, जिनको 'लाल सलाम' बोलना नहीं आता था, 'राम राम' कह रहे थे। स्त्रियां और पुरुष सब लोग दल के कामरेडों से हाथ मिला कर 'लाल सलाम' बोल रहे थे।

जैनी ने भी 'लाल सलाम' को ठीक-ठीक बोलना सीख लिया था और लोगों से बड़े प्यार के साथ हाथ मिलना भी।

"बाई पूना निम्मे?" (अक्का, तुम नई आई हो?) एक बूढ़ी महिला जैनी को रोक कर पूछने लगी।

"इंगो, नई आई हूं।" उत्तर देकर जैनी आगे बढ़ गई।

रागो को फिर रोक कर उसी बूढ़ी महिला ने पूछा, "तुम्हारा नाम क्या है?"

इस प्रश्न से रागो हैरान हो गई। क्या उत्तर दे उसकी समझ में नहीं आ रहा था। उसकी इस स्थिति को समझ कर मिन्को ने तुरंत कहा, "जैनी।"

"हां, यह लड़की 'जुव्वी रागो' की तरह लग रही है। मेरी आंखें धुंधिया गईं। ठीक तरह से दिखाई नहीं पड़ता।" कहती हुई बूढ़ी जाने लगी।

"उफ! नया नाम रख लेने से कितना अच्छा हुआ।" रागो चलने लगी।

गांव के आखिरी घर के सामने दल ठहर गया था। सभी ने अपने-अपने किट उतार दिए थे। दल सदस्य आंगन में डाली हुई खाटों पर बैठ गए थे।

काली गाय के थनों की तरह आसमान में बादल घिरे हुए थे। बिजलियां कड़क रही थीं। हालांकि अभी पूरी तरह अंधेरा नहीं छाया था, फिर भी जब बिजली कौंध जाती तो लोगों की आंखें सहसा चौंधियाने लगती थीं। घर लौटे जानवरों को कोष्टकों में भेजने में पशुपालक लड़के व्यस्त और परेशान थे। घरों के सामने बांसों और पत्तों से बने वितानों पर सुखाए हुए

महुए के फूलों को मालाओं में गूंथ कर मर्द लोग घरों में रख रहे थे। औरतें उन्हें टोकरियों में रख कर छींकों पर चढ़ा रही थीं। सूखे महुए के फूल नमी लगने से खराब हो जाते थे। इसीलिए गांव वाले इन फूलों की हिफाजत के लिए हमेशा सावधान रहते थे। बादल आसमान में इस तरह घिर आए थे कि मालूम होता था बहुत भारी वर्षा होने वाली है। बच्चे लोग बाहर उछल-कूद करने में मशगूल थे।

धीरे-धीरे हवा का जोर बढ़ने लगा। गीली हवा के छू जाने से ऐसा मालूम होता कि कहीं वर्षा हो रही है और हवा उसी वर्षा से गुजर कर गीली व ठंडी बन गई है। हवा के जोर पकड़ने के कारण, पेड़ों की शाखाएं मर-मर ध्वनि के साथ झूलों की तरह हिल रही थीं। चारों ओर धूल उड़ रही थी। जोरों से बहती हवा के कारण झोपड़ियों के बांस व पत्ते उड़ जाने के लिए तैयार थे। लोग अपने घरों के सामने जो अलाव जल रहे थे, उन्हें पानी डाल कर बुझा रहे थे।

खुशी के साथ कामरेड कर्ष ने कहा, ''अच्छा हुआ हम पहुंच गए।''

''अभी तक हम जंगल में ही होते और जोरों से पानी बरसता तब मालूम पड़ता।'' टुंग ने कहा।

एक दिन जंगल में, पानी के साथ ओले भी गिरने लगे थे, उस दिन की बात याद आई तो गिरिजा के शरीर के रोंगटे खड़े हो गए। घने जंगल में से दल जा रहा था। अचानक पानी बरसना शुरू हो गया। पानी के साथ झंझा भी और साथ ही ओले भी गिरने लगे थे। पूरे दल के लोग अपने-अपने मैनकपड़े ओढ़ कर बैठ गए थे। पर झंझावत के कारण मैनकपड़ा उड़ रहा था और सब तरफ से दल-सदस्यों पर ओलों की मार पड़ रही थी। पूरा दल पेड़ों के नीचे, पनाह लेने दौड़ गया था। फिर भी ओले ऊपर गिर रहे थे। इन की मार से दल-सदस्यों के शरीर सूज गए थे। गिरिजा मन ही मन कहने लगी, 'वह दुर्गति दुश्मन की भी नहीं होनी चाहिए।'

इतने में कमांडर की पुकार सुनाई पड़ी, ''जैनी से बात करेंगे अक्का!'' कहते हुए ऋषि छज्जे के नीचे अलग बिछाई हुई चटाई पर जाकर बैठ गया था।

जैनी दल-सदस्यों के साथ बैठ कर कोई गाना सीख रही थी। गिरिजा के बुलाने पर रागो उन के पास आ गई।

इस तरह बुला कर अलग बिठाने पर रागो हैरान हुई। सोचने लगी—क्या बात है?

''बाता अक्का। बहमंता?'' (क्यों अक्का कैसा है?) ऋषि ने गला ठीक करते हुए पूछा।

''बेशो दादा।'' (अच्छा है दादा।) रागो ने तुरंत उत्तर दिया।

''हां, जरा तुम से बात करनी है, अक्का! तुम्हें दल के साथ रहते हुए एक हफ्ता बीत गया है। दल के बारे में तुम्हारा क्या विचार है? यहां तुम को कैसा लग रहा है?'' ऋषि ने धीरे से विषय को आगे बढ़ाया।

''मुझे अच्छा ही लग रहा है। मैं बहुत से दादाओं के साथ रहने की इच्छा रखती थी। मैं दादाओं का इंतजार करती और उन को ढूंढती थी। आखिर मैं तुम लोगों से मिल गई।'' कह कर जैनी ने गिरिजा की तरफ ऐसे देखा—जैसे कह रही हो, इसके बारे में अब और चर्चा करने की क्या जरूरत थी। फिर जैनी ने अपना सिर झुका लिया।

''वह तो ठीक है। पर तुम क्या चाह कर दल में आई थी। तुम एक हफ्ते से दल के साथ घूम रही हो। क्या यहां सब कुछ ठीक लग रहा है? क्या हमारे साथ रह कर ये मुसीबतें

और ये कठिनाइयां तुम सह सकती हो? इस विषय पर तुम क्या सोचती हो? 'सब अच्छा है' कह देने से ही तुम्हारी भावना पूरी तरह प्रकट नहीं होती ना?" गिरिजा ने विषय को और विस्तार से सामने रखने के लिए प्रोत्साहन देते हुए कहा।

जैनी ने सिर उठा कर एक बार गिरिजा और ऋषि की तरफ देखा, फिर सिर झुका लिया।

एक क्षण के लिए तीनों मौन रहे। फिर ऋषि ने ही बोलना शुरू किया।

"ऐसा नहीं अक्का! तुम यहां के तौर-तरीके सब देख रही हो ना? कोई बात पूछी जाती है तो जहां तक मालूम हो, बोलना चाहिए। संकोच और शर्म नहीं करनी चाहिए। हमें जो मालूम हो कह देना चाहिए और जो नहीं मालूम उसके बारे में पूछ कर जानकारी प्राप्त कर लेनी चाहिए। तुम क्या चाह कर दल में आई, और हम गांव के दादाओं के साथ जो बातें कर रहे हैं, तुम सुन रही हो—ये बातें कहां तक तुम्हारी समझ में आईं? और इसके बारे में तुम्हारे विचार क्या है? बोलो। संकोच नहीं करना।"

कुछ देर तक संकोच करती मौन बैठी रहने के बाद, "मुझे बोलना नहीं आता, दादा।" जैनी बोलने लगी।

"हमारी माड़िया जाति में, लड़की जिसे पंसद नहीं करती, उसी के साथ उसकी शादी कर देते हैं। अगर लड़की उसके यहां आने से और उसे पति मानने से इंकार करती है तो पिता घूंसे और लातों से मारते हैं। अगर वह लड़की कहीं दूर भाग जाती है और मेहनत-मजदूरी करके जीवन बिताने लगती है तो हर गांव में लोग 'केर्दे केर्दे' कहते हुए उसके पीछे पड़ जाते हैं।"

"ठीक कहा। तुम अपनी इन मुसीबतों को दूर करने के लिए दल में शामिल हुईं, ठीक है। 'केर्दे' कहलाना और दुतकारे जाना, अपमानित हो गांव-गांव मारे-मारे घूमते रहना तुम को अच्छा नहीं लगा। तुम दल में आ गईं। अच्छा काम किया। लेकिन, सोचने की बात यह है कि दल जीवन में भी मुश्किलें होती हैं। मुसीबतें होती हैं। बहुत ज्यादा होती हैं। खाने और सोने में दिक्कत होती हैं। सेंट्री करना पड़ता है। रोज दस-पंद्रह मील चलने की आदत डालनी पड़ती है। बंदूक दागना और ड्रिल अच्छी तरह करना सीखना पड़ता है। इतना ही नहीं, पुलिस से सामना होने पर लड़ना पड़ता है। तुम्हारे लिए पुलिस वाले तुम्हारे मां-बाप को तंग करते रहे होंगे, परेशान करते होंगे। इन सब मुसीबतों को तुम्हें सहन करना पड़ेगा।"

"तुमने जो कुछ कहा, सब सच है। माड़िया महिलाएं बहुत-बहुत कठिनाइयों का सामना कर रही हैं, सच है। लेकिन, कठिनाइयों का सामना सिर्फ महिलाएं ही नहीं कर रही हैं। दादा लोग भी तो कर रहे हैं। कागज मिल के बाबू लोग और ठेकेदार हमें अनेक प्रकार से लूट रहे हैं। रोटी, दवा, शिक्षा और उचित मजदूरी इनके न मिलने से हमारे मां-बाप और भाई-बहनें कैसे-कैसे कष्ट झेल रहे हैं।"

"खेती करने के लिए खेत नहीं होता। अगर होता भी है तो उस पर हमारा हक नहीं होता। जंगल हमारा है, पर जंगल में पेड़ काटने, घास काटने, फल तोड़ने या पेट के लिए किसी जानवर का शिकार करने पर जंगलात वाले मारते है। कभी-कभी जान से मार भी डालते हैं।"

"इन सब मुसीबतों को दूर करने के लिए, किसी का जुल्म हम पर न होने देने के लिए

और अपना जीवन अपने लिए जीने और अपनी जिंदगियों को सुधारने के लिए हम लड़ रहे हैं। इसी लड़ाई को लड़ते हुए हमारे कई दादाओं ने अपनी जानें दे दीं। इस लड़ाई में हम जीत न जाएं, इसके लिए पुलिस वाले हमें जान से मार रहे हैं। हमारी खोज और धर-पकड़ हो रही है। इसलिए हम पुलिस वालों से बचते हुए और उसकी धर-पकड़ में न आते हुए छुपे तौर पर लोगों में काम कर रहे हैं। लोगों को एकजुट कर रहे हैं। हम सब को एक हो कर एकजुट रह कर लुटेरों से लड़ना है। हमें इस लड़ाई को जीतना है। तभी हमारी ये मुसीबतें दूर होंगी। यह लड़ाई चार दिनों में खत्म होने वाली नहीं। इसके लिए सोच-विचार की और ज्ञान की बहुत जरूरत है। सब लोगों को ऊपर बताई सब बातों से अवगत कराना है। तुम्हें ऐसा नहीं करना कि चार दिन हमारे साथ घूमती फिरो, फिर शादी करके किसी के घर चली जाओ। मेरी बात को ठीक तरह से समझो। यही मैं कहना चाहता हूं।'' ऋषि ने अपनी बात पूरी की।

''हम भी इन सब बातों पर खुद सोच-विचार करके दल में आई थीं, अक्का! हमारी लड़ाई खुद हमें ही लड़नी पड़ेगी। दूसरा कोई हमारे लिए नहीं लड़ेगा। दल में रह कर पढ़ना-लिखना सीखना है। अच्छी बातें सीखनी हैं। सब से मिल-जुलकर रहना और कोई बात हो तो कमांडर से कहना अक्का।'' गिरिजा ने कहा।

जैनी बड़े ध्यान से सुनती रही। सुनते समय उसके मन में कई प्रकार के विचार आने लगे थे। मैं कभी भी कर्दे की तरह घूमती-फिरती नहीं रहूंगी। इनके ही साथ मुझे रहना है। ये जिन बातों को सीखने के लिए कहेंगे--उन बातों को अगर मैं सीख न सकी और इस कारण से ये लोग मुझे चले जाने को कहने लगे, तो मैं क्या करूंगी? अगर ऐसा होता तो फिर मुझे किसी के घर जाना पड़ेगा और घर-गृहस्थी के दल-दल में फंसना पड़ेगा। फिर मुझे उसी पुरानी जिंदगी की गंदगी में सड़कर मर जाना पड़ेगा। कुछ भी हो, मैं कभी दल को छोड़ कर नहीं जाऊंगी।

जैनी बहुत कुछ कहना चाह रही थी। पर कह नहीं सकी। वह इधर-उधर थोड़ा सरक कर ठीक तरह से बैठ गई और उसने सहसा गिरिजा के हाथ को अपने हाथ में ले लिया।

रागो ने 'इंगो' कह कर गला साफ किया और कहा, ''किसी के घर जाने का मन नहीं अक्का! यहीं रह कर सब बातें सीख लूंगी। संघर्ष करूंगी और मरूंगी।''

इतना कह कर जैनी चुप हो गई। उसकी आंखों से आंसू की बूंदें, टपक रही थीं और गिरिजा के हाथ पर वे बूंदें पड़ रही थीं।

जैनी की आंखों से आंसू की बूंदें टपकना ऋषि ने देख लिया।

''अच्छा, बहन। कल से गिरिजा अक्का के पास पढ़ना-लिखना सीखो। लगन से दिल लगा कर सीखोगी तो सब कुछ सीख लोगी।'' कहते हुए ऋषि ने गिरिजा की तरफ देख कर ''हमारे पास स्लेट पेंसिल है न?'' पूछा।

हवा के कारण बादल छंट गए थे। तारे चमकने लगे।

''गाटो तैयार है। हम खा रहे हैं।'' गांडो और सीदो के जोर से कहने पर तीनों उठ के खाना खाने चले गए।

❑

'रागो' उपन्यास से साभार

मलयालम

कोच्चरेती उपन्यास का अंश

दुलरी मैंयां

नारायन

अनुवाद : डॉ. आर. सुरेंद्रन 'आरसु'

वरिक्कमाक्कल घराने के इट्‌याति अरयन (आदिवासी-जाति विशेष) की दो संतानें थीं लड़का कुञादिच्चन और लड़की कुंञिपेण्णु। लड़की जब सात साल की हो गयी तब उसकी मां चिरुता चल बसी। तेज बुखार और बेहोशी के कारण उसकी मृत्यु हुई थी। दो दिनों तक उसकी हालत नाजुक बनी रही थी इट्‌याति के पिताजी वलिय मुंडन जादू टोना करते थे, वे भगत थे।

उन्होंने मंत्र जपकर पहले चिरुता के हाथ में धागा बांधा था फिर ईश्वर प्रीति के लिए दैविक काम भी किया था (दानी अंगारे पर नंगे पांव चलकर वेलिच्चापाटु भगत की भूमिका भी अदा की थी) पर बीमारी तनिक भी कम नहीं हुई। चिरुता ठीक से बैठ भी नहीं सकती थी। वह झोपड़ी की दीवार से सट कर बैठी तो आंखें बंद हो गईं।

उस दिन सांझ को टीले पर बैठकर काहेर डिगवा ने ऊंची आवाज़ दी थी। रात में ही यमराज चिरुता को अपने साथ ले चले।

वलिया मुंडन निराश और नाराज़ हो गए फिर भी देवताओं ने उनकी बहू को नहीं बचाया। वे चिरुता को मृत्यु से बचा सकते थे। इट्‌याति, अपने बच्चों और पिताजी के साथ दिन बिताते रहे। यों कुछ साल गुजर गए। इट्‌याति का मन इस बात को मानने को कतई तैयार नहीं था कि चिरुता चल बसी है। वलिया मुंडन ने बीमार होकर बिस्तर पकड़ लिया। मंत्र-तंत्र और दवा लेने से उन्होंने साफ इनकार कर दिया। सगे-संबंधी उन्हें देखने आते तो वे फुसफसाते कि भगत का आखिरी दिन नजदीक आ रहा है।

इट्‌याति ने परम्परागत ढंग से पूजा-पाठ किया। चावल और धान डालकर पिताजी से कुल-देवताओं की मूर्तियों को ग्रहण किया। उनके सामने और कोई चारा नहीं था। बड़ा लड़का है न? कुछ दिनों उसने उन मूर्तियों की याद नहीं की। बाद में इट्‌याति भी पूजा-कर्म करने लगे। रिश्तेदार भी यही पंसद करते थे।

चिरुता के भाई कुञमुंडन ने इट्‌याति से कई बार कहा कि वे दुबारा शादी कर ले। "चिरुता के समान और एक औरत.....भैया अब मुझे नहीं चाहिए।"

"तब इन बच्चों का हाल...? घर संभालने के लिए एक औरत तो चाहिए न ! पिताजी भी चल बसे।"

"अब मैं हूं न? अब वही काफी है।"

चिरुता की छाती की गर्मी, उसकी बातें, यह सब अब भी मन में ताजा हैं। वह कहीं नहीं गयी है। इट्‌याति के लिए यही यादें काफी हैं।

कुञुमुंडन की लड़की पाप्पी अब सोलह साल की हो गयी थी। वह कुञादिच्चन के मामा की बेटी है, जिसका उस पर शादी का हक है। नियमानुसार बेटी की शादी पहले करवानी चाहिए चूंकि बेटे की शादी उसके बाद भी हो सकती है पर इट्यादि सोचने लगे—"मगर लड़की शादी के बाद घर से चली जाएगी तो घर में कोई औरत नहीं होगी। कुञुमुंडन के बेटे नहीं हैं। इसलिए शादी करने के लिए बेटी कुञिपेण्णु को हक का भांजा भी नहीं मिलेगा। कुञादिच्चन और पाप्पी की शादी हो गई।

कुञुमुंडन के काका कटुत्ता का लड़का है नारायणन। वह पाप्पी के रिश्ते का भाई लगता है। वह अक्सर वरिक्क माक्कल परिवार में आता है। बातें करता है और खाना खाता है। कटहल के पेड़ पर चढ़कर कटहल तोड़ने में भी उसे कभी संकोच नहीं होता।

नारायण जैसे ही घर आता तभी ही कुञिपेण्णु जाकर रसोई में बैठ जाती अथवा घर के दाहिने भाग में चली जाती। नारायणन के प्रति इट्यादि ने कोई दुर्भाव प्रकट नहीं किया फिर भी नारायणन को वह मन ही मन पंसद नहीं करते थे।

"भाई नारायणन के आते ही बहन कुंञिपेण्णु क्यों घर में छिप कर जा बैठती है," मिट्टी में काम करने के बाद पाप्पी ने लड़की से पूछा।

"मैं नहीं देखना चाहती हूं उस बुरे आदमी को।"

पाप्पी को कुञिपेण्णु से ऐसी प्रतिक्रिया के अपेक्षा नहीं थी। उसने कुञिपेण्णु से उसके इस असंतोष का पुनः जिक्र किया।

"चालाक होने पर भी लड़की क्या कर सकती है? पिता और भाई मजबूरन पकड़ कर ब्याह देंगे तो लड़की को अन्त में जाना ही होगा न !"

"यह तो रस्म है। लड़की पिता और भाई का विरोध करे तो वे लात मारने से भी नहीं हिचकेंगे। उस वक्त कोई पूछने के लिए थोड़े ही आयेगा।"

पाप्पी कुञिपेण्णु की ओर देखती रही। नाखून कुरेदकर, मुंह फुलाकर पेण्णु बुदबुदाती रही। "क्या कोई झगड़ा चल रहा है उससे। झगड़े के कारण क्या सिर फूट गया है?" पाप्पी ने पूछा। कुञिपुण्णु के गाल पर आंसू टपक पड़े। पाप्पी को भी दुःख हुआ।

"अरे ननदी! मैंने तो यूं ही कह दिया था, फिर भी।"

"मैंने जो कहा वह सच है।"

कप्पाकंद के समीप के झाड़-झंखाड को साफ करते समय पाप्पी और कुञादिच्चन में यह चर्चा हुई थी। अविलंब यह खबर इट्यादि के कानों तक पहुंच गई। उन्होंने कुछ भी नहीं कहा। वे भी नारायणन को पंसद नहीं करते थे पर नारायणन कुञिपेण्णु को ही चाहता है। 'उनका मन उसे देने को नहीं मानता' यह वे उससे कैसे कहें? उसको न देने का ठोस कारण है उनकी बेटी के दिल को ठेस न पहुंचने देना।

पाप्पी की बात सही निकली। खेती का काम खत्म हो गया। विषु त्यौहार के पहले नारायणन के काका केतु कुञ्जिपेण्णु का हाथ मांगने हेतु आए। इट्यादि ने कहा कि वे जवाब बाद में देंगे। उस दिन रात का खाना खाने के बाद इट्यादि ने बेटी को बुलाया।

"बिटिया!"

"बाबुजी!"

उसने ढिबरी की रोशनी में बेटी की आकुल आंखें देख ली थीं। इट्टयाति कुछ भी बोल न सके। लगा कि उनकी अपनी ही आंखें आंसुओं से गीली हो रही हैं।

उन्हें चार-पांच साल की कुञ्जिपेण्णु याद आ गई। जब वह कपड़े के स्थान पर सुपारी पेड़ के पत्ते पहन कर चलती थी। मां-बाप से झगड़ा करके, रूठकर रो पड़ती थी और फिर जोर से हंसने लगती थी।

मां के देहांत के बाद वह घर का हर एक काम करती थी— दोने में पानी लाना, आंगन बुहारना आदि और वह बाप के साथ ही सोती थी। चावल पकाना, सब्जी बनाना जैसे काम भी उसने बड़ी ही जल्दी सीख लिए थे। बाप बीमार पड़ते तो बेटी उन्हें अपने हाथों से खाना खिलाती थी। उन दिनों भी अपनी बेटी के चेहरे को उदास देखने की शक्ति उनमें नहीं थी। आज भी वही हाल है। पिता की हर बात को मानकर लड़की पली-बढ़ी थी। अब उसके अहित में कुछ भी बोलना उन्हें ठीक नहीं लगा।

"यों ही बुलाया था कोई खास बात नहीं, तू जा।" इट्टयाति ने बेटी से कहा।

दरवाजे के पीछे से सिसकीं सुनाई पड़ी तो इट्टयाति ने मन ही मन कहा—'नहीं'।

कोच्चुरामन पुलियनमला इलाके का निवासी है। बचपन में ही उसके मां-बाप मर गये थे। वैद्य काका कोच्चुकोच्चु के घर में वह पला-बढ़ा था।

काका ने उसे वैद्य का काम सिखाया। श्लोक सिखाए, उनका अर्थ भी बताया। वे कहीं भी जाते उसे अपने साथ ले जाते ताकि दो-चार आदमी उसे जान जाएं। ऐसे श्लोकों का अर्थ उससे स्वयं भी दूसरों से सुन-सुन कर जान लिया था। वह जड़ी-बूटियों को देख-देख कर और उन्हें चबा-चबा कर पचनाना सीख लिया। इस प्रकार वह उनके मिश्रण से दवा बनाने का ढंग भी सीख गया।

कोच्चुकोच्चु की पत्नी इट्टिटपेण्णु ने कोच्चुरामन को पंसद नहीं किया। उसने कोच्चुरामन को पेट भर खाना तक नहीं दिया। लकड़ी काटने का मुश्किल काम उससे करवाया। जो भी काम वह करता था, उस में इट्टिटपेण्णु दोष देखती थी। वह घुटन की जिन्दगी जी रहा था।

प्रसव के कमरे से इट्टिटपेण्णु का दीन स्वर सुनायी पड़ा। चमाइन ने संदेह प्रकट किया। तेल में मिलाने के लिए जड़ी-बूटी कोच्चुरामन ही तोड़कर लाया था। तेल मलने पर भी प्रसव न हुआ। इट्टिटपेण्णु असह्य पीड़ा से रोने लगी। तब कोच्चुकोच्चु के मन में एक संदेह पैदा हो गया। क्या जड़ी-बूटी बदल गई है। कोच्चुरामन ने जान-बूझकर बदल ली होगी। उन्होंने कोच्चुरामन की ओर ध्यान से देखा। काकी मर जाए शायद यही उसका भाव था। गाल पर काका का तमाचा पड़ा। वह दर्द से कांप उठा। दूसरा थप्पड़ पड़ने से पहले वह भाग गया।

दस-बारह साल का छोकरा। वह भूखा है, थका मांदा है। तब भी बहुत होशियार है। एक आदमी उसे इलवुंकल केला के घर ले गया। केला ने उसे सिर से पैर तक ध्यान से देखा। अच्छे लठाण का लड़का है। अपनी ही जाति का आदमी है। पता चला कि अब वह बेसहारा है।

"तू यहां रह सकता है। मेरी मदद करेगा।" काम करने में उसे हिचक नहीं थी। पहले से जाने-पहचाने पौधों को उसने ध्यान से देखा। कुछ पौधों को तोड़ लिया। पत्तों को मलकर सूंघने लगा। लोग यह देखकर उस पर हंसने लगे।

"बेटे, यह सब खाने लायक नहीं है।"

"मुझे पता है इस जंगल में कुछ ऐसे कंद-मूल हैं, जिन्हें खाने पर तो भूख ही नहीं

लगेगी।'' तब वह पागल नहीं है। फिर मामला क्या होगा? बारिश और धूप खत्म हो गयी। सर्दी शुरू हो गयी है। टीलों से बीमारियों के सिर उठाने का समय आया है।

केला के बायें बगल में एक बड़ा फोड़ा है। यह वातरोग का फोड़ा है। बैठना-लेटना मुश्किल है। कुछ जड़ी-बूटियों का प्रयोग किया। किन्तु सूजन बढ़ती गयी। कोच्चुरामन ने उसे ध्यान से देखा। उसने रसोईघर में जाकर पूछा–''दादी मां! जरा मुर्गी का घी मिलेगा?''

''बेटे, यह क्या करने के लिए है।''

''केला का फोड़ा ठीक करूंगा''

''क्या तू बैद्यगीरी जानता है?''

''कोशिश करूंगा।''

''बेटा, कोई अनहोनी बात न कर बैठना।''

''नहीं दादी मां! इस बीमरी की जड़ी-बूटी मैं जानता हूं।''

एक दूसरे घर मुर्गी का घी मिला। उसने जड़ी-बूटी पीसकर घी में मिलाई। फिर फोड़े के ऊपरी भाग पर तिलक लगाया। शाम हुआ फोड़ा फूट गया। घाव से मवाद और खून बह गया। केला को बड़ा आराम मिला।

''ऐ मेरे बच्चे–यह कौन-सी जड़ी-बूटी है?''

कोच्चुरमन हंस पड़ा। ''रहस्य नहीं बताऊंगा। ऐसी कोई जड़ी-बूटी है जिसे पीसकर चंदन सा लेप बनाया है।''

ज्यादा दिन न बीते। केला का फोड़ा ठीक हो गया। घाव का निशान तक नहीं रहा। कोच्चुरामन कई बीमारियों को शांत करने का रामबाण इलाज जानता है। चोट, हड्डी फिसलन, पेट दर्द, नाड़ी दर्द आदि जो भी बीमारी हो, उसे बताने पर वह सबका इलाज करता था पर पहले कहता–''एक बार मैं देख लूंगा।''

ऐसे ही एक बार लकड़ी काटती एक औरत की आंख में लकड़ी की छोटी कन्नी चुभ गई। खून बहने लगा, वह दर्द से ऊंची आवाज में रोने लगी।

''अरे, वह छोकरा दवा जानता है न?''

''केला काका, वह छोकरा इधर ही है न?''

''कौन है केयवा? किसके बारे में पूछ रहे हो?''

''यहां रहने वाला वह छोरा!''

''क्या काम है?''

''लक्ष्मी की आंख में लकड़ी का टुकड़ा चुभ गया। खून नहीं रुक रहा है। क्या वह जड़ी-बूटी जानता है?''

'' हे भगवान ! हां जल्दी, पूरब की ओर चलो वह उधर है।''

जडी-बूटी का लेप रखकर आंख पर पट्टी बांधी। दर्द को शांत करने के लिए एक दूसरा लेप बाहर मल दिया। सात दिनों के बाद पट्टी खोली, ध्यान से देखा। हल्का लाल रंग बाकी है। ''वह भी शांत हो जाएगा।'' कह कर कोच्चुरामन हंसा।

''छोटे भैया, मैं ने सोचा कि मेरी आंख फूट गई है।''

''ऐसी बात नहीं तड़के यह लेप आंख में मलकर पानी में डुबकी लेना। कुछ दिनों तक

धूप न लगे। आंख ठीक हो जाएगी।''

समय ने कोच्चुरामन को भी एक युवक बना दिया। मृदुल शरीर और घुंघराले बाल, सांवला रंग। अधरों पर हल्के स्वर का गीत।

केला ने कहा–''कोच्चुरामन की शादी होनी है। पश्चिम भाग के जमीन में एक कुटिया बना लें।'' तब एक समस्या उठ गई। 'कोच्चुरामन किस घराने का है?' यह खुद वह नहीं जानता है। केला ने इसका पता लगाने के लिए एक आदमी को कोच्चु-कोच्चु के घर भेजा। तब मालूम हो गया कि वह वव्वा घराने का है। वव्वा घराने के लड़के को पूतानी घराने की लड़की चाहिए। कोच्चुरामन के मामा को बेटी नहीं है। तब मेलजोल की एक लड़की कहां होगी। कुछ लोगों ने कुछ लड़कियां देखीं किन्तु कोच्चरामन को ये लड़कियां पंसद नहीं आईं। उसने कहा कि अब उसे शादी नहीं करनी है।

दो औरतें इस पर बात कर रही थीं। इट्यापति अरयन की बेटी कुञिपेण्णु के बारे में कह रही थीं। कहीं से छिपकर कोच्चुरामन ने यह बात सुनी थी। वे कहती हैं कि उसके पहाड़ी से काले बाल हैं। काली नहीं है। रंग की गोरी है। भरी छाती और मुलायम शरीर है। काले कूवल-फूल-सी बड़ी आंखें हैं। पान खाए जैसे लाल-लाल होंठ हैं। उस रूप को उसने मन ही मन में उकेरने की कोशिश की। एक झलक उसे कैसे देखूं? वैसे जाऊं तो लड़की को देख न सकूंगा। अगर देखें भी तो मन में सिर्फ इच्छा ही रह जाएगी। शादी होने के बाद ही ठीक से देख पाऊंगा। परंपरानुसार रिश्तेदारों को जाकर पूछना चाहिए, यही सही तरीका है। बाप और भाई की अनुमति भी आवश्यक होगी फिर ऐसे और भी कई विघ्न-बाधाएं हैं। फिर यदि लड़की के लिए मामा का कोई लड़का होगा तो यह मोह पालना एकदम फालतू हो जाएगा।

अगर मौका अनुकूल बने तो मामला तै हो सकता है। कोच्चुरामन कई बार ऐसे मोह में कुञिपेण्णु के घर के आस-पास मंडराने लगा। पिताजी के साथ दोना में मांड लेकर चलती कुञिपेण्णु को उसने देखा। जो वर्णन पहले सुना था वह उससे भी सुन्दर थी। सिर की बाईं ओर बांधे हुए एकदम टीले जैसे केश, जिन्हें नीचे छोड़े तो घुटनें छिप जाएं। अगर पूरे खोल कर केश फैला दे तो कपड़े पहनने की भी जरूरत नहीं पड़े। मुस्कुराते होंठ, विस्फारित आंखें। भरी छाती। उरोजों को आगे से ढककर पीछे की ओर बांधे हुए, कमर पतली, चलते समय धोती नितम्बों को खींचती– उसे देखते रहने से कोच्चुरामन की आंख और मन जुड़ा गया। 'क्या इसके मिलने की गुंजाइश है?' उसने अपने मन से प्रश्न किया। वह मन ही मन डरने भी लगा। ऐसी बातों के बारे में सोचता हुआ वह एक पेड़ से सटकर वह खड़ा हो गया। जब तक कुञिपेण्णु आंखों से ओझल नहीं हुई तब तक वहां खड़ा रहा। कुछ भी न सोचकर जड़ी-बूटियां तोड़नेवाली जगह पर वह पहुंच गया तो पीछे मुड़कर इट्यापति ने पूछा–''बेटे तू कौन है?''

''फिलहाल पलकंकल में रहता हूं। पुलिमला से उधर आया था।''

''क्या नाम है?''

''कोच्चुरामन!''

''हां वैद्य है न?''

''वैद्य बना नहीं, बनने का इच्छुक हूं।''

इट्यापति ने कुछ जवाब नहीं दिया। वह यों ही थोड़ी देर मुस्कुराता रहा। इट्यापति ने यह

भी देखा कि उनकी बेटी इस युवक को छिपकर देख रही है। सामने खड़े उस युवक को उसने मन ही मन तौला। युवक को इसका संकेत नहीं मिला। शरीफ आदमी है, युवावस्था में ही वैद्य। कुछ देर बात करने के विचार से इट्यादि ने पूछा—"क्या तू पान खाएगा?"

"हां, हां!"

इट्यादि ने टोपी उतारी। चोटी में फंसी सुपारी का टुकड़ा लिया। पतरी पर बैठकर पान का एक पत्ता लिया और उसका एक टुकड़ा कोच्चुरामन की ओर बढ़ाया। "यह तीसरी बारी का पत्ता है न? पान के पत्ते एकदम सूख गये हैं न!"

"पिछले साल के सूखे में ऐसा हुआ था, उस साल में झाड-झंखाड को साफ नहीं किया था। अब किया है।"

पेड़ की आड़ में खड़े होकर कुञिपेण्णु झांक रही थी। कोच्चुरामन हंसना चाहता था लेकिन मुश्किल है, लड़की के बाप के सामने बैठा है न। मन में घुटन सी हुई। बातचीत में डूबे इट्यादि ने बाद में झाड-झंखाड साफ करना शुरू कर दिया। उस दिन का काम खत्म हो गया।

घर के पास वाले नाले में कुञिपेण्णु नहा रही थी। नहाने के बाद गीले कपड़े से उसने छाती को ढंका। बाल नहीं बांधे, दोनो हाथों में पानी के बड़े दोने थे, उसमें पानी लेकर वह घर की ओर चली। सामने कोच्चुरामन को देखा। वह शरमा गयी। उसके मुख की ओर देखकर कुञिपेण्णु रास्ते से हटकर चली। उसे पता चला कि कोच्चुरामन यों ही वहां से नहीं जायेगा।

"नाम कुञिपेण्णु है न? घर वटिक्कमाक्कल में है न? ओझा की बेटी है न।"

"हां"

कुञिपेण्णु को लगा कि वह युवक उस से कई बातें पूछना चाहता है। उसे उसकी बातें सुननी अच्छी लगीं। दोना संभाल कर, कुञिपेण्णु ने सिर का कपड़ा ठीक किया।

"तुझे तेरी नजर में मेरा रूप अजनबी सा लगा होगा, मैं लड़की देखने आया हूं।"

वह कुछ नहीं बोली। जल्दी जाना भी नहीं चाहती थी। मन कई बातें पूछना चाहता था। किन्तु जीभ हिलती नहीं थी। पहले ऐसा कुछ अनुभव नहीं हुआ था। लगा कि कुछ अनहोनी बात कर रही है। मन कांप उठता है। एक अजनबी पुरुष के सामने खड़ा होना, एक अर्य्य घराने की लड़की के लिए ठीक नहीं है। किसी न किसी ढंग से धैर्य रखकर, खुद को संभाल करके उसने पूछा—"क्या घर नहीं आये?"

"क्या कह कर आऊं। लड़की पूछने के लिए रिश्तेदार नहीं हैं। एक काका हैं, वे पसन्द नहीं करते।" उसने झट से कहा। उत्तर कुछ नहीं दिया कुञिपेण्णु ने, बस वह मुस्करा दी।

उस मुस्कान का अर्थ क्या है? कोच्चुरामन को एक बात यह जरूर मालूम हो गयी कि कुंञिपेण्णु को उससे नफरत नहीं है। किन्तु इतने से काम नहीं चलेगा। यह तो जातिगत तौर तरीके मात्र हैं।

पानी ले कर चलते समय कुञिपेण्णु सोचने लगी—'क्या कोच्चुरामन की ओर से लड़की देखने के लिए यहां कोई आएगा हमारे यहां? घर की परंपरा और नियमानुसार उन्हें हमारे घर आकर पूछना चाहिए। पिता और भाई की भी सहमति आवश्यक है इस रिश्ते के लिए अन्यथा हमारा सपना साकार नहीं होगा। मन की मन में ही रह जाएगी।'

नाला या जमीन की ओर जाते समय कुञिपेण्णु सोचने लगी—'लड़की देखने आने के

लिए भी उसके नाते रिश्तेदार नहीं है।' वह इधर-उधर खोजने लगी कि शायद वह युवक कहीं उधर ही हो। उसे देखने की उसके मन में तीव्र इच्छा जग गई।

पिता या भाई, कोच्चुरामन के बारे में कोई जिक्र करते तो कुञिपेण्णु का दिल धड़कने लगता था। वह बार-बार अपने मन से यही सवाल पूछती कि क्या कोच्चुरामन की तरफ से कोई रिश्ता मांगने आएगा भी? कोई अजनबी घर में आता तो वह परेशान हो उठती। उसे लगता कि कोई रिश्ता मांगने ही आया है।

कड़ी धूप में काम करते-करते वह पसीने से तर-ब-तर हो रही थी। हाथ में माड़ का खाली दोना और हंसिया लिए वह आ रही थी कि रास्ते में एक पेड़ के नीचे उसे कोच्चुरामन दिखाई दिया। उसे देखकर वह शर्म के मारे एक ओर खड़ी हो गई।

"कुञिपेण्णु, मैं एक बात पूछने आया हूं। क्या, तू मुझे पंसद करती है?" कोच्चुरामन ने पूछा।

जवाब देने को वह हिचक रही थी। लाज के मारे उसने सिर झुका लिया। वह अनुकूल उत्तर देना चाहती थी किन्तु कैसे दे उत्तर? शब्द ही नहीं मिल रहे थे।

"मैं तुमसे शादी करना चाहता हूं। बताओ न, मैं तुझे पंसद हूं?"

"हां पंसद हो," भले ही मन अनुकूल उत्तर देना चाहता था पर शब्द बाहर नहीं आ रहे थे। वह युवक की बात एक बार फिर सुनना चाहती थी क्योंकि कोच्चुरामन ने उसे बता दिया था कि लड़की पूछने के लिए उसके यहां कोई रिश्तेदार नहीं है। तभी अचानक नारायणन भी उधर ही आ निकला। किन्तु इन दोनों को उसके आने का पता ही नहीं चला।

"अरे ! इधर क्या चल रहा है?" नारायणन चिल्लाया।

वे दोनों लोक-लाज भूलकर आलिंगनबद्ध हो गए थे। नारायणन की बात सुनकर वे चौंक गए। नारायणन का काला चेहरा कोच्चुरामन को घूर रहा था।

"कुञिपेण्णु जल्दी घर जा।"

नारायणन का अधिकार भरा स्वर कुञिपेण्णु को अच्छा नहीं लगा। मुंह मोड़कर वह चली गई। कोच्चुरामन उसको देखता रहा।

"लड़की की तलाश में है न?" नारायणन का मन हुआ कि उस के मुंह पर दो तमाचा जड़ दे।

"आपने ऐसा क्यों पूछा" कोच्चुरामन ने कहा।

हालांकि कोच्चुरामन समझ गया था कि नारायणन कुछ ऐसा पूछेगा ही पर बात बिगड़ने पर शायद उनका लक्ष्य हासिल नहीं होगा, यह दोनों जन अच्छी तरह समझ रहे थे।

"क्या वैद्य आपके यहां लड़की पूछने आने के लिए कोई सगा-संबंधी नहीं है?" नारायणन ने फिर पूछा।

"इसीलिए तो सीधे ही पूछने आया था।" कोच्चुरामन ने बड़े इत्मीनान से कहा।

"यह कहां का तरीका है? अर्य समाज की अपनी रस्में और नियम हैं। तुम्हें इसका पता होना चाहिए कि पेण्णु रिश्ते में मेरी भांजी है।"

कोच्चुरामन को हंसी आई। तब नारायणन का गुस्सा और दोगुना हो गया।

"तू भाग अजनबी!"

"हां, अब ठहरने से क्या फायदा है? जा रहा हूं। किन्तु डरकर नहीं।"

कोच्चुरामन चुपचाप चल दिया। चलते-चलते उसने मन ही मन तय कर लिया कि उसे नारायणन से निपटना ही होगा। उसकी भांजी उसे मिलेगी या नहीं कोच्चुरामन को इसे देखना होगा। कुञिपेण्णु के पिता को भी अपनी बेटी की शादी नारायणन के साथ करना पसन्द नहीं था। इसलिए नारायणन लड़की का मन जीतने की कोशिश करने के प्रयास में था, पर कामयाब नहीं हो पा रहा था। जब उसके आगे कोई चारा नहीं रहा तो उसने लड़की को अकेला पा कर उससे अपनी मन की बात कही थी। पर कुञिपेण्णु ने डर, भय और संकोच त्याग कर उसे साफ-साफ जवाब दे दिया। उसने नारायणन को कनखियों से देखा और पान थूकते हुए बोली—

"तू मुझे पंसद नहीं है। भाग जल्दी।"

'प्रहार' सी प्रतिक्रिया। अब बात स्पष्ट हो गयी कि कुञिपेण्णु उसे बिल्कुल नहीं चाहती है।

"मैं पिताजी से कहूंगा।"

"क्या कहेगा?"

"तू और कुञिपेण्णु इस झाड़ी में...."

"क्या किया है मैंने? झूठ मत बोलना!"

"मेरी बात सुनो, इधर आओ!"

"हां, देखो यहां खतरा है! यह हंसिया देखा है न, मेरे जीते जी तू मुझे छू नहीं सकेगा। याद रखना मैं वरिक्कामाक्कल घराने की हूं। इट्याति अरयन की लड़की कुंञिपेण्णु हूं।"

नारायणन को लगा कि कुञिपेण्णु का चेहरा नाराज काली देवी जैसा है। उसकी इच्छा पूरी न हो सकी। क्रोध आया। जबरदस्ती हाथ पकड़े तो खतरा है। उसके हाथ में हंसिया है। वह जानता है कि बलात्कारी पुरुष को हथियार से मारने या अपना गला खुद काटने में अर्‌य लड़की को कतई हिचक नहीं होगी। वह यह सोच ही रहा था कि उसे पेण्णु का दृढ़ स्वर सुनायी पड़ा—

"हट जा रास्ते से!"

"सबक सिखाऊंगा मैं तुझे, तेरे उसको.....भी देख लूंगा"

बुदबुदाते हुए नारायणन जंगल की ओर चला। कुञिपेण्णु का धैर्य टूट गया। वह सोच रही थी—"नारायणन जाकर मां-बाप से झूठ बोलेगा। वे बुलाकर पूछेंगे। तब क्या हाल होगा मेरा? नारायणन मुझे पंसद नहीं, मैं कोच्चुरामन को पंसद करती हूं—क्या मैं ऐसा बोल सकूंगी?' उसने मन ही मन निश्चय किया—'किसी भी अर्‌य औरत को ऐसा अवसर नहीं मिलता। मुझे ऐन मौके पर धैर्य रखना ही होगा। शायद वे लात से मार डालेंगे पर तब भी मैं सच-सच कहूंगी। नहीं तो मैं ओझा की बेटी नहीं हूं। डरने से कुछ भी नहीं होगा।' वह देवताओं की याद करके आगे बढ़ी।

नारायणन नहीं आया। उस घटना के बारे में कोई पूछताछ भी नहीं हुई।

पेचिश और उल्टी के एक बीमार को कोच्चुरामन ने बचाया था। कुञादिच्चन ने घर से आकर बाप से यह बात कही थी। कुञिपेण्णु ने यह बात सुन ली थी। वे दोनों वैद्य को पंसद करते हैं। काश ! कोच्चुरामन के मन की कामना बाप से कोई कहे ! भाई सहमत होंगे। किन्तु रिश्तेदार नारायणन की तरफदारी करेंगे।

इट्याति ने पान खाकर थूका फिर चोटी को ढीला कर बालों को उंगली में लिपटाया। सुपारी पेड़ के पत्ते की टोपी पहनी। कौए की चोंच जैसी टोपी के ऊपर के भाग को नीचे कर दिया। समय का पता चलने के लिए सूर्य की ओर देखा।

बिटिया-"कुञिपेण्णे घर जा। काली मिर्च की जड़ को कूट-कूट कर कॉफी में डाल कर बना ला।"

"बाबू जी, ऊब लग रही है तो आप भी जा सकते हैं।"

कुंञादिच्चन नजदीक आकर बाप को ध्यान से देखने लगा।

"क्या बात है गले में कंपन भी लग रही है।"

"क्या मुझे भी जाने को कहता हो? मैं कॉफी पीकर टहलकर आऊंगा।"

"खैर मैं थोड़ी देर यों ही बैठूंगा। कुञिपेण्णु तुम से जाने के लिए कहा था न?"

कुंञिपेण्णु चल दी। उसने बीच रास्ते में नारायणन को देखा तो वह डर गयी। उसने उसे न देखने का बहाना किया। जल्दी-जल्दी चलकर नाले पर पहुंच गई। सोचा कि नारायणन उधर कहीं नहीं होगा। उसने कपड़े धोकर चट्टान पर डाले। जडी-बूटी तोड़कर हाथ से मलकर, हल्की धूप में, पानी में उतर गई। नारायणन कुछ दूर पर खड़ा था। उसने कोई चीज पानी में ठेल दी जो बहकर तालाब के छोर पर आ गई जिधर कमर तक पानी था। कुञिपेण्णु उसमें डुबकी लगा रही थी और शरीर पर जड़ी-बूटी का लेप मलने भी लगी थी।

चट्टान पर खड़ा नारायणन ताली बजाकर हंस पड़ा।

"अरी अब तेरी अनुमति की जरूरत नहीं है मुझे। अब पता चलेगा तकलीफ झेलना।" कुञिपेण्णु नाराज हो कर उसे भली-बुरी कहकर फिर पानी में तैरने लगी।

नहाने के बाद उसने तौलिए से देह पोंछी। देह पर खुजली सी होने लगी। पूरे देह पर खुजली फैल गई। वह 'जलन' को सह न पा रही थी। वह घर की ओर दौड़ी और फर्श पर लुढ़क गई और जोर-जोर से रोने लगी।

लकड़ी की गठरी नीचे डालकर पाप्पी दौड आई। नग्न कुञिपेण्णु फर्श पर लुढ़क रही थी। वह प्रश्नों का उत्तर भी नहीं दे पा रही थी। पाप्पी आंगन से बाहर आई और चिल्लाई—"जल्दी आओ, बहन की हालत बहुत बिगड़ गई है।"

"अरी क्यों चिल्ला रही है?"

कुंञादिच्चन और इट्यादि जल्दी आ गए।

"बहन के देह पर कुछ लगा है। देह सूज गई है। पूवा के समान मोटा-मोटा कुछ दिखाई पड़ता है। लाल-लाल है। वह परेशान होकर लुढ़क रही है।"

"कोई विषैला पौधा छू ली होगी?"

इट्यादि ने कहर जप की भस्म दी। चेर पेड (विशेष) का जहर छूने पर तानी (पेड़ विशेष) का जहर प्रयोग किया जाता है। उन्होंने उसका प्रयोग भी किया और कई मंत्र पढ़ने लगे। पर उसका कुछ भी असर नहीं हुआ। सूजन बढ़ गई। खबर सुनकर कई स्त्रियां आईं और वे कहने लगी—"भैया, यह मामूली जहर नहीं है और कोई चीज है। किसी और को बुलाओ।"

दर्द से छटपटाती बेटी को देखकर खड़ा रहना इट्यादि को भी असह्य लगा। उन्होंने बेटे को बुलाकर कान में कहा—"यह क्या बात है। जल्दी जाकर उस वैद्य को बुलाना।" कुंञादिच्चन तुरंत दौड़ा। इट्यादि ध्यानमग्न हो गया। "हे देवी-देवताओं मेरी लड़की को मत मार डालना।" उसने पुलियांपुनिक मंदिर को एक छोटी मुर्गी देने की मनौती मांगी। दसवां दिन होते ही वे बलि देंगे।

बाण की गति से दौड़ा कुञादिच्चन इलवुंकल के घर पहुंचा। वहां कोच्चुरामन नहीं था। खोज के लिए केव्वा का लड़का भी निकल पड़ा। वह कहां होगा? बहुत खोजने पर वह मिला।

कुञिपेण्णु बीमार पड़ी है सुन कर कोच्चुरामन का हृदय कांप उठा। वह दौड़ पड़ा। रास्ते में पत्थर और टीलों को पार करते हुए कुंञादिच्चन ने उसे कुछ जानकारी दी। आखिर वे नाले पर पहुंचे और नहाने के स्थान पर आये। वहां पर उसने पत्थर के नजदीक एक सूखे जहरीला फल (नायकुरणा) का छिलका देखा। इसके उपचार के बारे में सोचते हुए वैद्य कोच्चुरामन उनके घर आया। कुञिपेण्णु बदहवास सी लेटी थी। कंबल से देह ढके हुए थी। कोच्चुरामन भी मन ही मन रो पड़ा। लोगों को उसका पता न चला। उसने कुञि की फूली हुई पलकों को खोला। गाल की मोटी सूजन को छुआ। वह कराह रही थी।

जंगल से तोड़ी ज़ड़ी-बूटियां और पत्ते मिलाकर उसने पीसीं और उस लेप को गरम पानी में मिलाकर कुञिपेण्णु के देह पर लगाने के लिए कहा।

रात कुछ बीत गई तो कुञिपेण्णु के देह से पसीना बहने लगा। वह पसीने से तर हो गई। पसीने के साथ-साथ उसका दर्द पसीना बनकर बहने लगा था।

"यह क्या हाल है। क्या भूत सवार हो गया है?"

कुछ लोगों को संदेह हुआ। विष पसीने के रूप में बदल गया है।

"कुञिपेण्णु, अब तेरी तबियत कैसी है? नहीं तो वैद्य को बुलायेंगे।"

उसने कहा "बहुत प्यास लगी है।" कोच्चुरामन दरवाजे के समीप पहुंचा। आभार से चमकती आंखें। वैद्य ने रोगी के हाथ को छुआ। माथे के दोनों ओर उंगली से दबाया। गाल को धीमें से सहलाया। तब कुञिपेण्णु मुस्कुराई। दोनों ने मन ही मन कामना की कि इस प्रकार वे लोग हमेशा पास-पास रहें। ❑

व्यंग्य

ईमानदारी से आखिरी मुलाकात

शंकर लाल मीणा

ईमानदारी के लापता हो जाने की घटना को लेकर इन दिनों अटकलों का बाजार खूब गर्म है। नयी पीढ़ी का मानना है कि वह मर गयी, जबकि पुरानी पीढ़ी को विश्वास है कि वह जिन्दा है लेकिन इस वक्त है कहां, वह नहीं मालूम। नयी पीढ़ी तर्क करती है कि आजकल वायुमंडल में जिस नस्ल के विषाणुओं की बहुलता हो गयी है, उसको देखते हुए ईमानदारी के जिन्दा होने की उम्मीद एक खुशफहमी के सिवाय कुछ नहीं है। इसके जवाब में बुजुर्ग पीढ़ी अपने विश्वास को पुनः दोहराती है कि ईमानदारी मर नहीं सकती, भले किसी नस्ल के विषाणुओं की बहुलता वायुमंडल में हो जाये। बुजुर्ग पीढ़ी यह भी पूछ रही है नयी पीढ़ी से कि अगर ईमानदारी मर भी गयी तो उसकी लाश कहां है, यह बताइये। मरा हुआ वही माना जाता है, कायदे से, जिसकी लाश बरामद हो जाये और पहचान भी हो कि यह अमुक की लाश है.....खैर, इन परिस्थितियों में फिलहाल सिर्फ इतना ही कहा जा सकता है कि ईमानदारी, इस वक्त लापता है। कालान्तर में वह मर चुकी कहलाती है अथवा जीवित, यह इस पर निर्भर करेगा कि वह बरामद किस हाल में होती है।

बहरहाल ईमानदारी की तलाश जो है वह बड़े जोरशोर से की जा रही है। इस तलाश पर पहले तो यह प्रश्न उठ खड़ा हुआ कि ईमानदारी को तलाश करने का जिम्मा किसका है? कुछ लोगों ने कहा, सरकार के पुरातत्व विभाग का है। कुछ ने कहा, समाज का है तो कुछ ने कहा, खोजी पत्रकारों का है। कुछ दार्शनिक किस्म के लोगों ने कहा कि यह तो व्यक्तिगत खोज का विषय है...मुख्तसर यह कि इन दिनों सब अपने-अपने ढंग से पता लगाने का प्रयास कर रहे हैं कि ईमानदारी जो हुआ करती थी वह अन्ततोगत्वा किस गति को प्राप्त हुई?

वास्तव में देखा जाये तो ईमानदारी की खोज करने वाले उतने नहीं हैं, जितने उसका हश्र जानने की इच्छा रखने वाले। खोज के संदर्भ में विशेषज्ञ अपनी बहुमूल्य राय निःशुल्क दिये जा रहे हैं। चल रही खोज में कमियां निकाल कर उसके प्रति असंतोष व्यक्त करने वाले भी कम नहीं हैं। आये दिन समाचार पत्रों में संपादकीय लिखे जो रहे हैं कि ईमानदारी की खोज योग्य व्यक्तियों द्वारा उचित ढंग से संभावित स्थानों पर नहीं की जा रही है। कुछेक ने मशवरा दिया है कि ईमानदारी की तलाश किसी ऐसे सुदूर क्षेत्र में करनी चाहिए जहां शहर में से होकर गुजरने वाली हवा पहुंचने में रुचि न रखती हो। हो सकता है, ऐसे किसी स्थान पर किसी स्कूल मास्टर के टूटे-फूटे छप्पर के आसपास या किसी फटीचर हिन्दी लेखक के पड़ोस में ईमानदारी अपनी अंतिम सांसें गिन रही हो। ईमानदारी को किसी सरकारी अस्पताल अथवा अनाथालय में ढूंढ़ने की सलाह भी कुछ विद्वान दे रहे हैं।

मैंने कई दिनों तक यह बात छिपाये रखी, लेकिन अब बता देना चाहता हूं कि ईमानदारी लापता होने से ठीक पहले मुझसे मिली थी। मेरी और उसकी लंबी बातचीत हुई थी। हुआ दरअसल यूं था कि उस रात ठंड बहुत ज्यादा थी, इसलिए रात को जल्दी ही मैं सोने की तैयारी कर रहा था कि बंद दरवाज़े के बाहर आहट-सी हुई। मैंने कान लगाकर सुना तो लगा जैसे कोई कराह रहा है। मैंने दरवाजा खोला, बत्ती जलाकर देखा तो बरामदे में पुराने काले चीकट चिथड़ों की एक लंबी गांठ सी नजर आयी। कराहने की आवाज़ उसी में से आ रही थी।

''कौन है?'' पूछते हुए मैंने उसको सीधा किया।

''पहचाना नहीं?'' आंखें खोलते हुए पूछा उसने।

''पहले कभी देखा नहीं।''

''देखा नहीं....सुना तो बहुत होगा मेरे बारे में?''

''हो सकता है, पर तुम बताओ न कि तुम हो कौन आखिर।''

''मैं...मैं ईमानदारी हूं।'' जबरदस्ती खोलकर रखी आंखें फिर बंद होने लगी थीं उसकी।

''ईमानदारी!....तुम.....तुम हो ईमानदारी?.....कमाल है।.....तुम्हारी यह हालत?''

''देख लो।''

''कहां से आ रही हो इस वक्त?''

''बताऊंगी, सब बताऊंगी। लेकिन पहले उठाकर भीतर तो ले चलो। यहां तक तो आ गयी जैसे-तैसे। लेकिन अब उठने की हिम्मत नहीं है।'' अटक-अटक कर उसने फूलते दम और खांसी के बीच कहा।

''हां-हां, पहले क्यों नहीं कहा'' कहते हुए मैंने जोर लगाकर उठाया उसको....यह क्या? इतना बड़ा आकार और वजन नाम की चीज नहीं।....ऐसा लगता था जैसे कुछ खोखली हड्डियों को जोड़कर एक आकार बना दिया हो। कमरे में लाकर मैंने उसको बेड पर लिटाना चाहा। पर वह बोली, ''बेड पर सूट नहीं करता। फर्श ठीक रहेगा। कोई पुरानी दरी हो तो बिछा दो वरना ऐसे ही ठीक है।''

मैंने उसको दीवार के पास दरी लगाकर बिठा दिया। अलमारी से कम्बल निकाल कर देने लगा तो उसने फिर मना कर दिया। यह कहकर ''साबुत कम्बल से मुझे एलर्जी है। कोई फटा या छेद वाला कम्बल हो तो दे दो, वरना रहने दो। अभी कोई खास जरूरत भी नहीं है।''

मैंने उससे चाय वगैरह के लिए पूछा तो बोली, ''मुझे प्राणों की पड़ी है और तुम विलासिता की बातें करते हो।''....रोटी खाने पर वह सहमत हो गयी अलबत्ता। मैंने रात की बची हुई रोटी लाकर दी। उसने पहले तो रोटी को माथे से लगाया, फिर उस पर से घी लगी पपड़ी उतारकर एक तरफ रख दी और बाकी को हथेली में मसल-मसलकर फांकने लगी। पंजीरी की तरह और पानी के साथ निगलने लगी। पता चला कि उसके मुंह में एकाध दांत ही बचे हैं, इसलिए रोटी को वह चबा नहीं सकती। सिर्फ निगल सकती है। सिर्फ दांत ही नहीं, उसके समूचे शरीर की हालत ही दयनीय थी। जगह-जगह नील पड़े हुए थे। चकत्ते भी निकल आये थे। कई जगह काली पपड़ी जम गई थी, जो खून के निकलकर सूख जाने से

बनी थी। सारे जोड़ जाम होकर हिलने-डुलने से मना कर चुके थे। सिर के बाल जोगनियों की लटों जैसे, आंखें सिकुड़ी हुईं, नाखून उखड़े हुए, हाथ-पांवों में एकाध हड्डियों के अलावा और कुछ नहीं। एक दयनीय-सी, डरावनी-सी काया।

"अब बताओ, कहां से आ रही हो?" उसकी हालत का मुआइना कर लेने के बाद मैंने पूछा।

"शराफ़त के सब्र से।" छूटते ही कहा उसने।

उस जर्जर काया से इस किस्म के डायलाग की उम्मीद मुझे नहीं थी। मैंने कहा, "पहेलियां मत बुझाओ। साफ लफ्जों में बताओ।"

कुछ सोचकर वह कहने लगी, "मैं दरअसल अपनी नासमझी की वजह से लोगों के बहकावे में आ गयी और अपनी यह हालत करवा बैठी। पिछले दिनों कुछ बुजुर्ग मेरे पास आये और कहने लगे कि मैं एक बार सार्वजनिक मंच पर बेईमानी से मुकाबला करूं। मैंने इस संदर्भ में कोई रुचि नहीं दिखायी तो पहले तो उन्होंने मुझे कई तरह से यह विश्वास दिलाया कि मैं बेईमानी को आसानी से धूल चटा सकने की सामर्थ्य रखती हूं। फिर तरह-तरह से दबाव डाला गया मुझ पर और मैं न चाहते हुए भी उस आत्मघाती मुकाबले के लिए तैयार हो गयी। वो कहते हैं न कि विनाश काले विपरीत बुद्धि....बस वही बात। बेईमानी की सेहत का सही अंदाजा अगर मुझे होता तो मैं यह हिमाकत हरगिज न करती. ... बेईमानी मेरी हम-उम्र ही है। बचपन में कई बार देखा था उसको। उन दिनों हमेशा बीमारी और बदनामी को लेकर ज्यादातर घर में ही रहती थी वह। आराम उसको उतना नहीं था, जितनी कि तकलीफें और अपमान....मैंने सोचा, अब भी वह वैसी ही होगी। लेकिन जब मंच पर मुकाबले के लिए उतरी तो उसका शारीरिक सौष्ठव देखकर मेरे पांवों तले की जमीन सरक गयी। मुझे विश्वास ही नहीं हुआ कि वह वही बेईमानी है जिसको मैंने बचपन में अक्सर दुत्कारे जाते देखा था....फिर भी मुकाबला तो खैर करना ही था, सो किया।

"सारे उपस्थित दर्शक उसके पक्ष में नारे लगा रहे थे, उसको जोश दिला रहे थे, जिसकी कि कोई जरूरत नहीं थी। मेरे पक्ष में एकाध लोग थे, उनकी आवाज उस नक्कारखाने में तूती से ज्यादा क्या हो सकती थी? मेरा मनोबल मुकाबले से पहले ही पूरी तरह टूट चुका था। रेफरी भी मिला हुआ था बेईमानी से। एक बार हम दोनों को अलग करने के बहाने उसने एक मुक्का मेरी नाक पर जड़ा कि मुझे दिन में तारे नजर आ गये....अगले कुछ क्षणों में फिर यह समाचार हवा में था कि बेईमानी ने ईमानदारी को धूल चटा दी....मैं बेहोश हो चुकी थी, इसलिए मुझे नहीं मालूम कि किसने मुझे उठाकर खैराती अस्पताल पहुंचाया। किसी कंजूस लेकिन भले आदमी ने सोचा होगा शायद कि अस्पताल पहुंचाने में अंतिम संस्कार में कम खर्चा आयेगा। रही-सही गत मेरी फिर अस्पताल में बिगाड़ दी गयी। जांच के बहाने तमाम शरीर में छेद कर दिये गये। फिर भी खाली नहीं हुआ बेड तो डॉक्टर ने किया डिक्लेयर डेड और भिजवा दिया मुर्दाखाने में पोस्टमार्टम के लिए। वह कर्मचारी जो मुझे स्ट्रेचर पर डालकर मुर्दाखाने की ओर ले जा रहे थे, बरामदे में रुका और सामने से आने वाले दूसरे कर्मचारी से उसकी सुलगती हुई बीड़ी मांग कर अपनी बीड़ी सुलगाने लगा। मैंने सोचा, यही मौका है और मैं स्ट्रेचर से कूद पड़ी....उस वक्त पता नहीं कहां से इतनी ताकत मुझमें आ गई थी कि मैं वहां से भाग निकली....वहां से निकलकर फिर मैं कहां-कहां भटकी, खुद मुझे

भी नहीं मालूम....और अब तुम्हारे सामने हूं ही।''

वह कहे जा रही थी तो मेरी आंखों के आगे एक अप्रस्तुत दृश्य चल रहा था। वह चुप हो गयी तो वह दृश्य भी स्थिर हो गया।

''अब जाओगी कहां?'' मैंने पूछा।

''पता नहीं।'' उसने गर्दन हिलाकर कहा और चुप हो गयी। मैं भी तत्काल कुछ नहीं बोला। काफी देर हम एक दूसरे को देखते रहे और सोचते रहे।

''क्या सोच रहे हो?'' उसने फिर टोका।

''सोच रहा हूं कि तुम्हारे बारे में जैसा सुना था....आदर्श.....उत्तम....उपयोगी....पता नहीं, क्या-क्या....और जैसा तुम्हें देख रहा हूं।....मैं कुछ समझ नहीं पा रहा हूं कि...''

वह कहने लगी, ''जमाना बदल गया है भाई ! आजकल तो जिस चीज को आदर्श बताया जाये, उत्तम घोषित कर दिया जाये, महान मान लिया जाये, तो समझो उसके दिन पूरे होने को हैं....मेरा भी यही किस्सा है।''

''कुछ विस्तार से बताना पंसद करोगी?''

खांसी पर काबू पा कुछ संयत होकर वह बोली, ''क्या करोगे मेरी दुःख भरी कहानी सुनकर?''

''फिर भी।'' मैंने आग्रह किया।

''खैर, तुम अनुरोध कर रहे हो तो सुनाती हूं....पहले मैं ऐसी नहीं थी। बहुत अच्छी हालत थी मेरी। मेरे शुभचिन्तक, मेरे चाहने वाले बहुत थे। मेरे साथी भी बहुत थे....संकोच था, धीरज था, संतोष था, भय था, आदर्श था, उन्नति थी, नैतिकता थी, सफलता थी....बहुत सारे थे। लेकिन आज मैं एकदम अकेली हूं। कोई नहीं है मेरे साथ।''

''सब चले गये ?''

''हां....एक-एक कर सब चले गये। पहले संकोच ने माहौल को देखते हुए आनाकानी की मेरे साथ रहने में और मुझसे अलग हो गया। इसके बाद धीरज को प्रलोभन ने पता नहीं क्या पट्टी पढ़ायी कि वह उसकी गाड़ी में बैठ कर उसी के साथ चला गया हमेशा के लिए, संतोष जो था वह विज्ञापनों के झांसे में आ गया और एक दिन मुझसे बहाना बनाकर एक रंगीन बस्ती में जाकर बस गया। वहां जाकर पहले तो वह बीमार पड़ा और बाद में चल बसा।''

''अच्छा।''

''भय काफी दिनों तक मेरे साथ रहा, लेकिन एक दिन उसको कानून के व्याख्याकारों और वकीलों ने पकड़कर एकदम नंगा कर दिया। तब से वह खुद ही दुबक गया है कहीं जाकर अपना नंगापन छिपाने के लिए। वह खुद ही सबसे डरता है अब तो, उससे कोई क्या डरेगा ? आदर्श कहता था मुझसे कि हम तो भाई-बहन की तरह हैं। लेकिन बाद में उसने मेरे मना करने के बावजूद समृद्धि से शादी कर ली। फिर एक दिन बोला कि समृद्धि मेरे साथ एडजस्ट नहीं हो सकती और एक दिन वह समृद्धि के साथ कहीं और रहने चल दिया। नैतिकता बरसों मेरे साथ रही। लेकिन पता नहीं कब और कैसे वैभव से उसका अवैध संबंध हो गया। बाद में पता चला कि वह एक नर्सिंग होम में गर्भपात करवाते समय चल बसी। कुछ कहते हैं कि इन्फेक्शन हो गया था। कुछ कहते हैं कि वैभव ने मरवा दिया उसको जानबूझकर। सुनने में तो यह भी आया कि वैभव का गर्भ नैतिकता की कोख स्वीकार नहीं

कर सकी....अब वास्तविकता क्या है, भगवान जाने....उन्नति भी काफी अरसे तक मेरी जोड़ीदार रही, उसका भी फिर चाटुकारिता और चालाकी के यहां आना-जाना, पीना-पिलाना शुरू हो गया। इस माहौल में वह ऐसी रमी कि वहीं की होकर रह गयी।''

''सफलता का क्या हुआ?'' मैंने पूछा।

वह कहने लगी, ''सबके चले जाने के बाद सफलता भी मेरे साथ रहने में हिचकने लगी। तब मैंने खुद ही उससे कहा कि अब जब सभी चले गये हैं तो जा तू भी चली जा जहां जी चाहे तेरा....वह जैसे इसी की प्रतीक्षा कर रही थी। मेरे इतना कहते ही वह उठ खड़ी हुई और चल दी....सुना है, आजकल षड्यंत्र की रखैल है वह।''

''फिर''

''फिर क्या....एकदम अकेली रह गयी मैं। इन्हीं दिनों मुझे यह एहसास हुआ कि मेरे यहां जो लोग आते थे, मेरी मिजाजपुर्सी करने, दरअसल वे मुझसे नहीं उनसे मिलने आते थे, जो पहले मेरे साथ रहते थे और बाद में मुझे छोड़कर चले गये....'' कहते-कहते खांसी आ गयी उसको। मैंने उसकी पीठ सहलाते हुए उसको पानी पिलाया। संयत होकर फिर वह कहने लगी, ''अकेली रहने पर भी मुझे कोई विशेष कष्ट नहीं था। क्योंकि मैं गंभीर, योग्य, परिश्रमी और नैतिक लोगों की बस्ती में रहा करती थी और यही सोचकर खुश भी थी। लेकिन एक दिन मुझे एक गुमनाम धमकी मिली कि मैं सिर्फ निकम्मे और डरपोक लोगों के साथ ही रहूं, वरना नतीजा अच्छा नहीं होगा। इस धमकी से बहुत डर गयी मैं और जगह बदलने की सोचने लगी।''

''तुम्हारे मां-बाप....?'' अचानक मुझे याद आया तो पूछा मैंने।

उसने बताया, ''मां-बाप ने तो मुझे बचपन में ही त्याग दिया था। एक ज्योतिषी ने उनको बताया था कि मैं उनके लिए अनिष्टकारी सिद्ध हो सकती हूं, इसलिए।''

''अच्छा....फिर कहां रहीं तुम?''

''एक प्राथमिक पाठशाला के अध्यापक के यहां पली।''

''तुम्हारा पति, बच्चे?''

''पति जेल में है आजकल....बच्चे हुए नहीं। होते भी कहां से ?''

''क्यों?''

''दरअसल उस अध्यापक ने मेरा विवाह एक नपुंसक के साथ किया था।''

''नपुंसक के साथ....।.....क्यों?''

''बिना दहेज ब्याह करने को और कोई तैयार नहीं था इसलिए।''

''ओह!'' मेरे मुंह से निकला।

वह बताने लगी, ''उस नपुंसक ने भी एक घिनौना मजाक मेरे साथ किया। एक दिन मुझे अस्पताल ले जाकर मेरी बच्चेदानी निकलवा दी उसने।''

''ऐसा क्यों किया उसने?''

''ताकि सन्तानहीन होने का दोष वह मेरे माथे पर मढ़ सके।''

''हूं....जेल में क्यों है वह?''

''बलात्कार के अपराध में।''

"बलात्कार.....लेकिन.....?"

"मैं उस अपराध की बात कर रही हूं, जो न्यायालय में सिद्ध किया गया।"

"ओह !....तुम्हारा घर-बार, सामान....वगैरह?"

"घर-बार तो टैक्स मांगने वालों ने कुर्क कर लिया। सामान भी साथ ले गये। मैंने कहा, सब ले जा रहे हो तो मुझे भी लेते चलो, तो बोले, हम वही चीज ले जा सकते हैं, जिसकी कमर्शियल वैल्यू हो।"

"फिर?"

उसने बताया, "बेघरबार होकर मैं बहुत भटकी फिर। कभी कहां तो कभी कहां, सरकारी कर्मचारियों की कालोनियों में रहने वाली औरतें मुझे सौत कहकर दुत्कारतीं। सेठानियां मुझे कंगाली की बहन समझकर चौकीदार से धक्के मरवातीं। बच्चे मुझे भूतनी कहकर पत्थर मारते, तो युवक चुड़ैल कहकर जलील करते....एक रात एक खम्भे के पास खड़ी होकर अपने ताजा जख्म पर कपड़ा बांध रही थी तो एक गाड़ी मेरे पास आकर रुकी। उसमें से एक आदमी नशे में लड़खड़ाता हुए मेरे पास आया और पूछने लगा, तुम्हारा रेट क्या है? मैंने कहा, मुफ्त....तो वह वापस चला गया बड़बड़ाते हुए कि नहीं, मुफ्त वाली नहीं चलेगी....लोगों ने खूब कुत्ते दौड़ाये मेरे पीछे। बढ़ी हैसियत वाले कुत्ते थे वे, जिनका विरोध मैं चाहते हुए भी नहीं कर सकती थी। वह देखो, मेरी पिण्डलियों पर मांस नहीं है न, यह उन्हीं कुत्तों का पराक्रम है। कुत्तों से मुक्ति मुझे तभी मिली जब मेरी पिण्डलियों का मांस खत्म हो गया।"

उसकी दास्तान सुनकर, उसकी हालत देखकर मैं सुन्न सा हो रहा था। वह अपना सिर घुटनों पर टिकाये खामोश बैठी फर्श को देखे जा रही थी सूनी आंखों से।

"ऐसे तो मर जाओगी तुम।" कुछ देर बाद मैंने कहा।

"शायद यही नियति हो मेरी।" कहकर एक गहरा सांस लिया उसने।

मैंने कहा, "सुनो....यूं समझो....कि मैं.....मैं एक शुभचिन्तक हूं तुम्हारा और चाहता हूं कि तुम बहुत स्वस्थ न सही, लेकिन कम से कम जिन्दा तो रहो....इसके लिए...."

"इसकी संभावना नहीं के बराबर है अब।"

"फिर भी कुछ तो किया जा सकता है....कुछ ऐसा कि जो तुम्हारे अनुकूल पड़ता हो। तुम्हारी निराशा को कुछ कम कर सकता हो।"

मेरी बात सुनकर सोचने की मुद्रा में कुछ देर गर्दन हिलाती रही वह। फिर अचानक बोली, "क्या कोई मुझे गोद ले सकता है?"

"गोद?"

"हां भाई ! मैं आये दिन सुनती हूं कि अमुक संस्था ने फलां गांव को गोद ले लिया है....क्या तुम मुझे किसी से मिलवा सकते हो, जो मुझे गोद लेकर मेरी जिम्मेदारी ले सके।"

"सरकार से बात की जा सकती है।" मैंने कहा।

"नहीं।" एकदम से वह बोली, "सरकार की गोद में बैठकर तो मैं कुबड़ी हो जाऊंगी। इसलिए वहां नहीं....हां सरकार से तुम सब्सिडी की बात कर सकते हो।"

"सब्सिडी.... !.....सब्सिडी कैसी?" चौंककर पूछा मैंने।

वह बोली, "किसी भी तरह की....मुझे बरतने में मेरे उपभोक्ताओं को जो घाटा होता है, उसकी कुछ प्रतिशत भरपाई की व्यवस्था अगर की जा सके तो....इसके अलावा भी कई चीजें हो सकती हैं।"

"जैसे?"

"जैसे बेईमानी जिन प्रतिबंधों को नकार चुकी है, वे मुझ पर से भी उठाये जा सकते हैं। बेईमानी की रसोई में चार अतिरिक्त गैस सिलेन्डरों का इंतजाम करने वालों से कहा जा सकता है कि वे मुझे केरोसिन की दुकान पर पीपी लिए चौबीस घण्टे से ज्यादा खड़ा न रखें. ...मुझे इसमें कोई एतराज नहीं कि मारुति वाले को लाल बत्ती होते हुए भी बेरोक-टोक आने-जाने दिया जाये सड़क पर, लेकिन यह चाहती हूं कि कम से कम हरी बत्ती हो जाने के बाद भी मुझे रोक कर साइड में खड़ा न किया जाये और मेरी पुरानी मोपेड में सत्तर कमियां निकाल कर रोजाना चालान करने की धमकी न दी जाये।"

"बात तो वाजिब है।" मैंने कहा।

उसने कहा, "बेईमानी की कोठियों से बख्शीश लेकर आने वालों से आग्रह किया जा सकता है कि वे मुझसे जाकर यह पूछताछ न करें कि मेरे पास मिट्टी के गमले में नीम का पौधा लगाने के लिए बजट कहां से आया।"

"और?"

"और मैं चाहता हूं कि मेरा नाम बिक्री योग्य वस्तुओं की सूची से तुरंत हटाया जाये, ताकि कम से कम खरीददारों के प्रस्तावों की जलालत से तो मुक्त हो जाऊं....मुझे बरतने वालों के साथ बेवकूफ, भोंदू, बेचारा, लल्लू....जैसे विशेषण न लगाये जायें और इस नारे पर पाबंदी लगायी जाये कि बेईमानी ही बुद्धिमानी है।"

कहकर चुप हो गयी वह और मुझे नजरों से तोलने लगी। मैंने पूछा, "यह सब अगर हो जाये तो क्या तुम बेईमानी के मुकाबले खड़ी हो सकोगी?"

वह बोली, "कुछ कर सकूंगी या नहीं, यह तो बाद की बात है। लेकिन कोशिश तो यकीनन करूंगी....बोलो हो सकता है यह सब?"

"सोचने की बात है यह तो।" इसके अलावा मैं उसको इतनी जल्दी और क्या कह सकता था।

"सोचो....ऐसी कोई जल्दी नहीं है, आराम से सोचो....जैसे आज मैंने तुम्हारी नींद बर्बाद कर दी न !.....ऐसा करो, थोड़ी देर सो लो। सुबह होने में अब ज्यादा वक्त नहीं है। मैं भी सुस्ता लेती हूं, बाकी बातें सुबह करेंगे फिर।"

कहकर आंखें बंद कर लीं उसने, जो कब से बंद होना चाह रही थीं। मैं भी सो गया।

लेकिन सुबह वह कमरे में नहीं थी। पता नहीं कहां चली गयी थी। मेरे सिरहाने एक कागज का पुर्जा लिखकर छोड़ गयी थी...."मेरी वजह से तुम किसी मुसीबत में न फंस जाओ, यह सोचकर अभी तो जा रही हूं मैं। कहां पर, यह नहीं मालूम। लेकिन मरने से पहले एक बार दोबारा तुमसे जरूर मिलूंगी। मेरी प्रतीक्षा करना....शुभकामनाओं और रात भर के आसरे के लिए आभार सहित.....बदनसीब ईमानदारी।" ❑

गप्प करने की कला

डॉ. मंजु ज्योत्स्ना

"भाभी किसने कह दिया तुम्हारी बराबरी नहीं है गप्प करने में। जो फिर नाराज हो गयी। कल श्रीमती घोष के यहां गयी थी, तो कितने बजे लौटी हो। दो बजे दिन को गयी थी, पांच बजे घर लौटी हो, बाप रे–तीन घंटे का गप्प कार्यक्रम।"

"मैं गप्प करने गयी थी किसने कहा तुमसे। दोपहर का खाना बनाकर खिलाकर गयी थी, आते ही शाम को चाय और फिर नाश्ता बनाया यह दिखाई नहीं देता।"

"यह तो अच्छा है कि खाने-पीने को मिल जाता है, नहीं तो तीन की बजाय छः घंटे गप्प करती तो वह भी नसीब नहीं होता। क्यों भाभी?"

गुस्से से लाल हो गयी थी–"मजाक की भी हद होती है। हद पार करने पर मजाक आरोप बन जाता है। आरोप ही तो लगा रहे हैं न, देवर जी!" रंजु ने सोचा।

"एक काम करो देवर जी, जरा श्रीमती घोष के यहां जाकर मेरा कुछ सामान ले आना अभी ही, हां अभी। 'तुरन्त' वरना मुझे ही जाना पड़ेगा वहां गप्प करने।"

"ठीक है, मैं अभी गया और अभी आया। औरतें गप्प करती हैं, कहीं भी जाएंगी तो गप्प करके ही लौटेंगी और हम गये और आये अभी।"

दो घंटे बाद लौटे देवर जी, सीधी आंखों भाभी जी को देख नहीं सके। भाभी ने हंसते-हंसते पूछा–"क्यों अभी गये और आये, बस दो घंटे में ही न।"

"क्या करें भाभी जी, वहां बैठे थे श्रीमती घोष के पिता, गांव से आये हैं किसी बच्चे के एडमिशन के लिए। उन्हें ही कुछ सूचना देनी थी और गांव की राजनीतिक चर्चा में मजा आ गया। लो भाभी ये तुम्हारी बड़ियां। पता चला कल तुम दोनों मिलकर श्रीमती घोष की छत पर बड़िया बना रही थीं क्यों। हार गया मैं। गप्पें लड़ा-लड़ा कर ही बड़ियां बना रही होंगी क्यों?"

"हां देवर जी गप्पें लड़ा-लड़ा कर ही हम काम भी कर लेती हैं और तुम लोग काम के बहाने न जाने कितनी गप्पें लड़ाते हो जिनका कोई हिसाब नहीं? पर बदनाम हम औरतें ही होती हैं।"

"तुम जीत नहीं सकोगी गप्प में और मर्द गप्पें नहीं लड़ाते। औरतें ही गप्प लड़ाती हैं।"

"चलो। चलो। मुझसे हार तो माननी ही पड़ेगी।"

"भाभी जी को पता है कि ये निठल्ले बैठे देवर जी बातें बना-बनाकर ही सबको खुश कर सकते हैं।"

वह देखती-सुनती है पड़ोस के वर्मा जी का दफ्तर तो पांच बजे तक ही चलता है लेकिन

घर पहुंचते हैं आठ बजे के बाद। दफ्तर से घर का रास्ता बस साइकिल से आधे घंटे का है। रोज की चख-चख। आठ बजे आते ही थके-थके से निढाल दीखेंगे। 'इतनी देर क्यों हो जाती है।' सभी पूछते हैं तो—बड़ी रहस्यमय मुस्कुराहट के साथ कहते हैं—घर में घुस जाओ तो निकलना मुश्किल। दफ्तर में फाइल देखो और घर में पंचैती करो, इसीलिए दफ्तर के बाद सीधे क्लब चला जाता हूं। कैरम और ताश खेलकर, गप्पें लड़ाकर, तब घर आता हूं। हमारा क्लब जिन्दाबाद—शहर में क्या हुआ, किसका भाषण हुआ, कहां गोली चली, किसकी बेटी भाग गयी, कौन पीकर दंगा करता है—कैरम खेलते-खेलते ही सारी खबरें मिलती रहती हैं।'' तारीफ की बात यह है कि इतना मनोरंजन उपलब्ध कर लेने के उपरान्त भी चेहरे और काया में ताजगी नहीं आती। जनाब निढ़ाल से घर में वैसे ही प्रवेश करते हैं जैसे किसी को जबरन पकड़कर कैदखाना में डाल दिया गया हो और घुसते ही कहेंगे—'मेरा सर भारी हो गया है, कमर में दर्द है, यह दूसरी बात है कि कैरम बोर्ड पर हाथ चलाने का मौका हफ्ते में भी एक या दो बार ही लगता हो, शेष समय बच्चू गप्पबाजी का आनन्द लेते हैं। वैसे उनके दफ्तर में काम भी कोई खास है नहीं। फाइल दो-चार आयीं और सरकते हफ्तों लग गये। बड़े बाबू का कमरा कुछ हटके ठहरा, सो अपने तीन दोस्त दफ्तर की एक ही मेज पर बैठे गप्पें हांका करते हैं। विषय कोई भी अछूता नहीं रह जाता—हर क्षेत्र में बेरोक-टोक बहस की जा सकती है—बोलने की स्वतंत्रता है, सो हरेक की खुलकर आलोचना भी हो सकती है—नाली की सफ़ाई से लेकर अफसर की टाई तक, गली के पाखाने से लेकर प्रधानमंत्री के मालिशवाले तक, झाडू देने वाली कमली से लेकर रेलवे का आरक्षण करने वाली श्रीमती चड्ढा तक, आड़वानी के टीके से लेकर राव की धोती तक। बाजार भाव की अपनी-अपनी सूचना प्रेस ट्रस्ट या व्यापार समाचार को भी मात देती है। अब आप ही बतायें--जहां दुनिया और देश भर की चिंता हो रही हो, सुबह से शाम तक, न मुख को चैन न दिमाग को शांति—वह निढाल होकर घर लौटेगा कि नहीं और आकर शुरू हो जायेंगे—'अरी, बच्चों का यह काम नहीं किया—मेरे कपड़े नहीं धुले—दिन भर करती क्या हो, गप्प करने से फुरसत मिले तब न। तुम्हें क्या मालूम? नौकरी हम करें, कमाकर हम लायें और तुमसे यह छोटा-सा काम नहीं होता।' यानी गप्प करने के लिए बेचारी औरत बदनाम।

मैं जब कभी यूनिवर्सिटी ऑफिस जाती हूं। पान की दुकान पर जो ऑफिस के ठीक कोने पर स्थित है कुछ स्थायी ग्राहकों को स्थायी तौर पर वहीं खड़े बतियाते देखती हूं। लगता है पान की दुकान दफ्तर का ही एक अंग है या एक विभाग है। कोई ढूंढता हुआ छात्र या चपरासी आकर पूछे—'साहब बुला रहे हैं' 'चलो आते हैं'। दफ्तर में उनके विषय में यही सूचना मिलेगी कि अमुक को ढूंढ रहे हैं, वे वहीं पान की दुकान पर मिलेंगे। पान वाले की महिमा भी इन सभी बन्धुओं के कारण अपरम्पार है। विश्वविद्यालय की सारी झूठी-सच्ची खबरों का वही पिटारा है—मैं कभी-कभी सोचती हूं पान खाने से, बतियाने, बोलने, गप्प करने की क्षमता का विकास होता है और नयी-नयी कल्पनाएं पैदा करने की क्षमता भी। पान मुंह में दबाकर बतियाते रहने की अनोखी शैली—शुद्ध भारतीय शैली—शायद सही माने में अक्ल का ताला खुलता है। मर्दों की मर्दानगी का यह अपूर्व नजारा पान खाइए और गप्पें लड़ाइए, शास्त्रार्थ, वाक-युद्ध सब कुछ संभव है और दोष देते हैं औरतों को। हां, कभी-कभार कोई

दो-चार महिलाएं घर में पान बना-बनाकर गप्पें लड़ा लें लेकिन पुरुषों की बराबरी वे कर ही नहीं सकतीं।

और क्या बतायें अपने कॉलेज की ही बात हम महिलाओं को पुरुष-वर्ग कितना कोसता है यह तो हमीं जानती हैं—चार घंटे रहने का नियम है हम चौबीस घंटे के नौकर हैं और देखिए इन महिलाओं को कक्षा लेकर चलती बनीं। बैठती ही नहीं। सच है कब घर पहुंचे, घर का कौन-सा काम छूटा है, किसे भोजन देना है, सब्जी नहीं है तो सब्जी लेने जाना है—न जाने कितनी चिंताएं हैं। कक्षा लेकर बैठी कुछ काम हुआ तो कर लिया और घर चली आयीं और पुरुष-वर्ग। प्रथम कक्षा से अंतिम कक्षा तक बैठे गप्पें लड़ा रहे हैं। यदि अध्यक्ष महोदय का पदार्पण देर से हुआ तो समझिए उनके साथ बैठने का सुख लेते हुए गप्पें लड़ा रहे हैं पांच बजे शाम तक और कहीं से कोई कार्यक्रम बना, तो वे घर पहुंचे आठ बजे शाम। पत्नियां हैं तो झिड़केंगी—'पूरा विभाग आपके ही भरोसे चलता है, सारा काम आप को ही करना पड़ता है जो इतनी देर हो जाती है' और जो यहां अपनी पत्नी रखने का दुःख नहीं पालते, उन पर हर दिन समय पर लौटने की, कहीं आने-जाने की पाबंदी नहीं। वे गांव में ही पत्नी को विराजमान 'त्वमैव देवी' बना रखते हैं। यहां छुट्टे भैंसे की तरह घूमते हैं या बैठकर गप्पें लड़ाते हैं। वे केवल साहित्य चर्चा करके ज्ञानी होने का प्रमाण नहीं देते, लेकिन हर अनुपस्थित सदस्य के रहन-सहन, आचरण-प्रसाधन पर रस ले-लेकर ऐसा विवरण देते हैं जैसे यह करना उनका जन्मसिद्ध अधिकार हो। विश्वविद्यालय के प्रभारी, आभारी, सहभारी सबकी गाथा, राजनीति, धर्मनीति, शर्मनीति, गर्मनीति, छलनीति, कूटनीति की चर्चा करते-करते इनकी जिह्वा यदा-कदा उनके जातीय और जन्मीय संस्कारों की भी खुली अभिव्यक्ति करा ही देती है। बेचारे घर जाकर भी क्या करें और इतनी जल्दी। मर्दों का काम है, मर्दों की मर्दानगी है दिन भर घर के बाहर रहकर शाम को शरीफ की भांति घर की दहलीज पर चले आना, सो बैठकर विभाग में गप्पें हांकते हैं, गप्प लड़ाते हैं। कमोवेश सभी दफ्तरों का यही हाल है। 8.30 बजे से 5 बजे तक लगातार काम करना वह भी सालों तक, काम अपनी जगह पर है वह तो होता रहेगा, आज नहीं तो कल उसे होना ही होना है और इतने घंटे काम करना—क्या हम मशीन हैं जरा बोलेंगे, बतियायेंगें नहीं सो गप्प लड़ाते हैं।

मेरी एक दोस्त जर्मनी में रहती है। कुछ दिन के लिए आयी तो कहने लगी—क्या आराम है यहां तो काम ही नहीं। भागम-भाग नहीं। इतने बजे चाय, इतने बजे लंच, इतने बजे डिनर यह भी नहीं। सबको बातें करने का खूब समय है—तुम लोगों से केवल गप्प करते ही पन्द्रह दिन निकल गये, पता ही नहीं चला। हम तो गद्गद् हो गये—यही तो हमारा भारत है। रिलेक्स। इतनी भागम-भाग से क्या मिलना है।

मेरी छोटी बहन और उसके पति महोदय दोनों अमेरिका में डाक्टर हैं। कभी-कभी घण्टे भर पति पत्नी को ठीक से बातें करने का वक्त ही नहीं मिलता, एक की रात्रि की सेवा तो दूसरे की दिन की। जब तक ड्यूटी में हैं खड़े ही रहना पड़ता है। एक-एक मरीज पर पूरा ध्यान।

एक महीने की छुट्टी में आयी तो किसी को देखने एक अस्पताल गयी—आकर कहने लगी—क्या आराम है यहां के डाक्टरों को, नर्सों को—गप्पें करने का इतना समय मिलता है।

हमने कहा—"आ जाओ यहीं" बाबा हम लोग वहीं अच्छे, जॉब-सैटीस्फेक्सन तो है न।"

घर में औरतों को गप्प करने की न ही उतनी छूट है, न मौका। बहुत हुआ तो रिश्तेदारों के पास, नहीं तो पड़ोसिनों के साथ गप्पें लड़ा लिया, बस इतने में ही बदनाम हो गयीं और घर के बाहर पूरे देश में नजर उठाकर देखिये—जहां मर्दों की दुनिया है, मर्दों का राज्य है, मर्दों का शासन है—दफ्तर हो या रेलवे स्टेशन, अस्पताल हो या पान की दुकान, क्लब हो या पुस्तकालय, राजनीति का क्षेत्र हो या सेवा का क्षेत्र—हर कहीं पुरुष, गप्प लड़ाते नजर आयेंगे। व्यवस्थित ढंग से या अव्यवस्थित ढंग से। व्यवस्थित अर्थात् 'एजेण्डा' के साथ आयोग में या बैठकों में—होता क्या है? काम कम, बातें ज्यादा। इसलिए कहती हूं देवर जी पुरुष सुलभ गप्पबाजी में महिलाओं से बहुत आगे हैं। यहां भी बेचारी महिलाएं अब तक काफी पिछड़ी हैं। ❑

नाटक

हिन्दी

एक बार फिर

सुनील कुमार 'सुमन'

पात्र परिचय

श्री चिरकुटनाथ जी महाराज उर्फ चिरकुण्डा बाबा	—	गुरु
सुरसुरानंद झा	—	शिष्य
पं. मनसुखलाल शास्त्री	—	समाजसेवक
बरगदलाल तिवारी	—	मंत्री
चूरनमल पाण्डेय	—	मंत्री
रामकिंकर सिंह 'तोंदवाले'	—	तोंदवाला आदमी

एक दलित युवक

कुछ भक्तगण

पहला दृश्य

श्री चिरकुटनाथ महाराज का आश्रम। सामने बड़े अक्षरों में 'श्री श्री 108 श्री चिरकुटनाथ जी महाराज का आश्रम' लिखा हुआ, इसके ठीक ऊपर 'जय चिरकुण्डा' अंकित है, बीच में एक सुसज्जित आसन, उसके बगल में एक और आसन है। इस आसन के सामने एक कम ऊंचाई वाले टेबल पर की-बोर्ड सहित एक कंप्यूटर रखा हुआ। इसका स्क्रीन आसन की तरफ है। तीनों तरफ दीवारों पर देवी-देवताओं की तस्वीरें हैं। बिल्कुल दाईं ओर कुछ भक्तगण हाथ जोड़े हुए बैठे हैं और गुनगुनाते हुए धीरे-धीरे झूम रहे हैं। तभी नेपथ्य से आवाज़ आती है....

नेपथ्य : सावधान.... परमपूज्य.... साधना-मर्मज्ञ....महान् तेजस्वी....श्री श्री 108 श्री चिरकुटनाथ जी महाराज उर्फ चिरकुण्डा बाबा, अपने शिष्य श्री सुरसुरानंद झा के साथ पधार रहे हैं....!!!!

(चिरकुटनाथ महाराज का प्रवेश, रेशमी गेरुआ वस्त्र, ललाट पर त्रिपुण्ड तिलक, कान एवं गर्दन पर भी चंदन-टीका, गले में रुद्राक्ष की माला, दोनों बांह में रुद्राक्ष माला लपेटे हुए है, जपने के लिए एक माला हाथ में भी है। सुरसुरानंद की वेशभूषा भी साधुओं जैसी, पीछे एक बड़ी-सी चुटिया (शिखा), हाथ में एक कमण्डल।)

चिरकुटनाथ : **(प्रवेश करते ही)** बमभोले....कैलाशपति....हरिओम....!!

सुरसुरानंद : भुङुक बम-बम भोले!

(भक्तगण प्रणाम करते हैं, हाथ उठाकर आशीर्वाद देता है, फिर अपने आसन पर जाकर ध्यानमग्न हो जाता है। सुरसुरानंद 'जय चिरकुण्डा'

का उद्घोष करते हुए कमण्डल से थोड़ा जल निकालकर भक्तों पर छिड़कता है, फिर चिरकुटनाथ के बगलवाले आसन पर बैठ जाता है।)

चिरकुटनाथ : (ध्यान तोड़ते हुए, सस्वर पाठ करता है)—
पूजिअ विप्र सील गुन हीना।
सूद्र न गुन गन ज्ञान प्रवीना।।

सुरसुरानंद : (भाव विह्वल ठोकर) आ हा हा हा....धन्य हैं गुरुदेव! एक और गिराइए (चिरकुटनाथ क्रोधित होकर देखता है, फिर)....मेरा मतबल है एक और सुनाइए गुरुदेव, ज्ञान की गंगा बहाइए, विवेक की ज्योति जलाइए महाराज!

चिरकुटनाथ : (प्रसन्नचित होकर आशीर्वाद देता है, फिर)—
ढोल गंवार सूद्र पसु नारी।
ये सब ताड़न के अधिकारी।।
(सुरसुरानंद सहित सभी भक्त प्रणाम करते हैं, चिरकुटनाथ आशीर्वाद देता है।)

चिरकुटनाथ : हे चेले,

सुरसुरानंद : जी गुरुदेव,

चिरकुटनाथ : आज की कार्यवाही आरंभ करो!

सुरसुरानंद : जो आज्ञा गुरुवर! जय चिरकुण्डा!!! (उद्घोष)
(कंप्यूटर की-बोर्ड पर कुछ 'खट-खट' करता है, फिर एक भक्त को आगे आने का इशारा करता है। एक तोंदवाला आदमी उठकर आता है और प्रणाम करता है।)

सुरसुरानंद : महाराज, ये हैं मिस्टर रामकिंकर सिंह 'तोंदवाले'।

चिरकुटनाथ : क्या कष्ट है बच्चा?

तोंदवाला : (गिड़गिड़ाते हुए) गुरुदेव, मैं अपनी तोंद से परेशान हूं। मैंने घी खाना भी कम कर दिया है। अब मैं रोज, मात्र ढाई सौ ग्राम ही घी पीता हूं, फिर भी यह तोंद कम नहीं होती। कुछ कीजिए महाराज....!

चिरकुटनाथ : हुं उ उ उ.....! इसका एक मात्र इलाज है—तोंद का सफाया!
(तोंदवाला चौंकता है और आशंका एवं परेशानी भरी नजरों से चिरकुटनाथ की ओर देखता है।)

चिरकुटनाथ : हे चेले,

सुरसुरानंद : जी गुरुदेव,

चिरकुटनाथ : फौरन यमराज से मेरा संपर्क कराओ!

सुरसुरानंद : जो आज्ञा पूज्यवर! लीजिए तैयार है—www.यमराज.com
(कंप्यूटर की-बोर्ड पर 'खट-खट' करके स्क्रीन को चिरकुटनाथ की तरफ घुमा देता है। वह स्क्रीन की ओर देखता है और ध्यानमग्न हो जाता है। फिर आंखें खोलता है।)

चिरकुटनाथ : तुम्हारा समाधान हो गया बालक, कल यमराज स्वयं आएंगे और तुम्हें

तुम्हारे तोंद समेत साथ ले जाएंगे। फिर तुम्हें इस तोंद से हमेशा-हमेशा के लिए छुटकारा मिल जाएगा।

तोंदवाला : **(गिड़गिड़ाते हुए)** ये आप क्या कह रहे हैं महाराज?...हाय, मेरी तोंद! **(तोंद पर हाथ फेरता है।)**

सुरसुरानंद : रे शठ....पातकी..गुरु जी से 'क्रास कोश्चन' करता है?....इनका कथन ब्रह्मवाक्य है!....और तुम्हें तो खुश होना चाहिए कि इतनी जल्दी तुम्हें इस नश्वर शरीर से मुक्ति मिल जाएगी और गुरुदेव की कृपा से तुम सीधे स्वर्ग में जाओगे। जाओ खुश रहो, जय चिरकुण्डा....!

(उसके ऊपर जल छिड़क देता है, तोंदवाला निराश होकर बाहर चला जाता है।)

(दूसरा व्यक्ति उठकर आता है और प्रणाम करता है। उसने जींस, छापेवाला टी-शर्ट और जूता पहन रखा है। गले में रामनामी अंगोछा है, पीछे बड़ी-सी चुटिया एवं माथे पर चंदन-टीका है।)

सुरसुरानंद : महाराज, ये समाजसेवक हैं और 'अखिल भारतीय सनातन ब्राह्मण महासभा' के जेनरल सेकरेटरी भी हैं। अपने खास आदमी हैं- पं. मनसुखलाल शास्त्री।

चिरकुटनाथ : कहिए शास्त्री जी, क्या समाचार है?

शास्त्री : हे नरश्रेष्ठ, बहुत बुरा समाचार है।

चिरकुटनाथ : **(आश्चर्य से)** क्या....?

शास्त्री : हां पूज्यवर, घोर कलयुग आ गया है। अब ब्राह्मणों का इस देश में रहना कठिन हो गया है। उनके अस्तित्व पर संकट के घनघोर बादल मंडरा रहे हैं।

चिरकुटनाथ : **(आश्चर्य से)** यह आप क्या कह रहे हैं शास्त्री जी?

शास्त्री : मैं ठीक कह रहा हूं महाराज.... और इन सारी मुसीबतों की जड़ हैं दलित।

चिरकुटनाथ : **(आश्चर्य से)** दलित?

शास्त्री : हां गुरुवर, जिन दलितों को हमारे आराध्य, भगवान मनु ने उनकी सही औकात बतलाई, आज वही दलित हमारे सिर पर चढ़कर 'डिस्को-भांगड़ा' नाच कर रहे हैं महाराज!

चिरकुटनाथ : **(आश्चर्यमिश्रित क्रोध से)** असंभव....!! ऐसा कदापि नहीं हो सकता!

शास्त्री : ऐसा हो रहा है महाराज! ये दलित, हमारे लाख टांग अड़ाने के बावजूद खूब पढ़-लिख रहे हैं, आगे बढ़ रहे हैं और हर जगह, हर क्षण, हमारी बराबरी करने के लिए तैयार बैठे हैं महाराज!

सुरसुरानंद : गुरुदेव, शास्त्री जी बिल्कुल सही कह रहे हैं। पिछले दिनों, मैं अपने जो मंत्री जी हैं...का नाम है उनका...?....हां, बलभद्दर सुकुल, उनके यहां मैं अखण्ड भागवत-कथा की पार्टी में गया था। वहीं पर, अपने डिपार्टमेंट का जो विद्यार्थी संगठन है, उसके लोग भी आए थे। उनकी बातें तो और चौंकाने वाली थीं महाराज!

चिरकुटनाथ : **(आश्चर्य से)** अच्छा?!?

सुरसुरानंद : हां गुरुदेव, ऊ लोग बता रहे थे कि इन दलितों ने कॉलेज में, युनिवरसिटी में, आफिसों में, हर जगह अपना संगठन खड़ा कर लिया है। कहते हैं ससूरे

कि अब हम अपनी लड़ाई लड़ेंगे और अपने अधिकारों को लेकर रहेंगे। हर समय 'अंबेडकर-अंबेडकर' जपते रहते हैं ससुरे!

चिरकुटनाथ : शिव शिव शिव शिव.... हरिओम....!!

शास्त्री : आदरणीय सुरसुरानंद जी बिल्कुल सही कह रहे हैं महाराज! समाजसेवा और पोलीटिक्स के सिलसिले में मेरा भी अक्सर यहां-वहां जाना लगा रहता है। गांवों की स्थिति तो अभी अच्छी है महाराज और वहां हमें अधिक चिंता करने की आवश्यकता नहीं है। लेकिन जैसे-जैसे ये दलित पढ़-लिख रहे हैं, हमारे लिए परेशानी पैदा कर रहे हैं।

चिरकुटनाथ : राम राम राम राम...! यह क्या सुन रहा हूं मैं? यह सब क्या हो रहा है?

शास्त्री : मैं आपको क्या-क्या बताऊं महाराज! और तो और, ये दलित अब फाइव स्टार होटलों में भी जाते हैं, मैक्डोनाल्ड में आइसक्रीम खाते हैं और हमारे आदमी बाहर मुंह ताकते रहते हैं महाराज!

चिरकुटनाथ : **(क्रोधित होकर)** नहीं! ऐसा नहीं हो सकता....!!!

शास्त्री : गुरुदेव, स्थिति धीरे-धीरे काफी खराब होती जा रही है। ये दलित हमारी छाती पर मूंग दलने के लिए हर जगह तैयार हो रहे हैं।

सुरसुरानंद : शास्त्री जी सत्यवचन कह रहे हैं गुरुदेव! अब पानी सर से कई फुट ऊपर बह रहा है। इस्थिति तनावपूर्ण और नियंत्रण से बाहर होती जा रही है। इन दलितों को शीघ्र रोकना होगा, इन्हें इनकी सही औकात बतानी होगी, नहीं तो हम कहीं के नहीं रहेंगे गुरुदेव!

(चिरकुटनाथ गुस्सा एवं चिंता से परेशान होने लगता है।)

शास्त्री : स्वामी जी, मैं काफी आशा के साथ आपके पास आया हूं। अब आप ही कुछ कर सकते हैं। यदि जल्दी से कुछ नहीं किया गया तो धीरे-धीरे ये नीची जात वाले हमारे बराबर होते जाएंगे और एक दिन हमें खदेड़कर फिर उसी मध्य एशिया में भेज देंगे, जहां से हमारे पूर्वज 'आर्य' आए थे।

चिरकुटनाथ : बस्स!!!....बहुत हो चुका, यह सिलसिला अब रुकेगा.....और हम इसे रोकेंगे। **(शास्त्री से)** आप घबराइए नहीं शास्त्री जी, निश्चिंत रहिए, हम अब चुप बैठनेवाले नहीं हैं।

शास्त्री : **(दयनीय भाव से)** अब आप ही लोगों का भरोसा है महात्मन!

(प्रणाम करके चला जाता है। गुरु और शिष्य दोनों हाथ उठाकर आशीर्वाद देते हैं।)

चिरकुटनाथ : **(हाथ उठाकर)** एकांत....!!!

सुरसुरानंद : **(भक्तों से)** स्वामी जी अब इम्पारटेन्ट मैटर पर डिसकस करेंगे, अतः आप लोग घर जाइए, बाकी समस्याएं कल साल्भ की जाएंगी।

(भक्तगण प्रणाम करते हैं, सुरसुरानंद, 'जय चिरकुण्डा' कहकर उन पर जल छिड़क देता है, सब चले जाते हैं।)

चिरकुटनाथ : वत्स सुरसुर,

सुरसुरानंद : जी मेरे आका....मेरा मतबल है जी गुरुदेव!

चिरकुटनाथ : जल्दी से अपने भोले शंकर को 'ई-मेल' करो!

(इतना सुनते ही सुरसुरानंद सिर पर दोनों हाथ रखकर फूट-फूटकर रोने का अभिनय करने लगता है।)

चिरकुटनाथ : **(डांटते हुए)** यह क्या कर रहो हो तुम?

सुरसुरानंद : मैं ठीक कर रहा हूं गुरुदेव! हमारे भाग्य में अब केवल रोना ही लिखा है। इन दलितों ने तो हमारा जीना हराम कर रखा है। ये कहते हैं कि शंकर जी 'दलित' थे महाराज! **(फिर माथा पकड़कर रोने लगता है।)**

चिरकुटनाथ : क्या बकवास कर रहे हो! भोले शंकर हमारे हैं और हमारे ही रहेंगे।

सुरसुरानंद : इतना ही नहीं गुरुदेव, ये तो यह भी कहने लगे हैं कि हनुमान जी 'ओ. बी.सी.' थे महाराज!

चिरकुटनाथ : **(क्रोधित होकर)** नहीं....!! 'विनाशकाले विपरीत बुद्धि'! घोर कलयुग! प्रलय मचेगा! विनाश होगा! इन अशुद्ध रक्त वालों की यह मजाल कि ये हमारे 'प्राइवेट लाइफ' में इंटरफेयर करें! इनकी इस धृष्टता को हम कभी क्षमा नहीं करेंगे।

सुरसुरानंद : गुरुदेव, मामला भेरी सीरियस है। अतः हमें सीधा हेडआफिस, यानी परम पिता ब्रह्मा से बात करनी पड़ेगी। मैं शीघ्र ही ब्रह्मा जी का वेबसाइट खोल रहा हूं। **(बुदबुदाता है—www.ब्रह्मा.com। तभी दलित युवक का प्रवेश। टहलते हुए आश्रम पर नजर डालता है, फिर उन दोनों पर। मंद-मंद मुस्कुराते हुए सिर हिलाता है।)**

दलित युवकः क्यों आर्यपुत्रो, क्या खिचड़ी पक रही है यहां?

चिरकुटनाथ : यह कौन है सुरसुर बेटे?

सुरसुरानंद : **(पहचानते हुए)** अरे....ई तो वही हैं, जिनकी अभी चर्चा चल रही थी।

चिरकुटनाथ : तो क्या यह अछूत है? हमारे पवित्र दरबार में आने की इसकी हिम्मत कैसे हुई? **(सुरसुरानंद से)** चेले, जल्दी से प्रयाग महाकुंभ के गंगाजल का छिड़काव करो और इसे यहां से बाहर भगाओ। शिव शिव शिव शिव....!!

दलित युवकः **(हंसते हुए)** अरे ढोंगी-पाखंडियो, तुम सब मुझे बाहर क्या भगाओगे... अब अपनी चिंता करो। तुम लोगों का नाटक अब खत्म होनेवाला है।

सुरसुरानंद : काहे घबराते हैं दलित जी, अभी तो हमारा सेकेण्ड इनिंग शुरू हो रहा है। किसी सायर ने क्या खूब कहा है **(चिरकुटनाथ से)** महाराज, जरा आप भी गौर फरमाइएगा।

चिरकुटनाथ : **(मुस्कुराते हुए)** अवश्य!

सुरसुरानंद : अरज किया है कि

इब्तदा-ए-इस्क है, रोता है क्या,
आगे-आगे देखिए ना, होता है क्या।

(दोनों हंसते हैं।)

दलित युवकः मैं भी तुमसे यही कहनेवाला हूं चमचे! **(सुरसुरानंद चौंकता है)...** अब तुम सब देखो, आगे क्या-क्या होने वाला है। तुम लोगों के गंदे इरादों को हम कभी कामयाब नहीं होने देंगे। बाबा साहब डॉ. भीमराव अंबेडकर द्वारा बनाए गए संविधान ने हमें जो-जो अधिकार दिए हैं, हम उन्हें लेकर रहेंगे।

सुरसुरानंद : फिर वही बात कर रहे हैं आप! अरे दलित भाई, हम इसकी भी न व्यवस्था कर रहे हैं। संविधान समीक्षा मुफ्त में थोड़े हो रहा है। ठंड रखिए ठंड और थोड़ा इंतजार का मजा लीजिए।

(चिरकुटनाथ प्रसन्नता में सिर हिलाता है)

दलित युवकः मनु की औलादो,**(दोनों चौंक पड़ते हैं)** तुम लोगों का समय अब खत्म हो चुका है। सैकड़ों साल से दबाए-सताए जा रहे दलितों के दिल में जो आग सुलग रही है, जिस दिन यह आग धधक उठी, तुम सबों के अत्याचार को खत्म करके रहेगी...और वह दिन जरूर आएगा। तब तक के लिए तुम लोग भी थोड़ा इंतज़ार का मज़ा ले लो।

(इतना कहकर वह हंसते हुए निकल जाता है।)

चिरकुटनाथ : अरे अरे अरे....! ये तो धमकी देकर चला गया। यह सब क्या हो रहा है?

सुरसुनानंद : महाराज, ई त सचमुचे हड़काकर चला गया... अब हमें और प्रमाण की आवश्यकता नहीं है। हमें तत्काल कुछ करना होगा।

चिरकुटनाथ : **(झुंझलाते हुए)** समझ में नहीं आता, यह कमबख्त हमारी सरकार क्या कर रही है? क्या इसी दिन के लिए हमने जोड़-तोड़ करके ऐसी सरकार बनाई थी?.... चेले!

सुरसुरानंद : यस बॉस!.....मेरा मतबल है जी गुरुदेव!

चिरकुटनाथ : जल्दी से बरगदलाल और चूरनमल को फोन करो और उन्हें तत्काल यहां हाजिर होने को कहो।

सुरसुरानंद : जो आज्ञा मेरे देवता! **(पॉकेट से मोबाइल फोन निकाल नम्बर मिलाता है।)** हेलू... तिवारी जी?.... का हाल है?.... हम सुरसुरानंद बोल रहा हूं, चिरकुटनाथ जी के आश्रम से। अरे भाई, स्वामी जी आप लोगों से 'भेरी एंग्री' हैं। आप और चूरनमल जी जल्दी यहां आ जाइए। मामला 'आउट आफ कंट्रोल' है... हां, हां.... समझ रहे हैं न?....अच्छा!! **(फोन बंद करके)** गुरुदेव, केन्द्र सरकार के ये दोनों मंत्री, बरगदलाल तिवारी और चूरनमल पांडेय, आपकी सेवा में कल सुबह यहां पहुंच रहे हैं।

चिरकुटनाथ : बहुत अच्छा! हरिओम!!

सुरसुरानंद : जय चिरकुण्डा, तोड़ो मुण्डा!!

(पटाक्षेप)

दूसरा दृश्य

(स्थान वही। चिरकुटनाथ अपने आसन पर ध्यान मग्न बैठा है। आसन के आगे दोनों

तरफ, दो कुर्सियां रखी हुई हैं। एक तरफ सुरसुरानंद कंप्यूटर के साथ व्यस्त है। बरगदलाल तिवारी और चूरनमल पाण्डेय का एक साथ प्रवेश। नेताओं का परिधान। कुर्ता-पायजामा, जैकेट, गले में द्विरंगी पट्टीवाला अंगोछा दोनों तरफ लटकाए हुए। मस्तक पर चंदन-टीका। दोनों प्रणाम करते हैं।)

बरगदलाल : चिरकुण्डा बाबा के श्री चरणों में हम दोनों का प्रणाम स्वीकार हो! **(चिरकुटनाथ ध्यान भंग करके दोनों को आशीर्वाद देता है। सुरसुरानंद उठकर पास आता है।)**

सुरसुरानंद : आइए ब्राह्मणदेवताओ, स्वामी जी के आश्रम में आप दोनों का स्वागत है। आसन ग्रहण कीजिए! **(कुर्सियों की ओर इशारा करता है, दोनों बैठ जाते हैं।)**

चिरकुटनाथ : **(नाराज स्वर में)** बरगदलाल, यह सब क्या हो रहा है? मैं क्या सुन रहा हूं आजकल? ब्राह्मणों की हालत इस देश में क्यों खराब हो रही है? ये नीच अछूत-दलित इतनी तेजी से आगे क्यों बढ़ रहे हैं? ये हमारी बराबरी करने की कोशिश कर रहे हैं, ऊपर उठ रहे हैं और तुम सब हाथ-पर-हाथ धरे बैठे हो? क्या इसी दिन के लिए तुम सबों को हमने सरकार में भेजा था? क्या तुम लोग यही चाहते हो कि हमें उठाकर वहीं फेंक दिया जाए, जहां से हमारे पूर्वज आए थे? शिव शिव शिव शिव....! हरिओम!

बरगदलाल : अरे अरे अरे... शांत हो जाइए महाराज, शांत हो जाइए..और हमें क्षमा कीजिए। हम समय-समय पर आपको अपने कार्यों से अवगत नहीं करा पाए। लेकिन अब आप धैर्य रखिए, हम आपको सब कुछ बताते हैं।**(चूरनमल भी हामी भरता है।)**

चिरकुटनाथ : ठीक है, जल्दी बताओ!

बरगद लाल : गुरुवर, यह सही है कि आज दलितों के सिर धीरे-धीरे ऊपर उठ रहे हैं और वे हमारी बराबरी में आने की कोशिश कर रहे हैं। लेकिन यह सब अचानक नहीं हुआ है, बल्कि वर्षों के प्रयास का नतीजा है। दरअसल, इन सबका मूल कारण अंबेडकर द्वारा बनाया गया संविधान है जिसने इन दलितों को ढेर सारा उलटा-सीधा अधिकार दे रखा है। अतः सबसे पहले हमने उसे ही बदलने का निर्णय लिया है।

सुरसुरानंद : भेरी गुड! क्या बात है!... लेकिन सुना है, इसके लिए आपने दलितों से भी उनका सुझाव मांगा है?

चूरनमल : यह सब तो दिखावे के लिए है सुरसुरानंद जी! यह सही है कि हमने उनसे सुझाव मांगा है, लेकिन इसके साथ हमने एक कूड़ेदान भी रखा है। दलितों के सारे सुझाव हमारी फाइल में न जाकर कूड़ेदान की शोभा बढ़ाएंगे।

सुरसुरानंद : वाह! बहुत अच्छा, मजा आ गया।

चिरकुटनाथ : यह सब तो ठीक है, लेकिन क्या यह सच नहीं कि तुम लोगों ने बैकलॉग रिजर्व सीटें भरने के लिए सरकारी आदेश जारी किया है? यह सब क्या

नाटक है?

बरगदलाल : क्या करें स्वामी जी, थोड़ा दाएं-बाएं तो देखना ही पड़ता है। लेकिन आदेश जारी करने से क्या होता है, हम वैकेंसी ही नहीं निकालेंगे, फिर बैकलॉग कहां से पूरा होगा! जो थोड़ी-बहुत एक-आध वैकेंसियां हम निकाल रहे हैं, उसके साथ भी हमने एक 'पार्टनर' छोड़ रखा है।

सुरसुरानंद : वो क्या है?

चूरनमल : वह है– 'नॉट सूटेबुल कैंडीडेट'

सुरसुरानंद : **(आश्चर्य से)** 'नाट सूटेबुल कैंडीडेट'?

चूरनमल : हां, इसका अर्थ है, 'कोई उम्मीदवाद पद के योग्य नहीं है।' पहले तो हम वैकेंसी निकालते हैं, 'ओन्ली फॉर एस.सी/एस.टी' के नाम से। फिर उनकी परीक्षा लेते हैं, इंटरव्यू भी कराते हैं और अंत में रिजल्ट देते हैं–'नॉट सूटेबुल कैंडीडेट'।

सुरसुरानंद : वाह वाह, क्या बात है! भेरी एसमार्ट!

(चिरकुटनाथ भी खुश होकर सिर हिलाता है।)

चूरनमल : और गुरुदेव, कुछ दिन बाद हम फिर वैकेंसी निकालते हैं और उस पद पर जनरल कैंडीडेट को भर लेते हैं।

सुरसुरानंद : यह हुई न बात!

बरगदलाल : महाराज, हमें यह अच्छी तरह पता है कि दलितों में निरंतर बढ़ती जागरूकता और उनकी प्रगति का प्रमुख कारण आरक्षण है... और जब तक यह बना रहेगा, हम उन्हें आगे बढ़ने से नहीं रोक सकते।

सुरसुरानंद : तो खतम कीजिए ना इस बलडीफूल रिजरभेसन को!

बरगदलाल : यह काम तो हम काफी पहले शुरु कर चुके हैं श्रीमान! आजकल हम देश के सारे इंस्टीच्यूशन्स और डिर्पाटमेंट्स को धड़ाधड़ निजी हाथों में सौंप रहे हैं।

सुरसुरानंद : आपका मतलब है प्राइवेटाइजेसन?

बरगदलाल: जी हां,

सुरसुरानंद : लेकिन इससे क्या होगा?

चूरनमल : इसी से तो दलितों का असली कल्याण होगा। जब सभी कुछ प्राइवेट हो जाएगा और विदेशी कंपनियां सब अपने हाथों में ले लेंगी, तब रिजर्वेशन का अपने-आप कबाड़ा निकल जाएगा। फिर चिल्लाते रहो, बैकलॉग के लिए! जब रिजर्वेशन ही नहीं रहेगा तो बैकलॉग कैसा?

चिरकुटनाथ : लेकिन प्राइवेटाइजेशन से हमारे लोगों पर भी तो असर पड़ेगा?

बरगदलाल : नहीं महाराज, इससे हमारे लोगों पर कोई प्रभाव नहीं पड़ने वाला। ये विदेशी आखिर कौन हैं, अपने ही तो नए-पुराने भाई-बंधु हैं।

सुरसुरानंद : **(आश्चर्य से)** नए-पुराने भाई-बंधु?

बरगदलाल : हां-हां, वही नए-पुराने भाई-बंधु! अरे नए जो अनिवासी भारतीय हैं, एन. आर.आई. और पुराने वहीं....अपने विदेशी आर्य!

सुरसुरानंद : वाह, कितना विशाल हृदय है हमारी सरकार का **(सभी प्रसन्न होते हैं।)** इसे कहते हैं, 'वसुधैव कुटुम्बकम्।' भुङुक बम-बम भोले...!

चूरनमल : अब आप ही बताइए महाराज, हमारे जो इतने सारे सहयोगी संगठन हैं, उनको काम-धाम करने के लिए कुछ खर्चा-पानी भी तो चाहिए.... और वह कौन देता है, हमारे यही भाई-बंधु तो देते हैं। अतः हमारा भी तो कुछ फर्ज बनता है। हमने इनके लिए अपनी व्यापार-संबंधी नीतियों में तमाम संशोधन किए हैं। अपना बजट तैयार करने से पूर्व इनके साथ हमारी गंभीर डिस्कशन होती है।

चिरकुटनाथ : अति सुन्दर! इसे कहते हैं कृतज्ञता....और यह हमारी महान 'हिन्दू' संस्कृति का एक महत्त्वपूर्ण अंग है।

सुरसुरानंद : अब मैं समझा...प्राइवेटाइजेसन से हमारे लोगों पर प्रभाव क्यों नहीं पड़ेगा। हमारे लोग तो पहले से ही हर जगह भरे पड़े हैं, ऊपर से ये प्राइवेटाइजेसन वाले भी तो अपने ही भाई-बंधु हैं। अतः हमारे लोगों को धड़ाधड़ नौकरी मिलेगी और ये शोषित-पीड़ित भाई लोग एक बार फिर अपने पुश्तैनी धंधे को अपनाना शुरू कर देंगे। **(सभी एक साथ हंसते हैं।)**

चिरकुटनाथ : यह सब सुनकर हम अत्यन्त प्रसन्न हुए... और तुम सबों ने क्या-क्या किया है?

बरगदलाल : महाराज, पूरे देश में इस समय हमने पूजा-पाठ, जप-तप, ध्यान-स्नान,भगवती जागरण और यज्ञ-महायज्ञ का बड़े पैमाने पर अभियान छेड़ रखा है। हमारी कोशिश है कि पूरे देश में 'हिन्दुत्व' की लहर छा जाए।

चूरनमल : ...और फिर महाराज, हमें आपलोगों के 'अध्यात्म' की भी तो चिंता है। **(चिरकुटनाथ और सुरसुरानंद अर्थभरी मुस्कान बिखरते हुए सिर हिलाते हैं।)**

सुरसुरानंद : शिक्षा के क्षेत्र में आपकी सरकार क्या कर रही है? यही तो दलितों के आगे बढ़ने का असली कारण है।

चूरनमल : हमें पता है सुरसुरानंद जी... और इसीलिए हमारा सबसे अधिक ध्यान इसी ओर है। पहला काम हमने यह किया है कि एजुकेशन में दलितों को जितनी छूटें मिली हुई हैं, हम सबकी नए सिरे से समीक्षा कर रहे हैं और धीरे-धीरे हम सबको खत्म कर करेंगे।

सुरसुरानंद : बहुत बढ़िया, ससुर सब बड़ी सुविधा भोग रहे हैं। सब खत्म करने की जरूरत है।

बरगदलाल : वही तो हम कर रहे हैं। दरअसल हम चाहते हैं कि सांप भी मर जाए और लाठी भी न टूटे। इसके लिए हमने न्यायालय का सहारा लिया है।

सुरसुरानंद : बहुत सही जगह गए हैं आप लोग, आखिर अपने लोग ऐसे समय में काम नहीं आएंगे तो कब आएंगे?

बरगदलाल : ठीक फरमाया आपने, मेडिकल और इंजीनियरिंग में रिजर्वेशन खत्म हो ही चुका है, अब उच्च शिक्षा की बारी है। हमारी तो योजना यह है कि बचे-खुचे

जो भी दलित है, उनका भी शिक्षा से नाता टूट जाए। इस तरह पढ़ाई-लिखाई का काम केवल हमारे लोग करेंगे और शिक्षा पर हमारा एकाधिकार हमेशा के लिए बरकरार हो जाएगा।

सुरसुरानंद : बस-बस तिवारी जी, हम सब समझ गए। आपने तो दलितों के लिए शिक्षा के दरवाजे पर गोदरेज का बड़का ताला लटका दिया है, सरऊ लोग ऐसे ही बैक होना शुरु हो जाएंगे... हा हा हा...! **(हंसता है)**

चूरनमल : यही नहीं गुरुवर, फीस बढ़ाने के काम में हम तेजी से जुट गए हैं। हमारी कोशिश यह है कि बी.ए. की फीस कम से कम पांच हजार और एम.ए. की दस हजार हो। **(इतना सुनते ही सुरसुरानंद खुशी के मारे विह्वल होकर उछल पड़ता है, चिरकुटनाथ भी आह्लादित है।)**

बरगदलाल : फीस बढ़ाने का हमारे लोगों पर तो कोई असर नहीं पड़ेगा। हां, दलितों का कल्याण जरूर हो जाएगा।

सुरसुरानंद : सही कहा आपने पंडी जी, ई दलित लोग कोई राजा पटियाला के वंशज थोड़े ही हैं। **(सब हंसते हैं।)**

चूरनमल : **(चिरकुटनाथ से)** पूज्यवर, हमने ज्योतिषशास्त्र, तंत्र-मंत्र, जादू-टोना, कर्मकांड, सबको पढाई की मुख्यधारा में शामिल कर दिया है। अब इन विषयों में भी बी.ए., एम.ए. किया जा सकेगा...और ये सारे विषय आखिर कौन पढ़ेगा, हमारे ही तो लोग पढ़ेंगे, हमारे ब्राह्मण भाइयों के बच्चे पढ़ेंगे...और यही नहीं, हमने इन विषयों में यू.जी.सी. से नेट-जे.आर.एफ देने की भी व्यवस्था कर दी है। अब इसका मतलब तो आप लोग समझते ही हैं... हें हें हें ...! **(अर्थपूर्ण मुस्कान)**

सुरसुरानंद : एकदम चकाचक है, आगे बढ़िए!

बरगदलाल : वर्षो से धूल फांकती और घोर उपेक्षित देवभाषा संस्कृत को हमने फिर से पल्लवित-पुष्पित करने का बीड़ा उठाया है।

सुरसुरानंद : वेलडन!

बरगदलाल : हर जगह हमारी सरकार धड़ाधड़ संस्कृत विभाग खोल रही है। 10वीं और 12वीं कक्षा में संस्कृत विषय की पढ़ाई अनिवार्य की जा रही है। विदेशों में भी हमने ढेर सारा पैसा भेजा है, ताकि इस गौरवमयी और दुर्लभ भाषा का खूब प्रचार-प्रसार हो। इस बहाने ब्राह्मणों का ही तो वर्चस्व बढ़ेगा।

चिरकुटनाथ : वाह! क्या बात है! आयुष्मान भव! **(हाथ उठाकर आशीर्वाद देता है।)**

बरगदलाल : यही नहीं पूज्यवर, शिक्षा से संबंधित देश के सभी बड़े संस्थानों जैसे, यू.जी.सी., एन.सी.ई.आर.टी, आई.सी.एच.आर, आई.सी.एस.एस.आर, आई.आई.ए.एस. आदि सभी जगहों पर हमने अपने लोगों को भरना शुरु कर दिया है। आगे चलकर ये लोग अपना कमाल स्वयं दिखाएंगे।

सुरसुरानंद : **(उछलते हुए)** क्या बात है! भेरी नाइस!

चिरकुटनाथ : अच्छा यह तो बताओ कि ईसाइयों के प्रति अपना 'सोसल जस्टिस' वाला

काम कैसा चल रहा है?

चूरनमल : वह आजकल थोड़ा थमा हुआ है। कार्यकर्ताओं को आराम की भी तो जरूरत पड़ती है। **(गुरु-शिष्य सहमति में सिर हिलाते हैं।)**

बरगदलाल : हम भी क्या करते महाराज, हम यह सब बिल्कुल नहीं चाहते थे और ना ही ईसाइयों से हिन्दूधर्म पर कोई खतरा था। असली बात तो यह है कि ये ईसाई मिशनरीवाले दलितों को अपने धर्म में मिलाकर उन्हें अच्छा इंसान बनाने के काम में जुटे हुए थे। उन्हें इंग्लिश मीडियम स्कूल में पढ़ा रहे थे। अब आप ही बताइए महाराज, जब ये दलित इंग्लिश पढ़ेंगे और पढ़-लिखकर आगे बढ़ेंगे, नौकरी करेंगे तो फिर हम क्या करेंगे?...और हमारी सेवा-टहल कौन करेगा? हमारे खेतों में काम कौन करेगा, हमारे कपड़े कौन धोएगा, जूता कौन बनाएगा, सड़क पर पत्थर कौन तोड़ेगा और फिर हमारे घरों में झाड़ू-पोंछा और बर्तन धोने का काम क्या हमारी बहू-बेटियां करेंगी?

सुरसुरानंद : एकदमे सही कह रहे हैं, सोलहो आना सांच। **(चिरकुटनाथ भी सिर हिलाता है)**

चूरनमल : पहले तो ईसाइयों को हमने समझाया कि हम दोनों मिलकर धर्म के नाम पर अपनी-अपनी दुकान चलाएं, तुम भी खाओ, हम भी खाएं। लेकिन ससुर लोग माने नहीं। अब नतीजा सामने है, हम आज सरकार में ऐश कर रहे हैं और वे लोग अपने बाल-बच्चों सहित जीप में.....??
(रहस्यमय मुस्कान बिखेरता है, फिर एक-दूसरे की ओर देखते हुए सभी मंद-मंद मुस्कुराने लगते हैं।)

बरगदलाल : हम तो आज भी कह रहे हैं कि यदि हमारे क्रिश्चियन भाई लोग, इन दलितों का धर्मांतरण कराकर उन्हें पढ़ाना-लिखाना छोड़ दें तो हम अपना 'सोसल जस्टिस' वाला प्रोग्राम तत्काल बंद कर दें।

चिरकुटनाथ : बिल्कुल सही बात है, ऐसा ही होना चाहिए।

सुरसुरानंद : एकदम ठीक।

चिरकुटनाथ : अच्छा, और सब काम कैसा चल रहा है?

बरगदलाल : महाराज, आजकल हम दलितों की आपसी एकता और भाईचारे की भावना को नष्ट करने के अनुष्ठान में तन-मन-धन से संलग्न हैं। आदिवासी इलाकों में हमारी पकड़ निरंतर मजबूत होती जा रही है। हमारी यह भरपूर कोशिश है कि आदिवासियों को 'परंपरा और संस्कृति' के नाम पर दलितों से एकदम अलग-थलग कर दिया जाए।

चूरनमल : जी गुरुदेव, इसके लिए हमने आदिवासियों को 'वनवासी' नाम दिया है... ताकि ये खुद को दलितों से अलग समझें। इसका सबसे बड़ा लाभ यह होगा कि दलित अल्पसंख्यक हो जाएंगे और उनकी मूवमेंट कमजोर हो जाएगी।

सुरसुरानंद : लेकिन आपने आदिवासियों को 'वनवासी' नाम क्यों दिया है?

चूरनमल : अरे सुरसुरानंद जी, ये सब जंगली ही तो हैं, कोई हमारी तरह सभ्य समाज से थोड़े ही आए हैं। सीधी-सी बात है, जंगल में रहने वालों को 'वनवासी'

नहीं कहा जाएगा तो क्या 'जेंटलमैन' कहा जाएगा!

(सभी ठठाकर हंसते हैं।)

चिरकुटनाथ : बहुत अच्छे, शाबाश! तुम सबों का कल्याण हो वत्स! दीर्घजीवी रहो, यशस्वी बनो, दलितों की जड़ खोदते रहो, खंड-खंड कर दो उन्हें, आग लगा दो उनकी दुनिया में, विनाश कर डालो, प्रलय मचा दो....!!

सुरसुरानंद : **(रोकते हुए)** शांत महाराज, शांत..। अपनी सरकार चुप नहीं बैठी है। हमारे जितने भी सांस्कृतिक संगठन हैं, सब मिलकर 'हिन्दुत्व' के नाम ब्राह्मणवाद ही तो फैला रहे हैं... और दलित-पिछड़ों की जड़ खोदने में लगे हैं। लेकिन इसमें कूटनीति की बहुत आवश्यकता है। जरूरत पड़े तो दलितों को भी साथ ले लेना है। उन्हें बहला-फुसलाकर विश्वास में लेकर ही हम अपना काम निकाल सकते हैं। ससुरे चालाक न हो गए हैं। अब हमें ज्यादा होशियारी दिखानी होगी।

बरगदलाल : आदरणीय झा साहब बिल्कुल सही फरमा रहे हैं महाराज! हम काफी सोच समझकर काम कर रहे हैं। हमने अपने अंग्रेज भाइयों का एक फॉर्मूला अपना लिया है।

सुरसुरानंद : फरमूला? कौन सा फरमूला?

बरगदलाल : अरे वही, "फूट डालो और शासन करो।" आज इस फॉर्मूले की कदम-कदम पर आवश्यकता है।

चूरनमल : हां महाराज, बरगद भाई बिल्कुल प्रैक्टिकल बात कह रहे हैं। आज हमें दलित-पिछड़ों को आगे बढ़ने से रोकना है तो सबसे पहले उन्हें अलग-अलग करना होगा। इनके बीच आपसी मतभेद एवं नफरत पैदा करनी होगी।

बरगदलाल : ओ.बी.सी. वालों को हमने 'हिन्दुत्व' का लॉलीपाप थमाकर पहले ही चुप करा दिया है। ये गदहे सब इसी गर्व में चूर हैं कि हम 'हिन्दू' हैं, कोई अपने को 'शूद्र' मानने के लिए तैयार नहीं। हमने इन पर 'हिन्दुत्व' का ऐसा जादू चलाया है कि ये सब पिछड़े वर्गवाले स्वयं को दलितों से श्रेष्ठ समझने लगे हैं और कई जगह दलितों पर अत्याचार करने एवं उन्हें पीछे धकेलने में बढ़-चढ़कर लगे हैं।

सुरसुरानंद : आप सबों का कल्याण हो! जय चिरकुण्डा, तोड़ो मुण्डा! **(उद्घोष)**

चूरनमल : महाराज, हमने अपने सभी सहयोगी संगठनों को सीधा निर्देश दिया है कि दलितों के बीच अलगाववाद, क्षेत्रवाद और कटुता की भावना फैलाओ, अलग-अलग क्षेत्रों और राज्यों के दलितों की अलग-अलग विचारधारा बनाओ, सबको आपस में लड़ाओ, भिड़ाओ, मार कराओ....!

चिरकुटनाथ : हरिओम! हरिओम! बम भोले! हम अतिप्रसन्न हुए। ये सारी योजनाएं अत्यन्त उपयोगी हैं। लगे रहो, जुटे रहो, डटे रहो, भिड़े रहो....!

बरगदलाल : यही सब होगा महाराज, इसकी शुरुआत हो चुकी है। ब्राह्मणवाद अब नए सिरे से बढ़ेगा, फुलेगा-फलेगा।

चूरनमल : और तो और गुरुदेव, दलितों में जो एक-आध परसेंट वर्ग थोड़ा आगे बढ़ गया है और पैसेवाला हो गया है, उनमें भी हम ब्राह्मणवादी मैंटेलिटी तेजी से डाल रहे हैं... ताकि वे सब अपने-आप को श्रेष्ठ समझें और अपने ही लोगों से दूर रहें, उनसे नफरत करें।

सुरसुरानंद : वाह, इसे कहते हैं ब्राह्मण बुद्धि, कम्पलीट राइट डायरेक्सन!

चूरनमल : महाराज, हमने दलितों के बीच जातिवाद का जहर तेजी से बोना शुरू कर दिया है। यह धीरे-धीरे अपना रंग दिखाएगा। मजेदार बात तो यह है गुरुदेव कि ये ससुर के नाती, सब के सब खुद नीच-अछूत हैं और आपस में ही एक-दूसरे को बड़ा-छोटा और ऊंच-नीच बताने के लिए होड़ मचाए हुए हैं। **(सब हंसते हैं।)**

चिरकुटनाथ : लेकिन क्या तुम सबों का ध्यान दलितों की निरंतर बढ़ती राजनीतिक ताकत की ओर है? कुछ दलित नेताओं ने तो विशाल जनाधार तैयार कर लिया है।

सुरसुरानंद : हां....और एक महत्त्वपूर्ण राज्य की स्थिति तो और चिंताजनक है। वहां तो इनकी सरकार भी आ चुकी है....और भविष्य में फिर आ सकती है। ई बलडीफूल संख्या में एक-दो ही हैं, लेकिन हम सबको हिलाए हुए हैं।

बरगदलाल : आपने जरूरी मुद्दा छेड़ दिया गुरुदेव...उधर हमारा पूरा ध्यान है। दलितों की राजनीतिक ताकत हमारे लिए सबसे बड़ा खतरा है। हमारी ही कुछ कमियों के कारण एक-दो बड़े जनाधारवाले लीडर जरूर उभर गए हैं लेकिन अब ऐसा नहीं होगा महाराज! हम सब जी-जान से इन्हें फोड़ने में लगे हैं। जब तक ये कमजोर नहीं होंगे हमारी दाल नहीं गलनेवाली।

चूरनमल : हां महाराज, दो-चार दलित नेता जो उभर गए हैं, हम उनके भी पर कतरने में लगे हैं। सरवा सब को पैसा दे-देकर अपनी ओर मिला रहे हैं और इसका नतीजा यह है कि आज बड़े-बड़े दलित नेता हमारे आगे-पीछे दुम हिला रहे हैं। कल तक जो हमारे खिलाफ बोलते थे, वे आज हमारे तलवे चाट रहे हैं। हा हा हा....! **(सब हंसते हैं।)**

बरगदलाल : हमारे इन प्रयासों से दलितों की राजनीतिक ताकत अपने आप बिखरती चली जाएगी। ससुर लोग इकट्ठा होंगे, तब तो कुछ करेंगे और हम ऐसा कभी होने ही नहीं देंगे।

चिरकुटनाथ : **(आह्लादित स्वर में)** शाबाश वत्स! शाबाश! हम अति प्रफुल्लित हुए। तुम सबों ने आज मेरा हृदय जीत लिया है। आज हमें यह पूरा भरोसा हो गया है कि हमारे अस्तित्व पर कोई खतरा नहीं है। हमारे पूर्वज आर्यों ने जो सत्ता की नींव यहां डाली थी, वह न सिर्फ सुरक्षित है, बल्कि निरंतर मजबूत होती जा रही है। हर जगह ब्राह्मण राज कर रहे हैं और आनेवाले कई वर्षों तक हमें यहां से कोई नहीं निकाल पाएगा!!! **(जोर से अट्टहास करता है।)**

सुरसुरानंद : भुड़ुक बम-बम भोले, गिरा शोले! मनु महाराज की जय हो!

चूरनमल : आपने बिल्कुल सही कहा गुरुदेव! दो-चार परसेंट दलितों के पढ़-लिख लेने

से क्या होता है! आज की सही तस्वीर यह है कि खेल जगत्, फिल्मी दुनिया, शिक्षा जगत्, उद्योग-व्यापार, न्यायपालिका, कला, साहित्य, संगीत, मीडिया, फैशन, माडलिंग, सब जगह हमारे ही तो लोग भरे पड़े हैं। इन जगहों पर दलित ढूंढ़ने से भी नजर नहीं आएंगे... इसलिए अभी हमें ज्यादा चिंता करने की आवश्यकता नहीं है।

बरगदलाल : पाण्डेय जी की बात एकदम दुरुस्त है....और फिर, जब तक हम सरकार में हैं, काफी कुछ करेंगे। हम चुप थोड़े ही बैठे हैं। हम अपने गोपनीय एजेण्डे को लागू करने में जी-जान से जुटें हैं, आप निश्चिंत रहिए महाराज!

(चिरकुटनाथ प्रसन्नतापूर्वक हामी भरता है और आशीर्वाद देता है।)

चूरनमल : **(अचानक)** अरे अरे तिवारी जी, आपने स्वामी जी को एक बात तो बताई ही नहीं! **(सब आश्चर्य से देखने लगते हैं)**

बरगदलाल: कौन-सी बात?

चूरनमल : अरे वही.....!

बरगदलाल: अब पहेलियां न बुझाइए पांड़े जी, जल्दी बता दीजिए।

सुरसुरानंद : हां हां, जल्दी बताइए भाई!

चूरनमल : दरअसल बात यह है गुरुदेव कि अपनी सरकार जर्मनी में भारत की ओर से एक सांस्कृतिक दल भेज रही है। यह दल जर्मनी जाकर वहां के लोगों को भारत की महान् परंपराओं एवं गौरवशाली अतीत के बारे में बताएगा। इस सांस्कृतिक दल का संयोजक आपको मनोनीत किया गया है पूज्यवर!

सुरसुरानंद : जय हो! जय हो! आप सबों का कल्याण हो!.....जय चिरकुण्डा...!!

(चिरकुटनाथ प्रसन्न हो जाता है, आशीर्वाद देता है।)

चूरनमल : **(सुरसुरानंद से)**....और सुरसुरानंद जी, आपको इस सांस्कृतिक दल का उपसंयोजक बनाया गया है।

(सुरसुरानंद 'हें-हें' करते हुए हाथ जोड़ लेता है।)

चिरकुटनाथ : वाह, ऐसा ही होना चाहिए। चप्पे-चप्पे में अपने लोगों को भर दो। तभी तो हम राज करेंगे....

(रुक जाता है, कुछ पल के लिए स्तब्धता, फिर एकाएक सभी अपनी मुट्ठी बंधा दाहिना हाथ एक साथ ऊपर उठाते हैं और जोर से बोलते हैं)–

'एक बार फिर..!!!' हा हा हा....!!!

(सभी जोर-जोर से हंसने लगते हैं।)

(पर्दा गिरता है)

नोट : नाटक का प्रथम मंचन लेखक के ही निर्देशन में 17 सितम्बर, 2000 को जे.एन.यू. में 'यूनाइटेड दलित स्टूडेंट्स फोरम' की ओर से किया गया। तब से इसकी अनेक प्रस्तुतियां दिल्ली एवं उसके बाहर की जा चुकी हैं। नाटक पहली बार यहां प्रकाशित हो रहा है।

-संपादक

नुझइर डांड

रोज़ केरकेट्टा

पहला अंक

नेपथ्य में युवक-युवतियों की नृत्य-ध्वनि, बच्चों एवं सयानों द्वारा कोलाहल की आवाज, मांदर की थाप और गीत

(गीत बंदई ठढ़िया या लहसुवा)

1. हरे बंदई आया, हरे बंदई आया,
   मा, मुझे कुजरी तेल दो, मैं मलूंगा,
2. सुरली गायना पहुंची, बसाली गाय आ पहुंची
   मा मुझे कुजरी तेल दो, मैं मलूंगा
3. दाना भी दूंगा, रोटी भी दूंगा
   आज त्योहार बंदई का है।

(पहला दृश्य)

चैतू बूढ़ा : (चौंकते हुए) रुको, जरा-सा ठहरो.....दो घोड़े दिखाई दे रहे हैं। इधर ही वे आ रहे हैं।

(सारे लोग एकाएक रुक जाते हैं और खिसक कर एक जगह जमा हो, उधर ही देखने लगते हैं।)

एक लड़का : **(एक तो घोड़े की रस्सी पकड़ कर चल रहा है)** हां, कुल हैं।

गुमन : रस्सी थामने वाला तो महतो ही है। कब यहां से गया पता ही नहीं चला!

लघु पहला लड़का: अरे बाप रे, दूसरा आदमी तो चन्दरू है, चन्दरू भंडारी तीसरा कौन हो सकता है? पहचान में नहीं आ रहा। आ तो इधर ही रहे हैं।

दूसरा लड़का : धत् तेरे की, ये लोग भी। रीझ-रंग के समय। बड़ा बुरा कर रहे हैं ये लोग.....।

लघु : सच में।

चैतू : चुपचाप रहो। कोई कुछ नहीं बोलेगा। राजा-रजवाड़े की बात। भूल गए, बूढ़े को किस तरह पीटा था।

(सुनते ही युवक-युवतियां खिसक जाते हैं कुछ सयाने लोग रह जाते हैं।)

(दूसरा दृश्य)

(चैतू के दालान में चारपाई पर राजा दृपनाथ (धृपनाथ) बैठे हैं। मचिया पर भंडारी चन्दरू। महतो और अन्य लोग इधर-उधर खड़े हैं।)

राजा : मैं आज तुम्हारे साथ त्योहार मनाने आया हूं। तुम तो कभी मुझे बुलाओगे नहीं। लेकिन मेरा धर्म ही है—प्रजा के सुख-दुःख को जानना-समझना

भंडारी : हां......राजा को ऐसे वक्त पर जरूर बुलाना चाहिए। वे ही तो प्रजा-पालक हैं। राजा ही साक्षात् लक्ष्मी-रूप होते हैं। आज के दिन गाय-बैलों को दाना दिया जाता है और राजा को दक्षिणा।

महतो : मैं लोगों को यही बात बताना चाहता हूं। पर मैं ही हिचकता हूं। कैसे बुलाएं......लूर न लच्छन, सारे के सारे मतवाले हैं हम।

राजा : हां, लेकिन आज जब मैं आया हूं तो दक्षिणा लेकर ही जाऊंगा। समझ गए न? **(लोग आपस में एक-दूसरे को धक्का देते हैं।)**

भंडारी : मैं भी उसी का हिसाब-किताब करने आया हूं। **(लोग हटने की कोशिश करते हैं।)**

राजा : कोई नहीं भागेगा। आज मैं दक्षिणा लिए बगैर किसी को छोड़ने वाला नहीं। **(लोग रुक जाते हैं।)**

(तीसरा दृश्य)

(बड़े सवेरे लोग आंगन में जमा हैं। दरबार लगा है। भंडारी, महतो और बड़े बुजुर्ग तथा जवान। राजा ऊंचे पर बैठा है। दो सिपाही तलवार लिए अगल-बगल खड़े हैं।)

राजा : **(चिंतित पर रोषपूर्ण स्वर में)** मैं ने आज तुम सबको यहां बुलाया है। तुम्हें क्या मालूम, खा-पीकर, नाच-डेग कर पर्व मनाने वाले। तुम्हें क्या पता कि राज्य पर कैसी विपत्ति आई है। जान लो, आज पूरे राज्य को अंधकार ने निगल लिया है।

महतो : इन्हें किसकी चिंता होगी? दिनभर खेत-खलिहान में अलमस्त काम करेंगे और हंसना-बतियाना बस, यही तो आता है। राज्य की चिंता किसे है?

राजा : असल में मेरे रहते किसी को कुछ कष्ट हुआ ही नहीं। मैं ने इतने

दिनों तक अपने धर्म का पालन किया। किसी पर कभी बोझ नहीं लादा। लेकिन आज वक्त आ पहुंचा है। आज तुम मेरा हाथ बंटाओ।

गुमन : राजा साहब! आप हमारे स्वामी हैं। हम आप को ही भगवान जानते हैं। आपका दुःख और कष्ट हमारा है। आप कहें, हम अपनी जान लड़ा देंगे।

भंडारी : वही बताने के लिए तुम लोगों को जमा किया गया है।

महतो : अरे.....पहले सुन तो लो.....

गुमन : अरे भई, सुन तो रहे हैं।

राजा : मैंने इतने दिनों तक राज किया। मेरे राज में तुम सब आनन्द से खाते-पीते, नाचते-गाते रहे। लेकिन आज शत्रु सामने आ गया है। वे हमसे लड़ेंगे। गढ़ लूटेंगे। बेटी-बहनों की इज्जत लूटेंगे। वे हम सब के दुश्मन हैं। यह विपत्ति सिर्फ मेरी नहीं, हम सबकी है। केसरिया लोग आदमी नहीं, प्रेत हैं प्रेत।

गुमन : हां, हुजूर, राजा को ही लूटेंगे तो बचेगा क्या? हम तो मारे जाएंगे, जवानों को दास बनाएंगे। इसीलिए पुराने जमाने की लड़ाइयों की चर्चा आज तक होती है।

राजा : इसीलिए मैं बोल रहा हूं कि राज्य के असली मालिक तुम ही हो। तुम्हीं हमारी ताकत और इज्जत हो। तुम क्या चाहोगे कि केसरिया लोग आकर पूरे राज्य को रौंद डाले?

गुमन : धड़ ही कट जाएगा तो पेड़ हरा-भरा रहेगा? पेड़ जिन्दा रहेगा? सूरज को बादल ढंकता है तो क्या होता है? जब हमारे राजा दुःख पाएंगे तो हम क्या सुखी रहेंगे?

राजा : तुम खड़िया होकर इसे बर्दाश्त कर लोगे? यदि तुम इसे सहते हो, तो फिर जाओ मेरी इज्जत को रौंद डालो। लेकिन जान लो इसमें तुम्हारा भी नुकसान है।

गुमन : ऐ राजा, धरती में गिरना और उठना लगा हुआ है। हां, आदमी अपनी गलती से गिरता है, उठता है अपने बल पर। यदि खड़िया लोग पहले की तरह राज्य चलाना चाहते हैं तो उन सबको संगठित होकर काम करना पड़ेगा। आप के ऊपर आई विपत्ति सिर्फ आप की नहीं है। हम सबकी है। आप निश्चिंत रहें। एक भी खड़िया जब तक जीवित रहेगा, पगड़ी आप के सिर पर रहेगी। मैं कसम खाता हूं।

(राजा प्रसन्न होकर भंडारी को बुलाते हैं।)

भंडारी : जी हां मालिक, आज्ञा दीजिए।

राजा : भंडार से तीर-धनुष, तलवार, धोती और मिर्जई ले आओ और गुमन महतो को दो।

भंडारी : अच्छा मालिक।

(सभी सामान लोकर राजा को देता है। राजा गुमन को देता है। गुमन झुक कर जोहार करता है।)

(दूसरा अंक)
पहला दृश्य

(गांव के बीच लोगों की भीड़ जमा है, उन्हें संबोधित करते हुए)

महतो : भाइयो सुनो! सावधान हो जाओ। सब अपने गांव और बाल-बच्चों पर ध्यान दो। आज हमारा खेत-खलिहान तक लूटने के लिए बैरी केसरिया आ पहुंचे हैं। एक बार तो हम असावधान रहकर अपना सब कुछ गंवा चुके हैं। बीरू राज्य हमारे पुरखों का बसाया हुआ है। आज यह फिर दूसरों के हाथ होने जा रहा है। बीरू राज्य को बचाना हमारा कर्त्तव्य है। राजा धृपनाथ सभी जवानों को केसरिया सेना से लड़ने के लिए हंकवा दे रहे हैं। बोलो हम क्या करें?

एक भाई : धृपनाथ ने भी हमसे हमारा राज्य लूटा है। उसके बाप का धरा नाम बीरू थोड़े-ही है ये भी दूसरा ही है। केसरिया भी दूसरे लोग हैं। वे आपस में लड़ते हैं तो लड़ें। हमारे ऊपर यह विपत्ति आएगी तो देखी जाएगी।

दूसरा : सही बात है। इन्होंने हम से लूटा। केसरिंया इन्हें लूट रहे हैं। दूसरे के लिए प्राण देना व्यर्थ है। उनका जो होता है होने दो। हमें सताया है उसे भगवान भी तो देख रहा है।

तीसरा : भाइयो, जरा महतो की बात भी तो सुनो। तुम्हारा कहना सही है दुनिया में सभी जातियां दूसरे को दबाने, सताने और अपनी जाति को ऊपर उठाने का मौका तलाशती हैं। आप मानें या न मानें यही सच्चाई है।

सारे लोग : यही सच है, यही सच है। हमें भी इस मौके पर ऐसा ही करना चाहिए। ये हमें बीरू राज्य वापस कर दें।

तीसरा : बीरू राज्य तो वापस कर देंगे। पर वापस मिल जाने से ही क्या होगा? केसिरया हमें भी नहीं छोड़ेंगे। सो बोलें–"क्या घर में स्त्रियों की तरह बैठ कर चूड़ियां पहन लें या पुरुषों की तरह मैदान-ए-जंग में निकल पड़ें। देखो तुम्हारे सामने बेटी-बहनों की इज्जत लूटी जाएगी। इसे याद रखो।

सभी : नहीं–नहीं। प्राण रहते दम तक ऐसा नहीं होने देंगे।

चौथा : हम लड़ेंगे चाहे जो हो, हमें लड़ना है। जो भी डरते हैं वे साड़ी पहन कर घर का काम-धंधा करें। मैं तो लड़ूंगा।

सभी : मैं भी लड़ूंगा, मैं भी, मैं भी.....। हम सब लड़ेंगे।

महतो : यदि तुम सच में ऐसा चाहते हो तो पूरे बीरू राज्य में ढिंढोरा पिटवा दो। धरती में जितने भी खड़िया युवक हैं, पन्द्रह दिनों के बाद तीर-धनुष, बलुवा आदि लेकर गंदुर के जुझइर डांड में जमा हों। हमारे गंदुर ने एक समय जाति के लिए उसी जगह प्राण दिए थे। ठीक है न?

सब : ठीक है, ठीक है।

चौथा : गंदुर भयंकर लड़ाई लड़े थे। कई लोगों को उसने अकेले मौत के घाट उतारा था। वह तो धोखे से मारे गए। आगे हमें देखना है। सारे चलो, चलें।

(ढिंढोरा पीटते हुए)

(दूसरा दृश्य)

(जुझइर डांड का दृश्य। लोग हथियारों से लैस हैं। धृपनाथ और महतो बैठे हैं।)

धृपनाथ : आज तुम्हारे राज्य और तुम्हारी जाति ने तुम्हें यहां इकट्ठा किया है। एक और राज्य और जाति की मौत मुंह खोले खड़ी है। तुम मौत को खदेड़ो। मौत तुम्हारी देह, तुम्हारी शक्ति, तुम्हारे हाथ और खून को ललकार रही है।

सब : ए महतो, जो बोलना है सो आप बोलें। आप के सिवा और किसी की बात हम नहीं सुनेंगे।

धृपनाथ : **(महतो को देखते हुए)** अच्छा महतो तुम ही बोलो।

महतो : सभी खड़िया भाइयो, जोहार। आज के अवसर को देखने से लगता है हमें लड़ना ही पड़ेगा। यह सच है कि इनके अधीन होकर हम नीचे गिरते चले गए हैं। दूसरे के हाथ पड़कर भी हम नीचे ही गिरेंगे। ये राजे खुद ही धीरे-धीरे बलहीन होते जा रहे हैं। यदि हम केसरिया राजा को हरा देते हैं, तो एक मौका हमें संभलने का मिलेगा। तुम्हारे पुरखों ने सतघरवा बनाया था। ठोःठी और ठोरही से ही उन्होंने बाघ और बाराह मारा था। तो क्या आज तुम्हारी बांहें इतनी कोमल हो गई हैं? तुम्हारे हाथ में अभी राजा आ गया है। तुम्हें क्या करना चाहिए। इसी वक्त बोल दो।

सब : जो कुछ हो, हमें लड़ना है, नहीं लड़ते हैं मतलब हमें शर्म के समुद्र में डूब जाना है।

महतो : अच्छी कही तुमने। तब फिर मेरे पीछे-पीछे दुहराओ। सबके हाथ में तीर-धनुष है न?

सब : हां, हां सबके पास है।

महतो : खड़े हो जाओ। तीर-धनुष ऊपर उठा लो। **(बोलता है)** मैं आज सूरज-चांद को, ईश्वर को, पंचों को साक्षी मानकर प्रतीक्षा करता हूं—केसरिया और सभी दुश्मनों से जाति की रक्षा के लिए लडूंगा। जाति की सेवा करूंगा। दौलत, मान, प्राण जाए शरीर में सांस चलते तक एक बूंद खून के रहने तक जाति की सेवा करूंगा। युद्ध मैदान से नहीं भागूंगा। दूसरे के फंदे में नहीं फसूंगा। ईमानदारी से रहूंगा। **(लोग दुहराते हैं।)**

महतो : अब सरना जाओ। वहां पहान तुम्हारे माथे पर चिन्ह् अंकित करेगा। उसे मिटाना मत। उसी से वहां एक-दूसरे को पहचानोगे। चिन्ह् नहीं रहने पर हो सकता है हम ही एक-दूसरे को मारें।

(तीसरा दृश्य)

(सरना में पहान मुर्गे की बलि देते हुए पूजा करता है।)

पहान : हे परमेश्वर, हे बडंदा, हे महादेव-पार्वती, दलदल में, जल में, धरती के ऊपर, धरती के नीचे, चक्कर काटते हुए उड़ते हुए तुम देख रहे हो....सभी बैरियों के तीर-धनुष, बलुवा भोथड़ा कर देना, तोड़ देना....**(बलि देते हुए)** देखों मैं तुम सब को अर्पित करता हूं। मैं सब कुछ अर्पित करूंगा। हमें मत छोड़ना, मत भूलना। शत्रुओं की आंखें अंधी कर देना....मैं अर्पित करता हूं। **(दोने के चावल में खून मिलाते हुए ऊपर उठाता है। फिर खून सने चावल का टीका सबके माथे पर लगाता है।)**

तीसरा अंक
(पहला दृश्य)

(तुम्बा खड़िया के घर में पति-पत्नी बातें करते हुए)

तुम्बा की पत्नी : सोच रही थी, इस वर्ष बहू आएगी तो थोड़ा आराम मिलता। लेकिन.....

तुम्बा : आराम मिलेगा? और अधिक काम करना पड़ेगा। केसरिया लोगों ने क्या कम तैयारी की है, उन्हें अभी यहां से भगाना है।

पत्नी : सुना है लोग तो कम ही हैं, लेकिन सब खूंखार डकैत हैं। कभी-कभी लगता है न भेजूं।

तुम्बा : बस-बस, ऐसा मत सोचना। केसरिया लोग आकर हमारी क्या दशा करेंगे, जानती हो? बेटा किस लिए होते हैं—घर की मर्यादा रखने के लिए न। बैरी जब आ धमकेंगे तब न देखा, न सोचा ऐसा आंसू

बहाना पड़ेगा। मैं अपने बेटे को तभी बेटा कहूंगा जब वह शत्रु से लड़ने में सबसे आगे होगा।

पत्नी : अरे मैं बोलती हूं इसका मतलब क्या मैं रोक लूंगी? मरना तो है ही। तब इज्जत से जाति के लिए मरना उत्तम हैं। मैं सिर्फ यह बोल रही हूं कि जाने से पहले एक बार ससुराल हो आता।

तुम्बा : अच्छी छेका-छेकी करती हो तुम भी। जब सामने मौत खड़ी है तब मन को चंचल करना अच्छा नहीं होता। तुम तो मां हो, मां की तरह उत्साहित करके जाति की सेवा के लिए भेजो। बच्चे को वीर और साहसी बनाना मां का काम है। यदि तुम वीर और साहसी हो तो तुम्हारा बच्चा भी वैसा ही होगा।

पत्नी : कहने को तो पुरुष बड़े होशियार होते हैं। परंतु छोटी-छोटी बातों को भी नहीं समझते। यह अच्छी तरह जान लो कि पति अपनी प्यारी पत्नी के सामने अपने को बड़ा साहसी दिखाता है। इसलिए वह जाए।

तुम्बा : ठीक है जाए, लेकिन याद रखे इस खानदान का नाम उज्जवल है, इसे धूमिल न करे। मेरी इतनी ही चिंता है।

पत्नी : इसकी चिंता मुझे तुमसे कम नहीं है। उसे मैं भेज रही हूं। तुम जाओ। **(तुम्बा हट जाता है।)**

मां : **(पुकार कर)** ए बाबू सोमरा........जरा सुनो तो।

सोमरा : क्या है मां?

मां : नजदीक आओगे तभी तो

(सोमरा आता है।)

मां : देखो, तुम्हें ससुराल से बुलावा आया है। उनकी बातें उठा नहीं सकते। सो एक बार हो आओ।

सोमरा : क्यों मां, जाना ही पड़ेगा क्या? मुझे शरम आती है।

मां : क्या करना है, सास-ससुर से ही तो भेंट करनी है। पर याद रखना, पिता, दादा-परदादा सबने इस कुल का नाम ऊंचा रखा है। इस बार तुम्हारी बारी है। लंद-फंद में मत फंसना। भेंट करके वापस आ जाना।

(दूसरा दृश्य)

(ससुराल कोरकोट टीला की सीमा पर पहुंच कर पाडू (गीत) करता है। हाथ में तीर-धनुष लिए हुए।)

सोमरा : **(पाडू)** नाचते कब तक रहेंगे भाई मेरे,
चलो मेरे लिए भाभी ढूंढ़ लाएं।
भाभी पिलाएगी पाखर पानी,

चलो भाभी ढूंढ़ लाएं मेरे लिए।

(सोमरा की मंगेतर आदि का नेपथ्य में गीत)

बिरसी : भाभी देगी निर्मल जल
चलो भाभी ढूंढ़ लाएं।
पर तुम कब युवा होगे?
मैं तुम्हारी प्रतीक्षा करूंगी।
दस वर्ष लगें तब भी,
मैं तुम्हारी प्रतीक्षा करूंगी।

(बिरसी और उसकी सहेलियों का सोमरा से आमना-सामना होता है।)

सोमरा : **(एक दूसरे को जोहार करते हुए)** मेरी अगवानी के लिए यहां तक आ पहुंची हो? लगता है रात भर जागती रही हो। आंखें लाल हो गई हैं।

बिरसी : **(शरमाते हुए)** तुम्हें ही सब मालूम है। कहां से सीखे हो?

सहेलियां : जीजा जी, हम तुम्हें नेवता कर ले जाने आए हैं। चलिए घर पर बैठ कर बातें कर लीजिएगा।

सोमरा : चलो।

(तीसरा दृश्य)

(सोमरा वापस लौट रहा है। सास-ससुर, साला-साली और बिरसी भी खड़े हैं।)

मुनि : क्यों रो रही हो दीदी, तुम्हें लेने आए हैं क्या?

बिरसी : भागो नहीं तो पाओगी।

सास : ये पगली लड़की......।

ससुर : ए सुधु, मुनि....जाओ दीदी के संग-संग गांव की सीमा पार करा देना।

(सोमरा जोहार कर आगे बढ़ता है। रास्ते में सोमरा गाता है।)

तीन तेलेंगा पलटन
चील-कौवे की तरह मंडरा रहे
तलवार चमका रहे, बरछा झनकार रहे
चील-कौवे की तरह मंडरा रहे।

बिरसी : फिर कब आओगे?

सोमरा : जिन्दा रहा तो जल्दी ही आऊंगा।

बिरसी : ऐसा क्यों बोलते हैं।

सुधु : डेले दादा भी गए हैं।

सोमरा : कब गए हैं?

बिरसी : कल ही गए।

सोमरा : यदि वापस नहीं आ सका, तब क्या होगा?

बिरसी : मैं भी वहीं चली जाऊंगी।

सोमरा : सच?

बिरसी : और नहीं तो क्या झूठ?

सोमरा : दुःखी मत होना। नहीं लौटूं तब भी मन मजबूत रखना।

बिरसी : डेले दादा से भेंट होगी ना....हम दोनों की राह देखेंगे।

सोमरा : अच्छी बात है।

बिरसी : मेरा मन सूखी पत्ती की तरह नहीं है जो हवा उड़ा ले। तुम चिंता मत करो।

सोमरा : बस यहीं तक।

(सब एक दूसरे को जोहार करते हैं।)

चौथा अंक

(हाथों में हथियार लिए लोगों की भीड़ जमा है।)

महतो : भाइयो सुनो। हरेक काम के लिए एक अगुवा होता है। हम भी खास काम आरंभ करने जा रहे हैं। इसलिए अच्छा है एक अगुवा चुन लें। सारी जाति का सम्मान आपके हाथ में है। हम मान सहित जियेंगे और मान सहित मरेंगे। आज दो पैरों वाला बाराह हमें धुनने आ रहा है। तुम्हारा तीर ऐसा हो जो उनके कलेजे में धंस जाय बलुवा शत्रु के खून में तेज करना और हां......जिसे डर लग रहा हो, वह अभी भी वापस जा सकता है।

सब : अब जो होगा युद्ध के मैदान में ही होगा। शत्रु को दिखा देंगे। बिना लड़े वापस नहीं जाएंगे।

महतो : तुम्हारा अगुवा कौन होगा?

सब : डेले हमारा अगुवा होगा। हम सिर्फ तुम्हारी बात मानेंगे।

महतो : मेरे विचार से....मेरे साथ कोरकोटटोला का डेले तुम्हें चलाएगा। वह हमारे बीच में सबसे निडर और ताकतवर है। तुम्बा का बेटा सोमरा भी साथ रहेगा। कहो....ठीक है न?

सब : ठीक है, ठीक है।

महतो : डेले और उसके साथ केसरिया लोगों के गढ़ की ओर बढ़ कर उन्हें दूर ले जाएंगे। सोमरा और उसके साथी दूसरी ओर से मैदान में लड़ेंगे। इन्हें ज्यादा जोश दिखाना पड़ेगा। हो सकता है इन्हें दोनों ओर से मार खानी पड़े। गढ़ से निकले शत्रुओं का हम पीछा करेंगे।

फिर मौका देखकर डेले और हम दोनों ओर से उन पर वार करेंगे। कुछ भेदिये रहेंगे। जो स्थिति की सूचना देते रहेंगे। उनके भेदियों को पकड़ कर कैद करना होगा। मारना मत। भागने भी मत देना।

सब : चलो, चलो अब शुरू करें।

महतो : एक बात याद रखना यदि अपरिचित आदमी मिले तो 'ते' कहना। 'हुञ' बोले तो हमारा आदमी, न बोल सके तो जान लो वह शत्रु का आदमी है।

जाओ अपने-अपने काम में लग जाओ। हमें जीतना है। खड़िया लोगों को जीतना है। हमें जीत कर ही रहना है। ❑

अरुणाचली

प्रस्तुति एवं अनुवाद : वीरेन्द्र सिंह

असंख्य जनजातियों की भूमि अरुणाचंल प्रदेश में हजारों लोककथाएं मौखिक परंपरा में उपलब्ध हैं। इन कथाओं में जीवन के सभी पहलुओं का चित्रण होता है। रोचकता इन कथाओं का प्रमुख गुण है। अधिकांशतः ये कथाएं वन एवं वन्य प्राणियों से संबंधित हैं। इन कथाओं में नैतिक संदेश निहित रहते हैं। प्रकृति से संबंधित कथाओं के अतिरिक्त परियों से संबंधित कथाओं की भी भरमार है। भूत-प्रेत, अलौकिक पत्थर और वृक्ष, नदी, वर्षा, जंगली जानवर, धूर्त मनुष्य, अलौकिक शक्तिसंपन्न मानव इत्यादि से संबंधित कथाएं रोचक होने के साथ ही ज्ञानवर्द्धक भी होती हैं। यहां की लोक-कथाओं को निम्नलिखित तीन वर्गों में विभक्त किया जा सकता है–

क : वन्य-प्राणियों से संबद्ध लोक-कथाएं। खः मनुष्यों से संबद्ध लोक-कथाएं। ग : प्राकृतिक शक्तियों से संबद्ध अलौकिक कथाएं।

वन्य प्राणियों से संबंधित लोककथाओं में मनुष्य, जानवर, पक्षी सभी को परस्पर वार्ता करते हुए दिखाया गया है। कुछ कथाओं में वर्णित है कि जंगल के सभी जानवर साथ-साथ रहते थे। कुछ नासमझी के कारण वे सभी एक-दूसरे से अलग रहने लगे अथवा एक दूसरे के शत्रु बन गए। इन कथाओं का प्रमुख उद्देश्य लोगों का मनोरंजन करना है। मनोरंजन के साथ ही इन कथाओं में कुछ संदेश और नैतिक मूल्य भी छिपे होते हैं। प्रस्तुत हैं कुछ लोककथाएं।

सिंहफो लोक-कथा (बाघ और बिल्ली)

प्राचीन काल में मनुष्य और जानवर सभी एक साथ रहते थे। उनमें कोई भाषायी भेद नहीं था। एक दिन बाघ शिकार से वापस आया। वह अपने साथ एक हिरन को मारकर लाया था। वह बहुत भूखा था। बाघ ने बिल्ली से कहा कि वह पड़ोस के गांव से शीघ्र आग लेकर आए और मांस को पकाकर तैयार करे। बिल्ली पड़ोस के गांव में आग लाने गई। उसने एक बूढ़ी महिला को सुगंधित चावल पकाते हुए देखा तो उसके मुंह में पानी आ गया। उसने महिला से कहा कि मुझे बहुत भूख लगी है। बूढ़ी ने उसे खाने के लिए भात दिया। भात बहुत स्वादिष्ट और लसीला था। लसीला होने के कारण बिल्ली को खाना-खाने में बहुत देर हो गई। इधर बाघ उसकी प्रतीक्षा में घंटों बैठा रहा। क्रोध और भूख से बेचैन होकर वह बिल्ली की खोज में निकला। उसने प्रतिज्ञा की कि यदि बिल्ली रास्ते में मिल गयी तो वह उसे कच्चा खा जाएगा। बिल्ली भी इस बात से अवगत हो चुकी थी, इसलिए वह छिप गई। उसी समय से दोनों का संबंध सदा के लिए समाप्त हो गया। आज

भी बिल्ली शेर के भय से छिपती रहती है।

तांग्सा लोक-कथा (जानवरों की बलि)

प्राचीन काल में मनुष्य और जानवर अलग-अलग रहते थे लेकिन उनके रहन-सहन में कोई अंतर नहीं था। बीमार होने पर मनुष्य और जानवर एक ही दवा का प्रयोग करते थे। उस समय की औषधि जादू जैसा असर करती थी। औषधि के प्रभाव से मृत प्राणी भी जीवित हो जाते थे। इसलिए जानवरों और मनुष्यों की मृत्यु नहीं होती थी। परिणामस्वरूप धरती पर जानवरों और मनुष्यों की संख्या बढ़ने लगी। अधिक मनुष्यों के लिए अधिक अन्न चाहिए। इसलिए खेती की जमीन बढ़ती जा रही थी और उसी अनुपात में चारा वाली जमीन घटती जा रही थी। जानवरों के लिए घास और चारे का अभाव होने लगा। इसलिए जानवर मानव की फसलों को खाने लगे। मानव ने जानवरों को रोका लेकिन जानवरों ने उस पर कोई ध्यान नहीं दिया। मानव के सम्मुख अन्नाभाव की समस्या उत्पन्न हो गई। निराश होकर सभी मनुष्य वैद्‌यराज के पास पहुंचे। वैद्‌यराज जानवरों पर बहुत नाराज हुए और उन्होंने फैसला किया कि अब से जानवरों का न तो इलाज करेंगे और न ही दवा देंगे। जानवर दवा और इलाज के अभाव में मरने लगे और मनुष्यों की संख्या में निरंतर वृद्धि होने लगी। सभी जानवर क्रोधित होकर बदला लेने के लिए तैयार हो गए । सभी जानवरों ने फैसला किया कि मानव के इलाज में काम आने वाली औषधियों को नष्ट कर दिया जाए। जानवरों ने सभी प्रकार की वनौषधियों, जड़ी-बूटियों और लताओं को रौंद दिया। दवा के अभाव में मनुष्यों की चिकित्सा करना संभव नहीं था। इसलिए मनुष्य मरने लगे, पर वैद्‌यराज उनकी चिकित्सा करने में असमर्थ थे। सभी जीवित मानव उस पहाड़ी को छोड़कर दूसरी पहाड़ी पर रहने के लिए चले गए, तब वैद्‌यराज को जीवन निरर्थक लगने लगा । निराशा के कारण उन्होंने आत्महत्या कर ली उनकी मृत्यु के बाद मनुष्यों ने एकमत से यह निर्णय लिया कि वनौषधियों को खाकर जानवर अमर हो गये हैं इसलिए हम लोग जानवरों को मारकर उनका मांस बीमार मनुष्यों को खिलाएं तो वे स्वस्थ हो सकते हैं । उसके बाद जब भी कोई व्यक्ति बीमार पड़ता तो जानवरों को मारकर उसका मांस उसे दिया जाता था। उसी समय से पशुबलि की प्रथा आरंभ हुई ।

सिंगफो लोक-कथा (धूर्त मनुष्य)

एक वृद्ध सिंगफो ने मरते समय अपने पुत्र को पास बुलाकर कहा–"मेरा अंतिम समय आ गया है। मरने के पहले मैं तुमको दो बातें बताना चाहता हूं। तुम हमेशा उन पर अमल करना। पहली यह कि कोई गोपनीय बात किसी औरत को नहीं बताना और दूसरी कि घर के दरवाजे पर कांटेदार वृक्ष नहीं लगाना। पिता के मरने के बाद पुत्र ने इन दोनों बातों की परीक्षा करने के उद्‌देय से अपने घर के सामने कांटेदार वृक्ष लगा दिया और एक सुंदर लड़की से शादी कर ली। एक दिन वह चुपचाप जंगल में गया और एक कुत्ते को मारकर जमीन में दफना दिया। कुत्ते के खून से सना हुआ चाकू लेकर वह घर आया और अपनी पत्नी से कहा कि आज मैंने एक आदमी का खून कर दिया है। प्रमाण के लिए उसने खून लगा चाकू अपनी पत्नी को दिखाया। पत्नी डर से चिल्लाने लगी

और बोली तुम हत्यारे हो, तुमने आदमी का कत्ल किया है। अब मैं एक पल भी तुम्हारे साथ नहीं रहूंगी। मैं राजा के पास शिकायत करने जा रही हूं। वह दौड़ी हांफती राजा के पास गई और कहा कि मेरे पति ने एक आदमी को मार दिया है। राजा ने अपने सिपाहियों को आदेश दिया कि वे सिंगफो को पकड़कर दरबार में हाजिर करें। राजा के सिपाही सिंगफो को पकड़ने के लिए उसके घर गए। सिपाही उसे पकड़कर ला रहे थे कि सिंगफो की पगड़ी कांटेदार पेड़ में उलझ गयी और उसी में अटकी रह गयी। पगड़ी का उतरना अपमान की निशानी है। सिंगफो बिना पगड़ी खाली सिर ही राजा के दरबार में पहुंचा। राजा ने उससे पूछा, "क्या तुमने किसी आदमी की हत्या की है? इस संबंध में सच्चाई का बयान करो।" सिंगफो ने जवाब दिया मैंने किसी आदमी का खून नहीं किया है। वास्तविक स्थिति यह है कि मैंने पिताजी की बातों की सत्यता जानने के लिए एक कुत्ते को मार कर जमीन में दफन कर दिया और पत्नी से झूठ बोला कि मैंने एक आदमी का कत्ल कर दिया है।" राजा ने अपने सिपाहियों और जासूसों को आदेश दिया कि सिंगफो के कथन की छानबीन कर पता लगाया जाये कि यह आदमी खूनी है या निर्दोष। सिपाहियों ने जांच करने के बाद कहा कि सिंगफो का कथन सत्य है, वह हत्यारा नहीं है। राजा ने सिंगफो को रिहा कर दिया। वह उसकी बुद्धि से बहुत प्रभावित हुआ और अपनी पुत्री से उसकी शादी कर दी।

आदि लोक-कथा (गिलहरी की उत्पत्ति)

प्राचीन काल में एक गांव में ओकी और बंदो नामक दो मित्र रहते थे। गांव के पास ही एक छोटी सी नदी थी जिसमें काफी मछलियां थीं। दोनों मित्र नियमित रूप से साथ-साथ नदी में मछली मारने के लिए जाते थे। कभी-कभी जब एक मित्र देर तक सोता रह जाता तो दूसरा उसे जगाने जाता और तब वे साथ-साथ नदी तट पर मछली मारने जाते। दुर्भाग्यवश उनकी मैत्री को किसी की कुदृष्टि लग गई । उस रात आकाश मेघाच्छन्न था। बादलों के कारण रात्रि का अंधकार और घनीभूत हो गया था। संपूर्ण वातावरण कालिमा की चादर में सिमटा-सहमा था। रात भर बादल और बिजली का खेल चलता रहा। सूर्योदय से कुछ देर पहले ऐसा लगा कि ओकी को उसका मित्र बंदो पुकार रहा है। ओकी हाथ में दांव लेकर बाहर निकल पड़ा लेकिन बाहर कोई नहीं था। उसने सोचा कि सुबह हो गई है और उसका मित्र बाहर नदी पर चला गया है इसलिए उसे भी शीघ्र प्रस्थान कर देना चाहिए। वह तेजी से नदी की ओर बढ़ने लगा लेकिन उसका मित्र रास्ते में कहीं नहीं मिला। नदी तट पर जाने के बाद उसने नदी में एक व्यक्ति को देखा। उसने अनुमान लगाया कि शायद यह जल में निवास करने वाली एक दुष्टात्मा है। ओकी को बहुत डर लगा। प्रेतात्मा उसकी ओर धीरे-धीरे बढ़ रही थी। ओकी भय से कांपने लगा और भागने का प्रयास करने लगा, लेकिन वह प्रेतात्मा के चंगुल से मुक्त नहीं हो पाया। जब बंदो को पता लगा कि उसका मित्र नदी पर पहले ही चला गया है तो उसे संदेह हुआ। यथाशीघ्र वह नदी के तट पर पहुंचा। वहां का दृश्य देखकर उसका दिल दहल गया। उसने देखा कि उसके मित्र का सिर जमीन पर लुढ़क रहा है। वह इधर-उधर भागने लगा लेकिन सिर ने उसका पीछा नहीं छोड़ा। अंततः वह एक पेड़ पर चढ़ गया और सहायता के लिए चिल्लाने लगा। लेकिन गांव का कोई भी व्यक्ति

उसकी सहायता के लिए नहीं आया। वह चिल्लाता रहा और अंततः गिलहरी में तब्दील हो गया।

नोक्ते लोक-कथा

पर्वतों की पूजा (नामसंग पूजा)

प्राचीन काल में नागा जनजाति के लोग जिस पर्वत पर निवास करते थे उसका नाम 'मुनुम' था। उस पहाड़ पर लगभग एक हजार वनवासियों के घर थे। वे लोग खेती करते थे और खुशी-खुशी अपना जीवन व्यतीत करते थे। कृषि कार्य से अवकाश मिलने पर वे नाचते-गाते एवं 'जु' (चावल से बना एक पेय) पीते थे। वे लोग उत्सव-प्रिय थे। वे लोग केवल उत्सव मनाना जानते थे। किसी देवी-देवता की सत्ता में उनका विश्वास नहीं था और न ही वे किसी की पूजा करते थे। जब उनके पास करने के लिए कोई काम नहीं होता था तो वे नाच-गाने में अपना समय व्यतीत करते थे। सुख-दुख भी उनके लिए अपरिचित था। सभी आनंदपूर्वक तनावमुक्त जीवन जीते थे। उन्हें कोई कष्ट नहीं था। एक दिन वहां के निवासियों ने पर्वत के पीछे से गड़गड़ाहट की भयानक आवाज़ सुनी। सभी लोग भयाक्रांत हो गए। आवाज़ तीव्र से तीव्रतर होती जा रही थी। पहाड़ भी कांपने लगा। आकाश काले-काले बादलों से आच्छादित हो गया। थोड़ी देर के बाद मूसलाधार वर्षा होने लगी और उसके बाद ओलावृष्टि भी आरंभ हो गई। सभी लोग भयभीत हो गए। उन्हें अपनी जान बचाने का कोई रास्ता दिखाई नहीं दे रहा था।

पिछली रात को उस गांव के एक वृद्ध व्यक्ति ने स्वप्न देखा था कि एक बूढ़ा व्यक्ति उससे कह रहा है, "पर्वत देव इस गांव से गुजर रहे थे तो किसी ने उन पर ध्यान नहीं दिया। लोगों ने अनजाने में उनकी उपेक्षा कर दी। अब वे बहुत क्रोधित हो गए हैं, इसलिए क्रुद्ध पर्वतदेव को प्रसन्न करने के लिए गांव-वासियों को उनकी पूजा करनी चाहिए और जानवरों की बलि देकर उन्हें प्रसन्न करने का प्रयत्न करना चाहिए तथा अपनी भूल के लिए उनसे क्षमा मांगनी चाहिए।" लेकिन वृद्ध व्यक्ति ने स्वप्न पर विश्वास नहीं किया इसलिए उसने किसी से यह बात नहीं बताई। अब जब पहाड़ कांपने लगा और जलवृष्टि और ओलावृष्टि से लोगों में हाहाकार मच गया, तब उस वृद्ध ने अपनी स्वप्न-कथा ग्रामवासियों को सुनाई। लेकिन किसी ने उसकी बातों पर ध्यान नहीं दिया। उन लोगों ने नाच-गाने का आयोजन इस आशा के साथ किया कि वे ऐसा करके वे अपने आप को बचा सकते हैं। पर सब व्यर्थ हो गया। प्राकृतिक प्रकोप और बढ़ गया। पर्वत पहले की अपेक्षा और तीव्रता से कांपने लगा और अंततः पहाड़ का एक कोना ध्वस्त हो गया। जिसके नीचे अनेक घर दब गए और उन घरों में रहने वाले स्त्री-पुरुष भी असमय ही अपनी जान गंवा बैठे। उसके बाद ग्रामवासियों ने सूअर और मुर्गे की बलि दी तथा पर्वतदेव की पूजा-अर्चना की। उन लोगों ने ज्यों ही अपनी पूजा-अर्चना आरंभ की त्यों ही पर्वत का कांपना और धंसना बंद हो गया। कुछ देर बाद जलवृष्टि और ओलावृष्टि भी थम गई। लोगों में नई आशा का संचार हुआ और पर्वतदेव के प्रति भक्ति-भावना का बीजारोपण हुआ। उसी समय से लोग सूअर, मुर्गे आदि जानवरों की बलि देकर पर्वतदेव की पूजा-अर्चना करते हैं और अपनी सुख-समृद्धि तथा शांति के लिए उनकी प्रार्थना करते हैं। आज भी उत्तर-पूर्वी भारत की अनेक जनजातियां पर्वतदेव की पूजा करती हैं। ❑

खेती का आरंभ

प्रस्तुति एवं अनुवाद : रोज़ केरकेट्टा

सेंभों राजा और डकई रानी को भगवान ने एक तुम्बे में बीज दिया। कुदाल, टांगी और हल दिया। एक जोड़ा बैल और बसाली गाय भी दी। उसने सेंभों से कहा—"टांगी से जंगल साफ करो, हल-बैल से जोतो और बीज बोओ।"

सेंभों ने भगवान के कहे अनुसार जमीन जोतकर बीज बोये। जिस बीज को ऊंची जमीन पर बोया उसका तीन माह में दाना तैयार हुआ। सेंभों ने दाना निकाल कर खाया। इसके बाद दाने को भूनकर भगवान को चढ़ाया। यह गोंदली बीज कहलाया। गोंदली नावाखानी का त्योहार इस महीने में मनाया गया।

जो बीज थोड़ा गहरे खेत में बोया, वह चार माह में तैयार हुआ। इसे गोड़ा कहा गया। गोड़ा भगवान को चढ़ा कर नावाखानी मनाया। इसे 'गोड़ा नावाखानी' कहा गया। पांच महीने में गहरे खेत का अन्न तैयार हुआ। तब कार्तिक पूर्णिमा के दिन 'गाय-बैल' की पूजा की गई। उन्हें नहलाया और कुजरी तेल डाला। रात को मुर्गे की बलि दी। बघिया देवता (वन देवता) को बलि दी कि उनके जानवर बाघ और सांप से सकुशल बचे रहें। दूसरे दिन गाय-बैलों को बिना नमक के रोटी और दाना खिलाया गया और उसे घर के लोगों ने भी खाया। रात को एक दीया घर में, एक गोशाले में और एक बगीचे में जलाया। इसे 'बन्दोई' पर्व कहा गया।

गोत्र कथा

सेंभों और डकई के नौ बेटे और नौ बेटियां हुईं। जब उनकी विवाह की उम्र हुई तो कुटुम्ब (जाति) के लोग नहीं मिले। सेंभों बहुत चिंतित हुआ। एक दिन उसने घर में देव-पितरों की पूजा की। तब उसने अपने बेटों को बुलाकर कहा— "तुम जंगल में शिकार खेलने जाओ। जो जानवर ऊपर उड़ता है उसे मारकर लाओ।" दूसरे दिन सारे बेटे सवेरे जंगल में चले गए। जंगल में दोपहर तक वे घूमते रहे पर शिकार नहीं मिला। उन्हें प्यास लग गई। सारे भाई पानी की खोज में गए। बहुत देर के बाद बड़े भाई को एक आंवले के पेड़ के नीचे पानी मिला। उसने पानी पिया। जब अंजली भर पानी उठा रहा था तो उसे एक मछली दिखाई दी। उसे डुंगडुंग मछली कहते हैं।

वह लौट आया। उसने दूसरे भाई को पानी पीने के लिए भेजा। जब वह भाई पानी

पी रहा था तो उसे एक कुलु (कछुवा) दिखाई दिया। तीसरे भाई को पानी पीते वक्त केरकेट्टा पक्षी दिखाई दिया। चौथे को 'टेटेटोहोंएज' (टिटहरी) पांचवें को टोःपो पक्षी, छठे को किड़ोः (बाघ), सातवें को बाः (धान) मिला। आठवें भाई को पानी बिलुंग-बिलुंग (नमकीन) लगा। नौवें भाई को पूरे पानी में चट्टानें ही चट्टानें मिलीं। उसने कहा सोरेंग में पानी बह रहा था।

सुस्ताने के बाद जब फिर शिकार के लिए चले तो पहाड़ की चोटी पर एक हिरण दौड़ता हुआ दिखाई दिया। उन्होंने हिरण को मारा। मांस तैयार किया। अपनी-अपनी पोटली बांधी और हिरण के चमड़े को भी लिया। वे जब घर लौटे तब तक रात हो गई थी। पिता ने बेटों को कहा—"अपनी पोटली घर के पिछवाड़े टांग दो। मैं सुबह को देखूंगा।" उन्होंने वैसा ही किया। दूसरे दिन बड़े सवेरे सेंभों और डकई ने स्नान किया। 'बेड़ो-लेरड' (सूरज-चांद) को नमस्कार किया। फिर सारे बेटों को अपनी पोटली खोल कर उसके सामने खड़े होने को कहा। बेटे अपनी-अपनी पोटली के सामने खड़े हो गए। हरेक की पोटली में हिरण के मांस की जगह उन्हें जो-जो पानी पीते वक्त दिखा था, वही मिला। हिरण की खाल में सूरज-चांद के चिन्ह मिले। सेंभों समझ गया कि उसके बेटों को अलग-अलग गोत्र मिल गया। सभी लड़कों को तब सेंभों ने बताया कि अब से उनके अलग-अलग गोत्र डुंगडुंग, कुलु, केरकेट्टा, टोःपो, टेटेटोंहोंतज, किड़ोः, बाः, बिलुंग और सोरेंग हुए।

सेंभों ने अपनी पुत्रियों को शिकारी पुत्रों के पैर धोने के लिए कहा। बड़ी बेटी ने सबसे छोटे बेटे का पैर धोया। क्रमशः सभी बहनों ने इसी तरह पैर धोये और उनके बेटों से बेटियों ने विवाह किया।

तभी से विधान बना कि अलग-अलग गोत्रों में ही विवाह होगा। यही नौ गोत्र खड़िया जाति के हुए।

गिद्ध और आदमी

एक स्त्री जंगल गई। जंगल में उसको जुड़वां बच्चे हुए—एक लड़का और एक लड़की। स्त्री ने कहा—"दोनों बच्चों को पालना मेरे लिए कठिन है, मैं लड़की को ले जाऊंगी क्योंकि लड़की घर-झाड़ू करेगी, पानी भरेगी और साग तोड़ेगी। बेटा तो बस गुलेल लेकर घूमेगा।" उसने लड़के को टहनियों से ढंक दिया। लड़की को लेकर वह घर लौट गई।

आकाश में एक गिद्ध उड़ रहा था। उसने टहनियों से ढके बच्चे को देखा। वह नीचे उतरा और बच्चे को लेकर अपने घोंसले की ओर चला गया। वहां गिद्ध-गिद्धनी ने बच्चे को पाला। जब लड़का जवान हुआ तो गिद्ध-गिद्धनी ने हाटों से झपट-झपट कर कंघी, झिलपी (चांदी का सिंगार), करेया (कमर में पहनने का सूती कपड़ा) और मांदर लाकर दिया। लड़का सज-धज कर मेले में जाने लगा। तब गिद्ध-गिद्धनी ने लड़के से कहा—"उत्तर जाना, दक्षिण जाना, पूरब जाना पर पश्चिम मत जाना।"

लड़का मेले में गया। वहां लोग उसके नृत्य को देखकर आनन्दित होते। एक दिन मेले में नाचते हुए उसकी बहन मिल गई। बातचीत में दोनों ने परिचय प्राप्त किया। फिर बहन उसे अपने घर ले गई। रात को उसकी मां बेटे को पाकर बहुत खुश हुई।

दूसरे दिन मां जंगल जाने लगी। उसने बेटी को कहा-''भाई को बाहर मत निकलने देना।'' बेटी ने मां के जाने के बाद भाई को आंगन में खाट पर सुला कर, बाहर का दरवाजा बंद कर दिया। इधर गिद्ध-गिद्धनी रात भर लड़के के लिए परेशान हो गए। दूसरे दिन बड़े सवेरे वे उसे खोजने निकले। उन्होंने आकाश से देखा कि लड़का चारपाई पर लेटा है। वे धीरे-धीरे नीचे उतरने लगे। जब छत के करीब वे उतर गए तो लड़की ने गीत गाया—

''कवन चरइया दादा रिगीबिगी दादा रिगीबिगी रे।''

लड़के ने उत्तर दिया—

''ओहे हेकयं बहिन सोने गिद्धनी
बहिन रूपे गिद्धनी बहिन पोसलयं।''

तब तक गिद्ध-गिद्धनी नीचे उतर कर छत पर बैठ गए। लड़की ने फिर गाया। लड़के ने उत्तर दिया। क्रमशः गिद्ध-गिद्धनी पहले खूंटे पर, फिर चारपाई पर उतर आए। एक सिरहाने, दूसरा पैताने बैठा। फिर दोनों ने लड़के को नोंच-नोंच कर खा डाला। हड्डियां रह गईं। लड़की ने हड्डियों पर चादर डाल दी।

मां जंगल से लौटी। मां ने पूछा—''तुम्हारा भाई कहां है?'' लड़की ने कहा—''खाट पर सोया है'' मां ने चादर उठाकर देखा फिर ढक दिया। वह रोई। तब दोनों ने जाकर हड्डियों को नदी में बहा दिया। ❑

सतयुग

प्रस्तुति एवं अनुवाद : डॉ. कृष्ण चन्द्र टुड्डू

सतयुग की कथा है, जब मनुष्यों के पापकर्म से बाबा ईश्वर क्रोधित हुए, तब उन्होंने एक हाथी को बनाया था। हाथी का नाम 'गजमती' रखा था। वह आकाश से तोड़े सुतामें के सहारे धरती पर उतरा था। जैसे ही हाथी ने धरती पर पैर रखा, वैसे ही धरती जलमग्न हो गई और सारे 'जीव-जनावर', पेड़-पौधे डूब गए। धरती को जल में डूबते देखकर देवताओं, 'जाहेर आयो', 'माराङ-बुरू', 'लिटां' 'गोंसायं' आदि ने आपस में बारह वर्ष तक विचार और तेरह वर्ष तक आचार किया था। तब बाबा ईश्वर ने एक दिन बादलों के बीच में हंस की सृष्टि की।

जब वे प्रतिदिन की भांति 'कुश काराम' पत्तों में बैठकर नहा रहे थे, उसी समय बाबा ईश्वर ने 'सिरम' पेड़ की जड़ से दो हंस-हंसिनी का निर्माण किया एवं उन्हें जीवन दिया था। 'हंस-हंसिनी' जीवन मिलते ही आकाश में उड़ गए। बाबा ईश्वर की दया तथा आशीर्वाद से 'हंस-हसिनी' ने 'करम' पेड़ पर घोंसला बनाया तथा उन्होंने घोंसले में दो अण्डे दिये। अण्डे से दो 'मानव' जन्मे। तब हंस-हंसिनी दिन-रात धरती के लिए क्रन्दन करते रहते थे क्योंकि उस समय मानव के रहने के लिए धरती नहीं बनी थी। तब बाबा ईश्वर ने धरती के निर्माण के लिए 'माराङ-बुरू' को बुलाया। बाबा ईश्वर के आदेश से धरती बनाने के लिए 'माराङ-बुरू' ने 'कछुआ राजा' को बुलाया।

बाबा ईश्वर ने कहा-''कछुआ राजा, देखो मैं तुम्हारे शरीर के ऊपर धरती निर्माण करना चाहता हूं, जिसके बदले मैं तुम्हें अपनी एक पुत्री तथा आधा राज्य दूंगा।''

बाबा ईश्वर की बात सुनकर कछुआ राजा ने हां कह दी। बाबा ईश्वर के आदेशानुसार कछुआ राजा के चारों पैरों में 'सोनासिकड़ी' बांधकर सिकड़ी को चारों दिशाओं उत्तर, दक्षिण, पूर्व तथा पश्चिम में बांध दिया गया। तब कछुआ राजा ने कहा–''हे बाबा ईश्वर, तब क्या मैं कभी भी नहीं हिल सकूंगा?''

बाबा ईश्वर ने कहा- ''नहीं, तुम बारह साल में केवल एक बार हिल सकोगे।''

उसके बाद बाबा ईश्वर के आदेशानुसार 'कारीनागिन' एवं 'नागिन सांप' को भी बुलाया गया। बाबा ईश्वर ने कहा–''नागिन राजा, देखो मैं तुम्हारे शरीर पर धरती का निर्माण करना चाहता हूं। इसके बदले में मैं तुमको अपनी एक पुत्री तथा आधा राज्य दूंगा।''

बाबा ईश्वर की बात सुनकर नागिन राजा ने भी हां कह दी।

बाबा ईश्वर के आदेशानुसार नागिन सांप को कछुए की पीठ पर लपेटा गया और

उसको भी बारह साल में एक बार कछुए के साथ हिलने के लिए कहा गया।

उसके बाद माराङ-बुरू ने नागिन सांप के ऊपर सोने की थाली रखी। सोने की थाली के ऊपर मिट्टी उठाने के लिए ''चिंगड़ी मछली' को बुलाया गया और पाताल से मिट्टी उठाने के लिए कहा गया परंतु चिंगड़ी मछली पाताल से मिट्टी नहीं ला सकी। तब माराङ-बुरू ने 'केकड़ा राजा' को बुलाया। केकड़ा राजा भी मिट्टी नहीं उठा सका। अंत में माराङ-बुरू ने बाबा ईश्वर के आदेशानुसार 'लेंडेत् राजा' केंचुआ राजा को बुलाया। केंचुआ राजा ने पाताल में जाकर पाताल की मिट्टी को लाकर सोने की थाली के ऊपर रख दिया। इस तरह से धरती बन गई। यह देखकर बाबा ईश्वर बहुत खुश हुए और अपनी एक पुत्री का केंचुआ राजा के साथ विवाह कर दिया तथा दान स्वरूप आधा राज्य भी प्रदान करा दिया।

उसके बाद बाबा ईश्वर के आदेश से माराङ-बुरू ने दुब्धी घास, सावड़ी घास, झाड़ियां और कंटीले पेड़-पौधों के बीज बोये। बीज से पेड़-पौधे उग गए। तब माराङ-बुरू ने हंस-हंसिनी, पक्षी के अण्डे से निकले दो मानव को सागाः बुटा, जानुम धुद अर्थात् हिहिड़ी-पिपड़ी में रखा। वहीं उनका नामकरण हुआ। पिलचू हाड़ा तथा पिलचू बुड़ही दिलेचू हाड़ाम-पिलचू बुड़ही जब जवान हुई तो ठाकुर ठाकुराइन ने इनकी शादी करवा दी। पिलचू दम्पति के सात पुत्र सोन्दरा, सान्दोम, चारे माने, आचारे, देलहू, किरू तथा सात पुत्रियां छिता, कापरा हिसी, डुमनी, दानगी, पुंडगी, नासी हुई थीं। उनके वंशज ही संताल लोग हैं। ❑

कोण्डा एवं कुम्बी

द्रविड़ जनजातीय भाषा की लोक-कथा

जादुई बांसुरी

कथावाचक : बोई. सोम्ब्रा

अनुवाद : रमणिका गुप्ता

यदि कहूं कि यह कहानी है तो यह कहानी नहीं, यदि कहूं कि यह किसी देश का किस्सा है तो किसी देश का किस्सा नहीं है, यदि कहूं कि यह राजा की कहानी है तो यह राजा की कहानी भी नहीं है।

राजा कोटा के सात बेटे थे। छः की शादी हो गई थी। कथा कहते– गीत गाते हुए, बड़ी धूम-धाम से उनकी दुल्हनें लाई गईं थीं। छोटा बेटा शादी नहीं करना चाहता था। जब भी मां-बाप उसे कहते कि वे उसकी दुल्हन लाएंगे तो वह कहता–"मैं ऐसे ही कुंवारा रहूंगा, मुझे कुछ नहीं चाहिए।" यहां तक कि जब उसके भाई कहते–"हम तुम्हारे लिए राजा की बेटी ला देंगे" तो वह कहता था–"राजा की बेटी की तो बात छोड़ो, तुम किसी परी को भी लाओ, तो मुझे नहीं चाहिए।" इस प्रकार उसके भाई और भाभियां जो कुछ देते थे वह खाता था यानि उनकी दया पर निर्भर रहता था। ऐसे ही उसकी उम्र दिन पर दिन बढ़ती गई।

इस प्रकार रहते-रहते उसने एक दिन सोचा–"मैं अपनी भाभियों की दया पर आखिर कितने दिनों तक जिंदा रहूंगा? जब वह दुल्हन लाने के लिए कहती हैं तो मैं उनकी बात नहीं मानता। अब मेरी उम्र भी बढ़ रही है। अब मुझे अपनी जिंदगी कहीं न कहीं अर्पित करनी पड़ेगी। मैं जहां जाना चाहूंगा चला जाऊंगा।" उसने प्रकटतः कहा–"मेरे भाइयो और भाभियो! आप ने मेरे लिए दुल्हन लाने की बात की तो मैंने उसे नहीं माना, इसलिए अब जहां मेरी किस्मत मुझे ले जाएगी मैं वहीं जाऊंगा। आप लोग मेरे लिए खाना पकाकर सवेरे ही मुझे दे देना। मुझे एक बोरा चावल भी दे देना।" भाभियों ने मिलकर चावल, आटा, नमक, मिर्च, सब्जियां तथा पानी उसे बाध कर दे दिया और कहा–"ओ प्रिय देवर! तुम कितनी दूर जा रहे हो? जब भी हमने तुम्हारे लिए दुल्हन लाने की बात की तो तुम नहीं माने, अब तुम हमें छोड़कर ही जा रहे हो।" इन शब्दों के साथ वे अगरबत्ती, एक मटका पानी और प्याले में सिंदूर, आग तथा चिमटा लाईं और अगरबत्ती जलाकर उसके पांव धोए।

सभी भाभियों ने उसके माथे पर टीका लगाया। वे उसके लिए घोड़ा भी लाईं जिसे खूब खिला-खिला कर गले में घंटियां बांध दी गई। खाने का जो सामान इकट्ठा किया था उसे भी उन्होंने घोड़े पर लाद दिया। तब छोटा बेटा घोड़े पर चढ़ते हुए बोला–"ओ भाभियो! आप लोग रुको मैं जा रहा हूं, जब कभी भी लौटूगां तब आपका मुंह देखना

नसीब होगा, अभी तो मैं जा रहा हूं। आप लोग खुशी से रहें, उदास मत होवें और न ही मेरी चिंता करें।'' पहले उसने धीरे-धीरे घोड़ा चलाया, फिर चाबुक चलाकर घोड़ा दौड़ाया और बारह कोस (24 मील) का फासला तय कर लिया। चलते-चलते अंधेरा हो गया। वह 'अंधेरे और बिजली' के पहाड़ों के जंगल के बीचों-बीच पहुंच गया, जहां पर न कोई पंछी 'सिया-सिया' बोल रहा था और न ही कोई कौवा कांव-कांव कर रहा था। वहां न कोई गांव था और न ही कोई लोग।

रास्ते के बगल में एक बरगद का पेड़ था। उसने मन ही मन सोचा– ''मैं जंगल के एकदम बीच में पहुंच गया हूं, जहां न कोई गांव है और न कोई आदमी। अब मैं क्या करूं? कौन जाने इस गहरे जंगल के बीच कोई शेर या भालू आकर मुझे निगल जाए?'' इस प्रकार सोचते-सोचते वह बरगद पेड़ के नीचे आकर उस पेड़ से बोला–''ओ प्यारी बरगद तुम मेरे संबंधी हो या कोई और?''

''मेरे बच्चे मैं तुम्हारी ही हूं''- बरगद ने जवाब दिया।''

''अगर तुम मेरी हो तब जो मैं कहता हूं उसे करो।''

''मेरे बच्चे तुम जो कहोगे मैं वही करूंगी''

''अगर ऐसा है तो तुम दो भागों में बंट जाओ'' और बरगद दो भाग में बंट गई। उसने अपना सब सामान जो वह साथ लाया था, चावल, सब्जियां, सूप, घोड़ा आदि पेड़ के पेट में रख दिया और कहा–''ओ बरगद मैंने सब कुछ रख दिया है, अब तुम बंद हो जाओ और जब मुझे मेरे सामान की दरकार होगी तब लौटा देना।'' उसने फिर पूछा–''ओ बरगद क्या आस-पास में कोई नदी है जहां बैठकर मैं भाभियों का दिया खाना खा सकूं।''

बरगद ने कहा–'' ऐसी नदी पास में ही है। तुम वहां जाओ नहा-धोकर आओ और खाना खाओ।''

वह बरगद द्वारा बताई नदी पर गया, वहां नहाया-धोया और जो खाना वह साथ में लाया था उसे खा-पीकर, बर्तन धोकर वापिस बरगद के पास लौट आया। उसने आकर लकड़ियां इकट्ठी कीं, आग जलाई और सो गया। सुबह वह जागा, सूप, सब्जी और खाना बनाया, फिर नदी पर चला गया। इस प्रकार वह नदी पर जाता, नहाता और खाना खाता, फिर इच्छानुसार सो जाता। ऐसे दो महीने बीत गए। बरगद ने सोचा–''दो महीने हो गए हैं इस युवक को आए हुए और यह कहीं जाता भी नहीं है। घर में इसके परिवार के लोग हैं या नहीं, मैं आज इससे पूछूंगी।'' पेड़ ने उससे पूछा–''तुम्हारे परिवार में कोई है या नहीं, कितने दिन बीत गए तुम्हें यहां आए हुए। तुम घर छोड़ आए हो क्या?'' युवक ने कहा–''न मेरा कोई घर है, न परिवार और न ही कोई दोस्त। मैं कहां जाऊं? तुम ही मेरी मां हो और तुम ही मेरे पिता। तुम पेड़ों के तो साथी भी होते हैं पर मेरा कोई संगी-साथी भी नहीं है। मौत आएगी तो मैं मर जाऊंगा, जिंदगी रहेगी तो जिंदा रहूंगा। अब मैं कहीं नहीं जाऊंगा।'' बरगद ने कहा–''मैं तुम्हें एक बात बताती हूं।'' ''एक बात क्यों? तुम जो भी कहोगी मैं सुनूंगा और जो काम कहोगी वही करूंगा''– युवक ने कहा।

बरगद ने कहा–''अच्छा बच्चे, जब तुम्हारा मन करे तुम पकाओ और खाओ पर तुम ये एक दाव और कुल्हाड़ी ले लो और पहाड़ों पर जाकर जंगल काटो।'' युवक ने कहा–''मैं

खा-पीकर जाऊंगा।'' बरगद ने उसे दाव और कुल्हाड़ी दी, जिसे लेकर वह पहाड़ पर चला गया, जहां उसने एक पहाड़ी के जंगल को काट कर लकड़ी का ढेर लगा दिया था और वापिस आ गया।

उसने बरगद से कहा—''मां! ओ मां! मैं पहाड़ी के जंगल को काट कर आया हूं।'' बरगद ने कहा—''प्यारे बेटे चार दिन बीतने पर जंगल सूख जाएगा, तब तुम उसमें आग लगा देना।'' आखिर बरगद का बताया दिन आ गया। वह एक मशाल लेकर जंगल गया और वहां जाकर जंगल में आग लगा दी। पूरा जंगल जल गया। सब कुछ जल गया। कुछ भी नहीं बचा। वह वापिस आया और बरगद से कहा—''मां! मैंने जंगल में आग लगा दी, वह पूरा जल गया है। बरगद ने कहा—''उसे कुछ दिनों तक ऐसे ही रहने दो। जब मिट्टी ठंडी हो जाएगी तो मैं तुम्हें कुछ बीज दूंगी, तुम उन्हें बो देना।'' ऐसा कहने के दो-तीन दिन बीत गए। तब बरगद ने उसे फूलों के कुछ बीज दिए। ''जाओ ये फूलों के बीज ले जाकर पहाड़ी पर बो दो। सारे जंगल में एक समान बीज बोना।'' वह बीज बोकर वापिस बरगद के नीचे आ गया और बोला—''मां! ओ मां! तुमने जितने बीज दिए, मैंने सब बो दिए हैं।'' बरगद ने कहा—''प्यारे बेटे अब पांच दिन बीतने पर तुम फिर वहां जाकर देखना।''

ऐसे ही बरगद का बताया दिन आ गया। तब बरगद ने उसे कहा—''बेटे! जाओ जाकर देखो उन बीजों का क्या हुआ जो, तुमने बोए थे।'' वह दाव लेकर पहाड़ी पर गया। जब वह वहां पहुंचा तो अभूतपूर्व दृश्य देखा। कई स्थानों पर पौधे उसके घुटनों तक ऊंचे हो गए थे और कुछ जांघों तक। ये सब देखकर वह बहुत खुश हुआ और पेड़ के पास लौटकर कहा—''मां! ओ मां! जो फूलों के बीज मैंने बोए थे वे बहुत ही शानदार उगे हैं। बरगद ने कहा—''बेटे अब दो दिन बीतने के बाद वहां फिर जाना।'' वह दो दिनों बाद फिर वहां गया तो देखा—उनमें कुछ कलियां आ गई थीं और कहीं-कहीं फूल भी खिल रहे थे। कलियों और फूलों की भरमार थी वहां। उसने लौटकर पेड़ से कहा—''मां! ओ मां! अब जंगल देखने में बहुत आनन्द आता है। वहां कलियों और फूलों की भरमार हो गई है।'' बरगद ने कहा—''बेटे! अब या तो पक्षी उन्हें चुन लेंगे या चूहे कुतर देंगे। कल से तुम्हें उनकी रखवाली करने जाना होगा।'' पेड़ के कहने के बाद उस रात तो वह वहीं सोया लेकिन सुबह होते ही उसने सिगार पीकर अपने साथ आग, धूप (अगरबत्ती) और चावल लिए और जंगल को चल दिया। जंगल जाकर सब सामान नीचे रखकर वह बोला—''ओ बड़े देवता। तुम इन फूलों की रक्षा करना ताकि पक्षी इन्हें खा नहीं जाएं, चूहे इन्हें कुतर नही पाएं, पशु इन्हें चर नहीं जाएं, तथा राहगीर इन्हें नुकसान नहीं पहुंचाएं।'' ऐसा कहकर उसने पक्षियों का चुग्गा पक्षियों को, चूहों का खाना चूहों को, पशुओं का चारा पशुओं को खिलाया। सबको उनका अपना-अपना खाना खिलाकर वह जंगल वापिस आ गया और बरगद से बोला—''मां! ओ मां! आज मैं सारा दिन पहाड़ी पर रह कर अभी लौटा हूं।''

बरगद ने कहा—''प्यारे बेटे जब कल तुम पहाड़ी पर जाओगे तो सारा दिन पहाड़ी पर ठहरना और सांझ को अंधेरा होने से पहले घर आते समय कुछ फूल तोड़ कर लेते

आना।'' अंधेरा होने पर उसने खाना पकाया, खाया और पेड़ के नीचे आग जला कर लेट गया। उसे लेटते ही नींद आ गई। मुर्गा बोला तो दिन चढ़ चुका था। वह उठा, मुंह-हाथ धोया, खाना पका कर खाया फिर दाव और आग लेकर पहाड़ी के जगलों की तरफ चल दिया। उसने एक सपाट चट्टान पर आग जलाई और फिर उठकर जंगल में घूमने निकल गया। लौटते हुए कुछ फूल तोड़ लाया और पेड़ को आकर बोला—''मां! ओ मां! देखो मैं फूल तोड़कर ले आया हूं।'' पेड़ ने कहा—''ओ बेटे इन फूलों से तुम अपनी पंसद की माला बनाओ।'' उसने उन फूलों से अपनी मन पंसद की माला बनाई।

माला बना कर वह बरगद के पास ले जाकर बोला—''मां! ओ मां! मैंने इन्हें माला में गूंथ दिया।'' बरगद ने कहा—''तो क्या हुआ अगर तुमने इनकी माला बना दी? इन्हें अपने पास रखो। दिन चढ़ने पर मैं तुम्हें पूरी तरह सब बात समझा दूंगी।'' यह सुनकर वह लौट आया और पका-खाकर लेट गया। तब उसको बरगद मां ने बुलाकर कहा—''ओ बेटे तुम हल्दी पीसकर उसका साबुन बनाओ। नयी कंघी लाओ! पत्ते के एक प्याले में तेल डालो दूसरे प्याले में हल्दी। कहीं से एक कपड़े का टुकड़ा भी पहनने के लिए जुटाओ। साबुन और हल्दी भी ले लो और ये सब लेकर वहां तालाब पर कहीं रख दो। उसके बाद तुम खुद को एक झाड़ी में छिप कर देखते रहो कि क्या होता है। रास्ते में कोई लड़की या मनुष्य मिल सकता है, तुम उन सब लोगों पर नजर रखो। जो तुम्हारी ले जाई गई चीजों को छुए तुम उसकी राह देखो। वही आदमी रोज-रोज आता है या कोई दूसरा भी, यह भी नोट करते रहो। उस व्यक्ति का चेहरा-मोहरा भी पहचाने की कोशिश करो।''

मां के यह कहने के बाद वह सब चीजों को तालाब की मेंढ़ के पास ले गया और जहां उसने पंसद किया वहां रख दिया। फिर वह झाड़ी में छिप गया। पर कोई भी उस रास्ते से नहीं आया, पर एक आदमी आकाश से धरती पर धागा लटका कर उसके सहारे नीचे उतरा। उसने पांवों में लकड़ी के खड़ांऊ पहन रखे थे, उसके पास एक नुकीली छड़ी थी और वह धागे के सहारे नीचे उतरा था। वह ठीक वहीं उतरा था जहां उसने कपड़ा, साबुन की टिक्की, कंघी, तेल और हल्दी रखी थी। वह सूरज और चांद की तरह चमकता था। जब युवक ने उस की तरफ देखा तो उसकी आंखे चुधियां गईं। वह वहीं बैठ गया जैसे कि उसे बेहोशी आ गई हो। वह देखता रहा। जो व्यक्ति धागे के सहारे नीचे उतरा था उसने अपनी कमीज और धोती उतारी और उन्हें तालाब की मेंढ़ पर रख दिया। उसने वह कपड़ा भी पहन लिया जो युवक ने वहां रखा था। वह साबुन की टिकिया, हल्दी, तेल और कंघी लेकर तालाब में उतर गया। उसने तेल और हल्दी एक तरफ रख दिया और अपना सिर धोया। उसने अपने शरीर पर हल्दी मली, फिर नहाया, बालों में तेल लगाया और तालाब के किनारे आया। उसने युवक का दिया हुआ कपड़ा पहना था उसे उतार कर नीचे रख दिया। और बाकी सब चीजें उठा कर जाने को तैयार हो गया। उसने जो फूल वहां पर रखे हुए थे उनको उठाकर अपने कानों में खोंसा, लकड़ी की खडांऊ पहनीं, अपनी नोकदार छड़ी उठाई और आकाश पर चढ़ गया।

वह उठकर बरगद के पास पहुंचा और पुकारा—''मां! ओ मां!'' बरगद ने पूछा—''क्या है मेरे बेटे? क्या उस स्थान पर कोई आया था या नहीं?''

"मां और तो कोई नहीं आया, बस एक आदमी आया था" और फिर उसने सारी कहानी बरगद को सुना दी।

तब बरगद ने कहा–"ओ मेरे बेटे! तुम रोज फूल तोड़ कर लाओ, उन्हें उसी तरह माला में गूंथो जैसे तुमने गूंथा था। अगर तुम हर रोज उस स्थान पर जाकर साबुन की टिकिया, हल्दी, तेल, कंघी और गमछा रखोगे तो वह उन्हें लेकर रोज की तरह नहाएगा। ऐसे ही नहाते-नहाते एक दिन उसके मन में यह विचार आएगा कि यह सब सामान कौन लाकर यहां रखता है? जो यह सब रखता है, वह कोई भी हो, अगर वह उसे दिखाई दे जाए तो वह उसे अपने देश अगासपुर (आकाश नगर) ले जाएगा। वह उसकी कितनी पूजा करता है। पत्नी जो मेरे साथ सोती है, वह भी इतना नहीं कर सकती। चाहे वह छोटी जाति 'कारसी' या 'गंसी' का ही क्यों न हो, वह उसे अपने साथ 'अगासपुर' ले जाएगा। जिस दिन वह ऐसा कहे, तुम उस दिन उसकी आंखों के सामने आकर खड़े हो जाना, पर अभी तुम उसके सामने मत जाना। तुम एक दिन भी नागा किये बगैर, हर रोज इसी तरह करो और एक-दो महीने तक ऐसा ही करते रहो। तुम यदि ऐसा करोगे तो जैसे मैंने बताया उसका दिल पसीज उठेगा। पर अभी वह ऐसा नहीं कहेगा।"

जब से युवक की मां ने उसे यह सब बताया तब से वह हर रोज़ तालाब पर जाने लगा। जब यह सब करते हुए उसे दो महीने दस दिन बीत गए तो वह अजनबी बोला–"ओह! यह कौन है जो हर रोज़ इन चीजों को यहां लाकर रख देता है? यह कौन है जो रोज़ बांधने के लिए गमछा, नहाने को साबुन की टिकिया और बाल संवारने के लिए कंघी, लगाने को हल्दी, मलने को तेल तथा रगड़ने को नारियल की कूची तथा सजाने को फूल रख देता है। इतनी सेवा तो साथ में सोने वाली पत्नी भी नहीं करती जितनी सेवा यह अजनबी कर रहा है। वह 'करसी' या 'गंसी' (छोटी जात का आदिवासी) कोई भी हो यदि वह मेरे सामने आएगा तो चाहे वह लड़की हो या लड़का मैं उसे साथ ले जाऊंगा।" जब वह ऐसा कह रहा था तभी युवक उसके सामने आकर खड़ा हो गया। युवक को देखकर वह उठ खड़ा हुआ और बोला–"ऐ लड़के ये सब कौन लाकर यहां छोड़ जाता है? क्या ये सब तुम लाकर रख जाते हो या कोई दूसरा? ज़रा मेरे पास एक क्षण के लिए आओ तो।"

युवक बोला–"श्रीमान! आपको देखकर मैं डर जाता हूं। मैं इन चीजों को यहां लाकर इस आशा से रखता रहा हूं कि अगर कोई लोग यहां इन सामानों का उपयोग करेंगे तो ऐसे मेरे द्वारा कुछ अच्छा कार्य किया जाता रहेगा–मैं इतने दिनों से यह सब सामान रखता चला आ रहा हूं। सारा दिन मैं फूलों की माला गूंथता हूं। सुबह-सवेरे फूलों की माला बनाकर यहां रखता हूं, मेरे देवता।"

देवता ने कहा–"ओ लड़के मैं यदि तुम्हें अपने घर आने का निमंत्रण दूं तो क्या तुम आओगे?" युवक ने कहा–"श्रीमान! यदि आप बुलाएंगे और मुझे ले जाएंगे, तो मैं जरूर आऊंगा।"

देवता तैयार हो गया और उसने युवक से कहा–"ऐ लड़के! वह छड़ी उठा कर मेरे पास लाओ। चलो हम घर चलें।" युवक ने जाकर उस नुकीली छड़ी को जैसे ही छुआ कि वह युवक गायब हो गया। जब वह गायब हो गया तो देवता ने वह छड़ी उठाई, लकड़ी

की खड़ांऊ पहनी और धागे के सहारे ऊपर चढ़ गया। आगास पुर में पहुंचने पर वह अपने घर गया। उसने उस छड़ी को 'सोयती कोयु' (न्गय का खम्बा) के सहारे खड़ा कर दिया और अपनी पत्नी से कहा—"ओ भागवान! मैं दूर देश से आया हूं और बहुत थक गया हूं। मेरे पांव धोने के लिए पानी लाओ और हल्दी भी लाओ।" जब उसने ऐसा कहा तो उसकी पत्नी एक कप में हल्दी, बर्तन में पानी, आग और चिमटा तथा धूप लेकर आई। उसने धूपबत्ती जलाई और उसके पांव पर पानी डाला। उसे पांव पर लगाने के लिए हल्दी दी। पांव पर झुकी पत्नी ने उससे कहा—"प्रिये! आओ तुम आग के पास बैठो।" हल्दी लगाकर वह घर के अंदर आया और आग के पास बैठ गया और पत्नी से बोला—"ओ प्रिये! मैं अपनी छड़ी 'सोयत कोमू' और 'रोइन कोमू' (न्याय के खम्बे) के पास भूल आया हूं। तुम ज़रा जाकर उसे ले लाओ।" देवता की पत्नी ने कहा—"ओह प्रिय! इसे तो तुम कभी छोड़ते नहीं थे।" देवता ने कहा—"नहीं प्रिये मैं सचमुच उसे भूल आया हूं।" पत्नी वहां गई। जैसे ही उसने उस छड़ी को छुआ उससे एक छोटा बच्चा पैदा हो गया। वह उंआ-उआं करके रो रहा था। वह एक नर बच्चा था। पत्नी चिल्लाई—"ओ स्वामी! मैं जैसे ही इस छड़ी को लेने आई तो वहां एक बच्चा रोता हुआ पड़ा है। यह देखो! एक नर-बच्चा रो रहा है। जल्दी आओ।" देवता ने कहा—"प्रिय पत्नी! मैं तो अभी-अभी इसी बरामदे से होकर आया हूं, तब वहां कोई बच्चा नहीं था।" वह स्वयं वहां गया और बोला—"ओह! यह तो लड़का है। हम तो दोनों निःसंतान दंपत्ति हैं। हमारे कोई संतान नहीं थी। इस बच्चे को उठाकर घर ले आओ। यह हमारा बेटा बनेगा। हम इसे जरा भी कष्ट दिए बगैर पाल-पोस कर बड़ा करेंगे।"

वे दोनों उस बच्चे को घर में ले आए। तब रानी घर के एक कोने में बैठकर उस बच्चे को दूध पिलाने लगी। तब राजा बाहर गया और बोला—"ओ दासी! मेरी रानी, मां बन गई है, किसी दाई को बुलाकर लाओ ताकि वह नाल काट दे।" इतना सुनने पर दासी तुरंत चली गई" ओ दाई! मेरे साथ चलो। मेरी स्वामिनी को बेटा पैदा हुआ है।" दासी ने दाई से कहा। "ओहो! दासी तुम्हारी रानी का पेट तो कभी दिखाई नहीं दिया। तुम मुझे ठग रही हो। वह तो बांझ हैं। उन्हें बच्चा कैसे पैदा हो सकता है?"— दाई ने कहा। "नहीं बहन, नहीं। तुम आती क्यों नहीं हो मेरे साथ? चलो मैं तुम्हें दिखाऊंगी। मेरे राजा ने तुम्हें जल्दी बुला लाने को भेजा है। चलो! जल्दी चलो।" दासी ने कहा। फिर दोनों महल की ओर चल दीं, दासी आगे-आगे, दाई उसके पीछे-पीछे। "देखो! यह सच है कि नहीं इसने बच्चे को जन्म दिया है।" जब उस दाई ने देखा तो वह जल्दी-जल्दी जाकर एक तीर लाई और नाल को काटा। उसने बड़े मुंह के बर्तन में पानी गरम किया और मां-बच्चे को नहलाकर घर के भीतर लाई। इस प्रकार उन्हें नहलाते और देख-रेख करते पांच दिन बीत गए। उसके बाद जब नाल का बाकी भाग सूख कर गिर गया तो उन्हें नदी पर जाकर हल्दी लगा कर नहलाया गया। तब तक वह बच्चा चेहरा पहचानने लगा था और हंसने लगा था। हल्दी लगाकर, लोटा भर पानी से नहलाते-नहलाते वह बच्चा बैठने और घुटनों के बल चलने लगा। फिर वह दीवार पकड़ कर खड़ा होने लगा और फिर चलने और भागने लगा।

धीरे-धीरे वह बड़ा हो गया और पशुओं का रेवड़ चराने जाने लगा। वह भरी-पूरी फसल की तरह पूरा युवक बन गया। तब उसने अपने पिता से कहा—"ओ पिता मेरे लिए एक गेंद बना दो मैं उससे खेलूंगा और कई खेल भी सीखूंगा।" जब वह खेलता था तो उसकी गेंद को कोई मार नहीं सकता था, जबकि वह सबकी गेंद को मार कर तोड़ देता था। उसने अपने पिता से कहा—"ओ पिता मेरे लिए एक गुलेल और एक तीर बना दो! मैं पक्षियों का शिकार करूंगा।" जब पुत्र ने पिता से यह कहा तो पिता ने उसे एक गुलेल और गुलेल की गोलियां बना कर दीं। तब वह पुत्र गुलेल से पंछियों को निशाना बनाने लगा। इस प्रकार वह शिकार करना सीख गया। शिकार करके उसने सारे पक्षी मार डाले। किसी भी पक्षी या कबूतर (ग्वांडा) को वह देखता तो उसे तुरंत ही मार डालता। पक्षियों और कबूतर (ग्वांडा) को वह गुलेल की गोली से मारता और खरगोश और भेड़ों को तीर से। जब से उसने शिकार करना सीखा था तब से वह अपने माता-पिता के लिए हर रोज़ ताजा मीट ही लाकर खाने को देता। वे हमेशा भूनकर ही मांस खाने लगे थे। कभी केवल भात से खाना नहीं खाते थे। इस प्रकार उसने आस-पास, पड़ोस के सारे पक्षी खत्म कर दिए थे। वहां अब एक भी पक्षी नहीं चहचहाता था। तब उसने अपने पिता से कहा—"यहां के सारे पक्षी खरगोश और भेड़ें तो समाप्त हो गई हैं। कुछ नहीं बचा है। मैं अब शिकार के लिए दूर जाऊंगा।" पिता ने कहा—"प्रिय पुत्र! तुम जिस दिशा में जाना चाहो जाओ लेकिन इस एक दिशा में मत जाना। वहां पर भालू, शेर हैं। वहां बूढ़े जानवर भी हैं, टूटे दांतों और सफेद बालों वाले बड़े-बड़े शेर भी हैं। अगर तुम उधर जाओगे तो वे तुम्हें खा जाएंगे। तुम उस तरफ मत जाना।" इसके बाद पुत्र, उस दिशा को छोड़कर सब दिशाओं में जाने लगा।

एक दिन वह सुबह-सुबह घर से निकला और सोचा—"नहीं आज मैं उसी दिशा में जाऊंगा, जहां जाने से पिता ने मना किया है। आखिर देखूं कि उन्होंने क्यों मना किया था?" यह सोचकर उसने उधर ही घूमना शुरू किया। उसने देखा सात सुन्दर युवतियां जो अगिन राज राजा की पुत्रियां थीं, तालाब पर नहा रही थीं। उसने मन ही मन कहा—"शायद इसी कारण मेरे पिता ने ऐसा कहा था यह सोचकर मुझे उधर जाने को मना कर दिया था कि मैं इन युवा लड़कियों को न देख लूं। .....हे भगवान! यह लड़कियां युवा हैं। इनका मन जीतने के लिए मैं क्या करूं? ये बेशक मेरे चाचा की बेटियां हैं, पर मैं क्या करूं?" यह सोचता हुआ वह चुपचाप वहां छिप कर चला गया। उन लड़कियों ने अपने कपड़े उतार कर झील के किनारे रख दिए और खेलने लगीं। तब उसने जाकर सबके कपड़े उठा लिए और भागने लगा। लड़कियों ने पीछे मुड़कर देखा—"कोई हमारे कपड़े उठाकर भाग रहा है। चलो देखें और अपने कपड़े उससे छुड़ा लाएं।" यह कहकर वे किनारे आईं। वे उस पर चिल्लाईं और कहा—"ओ शैतान! कौन हो तुम? जरा पीछे मुड़कर देखो।" तब उस युवक ने पीछे मुड़ कर देखा। जैसे ही उसने पीछे मुड़कर देखा तो उन सातों लड़कियों ने उसे पकड़ लिया। एक लड़की ने उसके कपड़े पकड़ लिए, एक ने जाकर उसके केश पकड़ लिए, एक ने ऊपर चढ़कर उसका हाथ पकड़ लिया और एक ने टांगें। उसे इस तरह पकड़ कर इतना मारा, इतना मारा, इतने घूसे और इतनी छड़ियां मारीं कि कोई

गिनती नहीं रही। इस प्रकार उन सातों लड़कियों ने उसकी अच्छी पिटाई की और अपने कपड़े छुड़ा लिए। वह दो दिनों तक उठ बैठ नहीं सका। भारी पीड़ा थी। ऐसे ही तीन दिन बीत गए। वह फिर वहां गया और वहां जाकर लड़कियों को देखा। वे लड़कियां अपने कपड़े नीचे रख कर झील में खेल रही थीं। उसी समय वह युवक फिर उनके कपड़े इकट्ठा कर भाग निकला। उन नवयौवनाओं ने फिर घूम कर देखा और कहा—"कोई हमारे कपड़े ले जा रहा है, चलो देखें और अपने कपड़े छुड़ाएं।" ऐसा कह कर वे किनारे पर आईं। पहले की तरह ही सातों लड़कियों ने उसे पीट-पीटकर उससे अपने कपड़े छुड़ा लिए। उसी हालत में एक बूढ़े आदमी की तरह झुक कर चलते हुए वह सांझ को अपने घर पहुंचा। उसके पिता ने उससे पूछा—"बेटे तुम आज क्या लाए हो कि इतनी देर हो गई? तुम सारा दिन कहां घूमते रहे? जब कुछ नहीं मिला था तो तुम जल्दी घर क्यों नहीं लौट आए?"

बेटे ने कहा—"नहीं पिता जी मैं चारों तरफ घूमा पर कुछ नहीं मिला तो मैं उस दिशा में गया, जिस दिशा में आपने जाने से मना किया था। वहां सात लड़कियां अपने कपड़े उतार कर झील में नहा रही थीं। उन्हें देखकर मैं छिपकर वहां पहुंचा और जब मैं उनके कपड़े उठाकर वापिस आ रहा था तो वे चिल्लाईं—"ओ शैतान तुम कौन हो? तुम कौन हो?"वे मेरे पास आईं और मुझे पकड़ कर खूब पीटा, छड़ी से भी पीटा। उस पीड़ा के कारण मैं बूढ़े आदमी की तरह दिखाई पड़ने लगा हूं। शायद इसी लिए आपने मुझे उधर जाने से मना किया होगा। मैं अनजाने वहां चला गया था।" तब उसके पिता ने कहा—"खैर! अब जब तुम वहां चले ही गए तो इस बात में क्या रखा है? अब जब भी तुम बाहर जाओ तो वहीं जाना। उनमें से छः बहने अपने कपड़े एक जगह रखेंगी। आखिरी बहन अपने कपड़े अलग से रखेगी। तुम सब ध्यान से देखते रहना और जब वे लड़कियां पानी में खेलने लगें तो छः बहनों के कपड़े अलग से उठाना और उस सातवीं लड़की के कपड़े अलग से उठाना। जब वे चिल्लाकर तुम्हें कहेंगी—'पीछे मुड़कर देखो' तो तुम पीछे मत मुड़ना। जब वे तुम्हें 'रुकने' को कहें तो रुकना भी नहीं। तुम उन सबको एक बार में इकट्ठा करके एक साथ घर लाकर मेरे हवाले कर देना। यह सब हू ब हू वैसे ही करना जैसे मैंने तुम्हें बताया है।"

अगले दिन पुत्र पिता के कहे अनुसार वहीं गया। उसने वहां जाकर देखा कि वे लड़कियां झील में खेल रही हैं। छः लड़कियों ने अपने कपड़े अलग एक ही स्थान पर रखे थे और सबसे छोटी लड़की ने अलग। बाकी बहनों ने उससे कहा—"लाओ बहन अपने कपड़े हमारे कपड़ों के साथ यहीं पर रख दो!" छोटी लड़की ने कहा—"नहीं बहनों मेरे कपड़े अलग ही रहने दो। जब हम सब अपने कपड़े एक साथ रखती हैं तो कोई आकर हमारे कपड़े उठा कर ले जाता है। मुझे कपड़ों का एक साथ गुत्था-गुत्थी होना अच्छा नहीं लगता।" यह कहकर उस लड़की ने अपने कपड़े अलग से रख दिए। लड़के ने उसे अपने कपड़े अलग से रखते हुए देखा और सब बहनों ने आपस में जो बातें की, वह भी सुनीं। इस प्रकार वे लड़कियां झील में उतर कर खेलने लगीं। तब उस युवक ने उन छः बहनों के और फिर छोटी बहन के अलग रखे हुए कपड़े अलग-अलग उठाए और भागने लगा। जैसे वह कपड़े उठाकर भाग रहा था कि वे चिल्लाईं "वो देखो कोई हमारे कपड़े उठाकर भाग

गया। यह वही शैतान है जो कल हमारे कपड़े ले जा रहा था। हम क्या करें? चलो हम चल कर उससे अपने कपड़े छुड़ाएं।'' वे चिल्लाईं—''ओ भिखारी! ओ जानवर! एक क्षण के लिए रूको। एक क्षण के लिए पीछे देखो।'' उनके चिल्लाने के बावजूद वह न रुका और न ही उसने पीछे मुड़कर देखा। वह सब कपड़े लेकर आया और अपने पिता को दे दिये। ''लो पिता जी! ये हैं उनके कपड़े जो मैं उठा लाया हूं और ये छोटी लड़की के कपड़े हैं।''

वे लड़कियां उसका पीछा करती हुईं गांव में आईं। गांव में आने के बाद वे उसी के घर में पीछे के दरवाजे से घुस कर बोलीं—''वह बदमाश इसी घर का है। वह इसी घर में आकर घुसा है। उसे कोई शर्म-हया है या नहीं? भला इस आदमी को जवान लड़कियों की इज्जत खराब करने का क्या अधिकार है? हमने यह सुना था कि हमारे चाचा और चाची दोनों निःसंतान हैं और उनके कोई बच्चा नहीं है। फिर उनका बेटा कहां से आ गया? ये कहां से पैदा हुआ? कहां जन्मा? इस पापी बदमाश ने हमारे कपड़े लाकर कहां छिपाए हैं? अगर वह हमें मिल जाता तो हम उसे मजा चखा दें'' वे इस प्रकार घर के पीछे बड़बड़ा रही थीं और उसे दुत्कार भी रही थीं। उसके पिता ने सब सुना और कहा—''जाओ मेरे बेटे वहां देखो! कुछ लड़कियां तमाशा खड़ा कर रही हैं।''

''नहीं पिताजी! ये वही हैं जिनके कपड़े मैं उठा लाया हूं। वे मेरा पीछा करते हुए, मेरे पीछे-पीछे यहां आ गई हैं और अब यहां आकर मुझे कोस रही हैं।'' पिता ने कहा—''यदि वे तुम्हें डांटें भी तो क्या है? उन्हें छोटी साड़ियां लाकर दे दो। उन्हें इसे पहनने के लिए कहो और थोड़ी देर ठहरने को कहो। हम बाद में सब निबटा लेंगे।'' पुत्र ने कपड़े के सात टुकड़े सातों लड़कियों को दिए और कहा—लो प्यारी लड़कियो, ये कपड़े पहन लो और ठहरो। तुम लोग बिना कपड़े पहने क्यों आई हो? शर्म करनी चाहिए तुम लोगों को। तुम लोग ऐसी बनकर क्यों आईं? तुम लोग नंगी ही रहती हो क्या? लो! ये साड़ियां पहनो।'' उसने वह कपड़े उन झिझकती हुई लड़कियों को दिए और अपने पिता के पास आया। पिता ने कहा—''लो पुत्र कुछ पानी गरम करो और निकालकर अपनी मित्रों को दे दो। उन्हें आज ठहरने दो। तुम उन्हें पानी देकर उन्हें नहाकर जाने के लिए कहो।''

पिता के कहने पर पुत्र ने पानी गरम किया और हल्दी पीसी। उसने पानी के छः बर्तन भरे और छः बहनों के लिए हल्दी के छः गोले तैयार किये। उसने छोटी लड़की के लिए अलग से एक बर्तन पानी का भरा और हल्दी का गोला रखा। उसने साबुन की टिकिया, देह पर लगाने के लिए हल्दी और तेल, बाल झाड़ने के लिए कंघी रखे तथा सब सामान तैयार करने पर वह बोला—''आओ प्यारी लड़कियों नहा लो!'' वे बोलीं—''नहीं! हम नहीं नहाएंगे। हमें नहाने की क्या जरूरत है? क्या हमारे यहां नदी नहीं है? क्या हमारे यहां पानी नहीं है? क्या हमारे पास हल्दी और तेल नहीं है? अगर तुम्हारे पास नहीं है तो चलो हम तुम्हें देंगे।'' उनके इतना कहने पर भी लड़का नहीं माना और बोला—''आओ प्यारी लड़कियो आओ।''ऐसा कहकर वह उन्हें घसीटते हुए ले गया। उसने उन्हें नहाने और सर धोने को मजबूर किया। उसने उनकी देह पर हल्दी मली, तेल लगाया और उनकी पीठ रगड़ी। इस प्रकार उसने छः बहनों को नहाने पर मजबूर किया। लेकिन छोटी नहीं

मानी। उसने कहा—"यदि तुम मुझे ठोकर मारोगे तो मैं ठोकरें खा लूंगी, तुम कुछ बोलोगे तो सुन लूंगी। मैं जो तुम कहोगे मैं नहीं मानूंगी।" पुत्र ने पिता से इस बारे में जाकर पूछा—"पिताजी! ओ पिताजी। छोटी वाली लड़की बिल्कुल नहीं मानती। मैं क्या करूं? पिता ने कहा—"उसके "मैं नहीं मानूंगी" कहने पर भी तुम उसे जबरन ले जाओ और उस पर पानी उड़ेल दो। उसे अपने बाल धोने को, कंघी करने को, देह पर हल्दी और तेल लगाने को बाध्य करो। जब वह बाल संवार रही होगी तो पीछे से उसके बालों की एक लट तुम निकाल लेना और अपने गमछे में छिपा कर मुझे दे देना।" पिता के यह कहने पर बेटा चला गया—वह उस छोटी लड़की को जबरन ले गया। वह कितना ही कहती रही "नहीं, मैं नहीं नहाऊंगी।" तब भी उसने उस पर पानी डालकर उसके बाल धोए, उसने उसके शरीर पर हल्दी का लेप किया और उसे तेल लगाने को बाध्य किया। इसी बीच उसने उसके पिछले बालों की एक लट निकाल कर अपने कमरबंद में रख ली और उन लड़कियों से कहा—"प्यारियो तुम यहां घर में रुको। यदि कोई तुम्हारे कपड़े उठा कर ले गया है तो मेरे पिता उससे पूछताछ करेंगे और तुम्हारे कपड़े वापिस दिलवा देंगे। तुम्हें डरने की कोई बात नहीं है। बस एक दिन के लिए रुको। मेरे पिता सांझ को सब लोगों को बुलाकर पूछताछ करेंगे। जिस किसी ने तुम लोगों के कपड़े लिए होंगे, मेरे पिता उससे मांग कर तुम्हें दे देंगे। डरो मत, तुम लोग कोई संकोच भी मत करना।" अंधेरा होने पर उसके पिता ने ग्रामीणों की सभा बुलाई और पूछ-ताछ की। उसने सभी को सम्बोधित करते हुए कहा—"यदि कोई इनके कपड़े लाया है तो वह इन्हें वापिस कर दे।" पिता ने वह कपड़े पहले ही किसी और को बुलाकर दे दिए थे ताकि जब वह कहे तो लौटा दे। इस प्रकार सभा में पूछताछ का नाटक करते हुए जब पिता ने कपड़े लौटाने को कहा तो एक व्यक्ति ने उठ कर कहा—"ये लीजिए कपड़े। मालिक मैं इन्हें उठा लाया था, बिना यह जाने कि ये क्या हैं। ये हैं आपके कपड़े इन्हें ले लें।" यह कह कर उस आदमी ने कपड़े राजा (पिता) को दे दिए। राजा ने वे कपड़े उन लड़कियों को दे दिए। सातों युवा लड़कियां प्रसन्न हो गईं और उन्होंने अपने-अपने कपड़े पहन लिए। राजा के लोगों ने भोजन पकाया, मुर्गा काटा और भूना, मांस भी पकाया और उन लड़कियों को अच्छी तरह भोजन कराया। युवा लड़कियों ने खूब अच्छी तरह खाया, पीया और कहा—"चाचा आप यहीं रुकें, हम जा रहे हैं।" यह कहकर वे सातों बहनें चली गईं। उनके जाने के बाद पिता ने पुत्र से कहा—"मैं लकड़ी की एक बांसुरी बनाऊंगा तुम्हारे लिए।" उसने लकड़ी का टुकड़ा साफ किया और उसकी बांसुरी बनाई और सातवीं लड़की के बालों की लट से एक तार बनाया और उसमें रख दिया।

इस प्रकार उस युवक को अपने माता-पिता के घर में रहते लगभग पांच-छः बरस हो गए थे। तब पुत्र ने सोचा—"मैं तो राजा कोटा के यहां पैदा हुआ था। जब मेरे माता-पिता ने कहा कि वे एक राजा की पुत्री से मेरी शादी करेंगे तो मुझे यह बात अच्छी नहीं लगी। उन्हें छोड़ने के बाद मैंने सोचा कि मैं कहीं जाकर बसूंगा। इसी बीच देवता की नजर मुझ पर पड़ गई। उसकी नुकीली छड़ी को छूते ही मैं गायब हो गया। वह मुझे वहां से ले आए मैंने इनके यहां जन्म लिया, इन्होंने मुझे अपने बेटे की तरह पाला-पोसा, जैसे कि मैंने उन्हीं

के यहां जन्म लिया हो। अब फिर मेरे लिए कोई औरत नहीं है। मेरा विवाह नहीं हो सका। मैं क्या करूं? मैं जहां जाता हूं वहीं दुल्हन प्राप्त करने में असफल रहता हूं। फिर मैं यहां क्यों रूकूं। मैं अपने माता-पिता के यहां ही क्यों न जाऊं? उसने ऐसा सोचा और देवता से कहा–''पिताजी मैं आपकी तरह देव पुरूष नहीं हूं। मैं तो मृत्यु लोक का जीव मात्र हूं, जो मरणशील है। मैं मनुष्यों की दुनिया में जाऊंगा। मैं किसी न किसी प्रकार आपके साथ रहता रहा हूं।'' जब उसने ऐसा कहा उस समय उसके माता-पिता ने मुर्गियां भूनी थीं, बकरी को मारा था। उन्होंने खाना बनाया, मांस पकाया और पुत्र को खूब खिलाया और शराब पिलाई। उसके पिता ने मन ही मन सोचा–''हालांकि इस नश्वर प्राणी को मैं लेकर आया पर इसने बाहर जाकर शिकार करके हमें खूब अच्छी तरह मांस और भोजन खिलाया है। उसने खूब मेहनत की और फसलें उगाईं। जब उसने धान उगाया तो हमने भात खाया। मैंने कभी उससे बुरा व्यवहार नहीं किया। यह सही है कि इसने मेरे यहां जन्म नहीं लिया था। मैंने ही उस नश्वर प्राणी को गायब कर दिया था और यहां ले आया था और ऐसे दर्शाया जैसे कि इसने मेरे यहां जन्म लिया हो। मैंने इसे अपने बच्चे की तरह ही बना दिया। यह भी हमें वैसे ही मानने लगा जैसे कि हम इसके अपने असली माता-पिता हों।'' ऐसा सोचकर उसने अपनी पत्नी से कहा–''तुम एक कप में सिन्दूर और एक छोटे बर्तन में पानी लाओ। आग और चिमटा भी लाओ। धूप भी लाओ। इसके माथे पर टीका (बोटू) लगाओ। यह सुनकर उसकी पत्नी सब सामान ले आई। उसने लड़के के पांव पानी से धोये, आग रखी, धूप जलाई, उसके माथे पर सिन्दूर का टीका लगाया और उसका अभिवादन किया। बेटे ने मां को झुक कर प्रणाम किया। उसने पिता को भी प्रणाम किया। ''मैं फिर कभी जब घूमता-फिरता इधर आऊंगा तो आपका मुख देखने को मिलेगा।''

पिता ने कहा–''मेरे बेटे! जब कभी भी तुम आओ तो उसी रास्ते से आना जिससे अभी जाओगे।'' यह सुनकर पुत्र अपने रास्ते पर चलने को तैयार हुआ। जब वह चलने लगा तो पिता ने बांसुरी निकाली। गांव के छोर पर पहुंच कर पिता ने उससे कहा–''बेटे थोड़ी देर रुको, मुझे तुमसे एक बात कहनी है।'' बेटा रुक गया तो पिता ने कहा–''हालांकि मैंने ही तुम्हें लाया था पर मैंने कभी भी तुम्हारे साथ कोई बुरा व्यवहार नहीं किया। मैंने तुम्हारी देखभाल की। पर मैंने तुम्हें कभी कुछ नहीं दिया। तुम अपने साथ यह बांसुरी ले जाओ।'' यह कहकर पिता-पुत्र ने एक दूसरे का अभिवादन किया। ''जाओ बेटे जाओ'' पिता ने कहा। ''आप रुकिये पिता। आप रुकिये।'' पुत्र ने पिता से कहा। तब पुत्र मकड़ी के पास गया और कहा–''ओ विशाल मकड़ी तुम मेरे लिए थोड़ा धागा दो, मैं मृत्युलोक में जा रहा हूं।'' मकड़ी ने उसके मांगने पर उसे धागा दे दिया। धागे पर चढ़कर वह धरती पर उतर गया। उतर कर उसने सोचा–''मैं वहां इस उम्मीद से गया था कि मुझे कोई दुल्हन मिलेगी, पर वह नहीं मिली। वे मुझे कोई चीज नहीं दे पाए। उन्होंने मुझे बस एक बांसुरी दी है। मैं इसे अपने साथ ले जाऊं या यहीं छोड़ जाऊं? यदि मैं इसे ले जाऊं तो इसका क्या करूंगा? जब मेरे भाई और भाभियां देखेंगी तो कहेंगी–जब उन्होंने कहा था कि दुल्हन ला देंगे तो नहीं माना और देश छोड़ कर चला गया। क्या लाने के लिए गया

था? क्या यही बांसुरी लाने के लिए। शायद यही इसकी दुल्हन है। मैं इसे साथ ले जाऊं या नहीं ले जाऊं, क्या करू? कुछ समझ नहीं आ रहा पर नहीं, मेरे पिता ने इसे देते हुए कुछ कहा था'' और यह सोचते हुए उसने बांसुरी बजाना शुरू कर दिया। जैसे ही उसने बांसुरी बजाई तो उन सात बहनों में से सबसे छोटी बहन दोने में खाना लेकर आ गई। वह बर्तन में पानी, आग और चिमटा तथा सौदागारों वाला सिगार भी लाई। उसके पांव में घुंघरू बंधे थे और हाथ में मोर का पंखा। वह उसके पास छम-छम करती, हाथ हिलाती हुई आई। उसने दोने में उसे खाना खिलाया, पानी पिलाया। यह सब पाकर वह बहुत प्रसन्न हुआ। हाथ-मुंह धोया, खाना खाया और सिगार पीया। जब उसने फिर बांसुरी बजाई तो वह युवती गायब हो गई। उसके गायब होने के बाद वह बरगद के गाछ के पास आया और बोला—''मां, ओ मेरी मां, मेरा सामान और मेरा झोला वापिस दे दो।'' ''ओ बेटे क्या तुम अभी ही चले जाओगे? थोड़ी देर ठहर तो लो। तुम काफी थक कर आए हो'' उसने कहा—''मुझे बहुत लंबा सफर तय करना है, इसलिए मेरा सामान, खाना, घोड़ा और चावल मुझे जल्दी दे दो। मैं फिर से अपने माता-पिता के गांव जा रहा हूं। मैं अपने भाई-भाभियों के पास जा रहा हूं। अपने माता-पिता को देखने जा रहा हूं।'' उसके ऐसा कहने पर बरगद ने उसका सारा सामान, चावल आदि उसे दे दिए। सारा सामान घोड़े पर लादकर उसने चलते हुए कहा—''ओ मेरी मां अब मुझे विदा करो, किसी दिन घूमते-फिरते आया तो तुझसे बात करके ही जाऊंगा, तुम रुको मैं जा रहा हूं।'' ऐसा कहकर उसने घोड़े को चाबुक लगाई और चल पड़ा। गांव के नजदीक पहुंचकर उसने घोड़े की चाल धीमी कर दी। फिर उतर कर चलने लगा। उसने गांव के नजदीक सोने के लिए एक जगह बनाई। वहीं घोड़ा रखा सामान भी उतार लिया। ''बांसुरी को कहां रखूं?'' यह सोचते हुए उसने बांसुरी को छत में लटकाते हुए खुद से कहा ''इसे यहीं रख देता हूं, मैं तो जल्द ही लौट आऊंगा।''

घर पहुंचकर उसने भाभियों से पूछा—''मेरी भाभियों मेरे भाई कहां गए हैं? उसकी भाभियों ने जवाब दिया कि तुम्हारे भाई लोग 'सुल्दी और बतरी खेतों पर गए हैं।'' युवक ने सोचा मैं तब तक बाहर से घूम कर आता हूं। भाभियों ने आपस में बात की—''चलो, चलें देखें, इसकी दुल्हन कहां है, नहीं तो उसे हम कैसे देखेंगे?'' ऐसा कहकर सभी भाभियां दुल्हन की खोज में निकल पड़ीं। खोजते-खोजते वह थक गईं। फिर कहने लगीं—''जब हमने कहा था उसके लिए दुल्हन ला देंगे तो उसने ऐसा नहीं चाहा। इसलिए शर्म के मारे आते ही कहीं बाहर घूमने निकल गया है। ऐसा कहते हुए भाभियों को छत से लटकी बांसुरी दिखाई पड़ी। वे बोलीं—''शायद यही उसकी दुल्हन है। चलो इसे बजाकर देखें और उसने बांसुरी बजाई। जैसे ही उसने बांसुरी बजाई तो सबसे छोटी बहन बर्तन में पानी, चिमटा और सौदागरों का सिगार लेकर हाजिर हो गई। वह हाथ में मोर के पंखों का पंखा लिए हुए नाचती हुई आई। जैसे ही वह छम-छम करती उनके पास आई तो भाभियां डर गई—''अरे यह क्या चीज आ रही है?'' उन्हें डरा देखकर छोटी लड़की ने सोचा—''अरे ये तो नश्वर जीव हैं, मनुष्य हैं। इसलिए ऐसा व्यवहार कर रही हैं।'' ये सोचकर उसने सारा खाना, पानी का बर्तन, सिगार, आग और चिमटा वहीं फेंक दिए और अपने मां-बाप के

पास चली गई। उसने अपने माता-पिता को सारी बातें बताईं—"ओ मां, ओ पिता, मैं तो वहां रहने गई थी। उन गंवार औरतों की वजह से मुझे खतरा महसूस होने लगा तो मैं वहां से आ गईं हूं। मैं मनुष्यों के संसार में कभी भी नहीं जाना चाहूंगी।" और वह अपने माता-पिता के साथ रहने लगी। युवक ने जो बाहर घूमने गया हुआ था लौटकर सब देखा और सोचा—"वह युवती यह सब कुछ मेरे लिए ही लाई थी। इन औरतों ने जब बांसुरी बजाई तो शायद मेरी भाभियों को देखकर उसने अपमानित महसूस किया। हां उसने अपमानित ही महसूस किया है।" ऐसा सोचकर उसने बांसुरी बजाई। बांसुरी बजाने पर भी वह नहीं आई। जब वह नहीं आई तो उसने सोचा—"ओह! मैं क्या करूं? इन पापी औरतों ने पता नहीं क्या किया है कि वह नाराज हो गई है। कब रात होगी और कब दिन चढ़ेगा? नहीं तो मैं अभी ही वहां चला जाता।" जब वह इस प्रकार दोषारोपण कर रहा था तो दिन खत्म होने लगा और अंधेरा हो गया। अंधेरा होने पर भाभियों ने उसके लिए खाना परोस कर उसे खाने को आमंत्रित किया। वह रोता था—बांसुरी बजाता था और फिर रोने लगता था। वह छटपटाता था, बांसुरी बजाता था और फिर छटपटाने लगता था। ऐसी स्थिति में उसे नींद नहीं आई थी। वह मुर्गे की बांग के साथ बाहर निकल पड़ा और उसी रास्ते पर रोते-रोते चलने लगा, जिस रास्ते से वह आया था। वह बरगद के पेड़ के नीचे गया और बोला—"मां! ओ मेरी मां! जब मैं इससे पहले तुम्हारे पास आया था तो तुमने मुझे 'देवता' देखने का अवसर दिया था। उसने मुझे बुलाया और अपने साथ ले गया था। मैं उसके पीछे-पीछे गया था और वहीं पर उसके साथ रहने लगा था। जब मैं वहां था तो मैंने सुरजी राजा की पुत्रियों को देखा था और मैं उनके कपड़े उठा कर ले गया था। जब मैं उन्हें ले गया तो उन्होंने अपने कपड़े छुड़ा लिए और वापिस पा लिए। उनके हाथों मार खाकर और उनकी डांट खाकर अन्त में सबसे छोटी लड़की का साथ मिल गया और मैं उसे अपने साथ ले आया। पर उसने मेरी भाभियों को देखा तो अपने को अपमानित महसूस किया। वह अपने मां-बाप के पास लौट कर उनके साथ ही रहने चली गई है। अब मैं उसके लिए जा रहा हूं।" बरगद ने कहा—"ओ बेटे यदि तुम आज जा रहे हो तो तुम सीधे अपने ससुर के पास मत जाना। तुम जाकर अपने माता-पिता के पास ही ठहरना। तुम्हारे पिता वहां संदेश भेजकर उसे बुला लेंगे। अगर तुम वहां जाओगे तो मामला बिगड़ जाएगा। गुस्से की आग और भड़क जाएगी।" यह सुनने के बाद वह तालाब की मेढ़ पर खड़ा हो गया। उसके तालाब की मेढ़ पर खड़ा होते ही, महान देवता धरती पर उतरा। जब वह नीचे आया तो उसका पुत्र उससे मिला। मिलने पर उसने अपने पिता से कहा—"ओ पिता! जो घर तुमने बसाया था वह ढह गया है। तुम्हारी बहू ने जब मेरी भाभियों को देखा तो उसने अपमानित महसूस किया और वह वापिस लौट गई। मैं उसे लाने के लिए क्या करूं? उसके पिता ने कहा—"प्यारे बेटे, तुम्हें कोई चिंता नहीं करनी चाहिए। मैं उसे तुम्हें वापिस सौंप दूंगा।"

ऐसा कहकर वह नहाया और सब काम समाप्त किया और युवक को अपने साथ ले गया। वह उसे घर ले आया। एक दो दिन बीत गए। उसने सुरजी राजा को बुलाया और उनसे बातचीत की। उसने उधर की बात इधर रखी और इधर की बात उधर रखी। इस

किया और वह वापिस लौट गई। मैं उसे लाने के लिए क्या करूं? उसके पिता ने कहा—"प्यारे बेटे, तुम्हें कोई चिंता नहीं करनी चाहिए। मैं उसे तुम्हें वापिस सौंप दूंगा।"

ऐसा कहकर वह नहाया और सब काम समाप्त किया और युवक को अपने साथ ले गया। वह उसे घर ले आया। एक दो दिन बीत गए। उसने सुरजी राजा को बुलाया और उनसे बातचीत की। उसने उधर की बात इधर रखी और इधर की बात उधर रखी। इस प्रकार दोनों पक्षों में बातचीत हुई। जब सुरजी राजा ने पूछा—"तुमने मुझे क्यों बुलाया था।" तब ईश्वर राजा ने कहा—"ओह कोई खास बात नहीं। मेरी पुत्र-वधू अपने ससुराल गई थी। लेकिन खुद को अपमानित महसूस करते हुए लौट आई। अगर उसे वहां रहना पसंद नहीं तो वे दोनों यहां रह सकते हैं। वे अपने अगासपुर में ही हमारे साथ रह सकते हैं। मैं उन्हें एक बैलों की जोड़ी, पांच गुणा बीज और घर का एक हिस्सा दे दूंगा। अगर उनके पास खाने को नहीं है तो मैं अपनी फसल का अनाज, सोने और चांदी का एक हिस्सा भी दे दूंगा।" जब उसने ऐसा कहा तो सुरजी राजा ने अपनी बेटी को वह सब बताया—"ओ पुत्री तुम जिद्द मत करो। तुम अब उसके साथ सुख से रह सकती हो। तुम किसी की बात मत सुनो।" यह कहकर वह अपनी बेटी को ईश्वर राजा के यहां ले आया। उसने अपनी बेटी और दामाद को साथ-साथ बिठाया और कहा—"ओ दामाद क्या तुम वहां जाओगे या यहां रहोगे?"

दामाद ने उत्तर दिया—"नहीं मेरे ससुर-पिता मुझे मनुष्यों की दुनिया अच्छी नहीं लगती। हम आपके पास रहेंगे।" जब उसने ऐसा कहा तो ससुर बोले—"जैसी तुम्हारी इच्छा। जहां तुम रहना चाहो, रहो! एक बेटा अपने घर में ही रहना चाहेगा। क्या कोई लड़की ऐसे रह सकती है। अगर वे घर छोड़ेंगी भी किसी दूसरे के पास जाने के लिए तो वो एक ही के पास जाएंगी? लड़कियां घर में नहीं रहतीं।" इस प्रकार बहुत प्रकार की सीख की बातें कहकर वह अपने घर चला गया। ये लोग अपने देश में सुख से रहने लगे। उनकी कई पुत्रियां पैदा हुईं जो उन्होंने दामादों को सौंप दी। वे आने वालों और जाने वालों का भार उठाते रहे। ये उन्हें ही सामान देते थे खाने के लिए जो पकाया हुआ नहीं, कच्चा भोजन खाते थे और अपने घर में ये ऊंची जातियों के लोग थे। जो पकाया हुआ खाते थे, वे उन्हें भी सामान देते थे। वे कुत्ते पालकर शेरों को दे देते थे। वे बीन्स की फलियां लगाते थे और उनके गिर्द फैंस लगा देते थे। वे इस प्रकार वहां रहने लगे। सुनाने वाला के. सोम्ब्रा। ❑

(साभार बी.एच.कृष्णामूर्ति की पुस्तक 'कोण्डा और कुम्बी ए द्रविड़यन लेंग्वेज' से)

सहभागी रचनाकार

प्रो. इन्द्रजीत उरांव

जन्मः 21.1.1945, ग्राम भीठा, रांची में शिक्षाः हिन्दी में एम.ए कृतियांः *खल्ली अयंग, कुडुख नाटिका, डालटेनगंज कुडुख खीरी, लयबुड़ा कुक्कीस* तथा कुछ नई कविताएं प्रकाशित। संपर्कः उपाचार्य, जनजातीय भाषा विभाग, रांची विश्वविद्यालय, रांची (झारखंड)

डॉ. कृष्ण चन्द्र टुड्डू

जन्मः 9 अप्रैल 1952 शिक्षाः एम.ए. (राजनीति विज्ञान) एल.एल.बी. कृतियांः *जुरी-खातिर* (नाटक) *संथाली गद्य-पद्य संग्रह, पद्यं संग्रह* प्रकाशित सम्मानः ऑल इण्डिया संथाली राइटर्स एसोसिएशन द्वारा 2 दिसम्बर, 2000 को संथाली लेखन पर पुरस्कृत संप्रतिः जनजातीय एवं क्षेत्रीय भाषा विभाग रांची विश्वविद्यालय में संथाली प्रध्यापक संपर्कः यूनिवर्सिटी कॉलोनी, फ्लैट नं. 9/10 बरियातू, रांची, (झारखंड)

कोमल

जन्मः 31 अक्टूबर 1961 शिक्षाः इंटर रचनाः कविता, कहानी एवं लघुकथा विभिन्न पत्र-पत्रिकाओं में प्रकाशित। संप्रतिः स्टेट बैंक ऑफ इंदौर में कार्यरत संपर्कः स्टेट बैंक ऑफ इंदौर शाखा मनावर, जिला धार (म.प्र.) पिन- 454446

ग्रेस कुजूर

जन्मः 13 अप्रैल 1949 इटकी, रांची में शिक्षाः एम.ए., बी.एड, 1999 में प्रोग्राम मैनेजमेंट के लिए जर्मनी गईं रचनाः *'हिन्दुस्तान', 'आज', 'प्रभातखबर', 'युद्धरत आम आदमी', 'आर्यावर्त्त'* आदि पत्र-पत्रिकाओं में कविताएं प्रकाशित तथा *'कलम उगलती आग'* और *'आधुनिक महिला लेखन-कविता'* पुस्तकों में संकलित। रेडियो नाटक तथा प्रहसन भी लिखती हैं। डायन-प्रथा पर *'महुआ गिरे आधी रात'* नामक नाटक बहुचर्चित रहा संपर्कः केंद्र निदेशक, आकाशवाणी, पटना, बिहार।

दिनानाथ केशव मनोहर

जन्मः 22.9.1940 शिक्षाः एस.एस.सी लेखनः 4 कादंबन्या प्रसिद्ध 1. रोबो 2. सिमांत 3. आंदोलन 4. मन्वंतर प्रथम कादंबरी रोबो पर महाराष्ट्र शासनका ह.ना. आपटे पारितोषिक प्राप्त (1976) मन्वंतर पर महाराष्ट्र साहित्य परिषद, पुणे का वा.म. जोशी पारितोषिक प्राप्त (1999) जोहा नाते मातीशी (अप्रैल 2001) हरित क्रांति कृतितंत्रके इस्तेमाल से अमेरिका और युरोप में कृषिव्यवस्था आरोग्य व्यवस्था में हुवे दुष्परिणामों का जायजा लेनी वाली किताब बाघ के बच्चे हैं हम (मई 2001) खानदेश के भीलोका इतिहास बयान करने वाली मराठी पुस्तिका 'आमु आहीं वाघा पील' पुस्तिका का हिन्दी रूपांतर। 3 पुस्तिका मराठी 1. आमु आहीं वाघा पील—खानदेश के भीलों का इतिहास 2. शेतकन्यांच्या आत्महत्या—किसानो की कुत्कुशी और बदलती अर्थव्यवस्था 3. दिल्ली चे तख्त आणि दखनची सुभेदारी—श्री शरद पवार और श्रीमती

सोनिया गांधी, कांग्रेस पक्षान्तर्गत लोकशाही, शरद पवार और ग्लोबलाइजेशन इन विषयों को स्पर्श करने वाली सार्वत्रिक चुनाव के वक्त लिखी हुई पुस्तिका संपर्कः रेणूप्रकाश, 817 सदाशिव पेठ, पुणे 411030

नारायन

जन्मः 26.9.1940 में कुडयत्तूरमला, जिला इड्डक्की, केरल के आदिवासी परिवार में शिक्षाः हाई स्कूल की पढ़ाई पूरी करने के बाद डाक विभाग में नौकरी कृतियांः *तीन उपन्यास (कोच्चरेत्ती, ऊरालिक्कुडी तथा चेड्डारुम कूट्टालुम)*। सम्मानः *'कोच्चरेत्ती'* के लिए *तोप्पिल रवि* प्रतिष्ठान पुरस्कार, *अबुदाबी शक्ति* पुरस्कार तथा *केरल साहित्य अकादेमी पुरस्कार से सम्मानित।* मलयालम की सभी प्रतिष्ठित पत्रिकाओं में कहानियां प्रकाशित संपर्कः 49/689 ए, एलामक्करा, कोच्ची-682026, (केरल)

नारायण सोरेन 'तोड़े सुताम'

जन्मः 28 अक्टूबर 1922 में, छोटा आशिला, जामाबाद, पाकुड़, झारखंड में मृत्युः 12 अगस्त 1989 में शिक्षाः बी.ए.ऑनर्स। 1962 से 68 तक बिहार विधान परिषद के सदस्य। बी.एस.के. कॉलेज, बरहरवा (साहेबगंज) में कुछ दिनों तक प्राध्यापन रचनाएंः *गिरा, किरतान काली* और *आसाड़* प्रकाशित। *उफदिया, उरनी सेंगेल, धरती पुराज, कायेकटी* (काव्य-संग्रह), भिनसा रमायाम, चम्पा बाहा (नाटक) आदि अप्रकाशित सम्मानः विक्रमशिला हिन्दी विद्यापीठ, भागलपुर द्वारा 'कविरत्न' की उपाधि, अ.भा. संताली लेखक संघ जमशेदपुर तथा संथाली-परिषद दुमका द्वारा सम्मानित।

निर्मला पुतुल

जन्मः 1972 शिक्षाः इण्टर (डिप्लोमा इन नर्सिंग) रचनाः *संथाली, हिन्दी, बंगला में कविता, गीत, लघुकथा* एवं *डायरी* लेखन। प्रतिष्ठित पत्र-पत्रिकाओं में रचनाएं प्रकाशित अनवुादः संथाली कविताओं का हिन्दी, अंग्रेजी एवं मराठी में अनुवाद। साहित्य, संगीत, नृत्य एवं अभिनय में रुचि सम्प्रतिः बदलाव फाउण्डेशन में कार्यरत। सम्पर्कः दुधानी कुरुवा, दुमका-814101 झारखंड।

नुअस केरकेट्टा

जन्मः कोबांग, गुमला, बिहार एवं मृत्युः जून 1995 ई. में शिक्षाः मैट्रिक, कृतियांः 1. *खड़िया नदनी* (खड़िया इतिहास), 2. *खंडकाव्य हेपड अवकड़िञ बेह*, 3. *खड़िया कविताएं-सेनेल* और *खड़िया लड़ाई यअ पेड़ेड़् सड़ा*, 4. *उड़िया* और *नागपुरी* तथा *खड़िया* में धार्मिक गीतों की रचना।

प्यारे केरकेट्टा

पूरा नामः खीस्त प्यारा केरकेट्टा जन्मः लगभग 1903 ई. में कसिरा सुन्दराटोली, थाना-बोलबा, जिला गुमला मृत्युः 25, दिसम्बर 1973 ई. शिक्षाः मैट्रिक 1925 ई. में, विभिन्न विद्यालयों में शिक्षण से जुड़े रहे, 1950 ई. से पूर्णतः समाज सेवा एवं राजनीति में सक्रिय कृतियांः *'गोलङ'* नाम से कहानियां लिखीं जो अब *'लोदरो सोमधि'* में संकलित हैं। बेरथअ बिहा उनकी पहली नयी कहानी है। कविताएं और अनेक निबंध लिखे। *खड़िया निबंध* में निबंध संकलित हैं।

पीटर पॉल एक्का

जन्मः 17.6.1952 सामटोली, रांची, आदिवासी जाति उरांव में रचनाएंः कहानियां, उपन्यास, *'खुला आसमान बंद दिशाएं', 'परती जमीन'* (कहानी-संग्रह) *'पलास के फूल'* (आंचलिक उपन्यास) 'सोन पहाड़ी', 'मौन घाटी', 'जंगल के गीत' (उपन्यास) संप्रतिः उपप्राचार्य सेंट जेवियर्स कॉलेज, रांची संपर्कः सेंट जेवियर्स कॉलेज, पोस्ट बॉक्स-9, रांची-834001 झारखंड

पोब्र फेर्नांडीस

जन्मः 3 सितम्बर 1964 शिक्षाः एस.एस.सी 'कोंकणी' के नवोदित युवा कवि, स्थानीय लोक-संगीत पोब्र की कविता की विशेषता है प्रकाशनः *'मुइयेपोंदा'* (कविता-संग्रह) प्रकाशित। कोंकणी की सभी महत्वपूर्ण पत्रिकाओं में कविताएं प्रकाशित। आकाशवाणी, पणजी केन्द्र एवं पणजी दूरदर्शन केन्द्र से निरंतर कविताओं का प्रकाशन संपर्कः बेतिया कोट, अंबावली, कैंप, गोंय-403705

भुजंग मेश्राम

जन्मः 9 अक्टूबर 1952 में किनवट के जंगल में एक बस्ती में। स्कूली शिक्षा आश्रमशाला में हुई मराठी के साथ ही गोंडी, *बंजारी, परधानी, बन्हाडी, वारली* जैसी बोलियों में भी काव्यलेखन। पहला कविता-संग्रह *'उलगुलान'* (1990) इस ग्रंथ को राज्य एवं राष्ट्रीय स्तर पर अनेक पुरस्कार मिले। अनेक मराठी, हिन्दी एवं अंग्रेजी काव्य-ग्रंथों में उनकी कविताएं संकलित हैं। संपर्कः सी-2, हिरण बिल्डिंग, नन्दीदीप सोसायटी, शिवमंदिर रोड, अंबरनाथ पूर्व- कल्याण, ठाणे महाराष्ट्र।

भुवन लाल सोरी

जन्मः 17.9.1967 कन्नेवाड़ा (बालोद) गोंड आदिवासी शिक्षाः स्नातक (बी.कॉम)। रचनाकार्यः कविता, व्यंग्य लिखने में रुचि संप्रतिः भिलाई स्टील प्लांट में अटेंडेंट के पद पर कार्यरत संपर्कः 196/ई, रिसाली सेक्टर भिलाई (दुर्ग) छत्तीसगढ़।

महादेव टोप्पो

जन्मः 15.8.1954 रांची, एक उरांव आदिवासी परिवार में शिक्षाः एम.ए. (हिन्दी), प्रकाशनः *धर्मयुग, सारिका, समकालीन जनमत, प्रभात खबर, रांची एक्सप्रेस, न्यू रिपब्लिक, जनसत्ता* आदि अखबार एवं छोटी-बड़ी पत्रिकाओं में खेल, फिल्म, आदिवासी जनजीवन, भाषा, पत्रकारिता आदि विषयों पर लेख, समीक्षा, साक्षात्कार, परिचर्चा एवं कविताएं आदि प्रकाशित *संप्रतिः एक राष्ट्रीयकृत बैंक में उपमुख्य अधिकारी के पद पर कार्यरत संपर्कः ब्लॉक नं. डी.डी.लॉट नं. 13 से 18 सेक्टर-1 साल्ट लेक, कलकत्ता-700064*

डॉ. मंजु ज्योत्स्ना

जन्मः 17.8.1948 रांची शिक्षाः एम. ए., एम. एड., पी.एच.डी. कृतियांः *अंचरा/आंचल* (हिन्दी-नागपुरी कविता संकलन), *महाकवि सूरदास का गीति काव्य, क्षण-मत्स्य* (हिन्दी कविता-संकलन) जग-गयी-जमीन (कहानी-संग्रह), *जुलूस-तंत्र व्यंग्य* (बाल कविता-संग्रह) प्रकाशनाधीन, संपर्कः स्नातकोत्तर हिन्दी विभाग, रांची विश्वविद्यालय, रांची (झारखंड)

कविता-संकलन) जग-गयी-जमीन (कहानी-संग्रह), *जुलूस-तंत्र व्यंग्य* (बाल कविता-संग्रह) प्रकाशनाधीन, **संपर्कः** स्नातकोत्तर हिन्दी विभाग, रांची विश्वविद्यालय, रांची (झारखंड)

मंजु शर्मा महापात्रा

जन्मः 13 मार्च 1963 सुन्दरगढ़ (ओड़िसा) में **शिक्षाः** भारतीय संस्कृति में स्नानोकोत्तर **उपलब्धियांः** 1973 से 1976 तक 'युवमानस' सामयिक युवा साहित्य पत्रिका का संपादन, 1979 में कल्चराल एकाडेमी, राउरकेला द्वारा लोक नाट्य महोत्सव में श्रेष्ठ नाट्यकार सम्मान। आराही एकांकी संस्कृत में अनूदित एवं इलाहाबाद सर्वभारतीय बहुभाषी लघुनाटक महोत्सव में उच्च प्रशंसित। ओड़िया कविता, एकांकी, नाटक एवं समय-समय पर हिंदी कविता लेखन। आदिवासी संप्रदाय के होने के नाते ओड़िसा आदिवासी जनजीवन एवं भाषा पर कार्य। 1. एक आदिवासी लोकभाषा (सादरी से ओड़िया) पर भाषाकोष के लिए कार्यरत। **संप्रतिः** ओड़िया 'दैनिक सुधार' में सह-संपादक पद पर कार्यरत **संपर्कः** द्वारा दैनिक 'सुधार' चांदनी मार्केट कॉम्पलेक्स, पानपोष रोड, राउरकेला-769004

मीरां रामनिवास

जन्मः 12 अक्टूबर, 1956 जगजीवनपुर, भरतपुर राजस्थान में **शिक्षाः** संस्कृति साहित्य में एम.ए **लेखनः** *'अंकुर', 'एहसास की धूप'* (काव्य-संग्रह) *'स्मृतियों के दायरे'* (कथा-संग्रह) **संपर्कः** डिप्टी पुलिस कमिश्नर, ट्रैफिक, अहमदाबाद (गुजरात)।

मोती लाल

जन्मः 8.12.1982 डोंगाकांटा, मनोहरपुर के आदिवासी परिवार में **शिक्षाः** बी.ए. **प्रकाशनः** विभिन्न महत्वपूर्ण पत्र-पत्रिकाओं में दर्जनों कविताएं प्रकाशित **कृतियांः** 'नक्षत्र','धरा से गगन तक' एवं *'स्वागत नयी सदी में'* काव्य संकलन **सम्मानः** साहित्य श्री पुरस्कार **संपर्कः** ई-242, बंडामुंडा, राउरकेला-770032, (उड़ीसा)

राघवन अत्तोलि

पिता मजदूर हैं माता घास काटती हैं, इनका अपना कोई घर नहीं है, इसलिए पता है—''राघवन अत्तोलि 693315, उम्र कितनी है यह तो उनके अनपढ़ माता पिता को भी मालूम नहीं। पर जब राघवन सरकारी स्कूल में भर्ती होने गए तो अध्यापकों ने अंदाज से उम्र लिख दी—14.4.1957, स्कूली शिक्षा तो हुई पर उच्च शिक्षा नहीं। शौक से शिल्पी का काम भी किया, एक कविता पुस्तक वरिष्ठ कवि अय्यप्प पणिक्कर के सहयोग से छप चुकी है। वे आज भी पेशे से मजदूर हैं।

डॉ. राम दयाल मुंडा

जन्मः 1939, दिवकी, जिला रांची में आदिवासी मुण्डा परिवार में **शिक्षाः** शिकागो वि.वि. से एम.ए., पीएचडी **शोधः** दक्षिण एशिया की भाषाएं एवं संस्कृति पर शोध कार्य। विजिटिंग प्रोफेसर के रूप में कैनवरा और न्यूयार्क में अध्यापन भारत की जनजाति, विश्व आंदोलन, झारखंड आंदोलन आदि विषयों पर शोध कार्य **कृतियांः** लगभग 15 पुस्तकें प्रकाशित। **सम्मानः**

अमेरिकन इंस्टिच्यूट ऑफ इंडियन स्टडिज एवं स्टेटस एजूकेशन फाउंडेशन इन डंडिया सम्मान **संपर्कः** जनजातीय एवं आंचलिक भाषा विभाग, रांची वि.वि., रांची- 834008, (झारखंड)

रोज केरकेट्टा

जन्मः 5.12.1940 **शिक्षाः** एम.ए. (हिन्दी) **रचनाएंः** *कविताएं, निबंध* एवं *कहानियां खड़िया* और *हिन्दी* भाषा में **शोध** : *''रामकथा खड़िया जातियों के बीच चौमाला'', ''खड़िया भाषा और साहित्य''* (परिषद पत्रिका) और *बुल्के स्मृति ग्रंथ* में प्रकाशित **कृतियांः** *''प्रेमचंदअ लुङकोय''*– (प्रेमचन्द की दस कहानियों का खड़िया भाषा में अनुवाद),*''खड़िया लोककथाओं का साहित्यिक और सांस्कृतिक अध्ययन''* **संपर्कः** प्राध्यापक, जनजातीय एवं क्षेत्रीय भाषा विभाग, रांची विश्वविद्यालय, रांची, झारखंड।

रामधन लाल मीणा

जन्मः 9.6.1949, दनालपुर, जिला करौली, राजस्थान **शिक्षाः** एम.ए. (भूगोल) भारतीय प्रशासनिक सेवा से संबद्ध। विभिन्न पत्र-पत्रिकाओं में *कहानी, कविता* एवं *आलेख* प्रकाशित **संप्रतिः** सचिव बी.आई.एफ.आर. डिपार्टमेंट ऑफ इकोनोमिक अफेयर्स, भारत सरकार, नई दिल्ली में कार्यरत **संपर्कः** डी-1/10, भारती नगर, महर्षिरमण मार्ग, नई दिल्ली-110003

लक्ष्मण सिंह कावड़े

जन्मः 20.3.1969 **शिक्षाः** एम.ए.बी.एड (इतिहास) **प्रकाशनः** हिन्दी और छत्तीसगढ़ी दोनों भाषा में हास्य/व्यंग्य तथा मौलिक रचनाओं का प्रकाशन **संप्रतिः** शिक्षक **संपर्कः** इंदिरा नगर कांकेर पो.त. जिला कांकेर।

डॉ. वाहरू सोनवणे

जन्मः 1949 में श्रीखेड, जिला-नदुरबार (महाराष्ट्र) में **शिक्षाः** 1970 में मैट्रिक की परीक्षा दी उसके बाद अंबरसिंग महाराज के नेतृत्व में जारी आदिवासी आंदोलन में कूद पड़े, पिछले 30 सालों से वे 'श्रमिक संघटना' (आदिवासी संगठन) में कार्यरत। आपने शहादा (धुले) क्षेत्र में आदिवासी आंदोलन कीं अगुवाई की **कृतियांः** 1987 में *'गोधड़'* (कविता-संग्रह) *'निवडक कविता'* (कविता-संग्रह) **संप्रतिः** आदिवासी साहित्य परिषद के अध्यक्ष एवं दलित आदिवासी-ग्रामीण साहित्य महासभा के उपाध्यक्ष **संपर्कः** श्रीखंड, पोस्ट-रामखेड, शाहदा, धुले (महाराष्ट्र)

वाल्टर भेंगरा 'तरुण'

जन्मः 10 मई, 1947 को ग्राम-अमृतपुर, रांची झारखंड के आदिवासी परिवार में **शिक्षाः** पत्रकारिता में प्रशिक्षण। भारतीय फिल्म एवं टेलिविजन संस्थान, पुणे से मूल दूरदर्शन निर्माण पाठ्क्रम **संपादनः** *'कृतसंकल्प'* (मासिक) पटना तथा *'जग ज्योति'* (पाक्षिक) रांची **कृतियांः** *लौटती रेखाएं, देने का सुख, जंगल की ललकार* (कहानी संग्रह), *शाम की सुबह, तलाश, गैंग लीडर, कच्ची कली* (उपन्यास), *रोजगार के अवसर* (निदेशिका) आदि **सम्प्रतिः** दूरदर्शन संवाददाता, दूरदर्शन केन्द्र, रांची।

सरिता सिंह बडाईक

शिक्षाः हिन्दी प्रतिष्ठा आकाशवाणी रांची से कविताओं का निरंतर प्रसारण। *स्वरमंजरी पत्रिका* (सिमडेग), *प्रभात खबर* दैनिक में कविताएं प्रकाशित **सम्मानः** मारवाड़ी महाविद्यालय प्रतियोगिता कविता पाठ में सम्मान **संपर्कः** श्री डहुटोली धुर्वा डैम, साइड रांची 834004, (झारखंड)

सत्यनारायण मुण्डा

जन्मः 4.8.1953 को फतेहपुर (टुंगरोडीह) रांची में **शिक्षाः** एम.ए., जन-जातियों के शोषण से संबंधित विषय पर पी.एच.डी. की उपाधि। लगभग दो दर्जन लेख, दो दर्जन से अधिक राष्ट्रीय अंतर्राष्ट्रीय सेमिनार, कांफ्रेंस, वर्कशॉप में इन्होंने भाग लिया। **कृतियांः** झारखंड की विरासत एवं विकास **संप्रतिः** रांची कॉलेज रांची के मानव विज्ञान विभाग में रीडर एवं विभागध्यक्ष के पद पर कार्यरत हैं।

सहदेव सोरी

जन्मः 12.11.1972 कन्नेवाड़ा (करहीभदर) तहसील-बालोद दुर्ग (छत्तीसगढ़) गोंड परिवार से **शिक्षाः** त्रिवर्षीय डिप्लोमा (मेके. इजी.) **प्रकाशनः** कविता, कहानी प्रकाशित **संपर्कः** पी.डब्ल्यू. डी/69, कोतवाली पुलिस लाईन, सेक्टर-6, भिलाईनगर, जिला-दुर्ग (छत्तीसगढ़)

सुनील मिंज

जन्मः 5.5.1970, गढ़वा (झारखंड) के गोठानी नामक एक गांव में। **शिक्षाः** संत जेवियर कॉलेज, रांची से बी.कॉम प्रतिष्ठा। नब्बे के दशक में सृजन कर्म की शुरुआत आलेख से। विभिन्न पत्र-पत्रिकाओं में आलेख प्रकाशित। 'अब तुम मुझे नहीं रोक सकते' (पहली पुस्तक), कोयल-कारो जल विद्युत परियोजना एवं वहां के आदिवासियों की बहुआयामी संघर्ष गाथा पर केंद्रित अपनी दूसरी पुस्तक के सृजन में संलग्न। **संपर्कः** अखड़ा, शास्त्री नगर कांके रोड, रांची-834008

सुनील कुमार 'सुमन'

जन्मः 25.1.1978 जनजातीय परिवार में **शिक्षाः** जवाहरलाल नेहरू विश्वविद्यालय (नई दिल्ली) में शोध छात्र **लेखनः** मुख्यतः बाल साहित्य एवं फीचर आदि लेखन, पहली बार बाल साहित्य से इतर यह 'नाटक' **प्रकाशनः** बाल साहित्य की लगभग सभी प्रतिष्ठित पत्र-पत्रिकाओं में *कहानी, कविता, आलेख, नाटक* आदि प्रकाशित। एक कहानी संकलन 'दोस्ती' शीघ्र प्रकाश्य **स्थायी पताः** C/o चुमन मोटर्स, अरेराज, पूर्वी चम्पारण (बिहार) 845411 **संपर्कः** कमरा नम्बर-162, कावेरी हॉस्टल, जे.एन.यू. नई दिल्ली-110067

सोनसिंह पुजारी

जन्मः 1945 ग्राम-बजावंड, बस्तर, छत्तीसगढ़ भतरा आदिवासी परिवार से **शिक्षाः** एम.ए. (हिन्दी साहित्य) बस्तर अंचल में हल्बी बोली को यहां की संपर्क भाषा का दर्जा प्राप्त है। श्री सोनसिंह पुजारी इस बोली के वरिष्ठतम कवियों में से हैं **संप्रतिः** अतिरिक्त जिलाधीश, जबलपुर,

मध्यप्रदेश **संपर्कः** जिलाधीश कार्यालय, जबलपुर, मध्यप्रदेश।

शंकर लाल मीणा

जन्मः 18 मार्च 1958 **शिक्षाः** स्नातकोत्तर **कृतियांः** *कब्र हमारी मुर्दा आपका* (व्यंग्य), *आखिर कब तक* (कहानी संग्रह), *अघोषित* (उपन्यास), *जिंदाबाद-मुर्दाबाद* (व्यंग्य) *चौथाई चांद रोउजास* (कविता-संग्रह राजस्थानी में) **सम्मानः** राजस्थान साहित्य अकादमी का डॉ. कन्हैया लाल सहल पुरस्कार, जिंदाबाद-मुर्दाबाद व्यंग्य के लिए **सम्प्रतिः** भारतीय राजस्व सेवा (केन्द्रीय उत्पाद एवं सीमा शुल्क) **सम्पर्कः** उप आयुक्त, ए-3, कस्टम-एक्साइज क्वार्टस, सेक्टर-7 विद्याधर नगर, जयपुर-302012

हजारी लाल मीणा 'राही'

जन्मः 30.6.1967 राजस्थान के ग्राम जसोंता, जिला दौसा, जनजाति परिवार में **शिक्षाः** एम.ए. (समाजशास्त्र) सी.ए.आई.आई.बी. क्रेटिव एसोसिएशन ऑफ इण्डिया इंस्टीट्यूट ऑफ ब्रांसिस **रचनाः** कविता, लेख, कहानी, व्यंग्य, तथा हाईकू लिखने व पढ़ने में विशेष रूचि **संपर्कः** 15/131, मालवीय नगर, जयपुर-17, (राजस्थान)

हरिराम मीणा

जन्मः एक मई 1952 को साधारण आदिवासी किसान परिवार में **शिक्षाः** राजनीतिशास्त्र में एम. ए. **रचनाः** पुलिस, अपराध, मानव-मनोविज्ञान, पर्यावरण, इतिहास, साहित्य व अन्य सामाजिक समस्याओं पर हिन्दी व अंग्रेजी में अनेक आलेख प्रकाशित **कृतियांः** *'हां चांद मेरा है'* (कविता-संग्रह) *'साइबर सिटी से नंगे आदिवासियों तक'* (यात्रा संस्मरण) **सम्प्रतिः** पुलिस अधीक्षक (सतर्कता) **संपर्कः** 31, शिवशक्ति नगर, किंग्स रोड़, अजमेर हाईवे, जयपुर-302019, (राजस्थान)

डॉ. हाड़ी बंधु मिर्धा

जन्मः 2 अप्रैल 1941, गांव मिर्धा पाली, जिला-सांबल पुर के किसान जनजाति परिवार में **शिक्षाः** एम.ए., पी.एच.डी. **संप्रतिः** 3.4.99 से उड़ीसा पब्लिक सर्विस कमीशन के अध्यक्ष है। मिर्धा जी ने उड़िया और अंग्रेजी के अतिरिक्त जनजातीय साहित्य को भी समृद्ध किया है। **संपर्कः** सी.बी.-19, डॉ. पी.के. परिजा रोड, कटक-753001 (उड़िसा)